文明的力量

文明的力量

占豪◎著

上海财经大学出版社

图书在版编目(CIP)数据

文明的力量/占豪著. —上海:上海财经大学出版社,2022.2
ISBN 978-7-5642-3818-6/F·3818

Ⅰ.①文… Ⅱ.①占… Ⅲ.①国际政治-研究 ②世界经济形势-研究 ③中国经济-经济发展-研究 Ⅳ.①D5 ②F113.4 ③F124

中国版本图书馆 CIP 数据核字(2021)第 228103 号

□ 策　　划　睿瀛新媒
□ 责任编辑　胡　芸
□ 书籍设计　张克瑶
□ 龙纹玉璧插图设计　张　倩

文明的力量

占　豪　著

上海财经大学出版社出版发行
(上海市中山北一路 369 号　邮编 200083)
网　　址:http://www.sufep.com
电子邮箱:webmaster@sufep.com
全国新华书店经销
上海颛辉印刷厂有限公司印刷装订
2022 年 2 月第 1 版　2022 年 3 月第 2 次印刷

787mm×1092mm　1/16　28.25 印张(插页:2)　446 千字
印数:10 001—20 000　定价:78.00 元

序

光阴似箭。时间过得真快,一眨眼竟四五年没给自己的书写序了,不知不觉竟有四五年没出书了。没出书,不是没写东西,“占豪”微信公众号每天都有扎实内容推送,每年的年度定制酒中都有几万字谈趋势、谈时事、谈历史、谈人生、谈未来的分析文章,譬如《介策四章》、《谋未来两篇》和《定基四篇》,与“战友”们的文字缘分一直都在。没有编纂成书问世,一是因为没有足够的时间,二是占豪对书的质量要求较高,所以就这么“蹉跎”耽误了四五年。

从搜狐博客文章的起源,再到今天的微信公众号,屈指算来恰好 14 年了。14 年时间,有些“战友”离开了,也加入了很多新“战友”,各平台粉丝加在一起,已有一千多万了。“战友”们的队伍壮大了。

令人感慨的是,那天去看占豪“起家”的搜狐博客,竟已被系统设置得看不见了。看着已经打不开的页面,真有一种恍如隔世的感觉,当初热闹非凡的景象还印在脑海,几亿访问量、几千篇文章却已成历史。随着互联网技术的前进,不知不觉博客时代就这么翻篇了。

对占豪来说,弥足珍贵的不是粉丝数量,而是粉丝质量。与其他很多账号不同,占豪的“战友”们是具有三观相近并能理性思考的一群人,大家不但思维成熟,更是心意相通,一颗热爱国家和民族的心一直在一起共同燃烧。

我们还能记起曾经网络“黑暗”的日子,各种歪风邪气把中国互联网搞得乌烟瘴气,美国前驻华大使洪博培在美国高调宣布,要依靠互联网掀翻中国。时间一晃多年,我们一起战斗走了过来,中国没有被美国指挥的水军掀翻,我们的国家与社会在党的领导下反而越来越好。反观美国,却已是“王老二”过年,一年衰过一年了!

2014 年 5 月,在联合西方国家全面制裁俄罗斯后,奥巴马在西点军校宣称:

"美国构成世界舆论的能力促进了俄罗斯立刻被孤立……美国将继续领导世界100年";特朗普从竞选到离任,嘴里一直喊的是"让美国再次伟大";然而,到了拜登,上任没几天就称在任期内"不允许中国超越美国"。大家细品,仔细品。7年时间,美国已焦虑到"不允许中国超越美国"。

"战友"们都懂大义,所以在互联网上一直是一个令人尊重的群体存在。生活中,大家往往也是人群影响力的中心,占豪感谢"战友"们多年来一直的支持与陪伴,能有缘与"战友"们同行,是占豪今生最大的福报。占豪一年365天不休地输出动力,最重要的来源就是数以千万"战友"们的长期支持。

看了一下"占豪"微信公众号,自2014年开始运营以来,已经原创了5 400多篇文章(部分文章未标原创故未做统计),以平均每篇2 000字计算,也已超千万字,加上占豪之前出版的《黄金游戏》系列、《大博弈:中国之危与机》系列、《货币战争背景:中国经济与应对方略》和《新战国》系列9本专著,以及至少五六千篇博客文章,占豪码字已不下3 000万字了。14年的坚持,世界变了很多,占豪和"战友"们一起同行,也有了很大的进步。

2020年是一个特殊的年份,中国经历了一场凤凰涅槃。如果大家还记得当初疫情来了之后占豪的判断,现在就应该明白了我们速战速决解决疫情对中国的战略意义。在以习近平同志为核心的党中央坚强领导下,在中央指导组与湖北省委省政府、武汉市委市政府以及各级政府的共同努力下,全国人民同心同德、众志成城,最终使武汉市以及整个湖北省打赢了这场对病毒的歼灭战。

76天,武汉从封城到重启,我们现在回头看,称得上是人间奇迹。看看美国,作为世界最发达、最强大的国家,截至2021年6月,疫情中病亡人数已经超过60万人(实际上,美国华盛顿大学在2021年5月6日经过分析后认为,美国实际死于新冠肺炎的人数可能超过90万。美国首席传染病专家福奇也承认美国因新冠肺炎而去世的人数"少算了")。截至2021年12月12日,美国因疫情感染而病亡的人数超80万人,迄今依然每天有数万人确诊。如今,全球抗疫都在依靠中国的物资和疫苗。过去一年,中国已援助了160多个国家、地区和国际组织,已经与几十个国家建立了抗疫合作。

占豪在《定基四篇》中把2020年定义为"危・机"之年。2020年的年份非常特殊,因为这又是一个发生了大事的庚子年。中国从1840年那个庚子年开始,至今一共经历了四个庚子年，分别是 1840 年、1900 年、1960 年和 2020 年。回望历史，这四个庚子年，每 60 年一个周期，都爆发了非常重磅的大事。1840 年是旧中国崩溃的开始，百年屈辱的历史拉开了帷幕；1900 年是八国联军侵华，中国自此堕入百年凌辱历史中最为惨烈的半个世纪；1960 年是“三年困难时期”最困难的一年，中国自此经受住了困难考验；2020 年，通过新冠疫情考验，中国进入由“富起来”到“强起来”的蜕变周期。

2020 年新冠疫情暴发后，占豪在“占豪”微信公众号第一时间开始进行持续分析评论，并在 2020 年 1 月下旬到 3 月初分别作出三个判断：

1. 这是对中国的严峻挑战，中国必须速战速决战胜疫情。相关论述从 2020 年 1 月下旬开始就持续不断，有兴趣的朋友可以查阅。

2. 如果各国掉以轻心、防控不当，全球感染人数将至少以千万乃至以亿为单位计。疫情将促使全球政治经济秩序加速重组。相关论述可查阅“占豪”微信公众号 2020 年 2 月至 3 月的历史文章和新浪微博帖。

3. 中国一旦速战速决战胜疫情，形势就将发生逆转，中国将进入一个新的发展阶段。这一论点的相关论述从疫情之初一直到控制疫情的总结，都有论述。就像最初把新冠疫情谬称为“武汉肺炎”时，占豪就论断，“肺炎”一定会被甩掉，武汉将享誉全球，现在的结果也证明了这一点。

当下这本书，其实就是想把 2020 年中的重要时间、重要事件、重要人物等我们经历的历史细节，结合占豪文章的内容和观点，都[illegible]详细记述下来。让历史在这本书中定格，也让我们一起经历的重大历史事件在多年后还能被清晰记忆。

2020 年太重要了，这一年不仅仅是中国化危为机的一年，也是全球的“转势”之年，对中国来说具有转折的意义。

从全球视角看，尽管主观上中国并不以任何国家为对手，但由于中国选择的和平发展道路进入了“红利期”，因此在制造业、对外贸易等诸多领域，客观上实现了局部的“弯道超车”。

从中国视角看，在 2020 年的“大流行”所带来的冲击，以及中国高效率的治理背景之下，出于“人类命运共同体”的使命和愿景，中国客观上也承担了全球抗疫物资输出的“大后方”和社会有效抗疫引领者的角色。当下，从抗击“大流行"的有效、安全、可及性等方面综合考量,真正能为全球提供帮助的也只有中国。

不得不说,我们正在经历一个巨大而又深刻的历史阶段。当疫情在中国国内初起时,《纽约时报》中文网曾在 2020 年 2 月 11 日的社交媒体上,以一种优越的道德感刊文说:"病毒谁身上都有,为什么有的人得病,有的人却安然无恙?这是因为不同的人抗病毒免疫力不同。危机的种子哪个国家都存在,为什么有的国家有惊无险、顺利化解,有的国家却会酿成重大公共事件乃至社会政治危机?这是因为不同的国家、不同的制度化解和应对危机能力不同。"

时隔一年有余,当我们今天再次检视彼时这段大洋彼岸颇有代表性的隔岸观火的言论时,发现当初他们总结的这段话,其中的角色已彻底互换。

轻舟过万山,沧海已桑田。

多么巨大的讽刺!

一二十年后我们再回头看 2020 年,一定会无比感叹这一年的变化对中国、对我们自己的影响。到那时,我们会对这一年的历史意义有更加清晰的理解。占豪这本书的核心目的,也是为了给这一年留一个记忆,让我们能在不断重温这段历史中,对我们——小到个体、大至国家与社会——所走过的道路,有更加明确的认识和体悟。

道路自信,源自来途上每一个深深的脚印。

希望占豪的这本书,能给大家留下一份念想,留下一份记忆,也为未来提供一些参考。

路在前方,也在脚下。中华民族伟大复兴就在前面,我们都是亲历的一分子,我们需要为此做出努力。多年以后,当我们拿起这本书,就能给我们的子孙讲述这一段我们曾经激情燃烧的岁月!

占豪

2021 年 6 月 18 日于武汉

2022 年 1 月 1 日修订

目录

第1章

一场突如其来的遭遇战

◎ 警报响起

◎ 勇士逆行

对于这个病毒的特点，"我们在这个阶段是不清楚的"。

——中国工程院院士、美国微生物科学院院士、
香港大学讲座教授、国家卫健委高级别专家组成员　袁国勇

警报响起

作为一个"整数年"，"2020"这个数字看起来规整、完美得无可挑剔。就在2019年末，对于还未跨入这一年度的许多人来讲，他们都相信，这是一个看起来很不错的年份。

跨过2020年的门槛

在2020年元旦这一天，虽然是假期，但广州医科大学附属第一医院国家呼吸系统疾病临床医学研究中心主任钟南山，还是习惯性地把即将开始的一个月的工作梳理了一遍，其中18日要去深圳出诊，他在这个日期下做了一个记号。这只是在他密密麻麻的日程表上很平常的一天。

他不知道，这一天在后来变得不平常了。

作为钟南山的同行，美国国家过敏症与传染病研究所所长安东尼·福奇在新年来临第一天起了一个大早，兴致勃勃地推门而出，绕着所在社区的道路跑了起来。福奇虽然年近80，但一向酷爱健身的他，仍保留着跑步的习惯。路上行人并不多，听着新年钟声入睡的人们，此时此刻大多还在梦乡中。福奇健步如飞，清晨氤氲着清甜的空气，让他对新的一年充满希望。此时此刻，福奇并不知道，自己在即将开始的这一年，会成为美国新闻中的"大人物"。

与福奇不同，美利坚合众国的第 45 任总统特朗普，很清楚自己是个“大人物”。在新年的第一天，他的心情也极好。《日美贸易协定》在新年钟声敲响的那一刻正式生效。根据协定，日本国内的牛肉和猪肉等农产品市场将向美国开放；奶酪产品 29.8%的关税，将会分阶段降至 0；葡萄酒的关税，也会被撤销。

更让特朗普期待的是，经过 23 个月、13 轮、20 余次的谈判，中美第一阶段贸易协议也有了眉目。两国的贸易摩擦将近两年，美国发起的高关税虽能逞一时之快，但实际效果并不佳——高关税既增加了美国消费者的负担，也带来了中方的对等回应，对美国的农产品出口影响不小。特朗普明白，中国不是日本，中美作为两个经济体量最大的国家，相互间利益多有交缠；而中国作为独立主权国家，也让他心有忌惮。更为关键的是，2020 年大选临近，为了连任，特朗普在就任总统一年后，即 2018 年 2 月，就早早地组建了谋求 2020 年连任的竞选团队。既然中美间“全盘”还谈不拢，那就先把双方有共识的部分，搞个“第一阶段贸易协议”，也算是任上的一项“政绩”。

两周后，美国东部时间 1 月 15 日，《中美第一阶段经贸协议》(即《中华人民共和国政府和美利坚合众国政府经济贸易协议》)在华盛顿签署。看着历经近两年才谈成的协议，特朗普激动地表示：“目前是中美关系最好的时期！”

自 2018 年初起，全球经济因为美国发起的贸易争端而饱受困扰。在“美国优先”理念的驱使下，美国不断向各国筑起关税壁垒，严重扭曲了全球供应链的价格体系。其间，除了向欧盟、加拿大、墨西哥、日本等国家和地区发起贸易争端外，美国更是向中国加征数轮关税。作为世界第一制造业大国，中国所受的影响也不可避免地传导到其他国家。

因此，当《中美第一阶段经贸协议》进行签署时，世界各国均为中美经济之锚落定而松了一口气。美国道琼斯工业平均指数 1 月 17 日创出了 29 373 点的新高；中国上证指数则提前做出反应，在 14 日达到了 3 127 点的阶段高点。

一切，看起来似乎都顺风顺水。

几乎就在《中美第一阶段经贸协议》签署的同一天，俄罗斯总统普京发表了 2020 年度的国情咨文。2019 年俄罗斯国内生产总值(GDP)增长 1.3%，列全球第 11 位。普京在国情咨文中用了很大的篇幅谈到要振兴俄罗斯经济，增强俄罗斯的基础研发能力和创新能力，努力在2021年使俄罗斯GDP的增速“超过

创出 29 373 点新高的道琼斯工业平均指数
(图片来源:新浪财经)

一路反弹的上证指数,1 月 14 日达到了 3 127 点的阶段高点
(图片来源:新浪财经)

世界平均水平”。

在中国国内，此前于 2019 年 12 月 10—12 日在北京召开的中央经济工作会议，提出“要扎实做好民生保障工作，持续改善人民生活”。

世界各国都在努力“拼经济”。

从“拼经济”转向“拼防疫”

就在各国在新的一年纷纷运筹帷幄、聚焦发展的同时，没有人会想到 2020 年的经济轨迹会以另外一种截然不同的面貌出现。而导致这一改变的，竟然是一个需要借助显微镜才能辨识的病毒。

2019 年 12 月 26 日上午，湖北省中西医结合医院呼吸科主任张继先在接诊一对发烧、咳嗽的老夫妻时，吃惊地发现两位病人的胸部 CT 片呈现出与其他病毒性肺炎完全不同的特征。出于职业敏感，张继先让陪同一起来医院的这对老夫妻的儿子也拍了胸部 CT 片。当时，老人的儿子没有任何症状，与健康人无异，好在他本人非常配合。结果很快出来了，CT 片显示，他的肺部也有同样的症状。

就在同一天，张继先还接诊了另一位来自华南海鲜市场的病人，同样是发烧、咳嗽，肺部 CT 片也与之前的两位老人及其儿子一样。

“一般来说，一家人来看病，只会有一个病人，不会三人同时得一样的病，除非是传染病。”张继先给这些病人做了甲流、乙流等各项与流感相关的检查，病人全部呈阴性，从而排除了流感。

感到困惑不已的张继先在第二天将这一情况向业务院长、医院院感办和医务部做了汇报，医院立即上报给江汉区疾控中心。

12 月 28 日、29 日，中西医结合医院门诊又陆续收治了 3 个同样来自华南海鲜市场的病人，医院一下子就有 7 个同样症状的病人。2003 年抗击“非典”时，37 岁的张继先就是江汉区专家组的成员。面对 4 个来自华南海鲜市场的病例，张继先敏锐地意识到一股潜在的危险正在步步逼近。她马上又向医院做了第二次汇报，同时建议医院召开多部门会诊。在分析了病人的病理特征后，专家们一致认为，这种情况确实不正常，要引起高度重视，医院决定直接向省、市卫生健康委员会(以下简称“卫健委”)报告。

12月29日是星期天，省、市卫健委接到报告后快速反应，指示武汉市疾控中心、金银潭医院和江汉区疾控中心的专家赶往医院，进行流行病学调查。傍晚，武汉市传染病定点收治医院——武汉市金银潭医院接走了其中的6人；那两位老人的儿子坚持留在中西医结合医院治疗，10天后病愈出院。[①]

《三联生活周刊》2020年1月22日报道，据一位在华南海鲜市场工作的老板反映，海鲜市场中最早出现症状的，是一位卖鱼虾的老板娘，50多岁。那还是2019年12月中旬，她先是浑身没劲，紧接着发高烧。她觉得只是小感冒，自己扛了几天后未见好转，随后被送进了医院。这也与张继先12月底发现不明肺炎的时间段相吻合。

12月30日，武汉市卫健委向辖区医疗机构发布《关于做好不明原因肺炎救治工作的紧急通知》。

12月31日，国家卫健委凌晨做出安排部署，派出工作组、专家组赶赴武汉市，指导做好疫情处置工作，并开展实地调研；就在同一天，武汉市卫健委开始依法发布疫情信息，并在其官方网站发布《关于当前我市肺炎疫情的情况通报》，披露发现27个病例，提示公众尽量避免到封闭、空气不流通的公众场合和人多集中的地方，外出可佩戴口罩。

武汉市江汉区市场监督管理局和江汉区卫生健康局于2020年1月1日联合发布《关于休市整治的公告》，决定关闭华南海鲜市场，“进行环境卫生整治，开市时间另行通知”。同一天，国家卫健委成立疫情应对处置领导小组。

1月2日，国家卫健委制定出台《不明原因的病毒性肺炎防控“三早”方案》。[②]

从1月3日开始，中国定期向世界卫生组织[③]（World Health Organization，WHO；以下简称“世卫组织”），包括美国在内的国家和地区组织以及中国港澳台地区，及时、主动通报疫情信息和防控举措。以中美沟通为例，截至2020年2月3日，一个月之内，中方向美方通报疫情信息和防控措施30次，分享中方诊疗方案、防控方案、中国与全球分享防控经验知识库链接等。

① 田巧萍：《是她！最早判断出疫情并坚持上报》，《长江日报》2020年2月2日。

② 中华人民共和国国务院新闻办公室：《抗击新冠肺炎疫情的中国行动》（白皮书），2020年6月7日。

③ 世界卫生组织成立于1948年，总部位于瑞士日内瓦，是负责全球公共卫生的联合国机构。该组织拥有194个成员国，旨在“促进健康，维护世界安全并为弱势群体服务”。

1月4日，中国疾控中心负责人与美国疾控中心主任通电话，介绍疫情有关情况。双方同意就信息沟通和技术协作保持密切联系。同一天，国家卫健委会同湖北省卫生健康部门制定《不明原因的病毒性肺炎医疗救治工作手册》。

1月5日，武汉市卫健委在其官方网站发布《关于不明原因的病毒性肺炎情况通报》。世卫组织首次就中国武汉出现的不明原因肺炎病例进行通报。

1月9日，中国向世卫组织通报疫情信息，将武汉不明原因的病毒性肺炎疫情病原学鉴定取得的初步进展分享给世卫组织。世卫组织网站同日发布关于中国武汉聚集性肺炎病例的声明，表示在短时间内初步鉴定出新型冠状病毒是一项显著成就。

1月11日起，中国每日向世卫组织等通报疫情信息。

1月12日，武汉市卫健委在情况通报中首次将“不明原因的病毒性肺炎”更名为“新型冠状病毒感染的肺炎”。中国疾控中心、中国医学科学院、中国科学院武汉病毒研究所作为国家卫健委指定机构，向世卫组织提交新型冠状病毒基因组序列信息，在全球流感共享数据库(GISAID)发布，全球共享。[①]

2019年12月31日和2020年1月8日，国家卫健委先后派出两批专家组赴武汉进行实地调研。1月8日，初步确认了新型冠状病毒为这次疫情的病原。专家组认为，当前疫情仍属可防可控；但新型冠状病毒传染来源尚未找到，疫情传播途径尚未完全掌握，病毒变异仍需严密监控。

可以说，地方和国家层面的医务管理系统迅速地在第一时间开展了对新型冠状病毒的调研和防控；但由于对这一从未出现过的新的病毒特性了解尚不深入，因此在对病毒传播和规模的判断上，仍不明朗。

尽管对新型冠状病毒的认识还处于初步阶段，但国家卫健委还是在1月13日召开会议，部署指导湖北省武汉市进一步强化社会管控措施，加强口岸、车站等人员体温检测，减少人群聚集。同一天，世卫组织在其官网发表关于在泰国发现新冠病毒病例的声明指出，中国共享了基因组测序结果，使更多国家能够快速诊断患者。两天后，国家卫健委发布新型冠状病毒感染的肺炎第一版诊疗方案与防控方案。

---

① 陈芳、刘华、韩墨、李志晖：《中国发布新冠肺炎疫情信息、推进疫情防控国际合作纪事》，新华社2020年4月6日。中华人民共和国国务院新闻办公室：《抗击新冠肺炎疫情的中国行动》(白皮书)，2020年6月7日。

1 月 14 日,国家卫健委召开全国电视电话会议,部署加强湖北省武汉市疫情防控工作,做好全国疫情防范应对准备工作。会议指出,新冠病毒导致的新发传染病存在很大不确定性,人与人之间的传播能力和传播方式仍需要深入研究,不排除疫情进一步扩散蔓延的可能性。[①]

就在面对"不确定性"的踌躇之间,1 月 10 日,作为全国交通枢纽的武汉市,迎来了一年一度的人口大迁徙——春运。年关将至之际,是各行各业最忙碌、最快乐,也是最容易松懈的时候。各企事业单位,不是忙着收款结账、分配年终效益,就是忙着给离退休职工和老弱孤寡送温暖;此外,写总结、搞汇报,大会套着小会纷至沓来。

作为在 2019 年 10 月成功举办第七届世界军人运动会的湖北省武汉市,此时正意气风发。办完了军运会这一世界性的大会,作为全省民主政治生活的头等大事,省十三届人民代表大会第三次会议也即将于 2020 年 1 月 12—18 日在武汉召开。会议的主要议程是:听取和审查湖北省人民政府工作报告;审查和批准湖北省 2019 年国民经济和社会发展计划执行情况的报告与 2020 年国民经济和社会发展计划;审查湖北省 2019 年预算执行情况和 2020 年预算草案的报告,批准 2019 年省级预算执行情况的报告和 2020 年省级预算;听取和审查湖北省人大常委会工作报告;听取和审查湖北省高级人民法院工作报告;听取和审查湖北省人民检察院工作报告;审议《湖北省乡村振兴促进条例(草案)》;选举事项;等等。与省人大会议同时举行的,还有省政协十二届三次会议。

会议议程紧凑,高度聚焦经济,湖北省和武汉市摩拳擦掌,准备借世界军运会的东风,使武汉市乃至全省的经济发展更上一层楼。

作为引领全省整个年度工作的湖北省"两会"的筹备、举行、审议等各项工作,聚集了各方面的众多的资源和精力。

而此时,新冠病毒却以极快的速度,在悄无声息间,开始了社区传播;走出武昌洪山礼堂的代表们,即将与之擦肩而过。他们还没有意识到,会议期间定下的"拼经济"的各项工作,很快就会在病毒的攻击下,脱离既定的轨道——拼的是对病毒的管控与防治。

---

① 中华人民共和国国务院新闻办公室:《抗击新冠肺炎疫情的中国行动》(白皮书),2020 年 6 月 7 日。

一场“新中国成立以来发生的传播速度最快、感染范围最广、防控难度最大的重大突发公共卫生事件”出现了。

勇士逆行

尽管2019年12月31日和2020年1月8日，国家卫健委先后派出两批专家组赴武汉实地调研，但对“不明原因的病毒性肺炎”仍未能完全了解。面对不明病毒，国家卫健委于1月18日又紧急征召中国工程院院士、国家呼吸系统疾病临床医学研究中心主任钟南山，中国工程院院士、传染病诊治国家重点实验室主任李兰娟，中国科学院院士、中国疾病预防控制中心主任高福，中国疾病预防控制中心流行病学首席科学家曾光，以及中国工程院院士、香港大学医学院微生物学系讲座教授袁国勇5人，组成第三批调研人员，并以“高级别专家组”的名义，从各地赶往武汉。在17年前抗击“非典”疫情中立有功勋的钟南山，再次出征，并担任组长。

高级别专家组

之前1月8日第二批专家组实地调研后，对病毒的传播方式和途径尚未完全掌握，是否存在明确的人际传播尚无法做出定论。与春运返乡人群的满心喜悦不同，几位行色匆匆的高级别专家组成员心中更多的是焦虑。

1月18日，钟南山院士从深圳出诊回到广州，当天下午在参加广东省卫健委会议的会场上，接到国家卫健委的通知，要他立即前往武汉。仓促之间，已买不到当天的机票，在助手帮其从家中取来出差所用的洗漱用品和简单衣物后，钟南山直接从会议现场出发，登上了开往武汉的最后一班高铁。临近春节的客运极为繁忙，没有买到坐票的钟南山一行，被好心的列车长安排在餐车就座，风驰电掣4个多小时后，于晚上23:00抵达武汉。

抵达武汉的高级别专家组第二天(19日)上午开完会后，就马上赶往金银潭医院，在钟南山“异常尖锐”的反复追问下，获得了华中科技大学同济医学院附

2020 年 1 月 18 日，钟南山登上开往武汉的高铁，被好心的列车长安排在餐车就座
（图片来源：《广州日报》，苏越明摄）

属协和医院神经外科"可能存在 1 个病人感染了 14 个医护人员的情况"的信息。实际上，湖北省疾控中心也是在前两天（16 日）才获得检测试剂盒，相关医院此时对上述情况的检测尚未完成，因此只能根据临床病理表现推测"可能存在"。

对于上述"1 传 14"的情况，《中国新闻周刊》2020 年 1 月 25 日报道披露，手术患者赵军实在手术前没有任何感染呼吸道疾病的症状，体温测量结果正常，白细胞和淋巴细胞值也正常。术前常规胸片显示，他的"左肋膈角区见条片影"，考虑到他年龄较大，又有吸烟史，因此肺部有炎症或肺纹理变粗也属正常范围。医护人员说，患者当时精神状态很好，说话中气十足。

1 月 11 日，赵军实突然出现发热症状，经 CT 检查发现肺部有明显的感染表现。主治医生马上按相关规定上报医院，请各专科会诊。由于此时新型冠状病毒试剂盒还没有到位,患者一系列病毒检查的结果均为阴性,因此判断为"疑似不明原因肺炎"。在赵军实出现发热症状后,相关医护人员也陆续出现了发热症状。医院立即开辟了专门的隔离病房进行隔离。到1月15日,赵军实被确诊感染新型冠状病毒,当天就转诊到武汉金银潭医院。前述医护人员说:"在当时情况下,医生能做到的防护都已经做到最好了,并不是所谓的'疏忽了'。"

上述情况并非"孤证"。在来到武汉之前,高级别专家组成员、香港大学医学院微生物学系讲座教授袁国勇,就接诊了香港大学深圳医院一个7人家庭中有6人感染同类不明病毒的病例,并在12日通过快速检测试剂盒基本确诊,其中的1名感染者没有到访过武汉。

两相印证,高级别专家组就此得出了病毒人际传播的结论。

从金银潭医院出来,高级别专家组又赶往武汉市疾控中心了解情况;午饭后就开始开会,直到下午17:00;紧接着又从武汉飞往北京。到达北京后,高级别专家组立即前往国家卫健委开会,回到酒店,已是凌晨2:00。

事后,袁国勇回忆说:"我们见到了一位副国级领导人和国家卫健委的官员,他们都很坦率。当时我们专家组所有人都反映说,事态严峻,肯定有人传人案例发生,一定要立刻采取各种防控措施。"①

1月20日,高级别专家组在北京举行了发布会。钟南山在会上说:"昨天跟前天情况不一样,前天跟大前天情况又不一样,特别是昨天比较正式地出现了人传人的情况,还有医务人员感染的情况,这是非常重要的标志。"中国疾病预防控制中心流行病学首席科学家曾光补充说:"我们从参加专家组以后,昨天的认识和前天的认识不一样,今天的认识和昨天的认识不一样,这是传染病早期的特点。"袁国勇也承认,对于这个病毒的特点,"我们在这个阶段是不清楚的"。

因此,即便是高级别专家组,对此次疫情的研判也不可能做到完全准确,认识也是随着时间的推移逐步调整的。会上,钟南山说:"我本人是很有信心,不会重复17年前的'非典'。这个我们也就花了两周就定位在新型冠状病毒。这些再加上我们有一个很好的监控以及隔离的制度,我不相信它会像17年前'非典'造成的社会影响以及经济的损害。"当时,武汉的确诊人数为139人。

---

① 王瑞、文思敏:《对话高级别专家组成员袁国勇:我在武汉看到了什么》,财新网2020年3月8日。

但后来的情况，出乎所有人的意料。

即便对病毒和疫情研判相对乐观，但高级别专家组出于审慎和传染病的特点，还是建议要减少人群输出和输入，“一般不要去武汉”。

在钟南山等高级别专家组于北京召开发布会的同时，1月20—21日，世卫组织派团对中国武汉进行了实地考察，成员包括世卫组织驻华代表高力、世卫组织西太平洋区域办事处事件管理主任巴巴图德等。

应该说，相比2003年确认“非典”病毒较晚，这次新型冠状病毒的确认还是非常及时的。如果大家还有印象，2003年“非典”暴发之前，病毒在广东已经传播差不多两个多月了，病例发病传播是从2002年12月就开始了，当时民间有各种流言，但直到2003年3月才由香港确认为新型冠状病毒。所以，“非典”广泛暴发传播，很大程度上是因为对疫情了解太少以及处理得不够及时所致。

这次的情况则要好得多，病毒从发现到确认为新型冠状病毒仅两周时间。

积极防控

疫情发生后，各地迅速采取有力措施，加强疫情防控。

重大突发公共卫生事件一级响应机制

1月20日，国家卫健委发布1号公告，将新型冠状病毒感染的肺炎纳入《中华人民共和国传染病防治法》规定的乙类传染病，并采取甲类传染病的预防、控制措施，将新型冠状病毒感染的肺炎纳入《中华人民共和国国境卫生检疫法》规定的检疫传染病管理。

1月22日凌晨，湖北省人民政府启动突发公共卫生事件二级响应。

1月23日，湖南、广东、浙江等省份启动重大突发公共卫生事件一级响应机制。

1月24日，北京、上海、重庆、天津、安徽、福建等省市启动重大突发公共卫生事件一级响应机制；湖北省将二级响应上调为一级响应。

国际关注的突发公共卫生事件

1月30日，世卫组织总干事谭德塞召开突发事件委员会会议，宣布新冠疫情构成“国际关注的突发公共卫生事件”。这是自《国际卫生条例》于2005年生效以来，世卫组织第六次宣布“国际关注的突发公共卫生事件”。

谭德塞说:“中国发现疫情、分离病毒、基因组测序并与世卫组织和世界分享的速度之快,令人印象深刻,无法用语言形容。中国对透明度和支持其他国家的承诺也是如此。”

谭德塞强调,将新型冠状病毒疫情认定为“国际关注的突发公共卫生事件”。“这一决定不是对中国投下的不信任票。相反,世卫组织继续对中国控制疫情的能力充满信心。让我重复一遍:这一决定不是对中国投下的不信任票。相反,世卫组织继续对中国控制疫情的能力充满信心。”

在此之前,世卫组织曾宣布过5次“国际关注的突发公共卫生事件”:

2009年4月,甲型H1N1流感传播到世界213个国家和地区,造成超过28.4万人死亡。后来,美国总统特朗普指责他的前任奥巴马政府“对H1N1流感的应对就是一场灾难,成千上万的人死亡”。当年4月,世卫组织宣布甲型H1N1流感疫情构成“国际关注的突发公共卫生事件”。这是世卫组织宣布的第一起“国际关注的突发公共卫生事件”。

2014年5月,南亚和非洲的脊髓灰质炎疫情构成“国际关注的突发公共卫生事件”。这一病毒具有很强的传染性,侵入人体神经系统后,几个小时内即可致使患者瘫痪。直到2020年1月7日,世卫组织仍然认定脊髓灰质炎病毒是“国际关注的突发公共卫生事件”。

2014年8月,世卫组织宣布西非的埃博拉病毒疫情构成“国际关注的突发公共卫生事件”。在开始阶段,世卫组织一直拒绝将该疫情定性为“国际关注的突发公共卫生事件”,担心这会对当地经济造成损害;在宣布之后,当时的世卫组织总干事陈冯富珍建议不要对西非进行旅行限制,这主要是出于旅行限制会导致医学专家远离该地区,从而加重当地疫情的考虑。

2016年2月,南美地区暴发的寨卡病毒疫情被世卫组织宣布为“国际关注的突发公共卫生事件”。这一疫情当时在南美蔓延很快,巴西的情况尤为严重。女性在怀孕期间感染寨卡病毒可能使出生的婴儿患有小头症,或出现其他先天性畸形;成人和儿童感染寨卡病毒可能面临罹患神经系统并发症。疫情暴发后,南美多个国家发布公告,建议国民推迟怀孕。

2019年7月,世卫组织宣布刚果(金)埃博拉病毒疫情为“国际关注的突发公共卫生事件”。这是继西非2014年暴发埃博拉病毒疫情后,这种病毒在非洲的第二次大暴发。[①]

参考资料

[1]《武汉华南海鲜市场休市整治 开市时间另行通知》，人民网 2020 年 1 月 1 日。

[2]《国家卫生健康委积极开展新型冠状病毒感染的肺炎疫情防控工作》，新华社 2020 年 1 月 19 日。

[3]《84 岁钟南山行程曝光！致敬这群疫情中的逆行者》，《人民日报》2020 年 1 月 22 日。

[4]《国家卫生健康委员会高级别专家组就新型冠状病毒感染的肺炎疫情答记者问》，国家卫健委官网 2020 年 1 月 21 日。

[5]《多省份启动重大突发公共卫生事件一级响应机制》，中国新闻网 2020 年 1 月 24 日。

[6]《WHO 总干事谭德塞：重复一遍，这不是对中国投不信任票！》，人民网 2020 年 1 月 31 日。

[7]田巧萍：《是她！最早判断出疫情并坚持上报》，《长江日报》2020 年 2 月 2 日。

[8]《特朗普称中美关系处于最好时期！华春莹：这是国际社会普遍期待》，好看视频 2020 年 2 月 6 日。

[9]王瑞、文思敏：《对话高级别专家组成员袁国勇：我在武汉看到了什么》，财新网 2020 年 3 月 8 日。

[10]陈芳、刘华、韩墨、李志晖：《中国发布新冠肺炎疫情信息、推进疫情防控国际合作纪事》，新华社 2020 年 4 月 6 日。

[11]中华人民共和国国务院新闻办公室：《抗击新冠肺炎疫情的中国行动》（白皮书），2020 年 6 月 7 日。

① 《国际关注突发公共卫生事件意味着什么？世卫组织曾 5 次宣布》，《新京报》2020 年 1 月 31 日。

第2章

『把人民群众生命安全和身体健康放在第一位！』

◎ 生命重于泰山

◎ 武汉围城与雨夜驰援

◎ 火神山、雷神山

生命重于泰山。疫情就是命令,防控就是责任。[①]

——中共中央总书记、国家主席、中央军委主席　习近平

生命重于泰山

继 2020 年 1 月 7 日习近平总书记在中央政治局常务委员会会议上对新型冠状病毒肺炎疫情防控工作提出要求;1 月 20 日专门就疫情防控工作做出批示,指出湖北省武汉市等地近期陆续发生新型冠状病毒感染的肺炎疫情,必须引起高度重视,全力做好防控工作,要求各级党委和政府及有关部门把人民群众生命安全和身体健康放在第一位;1 月 22 日鉴于疫情迅速蔓延、防控工作面临严峻挑战,明确要求湖北省对人员外流实施全面严格管控之后,1 月 25 日农历正月初一,中央政治局常务委员会召开专题会议,专门听取新型冠状病毒感染的肺炎疫情防控工作汇报。会上,习近平强调,生命重于泰山。疫情就是命令,防控就是责任。各级党委和政府必须按照党中央决策部署,全面动员,全面部署,全面加强工作,把人民群众生命安全和身体健康放在第一位,把疫情防控工作作为当前最重要的工作来抓。只要坚定信心、同舟共济、科学防治、精准施策,我们就一定能打赢疫情防控阻击战。

会议决定,党中央成立应对疫情工作领导小组,在中央政治局常务委员会领导下开展工作。党中央向湖北等疫情严重地区派出指导组,推动有关地方全面加强防控一线工作。习近平代表党中央,向奋战在疫情防控工作一线

① 《中共中央政治局常务委员会召开会议,研究新型冠状病毒感染的肺炎疫情防控工作,中共中央总书记习近平主持会议》,新华网 2020 年 1 月 25 日。

的全国广大医务工作者和同志们表示衷心的感谢，向全国各族干部群众，特别是湖北各族干部群众致以亲切的问候，向在疫情中失去亲人的家庭致以诚挚的慰问。①

报道一出来，大家心里就像吃了一颗“定心丸”，心态一下子稳定很多。由中央直接挂帅，全面统一进行全局统筹、资源调配和防控联动，再加上之前已在中央指导下做了大量工作，接下来的抗击疫情工作一定能更加有序地展开，取得更多成效，各方的信心会更足、人心会更稳。

在中央的关心下，国家医疗保障局于 1 月 22 日决定对确诊为“新型冠状病毒感染肺炎”等患者采取特殊报销政策，“保证及时支付患者费用，特别是发挥医疗救助资金的兜底保障作用，打消患者就医顾虑。对异地就医患者先救治后结算，报销不再执行异地转外就医支付比例调减规定，减少患者流动带来的传染风险”。

1 月 27 日，李克强总理受习近平总书记委托，先到抗击疫情的最前线武汉市金银潭医院看望患者和医务工作者，然后赶往修建武汉火神山医院的施工现场慰问施工队伍，之后又去超市看望市民。

总理到武汉，就是给武汉人加油打气的。作为身在疫区的人，尤其是看到总理与大家一起高喊“武汉，加油！”时，每一个人的心里都很温暖，非常感动。

不在前线，不知道在前线的人有多么迫切地需要全国人民作后盾。总理来了，就是代表党和人民来了，武汉人的斗志就能被最大限度地激发，武汉人的心态就会更稳定。

因此，还是我们的领导人高瞻远瞩，去金银潭医院看望病人和一线医护人员，去火神山医院建设工地看望施工人员，去超市看望老百姓，这就是给武汉人的最大心理支持！这就能鼓舞武汉人战胜病毒的斗志！随着物资逐渐到位，武汉人一定能打赢这场病毒之战。

就在同一天，以国务院副总理孙春兰为组长的中央指导组进驻武汉。指导组在汉期间，多次就公开透明发布疫情信息提出要求。

1 月 28 日，国家主席习近平在北京会见世卫组织总干事谭德塞时指出，

---

① 《中共中央政治局常务委员会召开会议，研究新型冠状病毒感染的肺炎疫情防控工作，中共中央总书记习近平主持会议》，新华网 2020 年 1 月 25 日。

疫情是魔鬼,我们不能让魔鬼藏匿;中国政府始终本着公开、透明、负责任的态度及时向国内外发布疫情信息,积极回应各方关切,加强与国际社会合作;中方愿同世界卫生组织和国际社会一道,共同维护好地区和全球的公共卫生安全。

2月3日,中共中央总书记习近平主持召开中央政治局常务委员会会议,指出要进一步完善和加强防控,严格落实早发现、早报告、早隔离、早治疗的“四早”措施;强调要全力以赴救治患者,努力“提高收治率和治愈率”,“降低感染率和病亡率”。①

2月10日,习近平总书记在北京调研指导新型冠状病毒肺炎疫情防控工作,并通过视频连线武汉市收治新冠肺炎患者的金银潭医院、协和医院、火神山医院,了解情况、听取意见和建议,慰问一线医务工作者。习近平在调研中强调,疫情形势仍然十分严峻,各级党委和政府要坚决贯彻党中央关于疫情防控各项决策部署,坚决贯彻坚定信心、同舟共济、科学防治、精准施策的总要求,再接再厉、英勇斗争,以更坚定的信心、更顽强的意志、更果断的措施,紧紧依靠人民群众,坚决把疫情扩散蔓延势头遏制住,坚决打赢疫情防控的人民战争、总体战、阻击战。②

为了给一线医护人员提供切实保障,2月22日,中央应对新型冠状病毒感染肺炎疫情工作领导小组印发《关于全面落实进一步保护关心爱护医务人员若干措施的通知》,就进一步保护关心爱护医务人员提出十方面措施。其中第一条明确规定:“提高疫情防治人员薪酬待遇。各地要在落实现有政策基础上,将湖北省(含援湖北医疗队)一线医务人员临时性工作补助标准提高1倍、薪酬水平提高2倍,扩大卫生防疫津贴发放范围,确保覆盖全体一线医务人员。”

在笔者看来,中央坚决阻遏疫情的指示精神和实质性举措,从根本上稳定了全局,有利于抗疫的速胜;否则,我们将很可能付出民族复兴受阻的战略代价、产业链受损的经济代价、民众获得感下降的民生代价。

---

① 中华人民共和国国务院新闻办公室:《抗击新冠肺炎疫情的中国行动》(白皮书),2020年6月7日。

② 《习近平在北京市调研指导新型冠状病毒肺炎疫情防控工作时强调,以更坚定的信心更顽强的意志更果断的措施,坚决打赢疫情防控的人民战争总体战阻击战》,央广网2020年2月11日。孙珉、曾嘉雯:《大国战“疫”,习近平总书记亲自指挥、亲自部署》,求是网2020年3月10日。

很多人可能不清楚，2019 年我国平均每秒钟创造 317 万元的 GDP，平均每分钟创造 1.9 亿元的 GDP，平均每小时创造 114 亿元的 GDP，平均每天创造 2 740 亿元的 GDP。

每个人为国家节省 1 秒钟，就能为国家创造 317 万元的经济价值；为国家节省 1 分钟，就能创造 1.9 亿元的经济价值。我们国家不能正常搞经济生产，这个损失，大家一定要算经济账啊！这都是我们大锅里的财富啊！

而且，这种伤害一旦时间长了，造成的负面影响就不是短期的了。因为这将有可能影响我国全球产业链中心的地位。全球的大企业为了保障自己的供应链安全，会把企业转移到海外，如果是那样，给我们造成的经济损失很多就是无法挽回的，都是战略性损失。

武汉围城与雨夜驰援

对于新冠病毒的确诊，“以前是从国家的 CDC（疾控中心），或者国家部门严格地鉴定以后才可以。现在的考虑不太一样，因为两次检测有阳性你就可以定”[①]。先前严格甄别的做法，在一定程度上和客观上不利于对疫情传播的管控，人员密集的医院成为传染率较高的场所；而人员的流动，又使得疫情在无声中开始了社区传播。

根据之前媒体的报道，病毒扩散主要是在两个空间：

一个是海鲜市场。中国疾控中心从华南海鲜市场的 585 份环境样本中，检测到 33 份样本含有新型冠状病毒核酸，并成功在阳性环境标本中分离病毒，由此可以确定，第一个病毒扩散源头就是华南海鲜市场。

二是医院。从 1 月 12 日确认赵军实感染“不明病毒”，到 15 日确认感染新型冠状病毒，其相应的防控措施还是较为薄弱的，那么医院的交叉感染就可能是第二个病毒扩散的源头。

---

① 《国家卫生健康委员会高级别专家组就新型冠状病毒感染的肺炎疫情答记者问》，国家卫健委官网 2020 年 1 月 21 日。

基于上述两个信息的判断,病毒加速传播很可能是 1 月中旬才开始,尤其是在 1 月 15 日之后的扩散速度加快了。

根据高级别专家组的意见,在反复权衡和斟酌之后,武汉市新型冠状病毒感染的肺炎疫情防控指挥部于 1 月 23 日凌晨 2:00 做出自当天上午 10:00 起封城的决定!

封城,在和平年代做出这样的决定是极为艰难的,毫无疑问,在经济上的牺牲也是巨大的。然而,为了全国人民的安全,为了不让疫情进一步扩散带来更大的风险,为了全国人民过好年,这么做也是非常值得、非常有必要的!

封闭一座人口一千多万的城市,这是一个艰难的政治决定,因为如果不能做到上下一心、彼此信任理解,这样的决定可能会引发大的社会动荡和民意反弹。能做出这样的决定,说明当地政府对武汉人民有信心,而武汉人民也必然是信任当地政府的,只有这样,才能在封城的情况下做到社会与民心稳定。

封城之后,无人机拍摄的武汉黄鹤楼和长江大桥,大街上几乎空无一人
(图片来源:新华社)

笔者在武汉封城后不久的 1 月 26 日打电话回老家,得知老家已经封村了,各个村之间的道路都设了卡,大喇叭在宣传不要走亲访友、避免集聚。在网络上,甚至有孙子去看望爷爷却被爷爷拒之门外的视频……大家的防疫意识基本到位了。

如果说这次对疫情的治理是一场“人民战争”的话,那么武汉就是这场“人民战争”中的“上甘岭”,这场战争我们赢得越漂亮,我们每个人就越安全,损失越小;反之,代价就越大,每个人就越不安全,损失也就越大。

对于这次武汉封城抗疫,笔者自其开始,就一直强调我们每个人都必须以国家大局为重,必须识大体,跟着党和国家打好这场疫情歼灭战,这是因为抢时间、集中资源打赢这场超限战,关乎我们国家的长期战略利益。只有如此,我们每个人的利益才能实现最大化,个人安全才能得到保证。

试想,如果不能速战速决,一旦疫情在全国范围内大规模扩散,以这次新型冠状病毒的传染速度,整个中国都将成为疫区。再考虑到病毒在人体内适应后的变异可能,其毒性一旦增加,后果就将是灾难性的。

对于这次疫情,毫不夸张地说,我们每抢回一秒钟时间,意义都是重大的。这不仅仅关系到我们老百姓的生命安全和身体健康利益,更是关系到国家经济可持续发展及中华民族伟大复兴进程的根本利益。

从某种意义上说,这次疫情本质上是一件小到个人生命健康安全、大到国家前途命运的战略性事件。

自 1 月 23 日武汉市宣布封城后,湖北省 17 个地市相继采取了交通限行措施。其中,包括武汉、宜昌、十堰、黄石、鄂州等 14 个地市实施了高速公路出行限制,17 个地市州宣布公共交通停运。2 月 1 日,黄冈发布“史上最严出行令”,要求每户家庭每两天可指派 1 名家庭成员上街采购生活物资,其余人员除生病就医等特殊情况外,不得外出。

义无反顾投入到抗击疫情工作中的医务工作者,在武汉比比皆是,医院一批批的志愿者报名都是快速满员。病毒面前,武汉市的医务工作者和其他岗位的工作人员,都没有退缩!

除了工作人员之外,普通市民也表现出了强大的心理抗压能力和责任心,不但没有出现大面积恐慌,大家反而都非常平静和顾全大局,对政府封城的决定表示了充分的理解和支持。

其实,大灾大难面前,武汉人的表现就是中国人的缩影,这早已被历史多次证明。就在 1 月 23 日晚,一列载着上海支援武汉的第一批重症和呼吸科医务人员的高铁驶往武汉。

同一天,南方医院党委向全院职工发出倡议书,号召全院职工弘扬"万众一心,众志成城,团结互助,和衷共济,迎难而上,敢于胜利"的"抗击'非典'精神",服从命令、坚守岗位、恪尽职守,树立大局意识,做好打大仗、打硬仗、打持久战的准备,保卫人民群众生命安全和身体健康。近千名医护人员放弃休假,准备随时回到工作岗位,这其中,就包括曾远赴小汤山抗击"非典"的队员,他们都写了请战书,并随时准备接受征召。

1 月 24 日,除夕之夜,来自海军军医大学(上海)、陆军军医大学(重庆)、空军军医大学(西安),以及 3 所军医大学附属医院抽调的军医、多支广州医疗救援队,星夜冒雨驰援湖北,24 日午夜 23:44,全部抵达武汉天河机场。

老百姓有这样一句话:看到解放军心里就踏实了。是的,解放军就像老百姓心里的"定海神针",他们总是神兵天将,解决人民的当务之急,保护人民的生命财产安全。这一次也不例外。无论是 1998 年抗洪,还是 2008 年初的雪灾,再或 5·12 的汶川大地震……解放军,在国家危难时刻总是冲在最前面。

从陆军、海军、空军、火箭军、战略支援部队、联勤保障部队、武警部队多个医疗单位分 3 批次抽组的 4 000 余名医务人员,牢记人民军队宗旨,闻令而动,自 1 月 24 日开始,有力地支援武汉抗击新冠肺炎疫情。在武汉火神山医院、武汉市泰康同济医院、湖北省妇幼保健院光谷院区,负责床位 2 856 张,累计收治确诊患者 7 198 名。

湖北省中西医结合医院医生张继先,在 24 日的午夜盼来第一批援助武汉医疗队后,激动得当场放声痛哭,"看到他们的感觉,你知道是什么样的吗?就是你在前线打仗打得很艰难的时候,马上弹尽粮绝,突然看见有人带着资源来了,后援来了"。张继先就像是战争年代端着刺刀在阵地血拼的战士,在力不能支的紧要关头,猛然回头看见援军就在自己的身后。

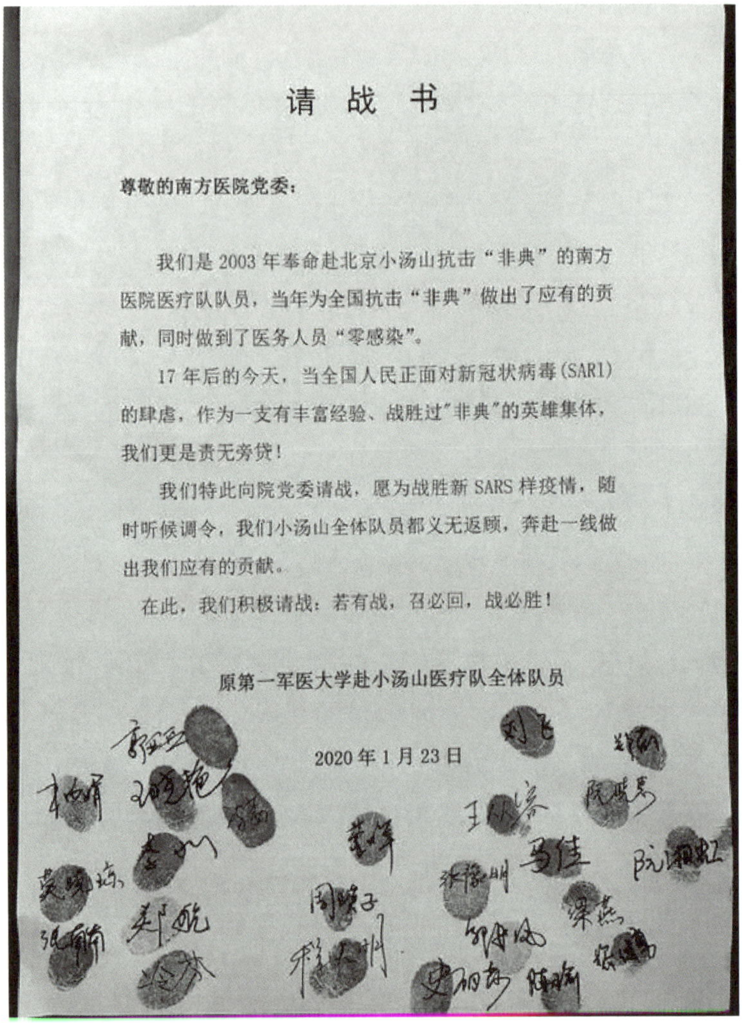

请 战 书

尊敬的南方医院党委：

我们是 2003 年奉命赴北京小汤山抗击“非典”的南方医院医疗队队员，当年为全国抗击“非典”做出了应有的贡献，同时做到了医务人员“零感染”。

17 年后的今天，当全国人民正面对新冠状病毒(SAR1)的肆虐，作为一支有丰富经验、战胜过"非典"的英雄集体，我们更是责无旁贷！

我们特此向院党委请战，愿为战胜新 SARS 样疫情，随时听候调令，我们小汤山全体队员都义无返顾，奔赴一线做出我们应有的贡献。

在此，我们积极请战：若有战，召必回，战必胜！

原第一军医大学赴小汤山医疗队全体队员

2020 年 1 月 23 日

南方医院医疗队“请战书”(图片来源:央视新闻)

张继先说,当时已经忙到“不知道星期几”,在援汉医疗队到达前已经咬牙坚持 20 余天的时间里,“医生护士啥都干,女人当男人用,男人当牲口用。病人住院了以后,电梯不能用,所有东西都是医生护士扛上楼”。张继先对疫情初期的艰苦,仍历历在目。[①]

从全国各地赶来援助武汉的医务工作者,有的已经上岗,有的严阵以待,有的正在赶来的途中。一方有难,八方支援,中国从来不缺“逆行者”。他们,都是

① 陈莉莉:《“拉响警报第一人”现在怎样了》,《南风窗》2020 年 3 月 27 日。

雨夜出征的人民子弟兵(图片来源:《当代海军》)

最可爱的人,都是拥有超人勇气的历史承担者,都是人民生命财产安全的守护人!

每一位出征的医护人员身后,都是默默支持和无私奉献的家庭。1 月 28 日,四川省第二批、广元市首批派往武汉的医疗援助队伍出发,第一人民医院的护士赵英明默默地坐在大巴车内靠窗的位置上;窗外送行的丈夫蒋昊峻哽咽着大喊:"赵英明,听到没有,平安回来!平安回来,一年的家务我包做了……"也许是隔着车窗听不清楚,赵英明只是下意识地朝窗外看了一眼,还没有任何表示,大巴车就缓缓驶出了。

赵英明支援武汉后,因为疫情原因,蒋昊峻并没有上班,他的时间基本上分成两部分:一部分是照顾 4 岁半的儿子,另一部分是等候赵英明的信息……疫情期间,蒋昊峻瘦了 5 斤。2 月 14 日是与妻子在一起后第一次分开度过的情人节,蒋昊峻录下做家务的视频,作为一份特别的礼物送给妻子。[①]

① 《赵英明即将归来,承诺包一年家务的老公:绝不拉稀摆带》,成都商报社"红星新闻"2020 年 3 月 18 日。

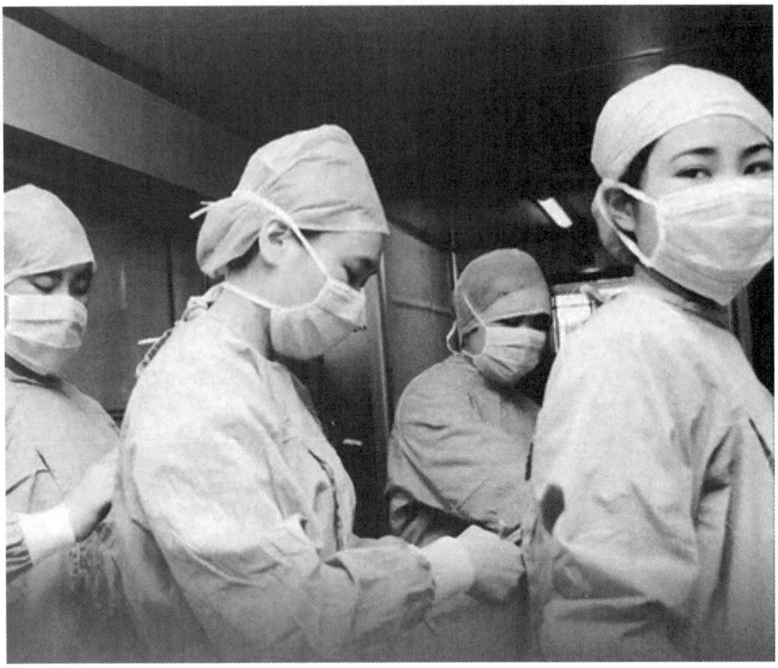

一线的医护人员,有的仍然稚气未脱(图片来源:《人民日报》)

就在蒋昊峻追着赵英明大喊“平安回来,一年的家务我包做了”的同一天,钟南山在接受新华社记者采访时噙着眼泪说:“武汉是一座英雄的城市,武汉人民是英雄的人民。有全国、有大家的支持,武汉肯定能过关!”

对于疫情的发展趋势,中国工程院院士钟南山团队在 2 月上旬,通过 2003 年“非典”时期的数据以人工智能(AI)方法来模拟本次疫情的流行趋势,推测 2 月下旬全国疫情将达到高峰,4 月底趋于平缓。如管控措施推迟 5 天实施,中国内地的疫情规模预估将扩大至 3 倍;如减低武汉管控力度,湖北可能在 3 月中旬出现第二次疫情高峰并延续至 4 月下旬。钟南山团队的模拟研究,证实了 1 月 23 日起实施的公共卫生干预措施有效控制了疫情发展。[①]

钟南山团队的观点,也得到了来自全球知名学术刊物《科学》杂志的认同。3 月 31 日这份杂志刊载的论文表明,通过模型计算可以发现,如果没有武汉的封城和全国各地的紧急防控措施,那么截至 2 月 19 日,除武汉之外全国的新冠

① 蔡敏婕:《钟南山团队:如管控措施推迟 5 天,中国内地疫情规模将扩大至 3 倍》,中国新闻社 2020 年 3 月 3 日。

肺炎确诊人数可能会达到 74.4 万人,但由于武汉封城和其他各地的防控,2 月 19 日除武汉之外全国的确诊人数为 2.983 9 万。也就是说,自 1 月 23 日武汉和全国行动起来之后,当时被一些西方媒体看来"严苛"甚至指责为"剥夺人权"的防控措施,使武汉之外的 70 多万人免于感染新冠病毒,从而大大避免了更为严重的后果。

中国基于科学精神采取的抗疫策略,在事后得到了越来越多国家的认可。一度被西方媒体认为有损个人隐私的健康码等防疫手段,在欧洲国家也逐渐得到应用。半年多后,德国《明镜》周刊刊发了一位德国人发自中国的报道:"我受益于中国以这种方式成功遏制了疫情的事实。……在我看来,当中国防疫措施限制了一定自由后,最终给我们带来更多的自由。"欧洲媒体则以"向中国学习"为标题,承认中国在抗击新冠疫情方面做得很正确。

火神山、雷神山

与防护物资一样紧缺的,是医院的床位。一方面,病毒快速传播带来病患者人数的激增,使得医院病床极度紧张;另一方面,新冠病毒感染者的治疗周期一般在 2—3 周时间,重症患者的治疗周期更长,较长时间的疗程也影响了病床的周转率。1 月 21 日,武汉市 3 家定点医院设置 800 张床位用于收治病人,其他直属医疗机构为配合患者救治,也腾出 1 200 张床位,但这些床位仍无法满足需求。

全国各地赶来的援助医疗队从 1 月 24 日起陆续抵达武汉,在逐步缓解当地医护人手紧张的状况之后,如何解决湖北省特别是武汉市在突发疫情面前医院床位资源捉襟见肘的问题,就显得尤为迫切。

1 月 23 日,武汉市决定由中建三局牵头,"极速"开建编设床位 1 000 张的火神山医院。

1 月 24 日除夕当天,火神山医院项目准备入场的挖掘机 95 台、推土机 33 台、压路机 5 台、自卸车 160 台集结完毕,上百台挖掘机抵达项目现场,一座小土山被连夜铲平,累计平整场地 5 万平方米,相当于 7 个标准足球场大小;25 日,完成大部分地面平整;26 日,防渗层施工全面展开,开始底板钢筋绑扎; 27 日,首批集装箱板房吊装;28 日,1 栋双层病房区钢结构初具规模;29 日,板房安装完成 20%,水电暖通、机电设备同步作业;30 日,集装箱板房进场、改装、吊装快速推进;31 日,基础混凝土浇筑完成;2 月 1 日,活动板房全部安装完成,道路、医疗配套设施施工连续推进;2 月 2 日,火神山医院工程完工。

火神山医院建设现场日夜施工的挖掘机(图片来源:新华网)

在火神山医院的建设过程中,中建三局成立党员突击队,以分组形式 24 小时连续鏖战。为保证施工进度,每天上午 10:00 和晚上 18:00,中建三局都会对现场各单位施工进度按小时进行通报考核;如有延误,第一时间上报,确保进度受控。

火神山医院的建设,从完成设计方案到交付仅耗时 9 天。在平时,建设这样体量和水准的医院至少需要 2 年工期。世卫组织总干事谭德塞惊讶地表示:“我一生中从未见过这种动员。”

为了进一步落实“把人民群众生命安全和身体健康放在第一位”的要求,对传染源实施隔离,集中收治新冠肺炎患者,1 月 25 日,武汉市又下达了建设编设床位 1 500 张的雷神山医院的命令(后扩容至 1 600 张床位)。从 1 月 26 日完成施工图纸到 2 月 6 日验收移交,这座总建筑面积达 7.5 万平方米的大型医院仅用了12天。

除了中建三局牵头外，中国电信、中国石化、华为、国家电网、施耐德电气(中国)、三一重工这6家企业也参与其中。

中国电信利用云部署，仅用12个小时就完成火神山医院的信息系统建设。2月1日，雷神山4G、5G、医疗云、互联网、语音通话等通信及信息化服务开通准备工作，提前3天全部完工。中国电信还与华为团队合作，完成火神山医院首个"远程会诊平台"的网络铺设和设备调试。

中国石化承担了为火神山、雷神山两座医院免费提供油气的任务。另外，火神山医院建设初期，正逢武汉连绵阴雨，工地现场全是泥，这么冷的天，很多建筑工人想喝口热水就只能来加油站。于是，加油站4名员工为近4 000名施工建设者提供热水、方便面等物资供应保障。

国家电网、施耐德电气(中国)自中标后，将平时需要10—14天的设计、生产、交付、施工的时间，通过超常规流程运作，缩短到2天。

事关人命，参与医院的建筑工人逆行而上。农民工党员黄坤，在接到武汉雷神山医院建设紧急征招工人的消息时，顾不上与家人细说，召集村里和武汉周边地区的几个务工兄弟连夜赶来。

34岁的退伍军人石李峰，在大年初二的晚上，从安徽老家出发，赶往武汉火神山医院建设现场。"我会安装铝合金门窗、板房，做焊工也没问题，现场肯定需要我这个工种，去了就能帮上忙。"石李峰成为火神山工地众多建设者中的一员。

央视对两座医院施工现场进行24小时网络直播。已放假回家的机车司机接到电话后自愿回武汉参战。参与建设的三一重工的混凝土泵车，被网友们亲切称为"大红";挖掘机，被称为"小黄";起重机，则被称为"送高宗"。自1月24日接到建设任务以来，三一重工的41台起重机、8台泵车、35台搅拌车、22台挖掘机共计106台设备24小时昼夜不停。有的工种可以实施24小时两班倒，但吊车司机每人每天只能在车上睡两三个小时。施工期间，吃完中饭，四五个工人没地方休息，就直接躺在冰冷的工地上睡着了。[①]

---

① 贺广华、李昌禹、程远州:《我是党员，我先上!(来自疫情防控一线的报道)——武汉疫情防控一线纪实之一》,《人民日报》2020年2月1日。《一线员工讲述:火神山雷神山医院如何极速建成》,《环球时报》2020年2月7日。

累得倒头便睡的火神山医院工地建设者(图片来源:《环球时报》)

各路建设者争分夺秒,在极速推进火神山医院建设过程中,施工昼夜不停,心急火燎地恨不得一天有 25 个小时。为了拼抢速度,各路参建者在进度安排上甚至发生了一点小摩擦,被眼尖的“云监工”网友看得清清楚楚。武汉市城乡建设局迅速回应称,不同的参建单位“对道路开挖时间存在误会,导致争执推搡,被周围人员迅速劝阻分开,无人受伤。项目指挥部现已协调好现场施工工序,现场已完全恢复正常施工”。

令人惊叹的“中国速度”和“基建狂魔”的赞誉,是所有一线普通工人用汗水铸就的!

历时 11 天,2 月 2 日火神山医院交付军方;3 日火神山医院开始收治患者。

除此之外,武汉市还紧急改扩建一批定点医院,改造一批综合医院,使重症床位从 1 000 张左右迅速增加至 9 100 多张,解决了重症患者大规模收治难题。

参考资料

[1]倪晶依:《武汉公布诊疗方案:3 家定点医院设置 800 张床位用于收治病人》,环球网 2020 年 1 月 21 日。

[2]屈婷、田晓航:《新型肺炎确诊患者将享受特殊医保报销政策》,新华社 2020 年 1 月 22 日。

[3]《出征!上海第一批重症和呼吸科医师驰援湖北》,人民日报客户端2020年1月23日。

[4]《中共中央政治局常务委员会召开会议,研究新型冠状病毒感染的肺炎疫情防控工作,中共中央总书记习近平主持会议》,新华网2020年1月25日。

[5]《除夕夜,陆海空三军军医大学医疗队紧急出征驰援武汉》,国防部网站2020年1月25日。

[6]《火神山医院项目工人起冲突,武汉市城乡建设局回应》,《新京报》2020年1月30日。

[7]贺广华、李昌禹、程远州:《我是党员,我先上!(来自疫情防控一线的报道)——武汉疫情防控一线纪实之一》,《人民日报》2020年2月1日。

[8]陈红霞、杨清清、唐唯珂、刘迅、姚煜岚、李倩:《武汉"战疫"前线:病人"一床难求"!各大医院床位爆满,物资不断告急,拐点何时现?》,《21世纪经济报道》2020年2月3日。

[9]《一线员工讲述:火神山雷神山医院如何极速建成》,《环球时报》2020年2月7日。

[10]《习近平在北京市调研指导新型冠状病毒肺炎疫情防控工作时强调,以更坚定的信心更顽强的意志更果断的措施,坚决打赢疫情防控的人民战争总体战阻击战》,央广网2020年2月11日。

[11]《中央应对新冠肺炎疫情工作领导小组印发〈通知〉,湖北省及援鄂一线医务人员补助增一倍薪酬水平增两倍》,《新华每日电讯》2020年2月23日。

[12]蔡敏婕:《钟南山团队:如管控措施推迟5天,中国内地疫情规模将扩大至3倍》,中国新闻社2020年3月3日。

[13]孙珉、曾嘉雯:《大国战"疫",习近平总书记亲自指挥、亲自部署》,求是网2020年3月10日。

[14]陈莉莉:《"拉响警报第一人"现在怎样了》,《南风窗》2020年3月27日。

[15]《〈科学〉这篇证明中国抗疫巨大效果的论文,西方媒体都黑不动了》,《环球时报》2020年4月2日。

[16]《中国发布新冠肺炎疫情信息、推进疫情防控国际合作纪事》,新华社

2020 年 4 月 6 日。

[17]《经中央军委主席习近平批准，军队支援湖北医疗队圆满完成任务回撤》，中国新闻社 2020 年 4 月 16 日。

[18]中华人民共和国国务院新闻办公室：《抗击新冠肺炎疫情的中国行动》（白皮书），2020 年 6 月 7 日。

[19]格奥尔格·法里昂，青木译：《德国人通过中国看懂这点，不容易》，《环球时报》2020 年 10 月 20 日。

[20]彼得·阿赫特，青木译：《瑞媒标题直接写：向中国学习》，《环球时报》2020 年 11 月 19 日。

第3章

艰难时刻

短暂的混乱与纠偏

◎ 工作的惯性

◎ 医疗资源紧缺

◎ 疫情救治中的创新：方舱医院

“方舱医院是中国成功应对疫情的一个非常重要的创新举措之一。……我觉得这是中国对抗疫情成功的一个很重要的因素，也是世界其他国家可以学习的重要经验。”

——国际顶尖医学期刊《柳叶刀》总编　理查德·霍顿

工作的惯性

就在钟南山领衔的高级别专家组到达武汉市的同一天，2020年1月18日，武汉市百步亭社区举行了第20届“万家宴”。其实，此时武汉市的新冠肺炎已经见诸报道，街头的部分行人也开始戴起了口罩。针对疫情，武汉市自1月14日起，在火车站、汽车站、机场和客运码头等交通枢纽发放宣传册和口罩，设置体温检测点、排查点，对出现发热的旅客进行登记，指导转诊到辖区医疗机构。

但作为年复一年的常规工作，“万家宴”依然如期举办。一面防控，一面聚集，两个“互不兼容”的场景竟然并行不悖，这既说明是工作思路的传统“路径依赖”，也说明对病毒防控的认识还只停留在“非典”时期“发热传播”这个认识层面上。

常规工作即“规定动作”，这个认知在平时一点都没错，但在疫情面前，就显得认识不够、变通不足了。因此，对“口罩不戴、活动照开”的“万家宴”，媒体批评其形如“裸奔”。

除此以外，武汉市还推出了主题为“浓浓中国风，暖暖江城情”的2020春节武汉时光活动，从1月20日起，向市民发放20万张文旅惠民券，让市民过年期间可免费游览市内主要文旅景区。好在引发争议后,武汉市文旅局当日下发紧急通知,公告活动延期。

但是,1 月 20 日下午,武汉市应急管理厅还是举办了春节联欢会。21 日,省春节团拜会文艺演出在洪山礼堂举行。参加演出的湖北省民族歌舞团官方公众号中写道,到场观看的有省领导和省各界代表,“在武汉,大家带着层层口罩,克服肺炎恐慌,用敬业、执着、认真全力以赴”[1]。可见,当时地方政府各层面对于年复一年“规定动作”的执行,已到了近乎偏执的地步。这不能不说是疫情防控中令人遗憾之处,值得总结和反思。

医疗资源紧缺

国内健全的医疗卫生体系,让人们在平时形成了一有头痛脑热就前往医院就诊的习惯,而三甲医院[2]往往成为就医的首选。作为“九省通衢”的武汉市,密集的人流,以及医院门诊相对封闭的空间环境,客观上造成了新冠病毒的快速传播。

“不是告急是没有了!”

截至 2020 年 1 月 28 日 24 时,国家卫健委收到 31 个省(区、市)累计报告确诊病例 5 974 例,确诊病例数超过 2003 年内地累计报告“非典”临床诊断病例数(5 327 例)。

作为疫情集中暴发的武汉市,一方面,医疗系统在仓促之间被不断涌入的病人挤兑,医院的防护装备到了捉襟见肘的地步,医护人员不得不自己动手制作口罩、防护服和护目镜;另一方面,面对各地纷拥而来的捐赠物资,下发物资的分配中枢显得跟不上节奏。

《人民日报》微博也为此焦虑地发出呼吁:“究竟是物资紧缺还是物资分配

---

① 《还原“超级传播者”传染路径》,《中国新闻周刊》2020 年 1 月 25 日。
② 即“三级甲等医院”,是目前国内对医院实行“三级六等”划分等级中级别最高的医院。

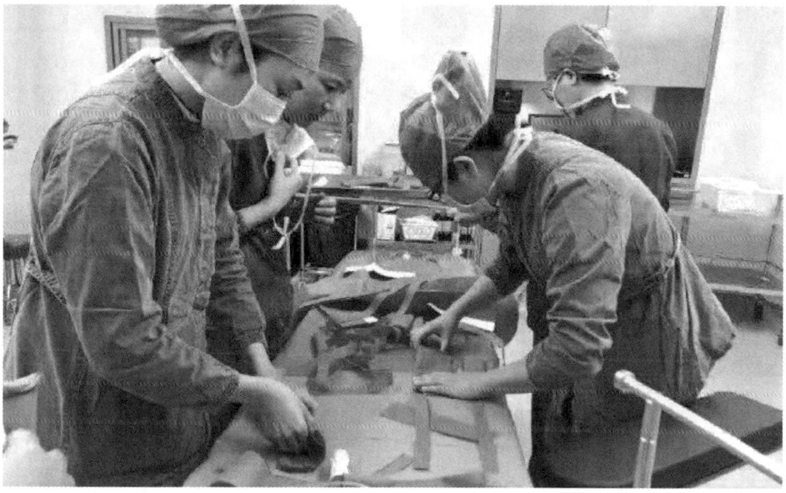

迎难而上的医护人员自制口罩(图片来源:《人民日报》微博)

环节存在问题?”

1 月 30 日,武汉协和医院医生在线求助,称协和医院的物资即将全部用尽,恳请社会帮助,邮费到付都可以,并特别强调,“前线医疗物资不是告急是没有了!”“我们保卫武汉,请求你们支援我们!”[①]《人民日报》微博又一次助力转发,协助一线医疗救治单位筹措急需的防疫物资。

防护物资紧缺的,并不仅仅是武汉协和医院,其他仓促应战的医院也遇到此类问题。作为武汉市第一批定点收治医院的武汉市第七医院也是如此,整个医院的口罩库存一度只剩下 50 只。医院为此多次调整物资使用标准,从刚开始保障重点科室,调整为每天只能提供 40 套防护物资;到后来标准更为严格,物资具体到当班的每一个医护人员每天领取一次,领取时必须签名。由于每天只能使用一套防护服,因而不少医护人员只能穿着纸尿裤进入隔离区域,一整天不吃不喝地在病区救护,“防护服非常闷,出来时很多人都是头晕目眩的”。[②]

① 《捐了那么多东西,医院怎么还是缺物资? 湖北红会回应:痛心、自责、内疚》,《每日经济新闻》2020 年 2 月 1 日。

② 张从志、王珊:《湖北与武汉红会,物资捐赠卡在了这里?》,《三联生活周刊》2020 年 2 月 1 日。

《人民日报》转发的请求防护物资尽快到位的微博(图片来源:《人民日报》微博)

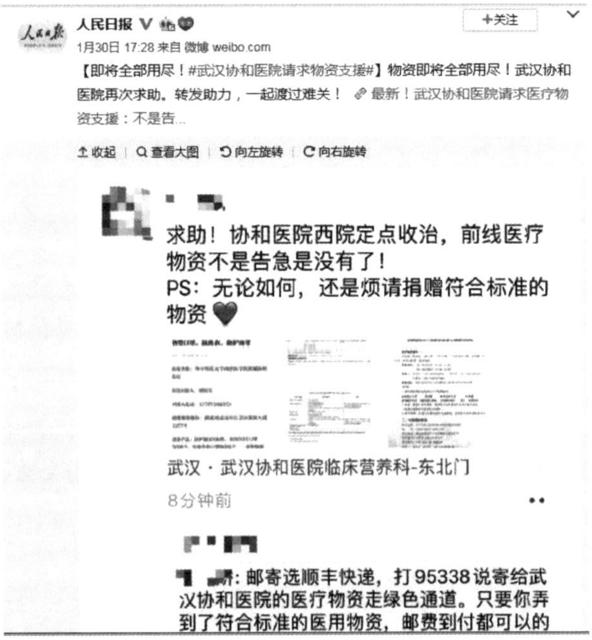

《人民日报》转发的请求防护物资支援的微博(图片来源:《人民日报》微博)

医疗资源的紧张，除了体现为防护物资紧缺外，还体现在医院满员、120急救中心超负荷运转等方面。由于武汉实行交通管制，私家车和出租车基本停运，运送病人只能通过120急救车。武汉市120急救专线的接听量，往常平均每天为2 000人次左右。疫情发生后，电话接听量急剧增加，高峰期每天接听电话超过15 000人次，是平时的七八倍。武汉市急救中心原有57台急救车辆，尽管通过加班加点提高效率，每天有效转送病人从300车次增加到了700车次，但仍然无法满足危急病人的用车需求。调度员面临着无车可派的情况。按照规定，车上有消毒灯，每次送完患者之后，急救车需要1小时的时间进行消毒，时间到了灯才会熄。而出诊的司机、医生、护士、担架员为了节约时间，往往回到医院还不到10分钟，就又得出发赶往下一病患家中。

在各方的协调下，外省市的数十台急救车也紧急支援武汉。武汉市120急救中心增加了100部电话，许多志愿者也参加值班接听。至2月6日，120急救中心的电话不用再排队了，打进来的电话可以得到及时接听处理。①

2月5日，国务院联防联控机制加强协调调度，供应湖北省医用N95口罩首次实现供大于需。

舆论监督：不断改进的抗疫生态

1月31日下午，《经济观察报》记者联系湖北省红十字会人士询问非定向物资如何分配，得到“交给指挥部统一分配”的答复。湖北省疫情防控指挥部一位工作人员则称，疫情指挥部尊重捐赠主体，并不统一负责分配，只是审核和批准3家定点机构②的分配方案，未曾修改或驳回湖北省红十字会上报的分配方案。③

医疗系统防护物资的缺乏，一方面是消耗量大导致的，另一方面是因为社会捐赠的物资同医疗系统的防护要求在品种、型号、标准上不完全一致，从而造成了拨付的困难和迟缓。此外，封城造成的交通管控，以及湖北省红十字会在分类、仓

---

① 《一度电话打不进＋无车可派＋病人无医院可送，武汉120如何运转?》，《环球时报》2020年2月10日。

② 3家定点机构是指湖北省红十字会、湖北省慈善总会、湖北省青少年发展基金会。

③ 张雅楠、程璐洋：《谁在负责抗疫物资分配？湖北疫情防控指挥部：具体怎么分问红十字会》，《经济观察报》2020年1月31日。

储、物流等管理环节上专业度不够,也在一定程度上造成了物资下发的迟缓。

其实,红十字会系统面对突如其来的捐赠物资,也使出了浑身解数。武汉市红十字会工作人员只有10人,湖北省红十字会也只有20多人。这些工作人员全部取消年假,24小时在岗轮流加班,但仍无法照顾过来。即使武汉市统计局调了20人,专门负责物资清点、登记,另外又招募了近50位志愿者,人手依然捉襟见肘。在这样的前提下,物资信息的混乱也显露出来。"按照一位从其他部门抽调来的工作人员私下说,红十字会几十年没打大仗了,一打仗就有点乱。"

武汉市委负责人针对捐赠物资分配中出现的问题表示:"责成慈善机构每三天发布接受捐赠情况、捐赠物品使用去向。同时要求他们要在网上公布接受什么地方捐赠的什么物资,把物资分配到了什么地方,广泛接受社会监督。"

2月1日下午,湖北省红十字会发布了关于捐赠物资分配有关情况的说明,对物资分配中存在的问题深感痛心、自责和内疚,对媒体和网民的监督和批评表示衷心的感谢;并表示,"关于省红十字会内部管理问题。我单位连夜召开党组会议,深刻查找捐赠物资接受分配中的管理问题,对存在的审核把关不严、执行程序不严格、工作不细致、作风不扎实等问题,会党组做出深刻检讨,并将对直接责任人依纪依规追责"。

2月1日,中国红十字会总会工作组赶赴湖北武汉,指导、督促湖北省红十字会、武汉市红十字会做好新型冠状病毒感染的肺炎疫情防控工作。

针对疫情防控中出现的问题,湖北省委高度重视,在疫情防控极为紧张的2月3日召开专题会,提出要"深刻反思在这场地方治理体系和治理能力大考中的不足"。在新闻舆论监督和政府有关部门的督导下,同时在位于武汉的国内规模最大的民营医药流通企业九州通的协助下,医院防护捐赠物资管理、分发的工作逐渐步入正轨。

截至2020年5月31日,湖北省和武汉市累计接受社会捐赠资金约389.3亿元、物资约9.9亿件,累计拨付捐款资金约328.3亿元、物资约9.4亿件。

疫情防控期间的舆论监督也发挥了积极的作用。2月9日晚,经《环球时报》记者调查发现,武汉市某街道在转运30多位老年新冠肺炎患者时,街道工作人员未随车服务,只有司机一路辗转,以致老年人情绪波动,下车后又因为负责接收的医院入院手续太过烦琐,导致患者无法及时入院。此后,相关记者发现，后续仍有大批病人乘坐公交车和大巴车被送来，他们下车后，同样也无人对接。这一问题经媒体曝光后，迅速得到了纠正。区政府领导向未能及时得到妥善安置的重症病人代表当面道歉；相关街道负责人逐一致电受影响患者进行道歉，逐一向受影响患者家庭道歉。

2月10日，经湖北省委常委会决定，湖北省卫健委党组书记、主任双双被免职。2月19日，武汉市纪委监委通报5起干部下沉社区典型问题，共计有12名干部被问责。截至3月1日，依纪问责654人，涉局级干部10人、处级干部144人。在严肃问责的同时，激励机制也随即到位，武汉市火线发展党员17名，提拔优秀干部20名。

此外，武汉市创设"市指挥部嘉奖令"，对疫情防控重点工作实施考评通报制度，要求领导干部靠前指挥、机关干部下沉战疫。正确的激励问责导向激发了党员干部抗疫积极性，干部的精气神大为提振。①

另外，在对李文亮医生的评价上，也可以看出有关各方对舆论监督所做出的正反馈。

2019年12月30日(张继先报告可疑病例3天后、武汉发布通报前一天)下午，武汉市中心医院眼科医生李文亮在同学微信群转发信息称"确诊了7例SARS"，并请求群内不要外传该信息。但该微信截屏在网上还是被迅速传播，造成恐慌。武汉警方于2020年1月3日请其前往派出所谈话，以训诫书方式予以劝导。1月中旬，李文亮医生不幸感染；1月31日，被确诊为新冠肺炎；2月7日，经抢救无效病逝，年仅34岁；当日，国家卫健委对其逝世公开表示哀悼。国家监察委决定派出调查组赴武汉，就有关李文亮医生问题开展调查。3月19日，调查组公布调查结论并召开记者会；同日，武汉市公安局通报了有关处理结果，认为训诫李文亮一案适用法律错误，决定撤销训诫书。

3月5日，李文亮医生被授予"全国卫生健康系统新冠肺炎疫情防控工作先进个人"称号；4月2日，被评定为烈士；4月28日，被授予第二十四届"中国青年五四奖章"。②

李文亮是多位牺牲在抗疫一线的医护人员之一。就在李文亮去世的同一

① 《疫情期间武汉已问责处理654人，涉局级干部10人、处级干部144人》，中央政法委长安剑2020年3月2日。
② 《外交部：关于涉华人权问题的各种谬论及事实真相》，中国新闻社2020年7月2日。

天中午,南京市中医院新型冠状病毒感染肺炎防治工作小组组长、副院长徐辉同志,也因劳累过度突发疾病,经抢救无效不幸逝世,享年 51 岁。

疫情救治中的创新:方舱医院

疫情初期,床位紧缺的情况困扰着求医者。

床位紧缺

为了进一步纾解床位紧张问题,为轻症、无症状感染者提供隔离空间,2020 年 1 月 28 日,国家卫健委召开的新闻发布会披露,武汉将通过“10+10”模式,即 10 家大医院出人员、出技术、出力量,征用 10 家中小型医院出场地、出床位和医护人员,作为定点医院收治疑似病例和确诊病例。截至这一天,武汉市发热门诊共接诊 12 263 人,武汉包括当时尚未建成的火神山、雷神山医院在内的 25 家定点医院床位数为 9 241 张,而病人数每日均在不断增加。显然,现有病床数仍然无法覆盖病患的就医需求。[①]

表 3—1　　武汉市 23 家定点医院开放床位统计情况

(截至 2020 年 1 月 31 日)

		医院名称	开放床位
1	第一批	市金银潭医院	720
2		市肺科医院	122
3	第二批	市汉口医院	389
4		市武昌医院	504
5		市第五医院	430
6		市第七医院	196
7		市第九医院	405
8		市红十字会医院	304

① 陈红霞、杨清清、唐唯珂、刘迅、姚煜岚、李倩:《武汉“战疫”前线:病人“一床难求”! 各大医院床位爆满,物资不断告急,拐点何时现?》,《21 世纪经济报道》2020 年 2 月 3 日。

续表

		医院名称	开放床位
9	第二批	市第四医院(西院)	340
10		武钢二医院	120
11		市中心医院(后湖院区)	521
12		市第三医院(光谷院区)	300
13	第三批	同济医院中法新城院区	160
14		协和医院西院	158
15		省人民医院(东院)	220
16		省中西医结合医院	160
17		武汉科技大学附属天佑医院	100
18		市第六医院	310
19		市中医医院(汉阳院区)	92
20		湖北六七二中西医结合骨科医院	109
21		黄陂区中医医院	500
22		江夏区中医医院	275
23		新洲区中医医院	206
24	2 月 2 日交付	火神山医院	1 000
25	2 月 5 日交付	雷神山医院	1 600

资料来源:《21 世纪经济报道》2020 年 2 月 3 日。

表 3—2　　武汉市 23 家定点医院已用床位统计情况

(截至 2020 年 1 月 31 日)

		医院名称	已用床位
1	第一批	市金银潭医院	582
2		市肺科医院	115
3	第二批	市汉口医院	448
4		市武昌医院	520
5		市第五医院	434
6		市第七医院	196
7		市第九医院	463
8		市红十字会医院	303
9		市第四医院(西院)	347
10		武钢二医院	102

续表

		医院名称	已用床位
11	第二批	市中心医院(后湖院区)	521
12		市第三医院(光谷院区)	318
13	第三批	同济医院中法新城院区	108
14		协和医院西院	158
15		省人民医院(东院)	211
16		省中西医结合医院	160
17		武汉科技大学附属天佑医院	100
18		市第六医院	310
19		市中医医院(汉阳院区)	92
20		湖北六七二中西医结合骨科医院	71
21		黄陂区中医医院	408
22		江夏区中医医院	275
23		新洲区中医医院	172
24	2 月 2 日交付	火神山医院	
25	2 月 5 日交付	雷神山医院	

资料来源:《21 世纪经济报道》2020 年 2 月 3 日。

表 3—3　　武汉市 23 家定点医院空床位统计情况

(截至 2020 年 1 月 31 日)

		医院名称	空床位
1	第一批	市金银潭医院	138
2		市肺科医院	7
3	第二批	市汉口医院	0
4		市武昌医院	0
5		市第五医院	0
6		市第七医院	0
7		市第九医院	0
8		市红十字会医院	1
9		市第四医院(西院)	0
10		武钢二医院	18
11		市中心医院(后湖院区)	0
12		市第三医院(光谷院区)	0

续表

		医院名称	空床位
13	第三批	同济医院中法新城院区	52
14		协和医院西院	0
15		省人民医院(东院)	9
16		省中西医结合医院	0
17		武汉科技大学附属天佑医院	0
18		市第六医院	0
19		市中医医院(汉阳院区)	0
20		湖北六七二中西医结合骨科医院	38
21		黄陂区中医医院	92
22		江夏区中医医院	0
23		新洲区中医医院	34
24	2 月 2 日交付	火神山医院	
25	2 月 5 日交付	雷神山医院	

资料来源:《21 世纪经济报道》2020 年 2 月 3 日。

关于类似方舱医院的建议,笔者曾在 1 月 24 日通过各种渠道反映,但由于当时医护人员、医疗物资供给严重不足,正常医院都供给不够,故尚不具备建设方舱医院的条件。为这事,笔者还专门请教过社科院的专家,结论是在医护人员和物资等不具备的情况下,盲目开辟隔离式的方舱医院,会因为人员聚集得不到医治而引发交叉感染,极端情况下甚至可能会出现群体事件。好在经过几天紧张的物资调拨,武汉方舱医院建设的条件逐步具备。

不竭的亲情

在疫情最窘迫的时刻,每一个家庭,都努力坚守着生与爱的希望。

一位 90 岁老母亲的坚持

一位 90 岁的老母亲,在武汉协和医院西院的发热门诊抢救室病床前坐了 4 天 4 夜,陪伴罹患新冠肺炎的 64 岁儿子。老母亲紧紧握着上了呼吸机的儿子的手,用自己的温暖呵护着儿子;饿了,就吃一碗方便面……

老母亲的坚持,终于为儿子等来一张重症病房的床位。无法进入重症病房的她,找护士借来笔和纸,给儿子写了留言:“儿子,要挺住,要坚强,战胜病魔,要配合医生治疗,呼吸器不舒服,要忍一忍……”临走,心疼儿子的老母亲,从兜里摸出 500 元,托护士转交给儿子,让他请人买生活用品。

这位老母亲,就如同疫情期间武汉人民的一个缩影——善良而又坚韧。

鸣锣救母

赵巧英 2 月 1 日经医院 CT 诊断双肺感染,有磨玻璃状阴影,高烧接近 39 度。根据国家卫健委《新型冠状病毒感染的肺炎诊疗方案》,具备发烧和 CT 胸片显示双肺多发磨玻璃阴影两项临床表现,即为疑似病例。赵巧英被列入疑似患者,但一直在等待核酸检测。赵巧英的女儿李丽娜曾经在医疗系统工作过,认识不少医生朋友,她把所有这些熟人朋友的电话打了一遍,都被告知床位太紧张了,没有确诊就无法入院。即便确诊了,短期内也很难入住医院。由于无法住院,李丽娜只能每天陪母亲去医院打吊针。2 月 5 日,赵巧英病情急剧恶化,已经从重症往危重症转,高烧 39 度,氧饱和度只有 70%多(根据《新型冠状病毒感染的肺炎诊疗方案》,静息状态下,氧饱和度≤93%,即为重症病人),躺在床上大小便失禁。心急如焚的李丽娜从家里找出一套锣鼓,跑到阳台上一边敲打一边求助。敲了十多分钟后,李丽娜被人投诉,110 出警,警察站在她家楼下朝她喊话,劝告其不要敲锣鼓影响周边居民,她的问题已经向上反映了;社区工作人员也给李丽娜打电话,要她冷静,已经把她母亲的情况向上反映了。李丽娜鸣锣救母的视频在网上传开后,得到了媒体和社会的关注。

2 月 9 日,重病的赵巧英得到了汉阳医院的一张床位。[①]

赵巧英在汉阳医院一直住到 2 月 26 日,之后转到了其他医院继续接受治疗,最终在 3 月 13 日痊愈出院。

“有妈在,我还是个孩子,”李丽娜在母亲出院后说,“所有人的力量拧在了一起,才把母亲拽了回来。……我希望武汉好了以后,自己能去亲自感谢那些帮助过我的人。一路走来,有太多人在帮助我。我希望在疫情结束的那一天,能一起见个面,亲自对他们说一声感谢。”

方舱医院

为克服床位紧张的难题,武汉市在参照 2003 年北京抗击“非典”时期建造

① 萧辉:《武汉“敲锣救母”曾让无数人揪心,今天母亲出院了》,原载财新网,转引自《新华每日电讯》2020 年 3 月 14 日。

“小汤山”医院的模式，抢建火神山、雷神山两座医院的同时，创造性地开创了“方舱医院”模式。所谓方舱医院，就是借助既有场馆设施，开设床位，为轻症患者提供集中隔离和救治的场所。

2月3日晚，位于武汉国际会展中心、洪山体育馆和武汉客厅的三座可供3 400张医疗床位的方舱医院开建。一大批闻讯赶来的市民也自动加入志愿者队伍，还有热心市民送来矿泉水和防护物资。经过一夜奋战，第二天一早，数百张临时病床已搭建完成。

2020年2月4日，位于洪山体育馆的方舱医院(图片来源：新华社，熊琦摄)

方舱医院的迅速建成，极大地缓解了医院床位紧张的状况，轻重症患者可分类就医，使得病情较重的患者能够及时进入医疗条件更好的医院救治，从而提高了救治的效率。

2月4日，中央应对新型冠状病毒感染肺炎疫情工作领导小组召开会议，部署“征用一批酒店场馆等收治轻症患者或观察密切接触者，将部分三级综合医院转为定点收治医院，调集一批应急方舱医院，再增加2 000名医护人员支援湖北”，“调派高水平医护团队整建制接管重症救治医院或病区”；与此同时，“要压实地方责任，推动医用防护服、口罩等企业加快复工和扩大产能”。

截至 2020 年 2 月 13 日，武汉市启用了东西湖区武汉客厅方舱、江汉区国际会展中心方舱、洪山区体育馆方舱、江岸区塔子湖方舱、黄陂区方舱、汉阳区国博方舱、硚口区体育馆方舱、武汉体育中心方舱、洪山区石牌岭中学方舱、青山区方舱共 10 家方舱医院，合计收治约 5 600 名轻症患者。为了进一步提供保障，另有 6 家方舱医院也在此后陆续投入建设。

"两神山"与部分方舱医院示意图(图片来源:《长江日报》,张莉制图)

在疫情期间，武汉市通过既有设施改造了 16 家方舱医院，提供 1.4 万余张接诊床位，共收治患者 1.2 万余人，其中治愈 8 000 余人、转院 3 500 余人，最大限度地减少了社区传播和轻症向重症转化，实现"零感染、零死亡、零回头"，使

"应收尽收、应治尽治","床位等人"成为现实,有力扭转了防控形势。

国际顶尖医学期刊《柳叶刀》总编理查德·霍顿高度评价了方舱医院的建设:"方舱医院是中国成功应对疫情的一个非常重要的创新举措之一,在一些已有的建筑中建立临时的巨大的方舱医院,轻症的患者可以进入方舱医院,有人照顾他们,建立分诊制度,如果病情加重,患者会被转诊到其他医院,这是非常好的一个创新想法。首先,它能够保护其他医院,避免患者过多涌入这些医院;其次,能够提供应对大量患者就诊的空间,能够在这种方舱医院当中有效隔离这些患者,给他们提供安全的空间。我觉得这是中国对抗疫情成功的一个很重要的因素,也是世界其他国家可以学习的重要经验。"

参考资料

[1]佘宗明:《武汉"万家宴":他们的淡定让人没法淡定》,《新京报》2020年1月21日。

[2]《还原"超级传播者"传染路径》,《中国新闻周刊》2020年1月25日。

[3]《确认人数超过非典!专家:无需对病例数过于恐慌》,《健康时报》2020年1月29日。

[4]张雅楠、程璐洋:《谁在负责抗疫物资分配?湖北疫情防控指挥部:具体怎么分问红十字会》,《经济观察报》2020年1月31日。

[5]央视《新闻1+1》栏目,2020年1月31日。

[6]《捐了那么多东西,医院怎么还是缺物资?湖北红会回应:痛心、自责、内疚》,《每日经济新闻》2020年2月1日。

[7]张从志、王珊:《湖北与武汉红会,物资捐赠卡在了这里?》,《三联生活周刊》2020年2月1日。

[8]陈红霞、杨清清、唐唯珂、刘迅、姚煜岚、李倩:《武汉"战疫"前线:病人"一床难求"!各大医院床位爆满,物资不断告急,拐点何时现?》,《21世纪经济报道》2020年2月3日。

[9]《硬核!武汉又抢建了"方舱医院"》,新华社2020年2月4日。

[10]《中国红十字会总会:派出工作组赴湖北武汉督促工作》,中国政府网2020年2月4日。

[11]《中央：再支援湖北2 000名医护人员！》，《环球时报》2020年2月4日。

[12]李保林、周呈思：《湖北：深刻反思在这场地方治理体系和治理能力大考中的不足》，《湖北日报》2020年2月4日。

[13]陈红霞、余鹏涛、李倩：《封城后，武汉一线人员的三餐咋解决？红会物资如何分配到位？背后是他们在行动》，《21世纪经济报道》2020年2月6日。

[14]《一度电话打不进+无车可派+病人无医院可送 武汉120如何运转？》，《环球时报》2020年2月10日。

[15]樊巍、杨诚、崔萌：《武昌区政府对重症病人逐一道歉！》，《环球时报》2020年2月12日。

[16]《武汉10家方舱医院投入运行，另有7家即将启用》，第一财经2020年2月13日。

[17]《武汉，再问责12名干部》，《新京报》2020年2月20日。

[18]《90岁母亲陪护4天4夜寸步不离，但64岁儿子还是走了》，中国新闻社2020年3月11日。

[19]萧辉：《武汉"敲锣救母"曾让无数人揪心，今天母亲出院了》，原载财新网，转引自《新华每日电讯》2020年3月14日。

[20]马剑：《我们民营医院打起仗来一样拼命，治病救人没有"公私"之分》，《新华每日电讯》2020年3月17日。

[21]倪兆中、侯雪琪、徐天鹤：《武汉敲锣救母女子痊愈归家：垂死挣扎时有人扔来了救生圈》，《新京报》2020年4月12日。

[22]《〈柳叶刀〉总编接受白岩松专访：我认为中国应该非常自豪》，中国青年网2020年5月2日。

[23]中华人民共和国国务院新闻办公室：《抗击新冠肺炎疫情的中国行动》（白皮书），2020年6月7日。

[24]《外交部：关于涉华人权问题的各种谬论及事实真相》，中国新闻社2020年7月2日。

第4章

向死而生

坚守一线的医护、社区工作者、民警和志愿者

◎ 力撑危局的一线医护

◎ 社区服务与基层民警

◎ 涓流沧海：向着“禁区”勇敢前行的志愿者

“疫情就是集结号。我是一名老党员，又是科室主任，我不冲谁冲，我不带头谁带头？！”

——武汉大学中南医院重症医学科主任　彭志勇

力撑危局的一线医护

在抗疫的关键时刻，各行各业的参与者们，都以舍生忘死的精神投身其中。医护人员、社区工作者、民警和志愿者中，每一位党员就是一面旗帜，每一个党组织就是一个战斗堡垒。

在疫情暴发之初，仓促应战的医疗系统压力极大。但凭着医者仁心、救死扶伤的坚定信念，连续奋战、承受巨大压力的医护人员，以最顽强的意志，坚守在第一线，为疫情阻击战做出了巨大的贡献。武汉大学中南医院重症医学科主任彭志勇在2003年“非典”疫情、2016年禽流感疫情和2020年新冠肺炎疫情中，都在一线勇挑重担，有时一天只能睡上2个小时。他说：“疫情就是集结号。我是一名老党员，又是科室主任，我不冲谁冲，我不带头谁带头?!”曾参加抗击“非典”的武汉大学人民医院呼吸与危重症医学科医生张旃副教授没有告诉丈夫李明昌，主动写下参与抗疫的“请战书”。她说：“此事我没有告知明昌，个人觉得不需要告诉，本来处处都是战场!”在同一家医院工作的丈夫李明昌教授，在朋友圈看到了妻子的“请战书”，他这样回应自己的妻子：“我是从别人朋友圈里看到你的‘请战书’的，这也算是给我的家书。我坚决支持你的决定，但我更希望你能在救治病人的同时，保护好自己和同事。我等着你们凯旋!”

冲锋在前的医院院长

武汉市金银潭医院(又名武汉市传染病医院)院长张定宇说得很朴实:面对疫情,就是“守土有责”。

在张继先上报不明疫情后,她所在的湖北省中西医结合医院于 2019 年 12 月 29 日将相关病例转至武汉市金银潭医院。29 日是星期天,接收病人的武汉市金银潭医院院长张定宇,开始以为这是一起孤立的诊疗事件,就如同 2017 年冬季发生的 H7N9 流感一样,全省总共 20 多个病人,当时大部分转诊到武汉市金银潭医院就诊,到第二年 3 月份,H7N9 流感就销声匿迹了。可能“要取消一个元旦假期,后面可能还有一个周末,并没有觉得(春节)全部假期要砍掉”,张定宇那时心里还比较乐观。

武汉市金银潭医院是武汉市专门的传染病诊疗机构。医院有一种试剂盒,可以检测到包括 SARS 冠状病毒在内的 32 种病毒。第二天(12 月 30 日,周一)上午,医院给这些病人都做了咽拭子检测,检测结果全部呈阴性。

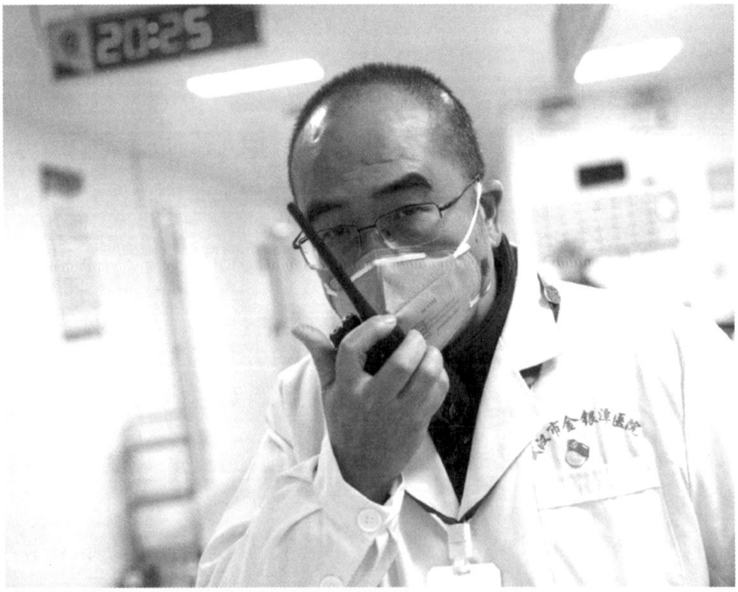

武汉市金银潭医院院长张定宇(图片来源:新华网)

张定宇 1997 年曾作为援外医疗队的成员在阿尔及利亚工作过两年,丰富的援外经历使张定宇养成了细致、谨慎的工作习惯。凭着专业直觉，他判断病人是下呼吸道先感染，病毒先感染到肺泡，逐渐发展到把肺泡占满，然后从肺泡漫浸出来，之后咽拭子才能够检测到病毒。张定宇当机立断，安排医院给病人做肺泡灌洗。到下午 16:00，病人的肺泡灌洗全部做完以后，样本被分成 4 份，1 份交给武汉市疾控中心，1 份交给中科院武汉病毒研究所，2 份留在武汉市金银潭医院备用。

接到样本的武汉市疾控中心和中科院武汉病毒研究所连夜做了检测，其中两份样本与 SARS 冠状病毒相关，测出来呈阳性反应。到了 30 日、31 日，武汉市金银潭医院陆续收治了 20 多个同类病人；到了 2020 年 1 月 2 日、3 日的时候，已经有四五十个人；然后 80、90、100……病人越来越多。大概是 1 月中旬以后，重症病人增加得非常快。张定宇刚安排好一个楼面地面、物表、墙面、空气的消毒，作为专门的隔离区，"'哗'一下！这个楼面又满了"。医院的准备工作只比事件发展稍微快了半拍，可见当时疫情发展得相当迅速。面对这种情况，省卫健委组织了同济、协和、省人民医院的 ICU(Intensive Care Unit，重症加强护理病房)各路医疗团队前来支援。①

事后，据中科院武汉病毒研究所研究员石正丽回忆："2019 年 12 月 30 日晚上，我们接到金银潭医院送来的 7 份不明原因肺炎病人的肺泡灌洗液样本，希望我们检测样本中是否有冠状病毒感染。因为我们实验室长期做冠状病毒研究，所以他们希望我来帮他们确认一下。后来，我们运用实验室储备的针对所有冠状病毒以及所有 SARS 相关冠状病毒的核酸检测方法，很快在样本中检测出冠状病毒阳性。但要进一步确定是哪一种冠状病毒要做高通量测序，通过进一步测序，我们发现这是一个新型的 SARS 相关冠状病毒，也就是现在命名的新冠病毒。新冠病毒并不是新出现的病毒，是它原来就在那里，我们新发现的。"②

疫情的发展出乎所有人的意料，此后的周末一个一个被接连取消，直到整个春节假期也"消失"了。

被取消的不仅仅是假期，所有护士的正常休息也取消了，甚至下夜班后的

---

① 郭静：《张定宇：我在风暴之眼》，中央广播电视总台中国之声 2020 年 3 月 16 日。
② 《专访武汉病毒所研究员石正丽：溯源很重要，但可能永远找不到》，《新京报》2020 年 9 月 18 日。

休息也不能保证。武汉市金银潭医院的人手已经到了极限，每个病区十五六名护士，而管理的病人是三四十名。穿防护服进去就是连轴转的 4 个小时，4 个小时后出来换一下装备、喘口气后，再进去干 4 个小时，每天 8 个小时在里面。

更要命的是，1 月 12—15 日，面对快速暴发的疫情，缺乏心理准备的医院 50 多名卫生员突然离职，占全院总数的 50%；临时聘用的 18 名保安，有一天也突然全部不来了。他们虽然与医院的正式职工一样，全部做三级防护，但出于对未知疾病的恐惧，还是让他们打了“退堂鼓”。金银潭医院不得不动员所有行政、后勤的干部和职工进病房，负责打扫卫生。疫情期间，金银潭医院有 21 名职工被感染，其中就包括 8 名行政人员。

为了应对疫情，张定宇每天凌晨 0:30 睡觉，早上 6:00 起床，有时甚至只能睡上两三个小时。他想的，就是“多收一个是一个，多救一个是一个，我们要保护这座城市和这里的人民”。

为了“多收一个、多救一个”，金银潭医院 174 名医生、438 名护士全部投入一线。尽管本地的同济、协和等医院的 ICU 力量也赶来支援，但金银潭医院的人手还是不够。

让人感慨的是，这位疫情之初在一线力撑危局、走路有点跛的传染病医院院长，竟然是颈段、胸段、腰段、骶尾段四个节段全部有问题的“渐冻症”患者。张定宇的“渐冻症”是 2018 年 10 月确诊的。由于是干部，张定宇将这一“个人事项”向院党委书记做了说明，其他人并不知晓。

作为危重症的定点收治单位，医院每天接收的危重症病患在不断增加，许多重症病人要抢救，要气管插管，有的病人要上膜肺(ECMO)，还不断有病人去世，这对身穿厚重防护服、没日没夜在病区工作的医护人员来讲，无论从身体上还是心理上，都是一项巨大的挑战。①

为了稳定军心，张定宇在疫情期间的一次院内主任会后，破例要求大家留下。“我是渐冻症，前年确诊的，”他缓缓地说，“现在双腿已经开始萎缩，最长还有 10 年时间。”直到这时，面面相觑的同事们才知道，与他们朝夕相处的院长并不是什么简单的“膝关节不好”。

受到张定宇讲话感染和激励的武汉市金银潭医院医护人员，咬牙坚持到了

① 郭静：《张定宇：我在风暴之眼》，中央广播电视总台中国之声 2020 年 3 月 16 日。

增援部队赶到的那一天。

1 月 25 日凌晨 1:30 左右，作为第一批援鄂的医疗队伍，由上海 52 家医院的呼吸科、感染科、急诊科、重症医学科等抽调而来的 135 名医护精英，在上海市第一人民医院副院长、上海市医学会泌尿外科专科主任委员郑军华的带领下，乘坐飞机在雨中降落武汉，其中还包括曾经抗击过“非典”的上海市第一人民医院呼吸科学科带头人周新、上海市瑞金医院重症医学科主任陈德昌……他们都是临时接到紧急通知的，医疗队的成员有的甚至在这个冬天的夜晚穿着裙子匆忙赶来；带队的郑军华直到飞机起飞前，才知道是去支援“风暴中心”——武汉市金银潭医院。可见当时的情况是多么紧急。

而上海医疗队集结出发时，正是 2020 年的除夕！上海在这次抗击新冠肺炎疫情中，先后在 2020 年 1 月 24 日、27 日、28 日，以及 2 月 4 日、7 日、9 日、15 日、19 日、21 日派出 9 个批次医护人员(共 1 648 人)开赴武汉。[①]

中国工程院院士、天津中医药大学校长张伯礼 1 月 27 日被中央疫情防控指导组急召至武汉，成为专家组成员之一。2 月 12 日，年过七旬的张伯礼率队进驻武汉江夏方舱医院，过度的劳累致使张伯礼 15 日凌晨胆囊炎发作。手术后第二天，张伯礼告诉同为医生的儿子：“如果上级批准你来武汉，不必来看望我，你直接到‘红区’去，那里更需要你。”

身患“渐冻症”的张定宇，因“敢于迎难而上，当首批不明原因肺炎患者转入武汉市金银潭医院后，当机立断组建隔离病区，采集病人支气管肺泡灌洗液送检，为实验室确认病毒赢得了时间。……接诊新冠肺炎患者以来，坚持吃住在医院，全身心投入患者救治工作”等突出贡献，在 4 月 10 日被提拔为湖北省卫生健康委员会党组成员、副主任。[②]

与张定宇、张伯礼一样，同为一院之长的刘智明，却倒在了抗疫的第一线。

刘智明是武汉市武昌医院的院长，1 月 21 日下午 16:00，刘智明接到通知，要求武昌医院要在两天内接收转运的患者。16:30，刘智明立即召开了医院职能部门动员会；17:00，又召开了临床科室动员会。接到通知的两小时后，医院

---

① 上海市卫生健康委员会编：《上海派出医疗队概貌》，《战疫纪事(上)——上海援鄂医疗队抗击新冠肺炎媒体大纪录》，文汇出版社 2020 年版，第 139－141 页。上海市卫生健康委员会编：《上海援鄂抗疫一线医护人员名单》，《战疫纪事(下)——上海援鄂医疗队抗击新冠肺炎随笔集》，文汇出版社 2020 年版，第 359－366 页。

② 《湖北拟提拔重用金银潭医院院长张定宇等 4 名干部》，新华社 2020 年 4 月 11 日。

就全面进入了战斗状态。接着,刘智明开始着手进行院区改造,按照要求,把所有病房都改造为隔离病房。22 日凌晨 4:00,他打电话告诉妻子蔡利萍,医院里太忙,他无法回家,让她帮忙收拾一些换洗衣物送来。在武汉市第三医院担任护士长的蔡利萍后来对媒体回忆说,当时她感觉电话那头的丈夫呼吸有点急促,就提醒他好像呼吸有点问题,不要轻视。那时刘智明已经连续几天低烧,蔡利萍担心他的身体“撑不住”。当时,两人还不知道这就是新冠肺炎的症状。23 日早上,面容憔悴、眼圈发黑的刘智明前往隔离病房查看病房改造进度。当天,武昌医院开放的 500 张床位马上住满了病人,而力不能支的刘智明也于同一天被确诊为感染新冠肺炎,下午便被送进了重症病区;24 日,转入 ICU。

同事对刘智明的评价很高。刘智明担任院长后,医院发展势头很猛,效益翻番,职工的薪资涨幅也很大,群众的口碑很好。

在 ICU 的头几天,刘智明还经常打电话布置各方面的工作,并拒绝在第三医院一线抗疫的妻子蔡利萍前来陪护。2 月 10 日是刘智明的生日,重症科主任对前来看望刘智明的同事说,刘院长的情况有所好转,不用戴氧气面罩了,能自己吃饭,应该快出院了。①

但让人意想不到的是,到了 2 月 13 日这一天,刘智明的病情突然恶化,经全力抢救无效,于 2 月 18 日去世,享年 51 岁。刘智明是第一位牺牲在抗疫第一线的医院院长,令人无比痛惜。

刘智明并不是第一个牺牲的医务工作者。据湖南省衡阳市衡山县委宣传部报道,衡山县东湖镇马迹卫生院药剂组副组长宋英杰,在抗击新型肺炎疫情工作中因多日连续超负荷工作,劳累过度,于 2 月 3 日猝死离世。

根据官方通报和媒体的公开报道,截至 2020 年 4 月 8 日,全国至少有 60 位医务工作者在抗击疫情的过程中去世,其中,因感染新冠肺炎去世的有 22 位,因过度疲劳引发猝死的有 28 位……

白衣执甲,拼尽全力的医务工作者

作为武汉市第三医院光谷院区重症病区护士长的蔡利萍,在丈夫刘智明病

---

① 史晨瑾、郑宇钧:《救人未救己,武昌医院院长刘智明最后的人生路》,丁香园 2020 年 2 月 18 日。王伟凯:《武昌医院院长刘智明的最后一月》,《南方人物周刊》2020 年 2 月 23 日。

重期间，仍然坚守一线岗位。2019 年 11 月，蔡利萍颈椎手术，当疫情来袭时，还有一个月假期的蔡利萍提前回到工作岗位上，带领一群“90 后”护士忘我地投入对危重病人的抢救工作之中。

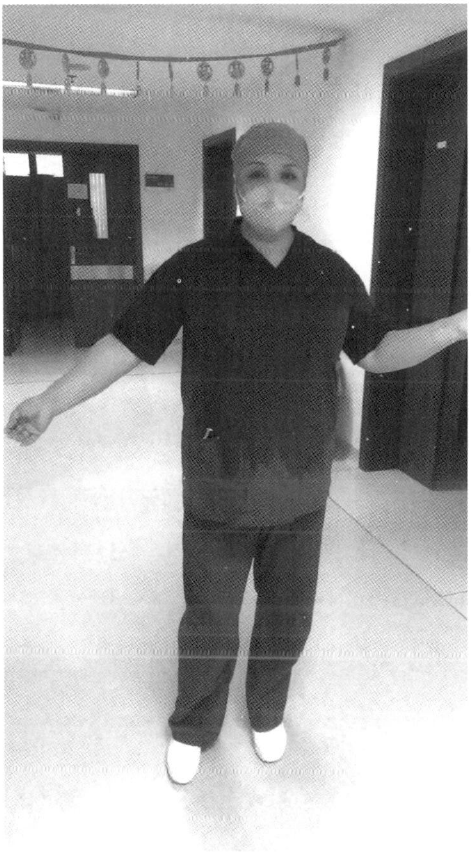

丈夫刘智明病重后，蔡利萍仍坚守一线。2 月 4 日她走出隔离病区，脱下防护服，深绿色的短袖洗手衣早已被汗水湿透(图片来源：武汉市第三医院，李菡摄)

蔡利萍带领的护士团队，在疫情高危期间，付出了巨大的努力。护士们下班后，脱下防护服后，身上是湿透了的洗手衣；有的护士累到体力透支，晕倒在更衣间；有的护士在高强度的工作结束后，需要吸氧才能逐渐恢复；有的护士饿得犯了胃病，还要喝咖啡、红牛苦撑……

一边是丈夫病重，一边是团队需要自己带领，身心疲惫的蔡利萍还要忙着联系厂家，解决下发到病区的 14 台不同型号呼吸机的配件问题。

2 月 18 日，丈夫刘智明的遗体被救护车运走，身穿一身白色工作防护服的蔡利萍，哭着在车后追了很久……①

武汉抗疫期间，像蔡利萍这样舍小家顾大家、奋不顾身的医护人员还有许许多多……

武汉市江夏区金口中心卫生院范湖分院 23 岁的医生甘如意，春节在湖北老家公安县休假，在接到医院召回的命令后，面临着因疫情交通阻绝的困难。无车可乘的甘如意，从家里骑上自行车，朝武汉赶去，路上有时搭一下好心人的顺风车，就这样，甘如意时而骑行、时而搭车，4 天 3 夜行程 300 多公里，赶回了医院。

汪晓婷是武汉市武昌医院的一名主治医生，大年二十九被抽调到医院发热门诊工作。为减少传染率，她凌晨 3:00 上班，坚决不坐家里的车，而是选择走路，丈夫则开着车默默地跟在她身后，用车灯为妻子伴行。2 月 5 日凌晨 3:00，武汉的天空下着冰冷的雨，开着车伴着妻子深一脚浅一脚地赶往医院后，汪晓婷的丈夫在朋友圈里写道："护送老婆回宾馆休息，她不敢上车、不敢回家。她(他)们不是天使，只是一群孩子，学着前辈的样子，从死神那里救人。"

火神山医院护士吴亚玲的母亲 2 月 11 日突发主动脉夹层破裂，在昆明去世。还在工作中的吴亚玲得知消息后泪如雨下，朝家的方向三鞠躬后，继续投入工作……

2 月 20 日，年仅 29 岁的武汉市江夏区第一人民医院暨协和江南医院呼吸与危重症医学科医生彭银华，因不幸感染新冠肺炎而牺牲。在彭银华办公桌的抽屉里，还静静地躺着没有发出的结婚请柬……这场婚礼，原计划在 2 月 1 日举行。1 月 24 日大年三十，同事们心疼他，让他回家休息，多陪陪"未过门的妻子"，但彭银华坚持"让更多有家人的同事多休息，我年轻，我先顶上"。在病区完成值班后，年轻的彭银华却在 1 月 25 日正月初一倒下了，在 1 月 28 日的第二次核酸检测中被确诊为病毒阳性。

同样，年仅 29 岁的协和江北医院暨蔡甸人民医院消化内科住院医师夏思思，于 2 月 23 日不幸因感染新冠肺炎而殉职。1 月 15 日，已下夜班的夏思思在路上接到通知，便让丈夫改变行程，折回医院参与救治一名肺部 CT 异常的 70

① 史晨瑾、郑宇钧：《救人未救己，武昌医院院长刘智明最后的人生路》，丁香园 2020 年 2 月 18 日。

多岁老人。随后几天，夏思思担心老人病情，主动留在病房。尽管做了防护，但还是在 1 月 19 日确诊感染。

与彭银华一样，浙江大学医学院附属第四医院护士陈颖也将原定 2 月 14 日的婚礼推迟了。大年初一，陈颖就进入病区坚守岗位；11 天后，男友赶来与她见上一面，但两人只能戴着口罩、隔着玻璃轻轻一吻。幸运的是，36 天后，完成抗疫工作的她和男友终于步入婚姻的殿堂。

新婚不久的孝感市中心医院感染二科“95 后”护士段梦杰，退掉为度蜜月所订的机票和酒店，在 1 月 24 日进入医院开始值夜班，从晚上 18:00 坚守到次日早上 8:00。由于长时间佩戴口罩、护目镜，致使鼻梁破皮、脸颊压出深深的血痕，属三级压疮。新华社配发的她走出病区“卸妆”后的照片，看哭了无数人。

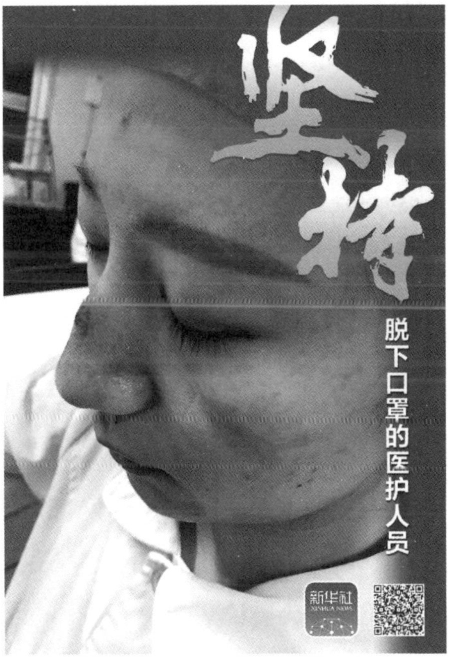

走出病区的护士段梦杰(图片来源:新华社)

很多参与一线的医护人员是“80 后”、“90 后”，在汹涌的疫情面前，都显得那么稚气，但她(他)们仍鼓起勇气，投入救死扶伤的抗疫斗争，凭借自己的微薄之力，为生命筑起一道对抗病毒的“防火墙”。

这是一群不能被遗忘的群体。“英雄”、“勇士”的赞誉并不过分，但这可能也是平凡的她(他)们,在以往所未曾想见的。

也许,还是那句话说得更贴切:

“她(他)们不是天使,只是一群孩子,学着前辈的样子,从死神那里救人。”

有多少这样的“孩子”,前仆后继,在一代又一代中,传递着我们民族血脉里最坚韧的勇气……

来自民营医疗机构的支援

病毒蔓延之初,武汉市的各综合性、专科乃至小诊所等非公医疗机构的3 000多名医务人员在当地积极参与构筑一道“民营防线”。以汉阳医院为例,即使在整个医院的医护人员都取消春节休假的情况下,医院仍处于超负荷状态。截至2020年3月10日左右,该院急诊和发热门诊量增加了20多倍,住院量增加了5倍,接诊18 013人次,收治住院544位新冠肺炎患者。作为一家民营医院,汉阳医院在疫情期间,共有40多位医护人员感染病毒。

民营医院多为专科门诊,数量虽然众多,但规模普遍不大,非公立三甲医院本身数量少,呼吸科医院几乎没有。为了应对疫情,非公行业协会成立疫情防控工作领导小组,截至2020年3月6日,非公行业协会先后派遣259支医疗队,共计3 984名来自全国各家民营医疗机构的医护人员前往湖北省参与抗疫行动。新疆的一支民营医疗队伍,他们先坐飞机到河南郑州,再乘高铁到与武汉相邻的河南信阳,接着在信阳当地非公医院安排下,乘大巴前往武汉周边,再由武汉非公协会派车接入武汉。一路颠簸兼程,整整两天两夜。[①]

孙翔是浙江省参与抗疫的第二支非公医疗队中一员,该医疗队成员包括来自民营医院呼吸、重症、心血管病专业的8个人。孙翔一行在2月6日驱车9个多小时,当天晚上22:30赶到武汉,第二天就进入汉阳医院。

在这次抗疫行动中,像孙翔这样的民营医疗机构的志愿者还有很多。来自南京民营医院的李瑞瑞,瞒着父母搭上了2月19日开往武汉方向的列车。上了火车,她才敢告诉父母自己要去武汉“帮助救治病人”。

李瑞瑞赶到武汉后,被分配在武汉市第七医院。她所在的病区医疗团队有

---

① 《编外的医者:非公医疗抗疫纪实》,财新网2020年3月11日。

十几个人，都是医护志愿者，算是“杂牌军”——有的是民营医院的医护人员，有的是自己开诊所的医生，但大家齐心协力，把病区管理和服务得秩序井然。有的病人要口罩，有的病人对医院安排的伙食吃不惯，想吃方便面，有的病人早餐要吃馒头、包子，李瑞瑞都想办法一一帮助解决。通常她一个人要为 30 多个病人服务，“八九个小时里几乎没有空闲”，只有等病人吃饭的时候，才可能“有十分钟能完整地歇一会儿”。一个班次八九个小时扛下来，防护服里的衣服一会儿湿透，一会儿干透，“整个身体时不时要泡在汗里”。为了避免上班时间上厕所，不仅工作时候不能吃喝，李瑞瑞在轮班前 5 个小时就开始禁食，因此有时一天就只能吃上一顿饭。

李瑞瑞和同是医护志愿者的同事在武汉市第七医院的合影
（图片来源：《新民周刊》）

和李瑞瑞同在一个病区的一位医生，原先是自己开诊所的，疫情发生后，就把自己的诊所关了，跑来武汉支援。这位医生说：“我既然来了，就是把生死置之度外了。”年轻的李瑞瑞“心大”，她说自己没有把后果想得那么严重，“我只想能尽到自己的职责，为救治病人帮忙。我想，这忙应该是帮上了吧”。[①]

李瑞瑞出发的那一天，她并不知道另一位南京姑娘也同样赶往了武汉。2 月

① 李瑞瑞、王煜：《我是民营医院的护士，虽不是“国家队”，但我到了武汉，为救治病人帮上了忙》，《新民周刊》2020 年 3 月 7 日。

19 日,南京某民营医院护士贾晓月,随同志愿者队伍出发,他们只买到了到安徽省全椒县的高铁票,随后与列车长协商后到武汉下车。这支由 51 人组成的特色医疗队在武汉市第七医院组建了中医特色病区,采用中医特色疗法收治新冠肺炎病人。这支特殊的医疗队到达武汉后,青山区政府就决定划出一片杏林,作为这一批志愿者参加武汉抗疫的永久纪念。贾晓月作为志愿者参与疫情处置工作,也得到了当地政府给予的补助。此外,武昌区卫生健康局还为她颁发了“荣誉证书”。在武汉工作 40 余天后,她在清明节返回江苏。①

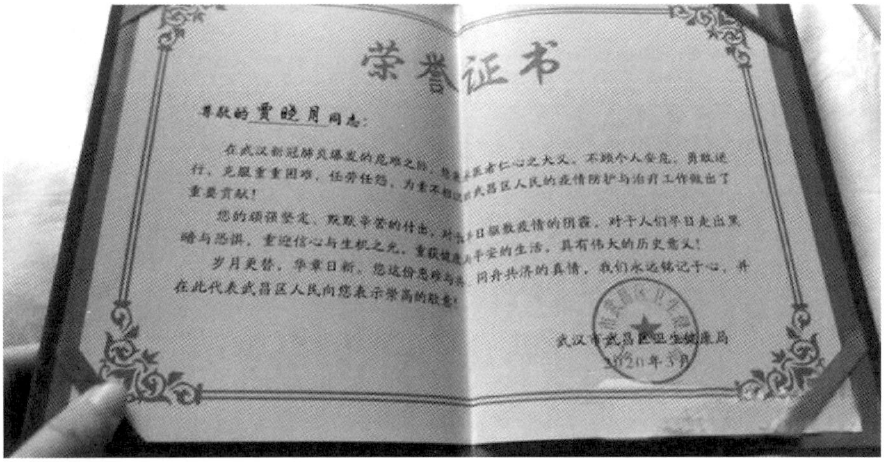

贾晓月获颁的荣誉证书(图片来源:荔枝新闻)

社区服务与基层民警

武汉市常住人口 1 200 万,下辖 13 区、157 个街道,以及若干乡、镇、产业园区、经济开发区等,社会基层管理主要依托各个街道的社区和派出所。在疫情期间,这些基层组织及其工作人员,成为抗疫的支点。

① 《南京护士独自支援武汉无任何优待？当事人回应》,荔枝新闻 2020 年 4 月 27 日。

防疫的支点：社区

1 月 24 日，武汉封城后第二天，政府将武汉全市 2 000 多个社区书记的联系方式在各个居民微信群中公布。

在原先社区的人员设置中，一般“群干”为 5—7 名，“专干”为 7—10 名[①]，而每个社区大小不同，2 000—3 000 多户不等，原有的人员配置主要是处理日常的民政服务，包括流动人口登记、福利分发等，对应着数千至近万人的服务工作。

疫情期间，社区的防控专业力量薄弱，但又承担了大量的一线任务。社区服务人员为此付出了艰苦的努力和辛劳。

武汉市有 2 000 多个社区、15 000 个居民小区，平均一个社区服务人员少则几个人、多则十几个人，所管辖的人口少则数千人、多则上万人，最大的社区甚至上 10 万人，虽然有 3 万多国家企事业单位的人员下社区做志愿者，但平均下来一个社区依然只有一二十人，平均一个人要服务至少数百人，这种压力和强度可想而知。再加上抗疫时期物资供应水平也不比平时，坦率地说，在这种情况下，能不出乱子已经是做得不错了。

疫情期间，被“吐槽”的一点也就是武汉某家超市配送的菜有些贵、套餐里塞了别人不需要的东西。笔者专门调查了一些地方，发现配送物资的品质有差异，有的地方做得好些，有的地方做得一般，这与各个小区的管理水平也有关系。而在接到市民反馈菜价贵和套餐不合理后，政府部门立刻约谈了相关企业并进行了改正。笔者所在的社区还算不错，一方面，价格可以，西班牙进口的质量很好的肋排每斤 35—40 元，青菜品质尚属中上；另一方面，还可以通过社区平台团购一些新鲜水果和其他必需品，一般都是前一天订购，第二天按不同时间分批领取。另外，有时候还有免费的青菜可领，虽然品质一般，但都由志愿者或社区服务人员送到楼下。

下面附上一则湖北省干部到武汉市某社区做完志愿者后的感言，感言很真实，也很感人。

今天下午到我们单位联系的中南街静安社区做了半天志愿服务，帮助社区

① “群干”是指负责几个方面工作的工作人员；“专干”是指对应某项工作的工作人员。

到所辖小区消毒、给空巢老人和病人送菜送药等等。这个社区确诊 20 人，另有疑似十几个，只要今晚把两人送医院，就全部完成应收尽收的任务了。

社区书记吴莉莉是一位“80 后”，带领大家一直奋战在一线。一位社区的病患在家里去世，家人都不敢靠前，这位年轻的女书记亲自上前处理遗体。出门时防护服在门上一刮就破了，随行人说，你这恐怕连虱子都防不了啊！

社区郑主任是个身体瘦小的女同志，带我们（给居民）送菜送药途中，一路给我们介绍这个小区有几个感染者，那个门栋有几个重症病人。她楼上楼下敲开那些老人的门，送上他们急需的东西。娇小的身影如平时那样在小区、门栋之间穿梭，那种淡定从容，仿佛根本就没有发生传染疫情这回事。

她告诉我有时也遇到尴尬，她们把东西送上门，人家门一开就叫她们离远点。带我去消毒的女孩脚有点跛，她在前面高一脚低一脚地走着，每天十几个小区，就这样走了十多天。

这群默默无闻的逆行者，每月拿着两三千块钱的收入，就这样无怨无悔地战斗着！看着他们忙碌的身影，我只有一个强烈的感受，在共产党领导的中国，最大的灾难也扛得起、挺得住！

临走时我说，我们合个影吧。她们说，我们身上有病毒呢。我说，不怕！我心里想，即使染上了，我也认了！向伟大的逆行者致敬！

2 月 10 日晚

吴莉莉对口的社区，服务 11 个独立院落小区，辖区居民 8 878 人。从 1 月 23 日起，吴莉莉就和团队坚守在社区第一线，并主动对外公布手机号码，24 小时开机待命，哪里有困难、哪里有需求，就到哪里去。

武汉市红梅里社区，是武汉疫情最为严重的社区之一。由于感染病人很多，居民被要求在家隔离，不能出门。社区工作压力极大，20 名社区网格员就病倒了 15 个。

无数个像吴莉莉这样的社区工作者，如磐石一般成为防疫一线的坚强支点。

1 月 24 日，武汉市新冠肺炎疫情防控指挥部的第 7 号通告明确，为解决发热门诊等候时间长、床位安排不及时等问题，全面实行发热市民分级分类就医服务。对于需要到发热门诊的病人，各区统一安排车辆送达指定发热门诊就

夜色苍茫中屹立的武汉(图片来源:新华社)

诊,指定发热门诊不得以任何理由拒收病人;对于不需要到发热门诊就诊的病人,由各社区落实在家居家观察,社区负责做好市民居家观察服务工作等。这些分类和分级诊疗体系,让社区成为疫情防控链条上的重要环节。但这也无疑增加了社区的工作强度,使社区工作人员超负荷运转。百步亭社区自1月23日武汉封城开始,实施“8对8”工作制,每天早上8:00上班,晚上20:00下班,连续运转,中间没有一天休息。

抗疫期间,武汉市共有4.45万名党员干部职工下沉到13 800多个社区网格。

1月25日,以街道为单位确定了大量以共产党员为主体的志愿者和观察员;从26日开始,社区的居民就被托付给了这些志愿者。武汉开始利用高科技对抗病毒了,人民战争已经打响。以前发烧的病患会开车去一家一家的医院,是个人和医院对接,从26日开始,武汉市停止所有机动车上路,强行切断了传播链可能的扩散途径。在政府的通告下,每个人都在微信上安装了“武汉微邻里”小程序,实名登记后,程序会通过卫星定位确定家庭地址,接着通过地址锁定挂靠的社区组织,然后锁定相关的志愿者。

社会活动、信息通告将由系统与每个人建立连接桥梁。一旦出现发烧症状,将第一时间通过系统上报病情,系统会立刻提供网络诊断,并卫星定位和登记患者的隔离地址;如果需要就医,社区会通过志愿者安排车辆将病人送到医院,同时在系统上跟踪病情进展,无论是住院还是回家治疗,社区都要求周围其他人员远离患者的隔离点,志愿者还会安排消毒人员上门按不同标准进行消毒。

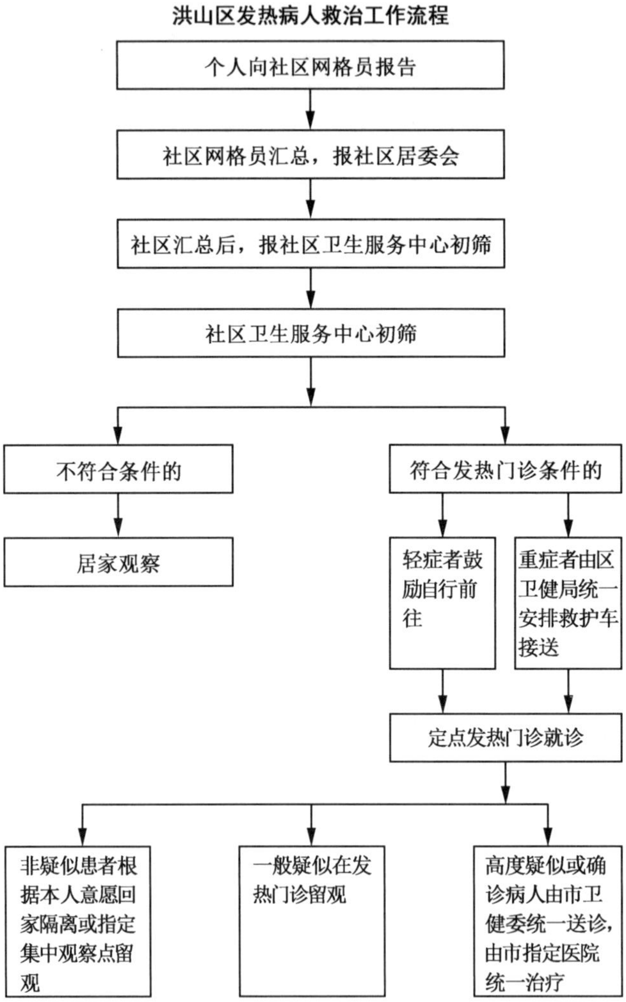

武汉市洪山区发热病人救治工作流程
(图片来源:微信小程序"武汉微邻里")

在开始阶段,这一工作的进展也经历了磨合的过程。根据防控要求,需要到发热门诊的病人由各区统一安排车辆将其送达指定发热门诊;另外,为防止病人成为移动感染源，社区服务人员要陪同病人就诊。封城之后，私家车不能上路，病人都到社区要求派车，但社区配备的 3 辆出租车由于司机缺乏防护措施，只能用于被隔离居民的送餐、买菜等辅助性工作，难以运送发热病人。对于轻症患者，社区服务人员只能安排病人自行解决；而对于病症较重、行走不便的患者，有时只能由社区服务人员骑着电瓶车往返于医院和社区。

功能逐步完善后的“武汉微邻里”小程序社区网格化管理，建立了政府与居民的网络联系机制，很大程度上可以满足居民的各种需求；如果不能满足，则通过社区上报，基本也可得以解决。其中，包括疑似感染者可以通过该渠道求助就医，甚至买菜及其他需要帮助的地方，也可以通过该小程序或打电话来实现。与此同时，武汉市内实行了严格的交通管制，市民都留在家中进行自我隔离以抗病毒。

线上线下的网格化社区管理系统犹如毛细血管和神经末梢系统，一下子打通了省市防疫指挥部与市民的血液和神经连接，具备了打赢抗疫战上下贯通的联动能力。

1 月 30 日，武汉市政府开始给每个社区配备两位民警，协助社区完成上门探访、消毒等措施。各区也在酒店设置了强制医学隔离点，有医生和护士给疑似病人进行检测和简单的治疗。社区的压力得以逐步纾解。

2 月 2 日，为了有效控制传染源、切断传染途径、遏制疫情扩散，武汉市新冠肺炎疫情防控指挥部发布了第 10 号通告，要求确诊患者集中收治，疑似患者集中隔离，发热患者、密切接触者集中隔离观察。

在第 10 号通告发布后，社区在以往的防疫科普、社区消毒以及服务居民的日常物资采买、出行、看病等工作外，新增一项排查及安排发热和疑似病人的隔离工作。在武汉市各小区实行 24 小时封控管理后，其他病患外出就医取药成为新的问题，此时社区网格员承担了这项工作。惠民苑社区网格员丰枫的工作，就是为被隔离的社区病人取药。惠民苑社区一共有六七千户，一万四五千人。丰枫每天要花 10 多个小时去各家药房排队取药，再挨家挨户送药上门。

像丰枫这样为被“封”在社区内的病患取药的好心人，还有许多。19 岁的志愿者张玉欣，为了给一名危重症患者买上球蛋白，她从汉阳跑到汉口，一天跑了 10 家药店，花了 8 个小时排队买药。武汉市一所中学的实习老师吴悠，和此前

取药中的社区网格员丰枫(图片来源:新华社)

带过的两个“00后”学生一起,三个人骑着电动车、自行车,义务为武汉城里患有慢性病的老人和孕妇送药、送物资。吴悠的团队很快发展到23人,一些基金会和爱心组织也加入其中,为他们提供资金和后勤保障。吴悠说:“我会一直坚持为困境中的求助者义务送药,直到有一天疫情结束,他们不再需要我。”

在疫情曲线逐次走低后,3月4日,武汉市委组织部出台了合理安排轮休调休、加强心理干预疏导、发放武汉旅游年卡、提高年度考核优秀等次比例等9条措施,给疫情防控一线的社区工作者提供各方面的支持。同时,在“武汉微邻里”微信小程序增设社区工作者心理咨询专区,通过网络、电话等形式,舒缓社区工作人员的心理压力。

截至2020年3月8日,全国城乡社区工作者已有53位在疫情防控中因公殉职,其中,党员占92.5%。

“是您让我感受到国家的伟大”:基层民警

在最困难的时刻,为尽量减少防疫物资的使用,使其向一线医护人员倾斜,武汉市公安局于 1 月 28 日颁布命令:“为保障个人防护装备持续有效应用,节约防护装备,接上级单位紧急通知,即刻起,全市各进出城道口执勤民警和辅警一律不得穿着防护服、眼罩、N95 级别口罩,只可佩戴一次性医用口罩。各封控点位可集中准备一定数量的防护服、眼罩、N95 级别口罩,在特殊紧急情况下使用。请各单位即刻起迅速传达到各基层所、队、站,马上执行。”

武汉市公安局江汉区分局是疫情防控的核心区,辖区内有新华医院、协和医院等 7 家新冠肺炎收治定点医院和江汉方舱、江汉经济开发区方舱 2 家方舱医院。疫情最严重时,“四类人员”①覆盖辖区内 108 个社区的 630 个小区,维稳和保障社会秩序及医疗秩序稳定的任务非常艰巨。在武汉医疗资源最吃紧的日子,120 忙不过来,110 就成了老百姓的“救命稻草”。

疫情发生后,江汉区分局累计转运病人 5 000 余名。

2 月 2 日,江汉区分局民权派出所辖区内的一名新冠肺炎疑似患者昏迷在自家阁楼上。由于阁楼过道空间狭窄,无法背抬,民权派出所青年突击队 5 名民警、辅警,克服困难,想尽办法,从窗户索降昏迷的患者,将其及时送去就医。

2 月 3 日,52 岁的汉兴派出所民警刘晓钟搂着病人的腰,和另外两位同事,吃力地把已经昏迷的病人抬到了武汉市第十一医院急诊室的病床上。从 1 月 26 日接到协助转运病人任务算起,刘晓钟参与接送转运的病人已有两三百人次,“最高峰时,一天转运了 28 个病人”。或背,或抬,基层民警不顾个人随时会被病毒感染的风险,与时间赛跑,与死神抢生命。刘晓钟说得很朴实:“每天近距离接触病患谁不怕啊,都是上有老下有小的,但是大家都在上,我没有退的道理。”

2 月 15 日,武汉遭遇大雪。江汉经济开发区派出所女民警杨铮接到一位老人求助。老人的儿子在外地建设医院,儿媳在医院当护士,参加一线抗疫,家里只剩下老两口和小孙子。根据老人的请求,杨铮冒着大雪,跌跌撞撞地为老人

---

① 四类人员是指确诊的新型冠状病毒感染的肺炎患者、疑似的新型冠状病毒感染的肺炎患者、无法明确排除新型冠状病毒感染肺炎的发热患者以及确诊患者的密切接触者。

买来药品和食物。

当天晚上,老人的儿子专门给杨铮发来信息:“杨警官,非常感谢您! 我现在在鄂州参建雷山医院。有您在我很安心,是您让我感受到国家的伟大。谢谢您!”

疫情期间,江汉区分局有 29 名民警、辅警和 38 名民警、辅警家属被感染。

在抗疫期间,武汉市 1.9 万名民警日夜值守在防控前沿。

为了保障方舱医院和守护辖区内 7 家定点医院的安全,江汉区分局全员上岗。江汉区看守所为确保监区的卫生安全,实行“一班到底”的封闭式管理,全体民警、辅警两个月没有回过一天家。①

涓流沧海:向着“禁区”勇敢前行的志愿者

除了来自普通民众以及民营机构的医护人员作为志愿者,加入武汉的抗疫队伍外,一些普通人也尽己所能,活跃在抗疫第一线,为抗击疫情做出自己的努力。

联合国点赞的中国战“疫”志愿者

根据全国志愿服务信息系统统计,2020 年 1 月 20 日至 4 月 6 日,全国各地开展疫情防控志愿服务项目 17.7 万个,参与疫情防控的注册志愿者达 361 万人,记录志愿服务时间达 1.16 亿小时。联合国志愿人员组织为此发表声明,公开致敬这些“逆行者”,称赞他们在防控宣传、社区协助、紧急救助和心理辅助等各领域发挥的重要作用,认为他们的不懈努力全面体现了奉献、责任和主人翁精神,是对志愿服务精神的完美诠释。②

四川姑娘刘仙,得到了联合国秘书长青年特使维克拉玛纳亚克的特别称赞。武汉疫情暴发后,由于长时间、高强度的工作,以及餐饮行业的陆续歇业,

---

① 王传宗等:《武汉江汉全体民辅警在疫情防控核心区战斗再战斗》,中国警察网 2020 年 4 月 7 日。

② 蔡春玲、唐淑楠:《联合国官员点赞中国战“疫”志愿者》,求是网 2020 年 4 月 7 日。

武汉市武昌区华锦社区的志愿者为社区居民分装爱心蔬菜
(图片来源:新华社,程敏摄)

一线的医务工作者很难吃上热饭热菜。了解此情况后,1 月 30 日,刘仙在朋友圈中发出“赌命支援武汉,紧急求援”的消息,并在群内征集志愿者,赶赴武汉为医护人员做饭。

这次征集很快得到了小伙伴们的积极回应。刘仙把成都店里所能拿的工具、食材全部带上;买不到防护服,就搜集了仅有的 19 套雨衣和 20 个口罩。2 月 2 日,200 多斤猪肉、300 多斤大米以及两大袋土豆把车辆后备厢塞得满满的,写下遗书、“操起家伙”的刘仙团队从成都“逆行”前往武汉。在 40 多天的时间里,刘仙和她的伙伴们为当地医护人员提供了超过两万份热气腾腾的免费盒饭。因为初到武汉时没有防护服,常穿一件雨衣“勇闯”各大医院,因此刘仙被医护人员亲切地称为“雨衣妹妹”。

在第一次为医护人员送餐时,就有医护人员要把防护服送给刘仙,但刘仙婉拒了,“当时物资特别紧缺,这些珍贵的物资应该用在更需要的地方”。后来因为去雷神山医院送餐,志愿者微信群中的一位中南民族大学老师为刘仙团队送来了 4 套防护服。“这些防护服实在太珍贵了,每次穿都小心翼翼。”刘仙回忆,有一次自己的防护服刮破了一个小洞,她用胶带粘贴后,继续使用。

刘仙白天自己买菜、做饭、送餐,忙得如飞转的陀螺,没有时间想其他的事,

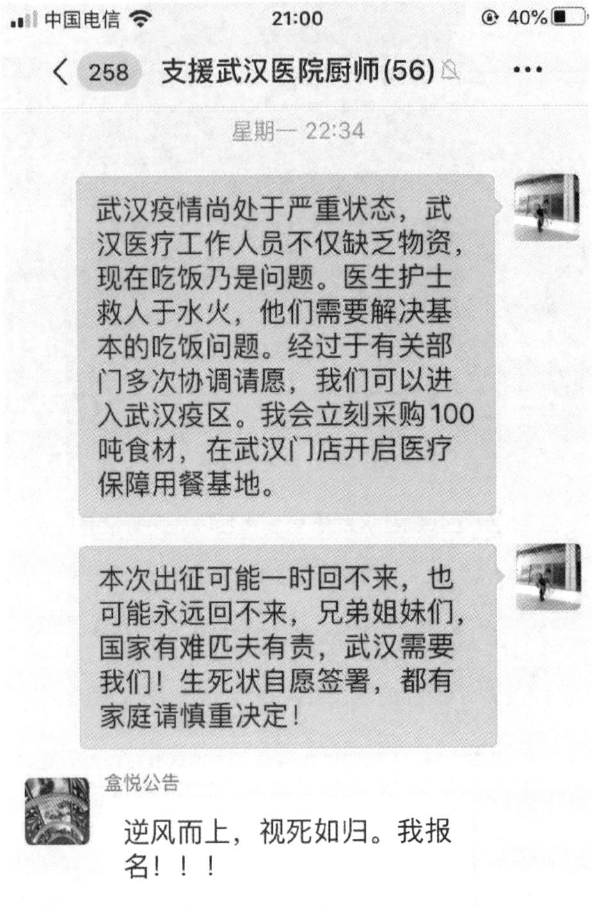

“本次出征可能一时回不来,也可能永远回不来……国家有难匹夫有责”,
刘仙支援武汉医院厨师团队“逆行而上,视死如归”(图片来源:中新网)

但夜深人静一个人的时候,“心里还是怕怕的”。

在“雨衣妹妹”为医护人员准备的盒饭里,始终是两荤一素的标准。平均一盒饭搭配半斤左右的肉,一天下来,500 份盒饭会“吃掉一头猪”。从成都出发时带来的 200 多斤猪肉在头两天就消耗殆尽。“买不到肉怎么办?”随着刘仙的故事被更多人知道,想要采访的媒体渐渐找上门来。“要采访? 可以,拿肉来换。”就这样,500 斤、1 000 斤……“雨衣妹妹”用自己的方式给医护人员“抢”来了盒饭里的肉和菜。

3 月 20 日，武汉的情况转好，“雨衣妹妹”和团队默默告别了这座战斗了 40 余天的城市。为了避免集聚，“走之前我们不敢告诉任何人，怕他们来送”。临走前，把店里收拾干净，“雨衣妹妹”将餐厅余下的食材送给了附近的孤寡老人。出门的时候，“雨衣妹妹”还是被交警认出来了。或许是知道他们将要离开，交警默默地看着他们，慢慢地抬起右手，向他们举手敬礼……[①]

据不完全统计，截至 2020 年 5 月 31 日，全国参与疫情防控的注册志愿者人数达到 881 万人，较 4 月 6 日的统计数据增加了 520 万人；志愿服务项目超过 46 万个，较 4 月 6 日的统计数据增加了 28.3 万个；记录志愿服务时间超过 2.9 亿小时，较 4 月 6 日的统计数据增加了 1.74 亿小时。[②]

企业捐助

疫情发生后，除了国有企业紧急行动投入火神山、雷神山医院建设，中国邮政、国航、东航、南航等日夜加班保证抗疫物资运送外，各家企业也纷纷加入捐助者的行列，众多企业慷慨相助，捐助超过 1 亿元的企业有：快手、阿里、腾讯、百度、美团、恒大、招行、吉利、格力、飞鹤、碧桂园、万科、融创、好未来、携程、伊利、美的、劲牌、金光集团……截至 2020 年 1 月 28 日，仅仅几天时间，各家企业捐资达 50 亿元。武汉当地企业卓尔，在湖北省与医疗机构合作共建了 3 家方舱医院、7 家应急医院。

参考资料

[1]张燕：《50 亿！这些企业都向武汉捐赠了：过亿的超过 20 家》，《中国经济周刊》2020 年 1 月 28 日。

[2]贺广华、李昌禹、程远州：《我是党员，我先上！（来自疫情防控一线的报道）——武汉疫情防控一线纪实之一》，《人民日报》2020 年 2 月 1 日。

---

① 廖雪芝：《“你们负责救人，我们负责做饭！”“雨衣妹妹”被联合国点名表扬！》，中国新闻社 2020 年 4 月 12 日。贺劭清：《有人说“雨衣妹妹”感动了全国，实际上是大家感动了我》，中国新闻社 2020 年 4 月 10 日。

② 中华人民共和国国务院新闻办公室：《抗击新冠肺炎疫情的中国行动》（白皮书），2020 年 6 月 7 日。

[3]陈红霞、姚煜岚:《“发热病了找社区,没床位找社区、没吃的也找社区……”疫情之下,社区是如何“作战”的?》,《21世纪经济报道》2020年2月5日。

[4]《武汉百步亭社区工作者:万家宴前3天建议取消没成功》,《澎湃新闻》2020年2月12日。

[5]项磊:《武汉皖籍女医生怕感染家人凌晨步行上班,丈夫在后开车护航》,安徽网2020年2月13日。

[6]《泪崩!火神山医院护士听闻母亲去世,向家的方向三鞠躬》,中央电视台2020年2月13日。

[7]史晨瑾、郑宇钧:《救人未救己,武昌医院院长刘智明最后的人生路》,丁香园2020年2月18日。

[8]《推迟的婚礼再也无法举行——武汉29岁医生彭银华感染新冠肺炎殉职》,环球网2020年2月21日。

[9]王伟凯:《武昌医院院长刘智明的最后一月》,《南方人物周刊》2020年2月23日。

[10]刘迅、向莹:《武汉女医生因抢救患者感染病毒殉职,生命停留在29岁9个月零20天》,《楚天都市报》2020年2月23日。

[11]朱兴鑫:《武汉网格员丰枫:身上挂满药物心中装着病人》,中国日报网2020年2月28日。

[12]杨雨奇:《在武汉义务送药一个多月反被举报,他们将何去何从?》,中国新闻社2020年3月3日。

[13]李瑞瑞、王煜:《我是民营医院的护士,虽不是“国家队”,但我到了武汉,为救治病人帮上了忙》,《新民周刊》2020年3月7日。

[14]《痛心!53位社区工作者因公殉职,进一步支持措施出台》,新华社2020年3月9日。

[15]宿慧娴、刘登辉:《编外的医者:非公医疗抗疫纪实》,财新网2020年3月11日。

[16]《武汉社区工作者:也会害怕也会焦虑,但我们坚持下来了》,《21世纪经济报道》2020年3月11日。

[17]郭静:《张定宇:我在风暴之眼》,中央广播电视总台中国之声2020年3月16日。

[18]马剑:《我们民营医院打起仗来一样拼命,治病救人没有“公私”之分》,《新华每日电讯》2020年3月17日。

[19]奚金燕、金南星:《还记得“隔玻璃亲吻”的女护士吗?她与男友领证啦!》,中国新闻社2020年3月21日。

[20]《抢命金银潭》,《中国青年报》“冰点周刊”2020年3月25日。

[21]陈凯星、周亮、伍晓阳:《春风十里,不如你的笑意》,新华社2020年3月29日。

[22]《联合国点名表扬一位中国女孩:她鼓舞了很多人!》,《新华每日电讯》2020年4月6日。

[23]蔡春玲、唐淑楠:《联合国官员点赞中国战“疫”志愿者》,求是网2020年4月7日。

[24]王传宗等:《武汉江汉全体民辅警在疫情防控核心区战斗再战斗》,中国警察网2020年4月7日。

[25]王文娟:《骑行四天三夜到武汉的女医生,回家了》,澎湃新闻2020年4月8日。

[26]周甲禄、梁建强、李劲峰、侯文坤、李伟、喻珮:《“封城”76天,武汉战“疫”中的这些时刻值得铭记!》,《新华每日电讯》2020年4月8日。

[27]贺劭清:《有人说“雨衣妹妹”感动了全国,实际上是大家感动了我》,中国新闻社2020年4月10日。

[28]廖雪芝:《“你们负责救人,我们负责做饭!”“雨衣妹妹”被联合国点名表扬!》,中国新闻社2020年4月12日。

[29]《中国疫情牺牲多少医生?新冠肺炎不幸去世的医生护士人员名单》,医脉通2020年4月21日。

[30]陈莉莉:《新提拔的这位湖北厅官,是个好人》,《南风窗》2020年5月3日。

[31]耿堃、张立平:《抗疫一线的无“胆”英雄——记中国工程院院士、天津中医药大学校长张伯礼》,中国文明网2020年5月14日。

[32] 上海市卫生健康委员会编:《上海派出医疗队概貌》,《战疫纪事(上)——上海援鄂医疗队抗击新冠肺炎媒体大纪录》,文汇出版社2020年版。

[33]上海市卫生健康委员会编:《上海援鄂抗疫一线医护人员名单》,《战疫纪事(下)——上海援鄂医疗队抗击新冠肺炎随笔集》,文汇出版社2020年版。

第5章

众志成城

◎ 来自全国的支援

◎ 国际援助

◎ 曙光初现

◎ 人性的光辉

◎ 中国医学界的贡献

◎ 对中国抗疫的评价

全国已有346支医疗队、4.26万名医护人员抵达武汉、湖北。

——国家卫生健康委员会　2020年3月8日

来自全国的支援

度过最初的迷惑、震惊与忙乱之后，各个方面开始迅速调整，在来自全国各省市的支援下，对于疫情的应对开始清晰、有力。

医疗设备的快速投产

为了保障检测能力，国家药监局在2020年1月22日召集17家企业开展评审，其中7家企业研发的新型冠状病毒核酸检测试剂，在甄选后进入国家药监局的快速审批通道。国家药监局于1月26日发布公告，“应急审批通过4家企业4个新型冠状病毒检测产品”，前后走完审批流程仅用了4天时间；而这在平时，通常需要两年。此后，又有新增检测产品投入市场。在试剂盒的使用上，也一改之前须在疾控中心进行检测的要求，下发至各家医院，供检测使用。①

各国有、民营企业也纷纷开足马力投入医疗设备的生产。

央企新兴际华在得到生产防护服的指令以后，迅速调整原来军队军装、被服等军需产品的供应产能，购置设备，培训员工，以战时的状态投入防护服的生产中，春节期间也不休息，人倒班、机不停、连轴转。到了2月中旬，医用防护服日产量已经超过4.5万套，提供了全国医用防护服总产量的三分之一以上。②

① 江晓川：《审批时限两年变四天，试剂盒“一路狂奔”进武汉》，腾讯财经2020年2月4日。

② 《解放军军服厂转产防护服后，振奋人心的一幕出现了》，《环球时报》2020年2月18日。

在各方共同努力下,医用物资产能不断提升,医用物资保供实现从“紧缺”到“紧平衡”、“动态平衡”、“动态足额供应”的飞速提升。到了 4 月底,全国医用防护服产能较 1 月底的疫情初期增长了 90.6 倍,病毒检测试剂产能增长了 58 倍。

快速诊断与分类诊治

武汉市核酸检测的最高能力在 2 月初已经达到日 6 000—8 000 人,这比初期的日检测 300 人有了极大的提高;但各类医院的门诊量为 13 000 人,核酸检测能力对应病人检测仍有缺口。最早时,武汉市的患者从发病到诊断需要 9—10 天,后来当全国其他地区的诊断只需要 1 天时,武汉还需要 6 天。通过各方不断地协调努力,包括武汉市在内的整个湖北省,对新冠病毒的检测周期缩短到 4—6 小时,日检测量由疫情初期的 300 人提升到 4 月中旬的 5 万人以上,大大缩短了患者确诊时间。这一系列的工作,实现了对病毒的快速诊断,降低了传播风险。日均 5 万人的核酸检测能力,日后又得到进一步的提升,在之后武汉实行全员检测时,仅用了 19 天的时间,就完成了 989 万人的检测,日均检测超过 50 万人,检测能力整整提高了 10 倍。

除了核酸检测,在疫情最吃紧的时候,武汉大学中南医院影像科副主任张笑春教授也在缩短检测周期方面做出了贡献。张笑春根据当时特殊时期的情况,从自己的专业认识出发,提出了将 CT 影像作为新冠肺炎确诊依据的建议。

据张笑春回忆,2019 年 12 月 28 日晚上七八点钟,被科室的一位医生喊住,说张教授你得来看一看这个像什么? 张笑春走过去一看,第一印象这就是“非典”。“‘非典’重来了吗?”当时张笑春有点调侃地说,说完了也没太在意,因为影像上存在不少异病同影的情况,支原体肺炎、部分普通病毒性肺炎和禽流感也可能呈现这种表现。“鉴别病原体不是我们(影像科)的强项,得请临床结合实验室检查,也就是核酸检测去鉴别。”张笑春说。但这张肺部的影像图片还是给她留下了印象。

张笑春原来准备 12 月 31 日带着父母和孩子回内蒙古老家与丈夫春节团聚,但由于医院人手告急,同时也为了避免可能存在的病毒跨省传播,张笑春选择带着家人一同留下。到了 2020 年 1 月 14 日,中南医院要求医护必须经常来医院,张笑春就干脆住在科室里,没日没夜地研究有关病例的影像报告。

1 月武汉暴发新冠肺炎疫情时，大量疑似病患的核酸检测呈阴性，或因没有机会做核酸检测而无法确诊，根据当时的标准，只能判定为“疑似病例”。没有被隔离的“疑似病例”一方面可能耽误了治疗，另一方面也增加了对外传播病毒的潜在风险。

1 月 31 日，张笑春的父母被确诊感染新冠肺炎而被隔离。她只能狠狠心，把 8 岁的女儿一个人锁在家中，母女俩靠微信视频实时联系。

奋战在医院一线的张笑春面对外界不断问询的电话和微信心急如焚。她尝试通过微信小程序把有关将 CT 影像作为新冠肺炎确诊依据的建议上报，但没有成功。情急之下，2 月 3 日，张笑春将有关信息发布在朋友圈，要求转发扩散，希望尽可能将信息下情上达。这条存留仅十来分钟的信息在朋友圈被大量转发。

“我的朋友圈只是抛出了一个引物，吸引政府和人民的关注。咱们国家政府反应能力还是非常强的。我们高层决策者是希望听到这些真真切切的建议的。当时好多北京那边的人大和政协代表找到我的联系方式，让我以文字的形式直接梳理建议给他们，他们给我递交。《人民日报》也以内参的形式递交(我的建议)，这是非常快的。”张笑春说，“政府和管理部门毕竟不是专业人士，面对突如其来的疫情，认识都是有一个过程的。前期我们采取任何措施都是摸着石头过河。我接触(新冠影像)是(2019 年)12 月底，2 月 3 日才提出这个，为什么要经过一个月的积淀？专业人士需要分析新冠的客观规律，我是从影像的角度来分析规律，有的医生从重症医学的角度，都是竭尽我们的专业水平得出客观科学的规律。”

张笑春的微信发布仅一天后，2 月 5 日，国家卫健委公布的《新型冠状病毒感染的肺炎诊疗方案(试行第五版)》，要求湖北省内增加“临床诊断病例”分类，即根据临床症状和 CT 影像，把具有肺炎影像特征的疑似病例判定为“临床诊断病例”，并予以单间隔离治疗。第五版诊疗方案增加了“临床诊断病例”。2 月 12 日，“临床诊断病例”纳入湖北省报告数据。[①] CT 影像作为快速诊断有其特有优势，在湖北省等疫情严重地区，CT 影像筛选成为快速诊断的首选。

张笑春提议的“临床诊断”建议，在实际的病例数据上也得到了显现。2 月

① 王一苇、汤佩兰：《改变新冠诊断标准的女医生张笑春》，新媒体《知识分子》2020 年 9 月 21 日。

13 日一早，很多人醒来都被吓了一跳，湖北省突然新增确诊病例达 14 840 例，仅武汉市就增加了 13 436 例。实际上，这其中就包含了临床诊断病例 13 332 例。也就是说，若只按原来的确诊方法统计，湖北省的确诊病例为增加 1 508 例（这个数字相比前一天还是下降了）。“临床诊断”把原来不能确诊的存量给彻底释放出来了，这是对中央提出的“应收尽收、应治尽治”指导思想的落实，有利于对疫情进行彻底有效的防控。

面对新型冠状病毒，无数个像张定宇、张继先、张笑春一样的医学界专业人士，坚持边实践、边研究、边探索、边总结、边完善，提供了许许多多的真知灼见。

在此基础上，国家卫健委先后制定修订了 7 版新冠肺炎诊疗方案，3 版重型、危重型病例诊疗方案，2 版轻型、普通型管理规范，2 版康复者恢复期血浆治疗方案，1 版新冠肺炎出院患者主要功能障碍康复治疗方案；及时总结推广行之有效的诊疗方案，提高了医疗救治工作的科学性和规范性。最新的第七版新冠肺炎诊疗方案已被多个国家借鉴和采用。①

2020 年 8 月，国家卫健委、国家中医药管理局又发布了《新型冠状病毒肺炎诊疗方案（试行第八版）》。

在医疗设备生产迅速恢复，通过新建火神山、雷神山医院和新设方舱医院增加床位，以及像张笑春等有关专家提出合理化建议的基础上，湖北省尤其是武汉市开始加快对医院功能分类的步伐，根据医护人员的能力、设备水平对医院的功能进行分类。例如，新建成的火神山、雷神山医院只收治转院过来的危重病人，类似协和医院等医疗能力强大的机构也只负责收治危重病人，轻微的确诊病例全部进入像方舱医院这样的治疗单位进行收治隔离，而那些疑似病例也根据情况进行分类隔离。

临床诊断加上全国各地医护人员的驰援、医疗设备物资的大量提供，再辅以资源的优化配置，整个抗疫系统运转变得有序和高效，分类管理、分类处置，防控和医治效率都得到大幅度提升。

五个“百分之百”与“一省包一市”

2 月 4 日，《人民日报》旗下人民网“人民好医生”客户端为感染新型冠状病

---

① 中华人民共和国国务院新闻办公室：《抗击新冠肺炎疫情的中国行动》（白皮书），2020 年 6 月 7 日。

毒的求助者提供帮助，平台向社会征集“了解到的确诊、疑似、密切接触者以及无法排除的发热者，特别是目前还没得到隔离收治的”信息，从而为求助者提供快速通道。

2 月 6 日，率中央赴湖北指导组深入一线的孙春兰副总理，督促武汉市以战时状态抓好源头防控，全力以赴排查收治“四类人员”，实施“不落一户、不漏一人”的全民拉网式排查，坚决落实应收尽收、应治尽治，切实保障人民群众生命安全和身体健康。武汉市在 2 月 7 日开始拉网式排查工作，但排查工作离实际要求还存在差距。2 月 11 日凌晨，武汉市新冠肺炎疫情防控指挥部发布通告。通告说，发热患者严格按照就近就医的原则，到现居住地所在区定点发热门诊就诊，不得跨区就诊。并在全市范围内对所有住宅小区实行封闭管理，对新冠肺炎确诊患者或疑似患者所在楼栋单元必须严格进行封控管理。2 月 13 日湖北省和武汉市主要领导调整后，15 日，在武汉市“所有住宅小区实行封闭管理”的基础上，执行更为严格的小区全封闭管理；16 日，湖北省委、省政府在《中共湖北省委 湖北省人民政府关于全力以赴坚决打赢我省新冠肺炎疫情防控阻击战的意见》中提出“四个‘全力’”，即：全力加强患者救治，全力加强社区管控，全力加强筛查甄别，全力强化“五个保障”（强化医护力量保障、强化医用物资保障、强化生活物资保障、强化基本公共服务保障和强化社会稳定保障）。

2 月 16 日，根据 12 日中央会议的精神和 13 日中央应对新冠肺炎疫情工作领导小组会议要求，在武汉市委部署下，17 日开始，武汉市各区党政“一把手”亲自上阵，以街道为主体、以社区为单元，“不漏一户、不漏一人”，再次开展为期 3 天的集中拉网式大排查，推动落实五个“百分之百”工作目标。五个“百分之百”是指确诊患者百分之百应收尽收、疑似患者百分之百核酸检测、发热病人百分之百进行检测、密切接触者百分之百隔离、小区村庄百分之百实行 24 小时封闭管理。为了确保市民“宅”家生活必需品的供应，武汉市同时强化了物资配送体系。

通过这些“组合拳”式的工作，武汉市疫情控制工作开始向好，进而带动全国新冠肺炎疫情防控工作逐步趋向好转。

对社区进行封闭管理并开展拉网式排查，应收尽收，应治尽治，这样就能尽量把所有疑似病例和可能存在的隐患全部纳入观察和确诊进程中，实施早发现、早报告、早隔离、早治疗，那么随着时间推移，疫情的风险敞口就会越来越小,被感染的人数就会越来越少,疫情控制也就能更快速地取得成效。2 月中旬后,湖北省尤其是武汉市的疫情防控工作已经越来越有序,工作做得也越来越细。各级领导都需要进行突前指挥,市领导进区,区领导进街道和社区,各级干部全力投入疫情防控中去。再加上不断驰援的物资和人员,武汉的疫情防控和收治能力在不断增强。

为了进一步向分类诊治提供保障,2 月 7 日,在国务院联防联控机制新闻发布会上,参考既往的对口帮扶机制,国家卫健委宣布以“一省包一市”的方式,建立 19 个省(直辖市、自治区)支援湖北省除武汉市以外 16 个地市的对口支援关系(见表 5—1),全力支持湖北省加强对患者的救治工作。

表 5—1　　19 个省(直辖市、自治区)对口驰援湖北 16 个地市

省(直辖市、自治区)	对口驰援地市
重庆,黑龙江	孝感
山东,湖南	黄冈
江西	随州
广东,海南	荆州
辽宁,宁夏	襄阳
江苏	黄石
福建	宜昌
内蒙古,浙江	荆门
山西	仙桃,天门,潜江
贵州	鄂州
云南	咸宁
广西	十堰
天津	恩施
河北	神农架林区

资料来源:《央广独家:“对口支援湖北地市”正版》,央广网 2020 年 2 月 10 日。

在疫情期间,社会主义制度下集中力量办大事的优势显露无遗。这对交通几乎隔断的湖北来说,显得非常及时和有效,对于坚定湖北全省打赢这场疫情阻击战的信心尤为重要。

得到通知后，各省（直辖市、自治区）立即展开行动，组建医疗队赶赴对口各地市。各省（直辖市、自治区）的各支医疗队从接受指令到组建 2 小时内完成，24 小时内抵达，并且自带 7 天防护物资，抵达后迅速开展救治。

心急的江苏省各个下属地市，在组建医疗队后，未等集合，便各自赶往对口的黄石市，被网友戏称为“散装江苏”——苏州、无锡从硕放国际机场出发，常州从奔牛国际机场出发，徐州从观音国际机场出发，南通从兴东国际机场出发，连云港从白塔埠国际机场出发，宿迁从涟水国际机场出发……江苏的 13 支各地市医疗队径直赶赴目的地。

为了加强临床血液供应，10 个省份无偿支援湖北省红细胞 4.5 万单位、血小板 1 762 个治疗量、新鲜冰冻血浆 137 万毫升（不含恢复期血浆）。大规模、强有力的医疗支援行动，有力地保障了湖北省和武汉市救治，极大缓解了重灾区医疗资源严重不足的压力。[①]

各省对湖北的支援，并不是一次性的，而是多批次。

下图是一张山西省第七批支援湖北医疗队出发时的合照，笔者看到之后很

2020 年 2 月 14 日，山西省第七批支援湖北医疗队队员宣誓出征（图片来源：新华社）

① 中华人民共和国国务院新闻办公室：《抗击新冠肺炎疫情的中国行动》（白皮书），2020 年 6 月 7 日。

感动,感动的不仅仅是照片中这些来自山西省的医护人员,而是照片背后的来自全国各个省份的无私爱心和支援力量。

“一省包一市”的举措,极大地缓解了湖北省在疫情冲击之下捉襟见肘的医疗资源压力,保证了当地病患得到及时的救治和周到的服务,使疫情的重灾区迅速向着压低疫情上升曲线并使之拐头向下的方向发展。

除了“一省包一市”外,22 支国家紧急医学救援队也赶往湖北。国家紧急医学救援队主要是为了提升突发事件卫生应急能力而建立的,全部由国家卫健委统一验收并命名。国家紧急医学救援队一般配备 10 辆特种车辆,包括重症监护车、手术车、医具检验车、药品药剂车、进水给水车、发电储油车、生活保障车、宿营车、物资车和通讯指挥车。这些车辆可以就地展开,迅速形成一个移动医院。22 支国家紧急医学救援队主要集中在各个方舱医院,成为方舱医院救治患者的主力军。

截至 2020 年 3 月 8 日,全国各地共有 346 支医疗队、4.26 万名医护人员云集湖北省,其中重症医学科、感染科、呼吸科、循环内科的专业人员就达到了 16 000 多人。王辰、李兰娟、张伯礼、陈薇、黄璐琦、乔杰、仝小林……众多医学领域的领军人物、院士在武汉倾尽心力。

除了在医护人员方面对湖北省进行支援外,中央政府和各省份在医疗设备(包括 3 个移动 P3 实验室①)、防护用品及防控药品等方面也给予了大力支援(见表 5—2)。

表 5—2　　疫情发生以来调往湖北省的医疗物资情况

(截至 2020 年 4 月 30 日)

序号	类别	品种	单位	数量
1	医疗设备	全自动测温仪	台	20 033
2		负压救护车	辆	1 065
3		呼吸机	台	17 655
4		心电监护仪	台	15 746
5	消杀用品	84 消毒液	吨	1 874
6		免洗洗手液	万瓶	71.4

① P3 实验室即生物安全防护三级实验室,这类完全密封的实验室处于负压状态,实验室内部的气体不会泄漏造成外部污染。

续表

序号	类别	品种	单位	数量
7	防护用品	医用手套	万副	198.7
8		防护服	万套	773
9		医用 N95 口罩	万只	498
10		医用非 N95 口罩	万只	2 720
11	防控药品	磷酸氯喹	万片/粒	40
12		阿比多尔	万片/粒	360

资料来源:中华人民共和国国务院新闻办公室:《抗击新冠肺炎疫情的中国行动》(白皮书),2020 年 6 月 7 日。

从 1 月 27 日至 3 月 19 日,全国通过铁路、公路、水运、民航、邮政快递等运输方式向湖北省运送防疫物资和生活物资 92.88 万吨,运送电煤、燃油等生产物资 148.7 万吨,有力确保了全省的抗疫工作。

疫情防控“最吃劲的关键阶段”的再部署

2 月 12 日,中共中央政治局常委会召开会议,听取中央应对新型冠状病毒感染肺炎疫情工作领导小组汇报,分析当前新冠肺炎疫情形势,研究加强疫情防控工作。习近平主持会议并发表重要讲话。

习近平同志在会上指出,疫情形势出现积极变化,防控工作取得积极成效。当前,疫情防控工作到了最吃劲的关键阶段,要毫不放松做好疫情防控重点工作,加强疫情特别严重或风险较大的地区防控。强调 19 个省(直辖市、自治区)对口支援湖北省武汉以外地市,要责任包干、落细落实。对于疫情,要严格落实早发现、早报告、早隔离、早治疗措施,加强社区防控,切断疾病传播途径,降低感染率;加大药物和疫苗科研攻关力度。在民生方面,做好生活必需品生产供应工作,严格落实“米袋子”省长责任制和“菜篮子”市长负责制,切实抓好主副食品生产、流通、供应组织。此外,对于医疗物资等的供应保障和农业春耕问题等问题,也做出安排。①

中央的这次会议,是在疫情防控取得初步成效的基础上召开的,既肯定了

① 《疫情防控最吃劲时刻,中央再部署!》,《环球时报》2020 年 2 月 12 日。

成绩，也指出了在疫情趋势将好未好的关口，需要努力的方向，具有承上启下的作用。

2 月 13 日，经中央军委主席习近平批准，军队增派 2 600 名医护人员支援武汉市抗击新冠肺炎疫情。这次抽组的医疗力量来自陆军、海军、空军、火箭军、战略支援部队、联勤保障部队、武警部队多个医疗单位。根据医院容量和建设进度，军队医护人员将分批投入支援，首批力量 1 400 人于 2 月 13 日抵达武汉。截至 13 日，军队共派出 3 批次 4 000 余名医护人员支援武汉市抗击新冠肺炎疫情。①

同一天，李克强主持召开中央应对新冠肺炎疫情工作领导小组会议，要求继续把湖北省特别是武汉市作为疫情防控的重中之重。武汉市要多渠道尽快增加隔离床位供给，对“四类人员”加速分类集中收治或隔离，确保救治设备和防护用品向重症病例治疗集中，保证应收尽收、应治尽治。②

信息的公开透明、及时准确

在武汉市从 2019 年 12 月 31 日起依法发布疫情信息，并逐步增加信息发布频次的基础上，从 2020 年 1 月 21 日起，国家卫健委每日在官方网站、政务新媒体平台发布前一天全国疫情信息，各省级卫生健康部门每日统一发布前一天本省疫情信息。从 2 月 3 日起，国家卫健委英文网站同步发布相关数据。

与此同时，中宣部“全力以赴，精锐尽出”，调集 300 多名记者深入湖北省和武汉市进行采访报道，确保信息发布的公开透明与及时准确，并发挥舆论监督作用。③

为了及时准确地发布一线疫情信息，2 月 15 日，国务院新闻办公室首次在武汉市举行新闻发布会。截至 2020 年 5 月 31 日，国务院新闻办公室、国务院联防联控机制共举行新闻发布会 161 场，邀请 50 多个部门 490 余人次出席发布会，回答中外媒体 1 400 多个提问；湖北省举行 103 场新闻发布会，其他省份

① 《经习近平批准，军队增派 2 600 名医护人员支援武汉抗击新冠肺炎疫情》，新华社 2020 年 2 月 13 日。

② 《李克强主持召开中央应对新冠肺炎疫情工作领导小组会议，部署进一步分级分类有效防控，要求优化诊疗加快药物攻关科学防治，王沪宁出席》，新华社 2020 年 2 月 13 日电。

③ 《中宣部调集 300 多名记者深入湖北和武汉进行采访》，长江网 2020 年 2 月 5 日。

共举行 1 050 场新闻发布会。[①]

除了信息的公开透明,中国对来自国际的关于新冠肺炎病毒的科学考察和研究也持开放态度。1 月 20—21 日,世卫组织就派团对武汉做了现场考察。28 日,来自美国、被誉为“病毒猎手”的哥伦比亚大学公共卫生学院感染与免疫研究中心伊恩·利普金教授,也赶赴中国,于 29 日晚抵达广州,准备与他的老朋友钟南山院士沟通交流新冠肺炎病毒的情况。

利普金早在 2003 年“非典”期间,就携带了 1 万个检测试剂盒赶到中国参与抗疫,并与钟南山结识,成为朋友。

利普金原计划在 30 日与钟南山一起研讨新冠肺炎的情况,但 29 日夜里,钟南山接到通知,要在第二天赶往北京参会,于是利普金一早 6:00 来到钟南山家的楼下,两人一起坐车前往机场,两人在车上、机场大厅外、贵宾室进行了长时间的充分交流。

世卫组织命名:COVID-19

为了抗疫工作的规范统一,世卫组织总干事谭德塞 2 月 11 日在瑞士日内瓦宣布,将新型冠状病毒感染的肺炎命名为“COVID-19”。

在命名的同时,谭德塞对命名的规则做出解释,“在世卫组织、世界动物卫生组织以及联合国粮农组织的共同指导原则下,我们必须找到一个不涉及地理位置、动物、个人或人群,同时方便发音且与疾病有关的名称”。以“COVID-19”命名,可以避免使用其他不准确或是带有种族歧视和“污名化”的名称,同时也为未来可能出现的其他冠状病毒疫情提供了一个标准格式。

早在 2015 年 5 月,世卫组织发布《新人类传染病命名的最佳实践》,并呼吁科学家、国家当局和媒体广泛采用,以最大限度地减少给国家、经济和人民带来的不必要负面影响。该文件指出,给新的疾病、病毒等命名,不鼓励使用:(1)地理方位(例如,中东呼吸综合征、西班牙流感、裂谷热等);(2)人名(例如,克罗伊茨费尔特—雅各布病等);(3)动物或食物种群(例如,猪流感、禽流感、猴痘等);(4)文化、人口、工业或职业(例如,军团等)和可煽动过度恐慌的术语(例如,不

---

① 中华人民共和国国务院新闻办公室:《抗击新冠肺炎疫情的中国行动》(白皮书),2020 年 6 月 7 日。《国新办首次在武汉举行新闻发布会透露这些重要信息》,澎湃新闻 2020 年 2 月 15 日。

明、致命、流行)等。

世卫组织推荐的命名思路是,采用:(1)疾病症状方面(例如,呼吸道疾病、神经综合征、水样腹泻等)的通用描述性术语和疾病表现;(2)受影响人群(例如,青少年等);(3)疾病严重性(例如,进行性、严重等);(4)季节性特征等有力可得信息(例如,冬季等),甚至是任意标识符(例如,α、β、a、b、Ⅰ、Ⅱ、Ⅲ、1、2、3 等)。[①]

国际援助

一方有难,八方支援。自中国首先报告武汉暴发新冠肺炎疫情后,全球多个国家政府和民间机构对中国伸出援助之手。

国外政府的援助

2020 年 2 月 1 日,欧盟委员会主席冯德莱恩与李克强总理通电话。冯德莱恩表示,欧盟高度尊重和认可中方为防控疫情采取的措施,愿尽己所能、动用一切可能的资源向中方提供帮助,将协调有关成员国为中方采购医疗物资提供便利。同一天,德国外长马斯也打来电话。在与国务委员兼外交部长王毅通电话时,马斯表示,对中国抗击疫情表示支持,认为中国政府采取的公开、透明、合作态度以及有力、有效措施令人钦佩。电话之后,2 月 2 日,欧盟对华运送了 12 吨急需物资;之后,欧盟第二次对华援助 18 吨物资。2 月 23 日,欧盟启动了第三次对华援助,其中包括医用手套、口罩、防护服及消毒剂等共计 25 吨物资。

比欧盟 2 月 2 日提供援助还早一天,伊朗红新月会捐赠的 100 万只口罩在 2 月 1 日运抵北京,伊朗驻华大使馆在官方微博上称:“我们对中国政府和人民在疫情中遭受的损失感同身受,也对中国政府和人民抗击疫情的坚定决心和意志深感敬佩。中国一定能战胜疫情,而我们将与中国朋友并肩作战。”同一天,巴基斯坦总理伊姆兰·汗表示:“愿调集巴全国现在所有库存向中方

① 燕小六:《为什么不能叫“武汉病毒”? 关于给传染病起名字的冷知识》,澎湃新闻 2020 年 2 月 6 日。

提供抗疫医疗物资援助，巴基斯坦人民将坚定地与兄弟的中国人民站在一起！”当天，巴政府把想尽办法从全国公立医院库存搜集到的一共 30 万只医用口罩、800 套医用防护服和 6 800 副手套运到中国。与中国保持交流的日本地方政府、友好城市也将贴有“中国加油！”等字样的防疫物资运往中国。

2 月 5 日，外交部新闻发言人华春莹在网络记者会上向韩国、日本、泰国、马来西亚、印度尼西亚、哈萨克斯坦、巴基斯坦、德国、英国、法国、意大利、匈牙利、白俄罗斯、土耳其、伊朗、阿联酋、阿尔及利亚、埃及、澳大利亚、新西兰、特立尼达和多巴哥这 21 个国家政府和联合国儿童基金会对中方的疫情防控物资捐助表示感谢。

2 月 10 日，俄罗斯援助中国的 23 吨物资运抵武汉。

随着《中美第一阶段经贸协议》在 1 月份签署，对国际形势一向灵敏的日本，也向中国捐赠了部分物资。

作为友好邻邦，柬埔寨首相洪森 2 月 5 日抵达北京访问，用实际行动表达了对遭受疫情困扰的中国政府和人民的支持。2 月份访华的，还有蒙古国总统哈勒特马·巴勒图勒嘎。2 月 27 日，古道热肠的巴勒图勒嘎总统在北京人民大会堂与中国国家主席习近平会谈结束后，向习近平主席递交了蒙方向中方赠送 3 万只羊的证书，以支援中国抗疫。9 月 18 日，蒙古国捐赠的活羊开始分批进入活畜免疫区隔离 30 天。根据中蒙双方商定的计划，3 万只羊分批于 11 月中旬前运抵中国境内，在二连浩特加工后运往湖北省。

承载蒙古国人民情谊的 3 万只“暖羊羊”的到来，“怎么吃”也引发了网上的讨论。结合大家的意见，湖北省委、省政府决定：请为湖北保卫战、武汉保卫战取得决定性成果做出重大贡献的省内新冠肺炎医疗救治定点医院一线医务工作者、全国各地援鄂医疗队，以及在我省新冠肺炎疫情防控中因公殉职人员的家属共同分享这份温暖和感动。

为感谢蒙古国政府和人民的鼎力支持，湖北省向蒙古国回赠了一批抗疫物资和生活物资—— 一批检测仪、核酸检测试剂及配套物料等防疫物资，包括 3 台 PCR 检测仪[①]、30 000 人份的核酸检测试剂、20 000 份青砖茶和 2 000 份红

① PCR(polymerase chain reaction)即聚合酶链反应，PCR 检测仪是临床上快速诊断传染病的仪器。

茶等。

中蒙两国作为友好邻邦，在困难时期共同诠释了守望相助的精神内涵。

民间援助

为支持中国抗击新冠肺炎疫情，1月27日，比尔及梅琳达·盖茨基金会宣布向中国提供500万美元紧急赠款。比尔·盖茨专门致信习近平主席，赞赏中国政府和中国人民在抗击疫情中的表现，表示将坚定支持中国打赢这场关键战役。习近平为此给比尔·盖茨回信，感谢其支持中国抗击新冠肺炎疫情。此外，日本、法国、韩国、英国、美国、瑞士、新加坡、澳大利亚等国的数百家企业，也向中国捐赠了抗疫物资，合计金额超过10亿元人民币。

在中国疫情防控形势最艰难的时候，国际社会给予了中国和中国人民宝贵的支持和帮助。全球170多个国家领导人、50个国际和地区组织负责人以及300多个外国政党和政治组织向中国领导人来函致电、发表声明表示慰问支持。77个国家和12个国际组织为中国人民抗疫斗争提供捐赠，包括医用口罩、防护服、护目镜、呼吸机等急用医疗物资和设备。84个国家的地方政府、企业、民间机构、人士向中国提供了物资捐赠。金砖国家新开发银行、亚洲基础设施投资银行分别向中国提供70亿元、24.85亿元人民币的紧急贷款，世界银行、亚洲开发银行向中国提供国家公共卫生应急管理体系建设等贷款支持。[①]

曙光初现

在湖北省和武汉市情况自2月中旬开始好转的同时，全国的情况则先于2月初出现转圜。

2月6日，中央应对新型冠状病毒感染肺炎疫情工作领导小组召开会议。

---

① 中华人民共和国国务院新闻办公室：《抗击新冠肺炎疫情的中国行动》（白皮书），2020年6月7日。

会议传达了两个重要信息:一是集中力量抓好湖北省疫情防控;二是湖北省以外的地区在继续做好防控的同时,开始有序恢复正常生产。

全国疫情防控,湖北省以外战场正逐渐向正常秩序恢复。这一切得益于武汉封城、湖北近乎封省以及各地防控措施及时和得力,在全国一盘棋的统筹下权衡决策,才没有形成疫情全国肆虐的危险局面。

中国的体制就是这样,只要在任在岗就得全力以赴,这与西方民主政治下的政府领导经常做"逃兵"完全不同。西方是小政府,小政府是"有限责任公司",最大的特点是对资本利益提供最高级别的保护,为了体现自己的"努力",政客们平时吵得欢,关键时刻却没人承担责任。例如,澳大利亚森林火灾燃烧了近半年,该国总理依然可以无所作为。事实上,澳大利亚参与火火的主要是 3 万名志愿者。这一点与中国政府的高效形成了鲜明对比。

2 月中旬,武汉方舱医院里的患者已经开始打起了太极拳、跳起了广场舞,乐观的气氛逐步升温。

由下图可以看出,2 月 12 日新增确诊病例暴涨,主要是因为湖北省增加了临床诊断;接着 13 日、14 日、15 日新增确诊病例连降三天;16 日虽略有反弹,但幅度很小。这说明湖北省疫情尤其是武汉市疫情继续恶化的势头已被有效遏制。

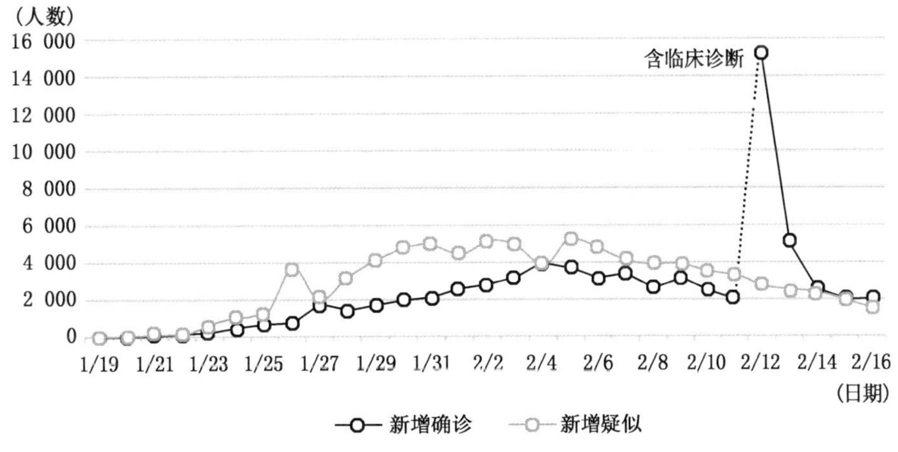

全国疫情新增趋势图(图片来源:腾讯新闻)

2 月 16 日,全国非湖北地区新增病例为 118 例,实现"13 连降"。从这些数据可以看出,全国非武汉地区的疫情拐点已经到来,新增确诊病例开始向两位数迈进。

2 月 24 日，湖北省以外新增确诊病例为 9 例，降到了个位数；全国有 23 个省份新增病例在这一天实现零增长。

习近平总书记在抗疫每个阶段的部署中，始终将人民群众生命安全和身体健康放在第一位。疫情控制稳定后，3 月 10 日，在北京一直亲自指挥和部署抗疫工作的习近平同志得以在百忙中亲临武汉，看望和慰问一线医护人员、患者，以及社区工作者、基层民警、下沉干部、志愿者和居民群众。

战“疫”，曙光初现。

3 月 12 日，国务院联防联控机制新闻发布会通报，总体上，中国本轮疫情流行高峰已经过去，新增发病数在持续下降，疫情总体保持在较低水平。

3 月 13 日起，武汉市连续三天新增确诊保持在个位数。

3 月 17 日，首批 42 支国家援鄂医疗队撤离武汉市。

3 月 20 日，国务院联防联控机制新闻发布会通报，19 日内地报告首次实现新增本土确诊病例和疑似病例“零报告”。

3 月 22 日，武汉市 27 个过江桥梁防疫检测点和主城区近 80 个防疫检测点全部撤除。

3 月 25 日起，湖北省有序解除离鄂通道管控措施，撤除除武汉市以外地区所有通道（市际、省界通道）检疫站点。湖北省除武汉市以外地区逐步恢复正常生产生活秩序，离鄂人员凭湖北健康码“绿码”可安全有序流动。

3 月 31 日，国务院新闻办公室在武汉市举行的新闻发布会上宣布，中央指导组认为，以武汉市为主战场的全国本土疫情传播已基本阻断，疫情防控取得阶段性重要成效。

4 月 8 日，武汉“解封”，开启了铁路、航空、高速公路等各个交通通道，这标志着中国战“疫”取得阶段性的重大成果。当天，有 5.5 万余名旅客乘坐火车离开武汉，这座“沉睡”了 76 天的城市，按下了“重启”键。

武汉市新冠肺炎疫情防控指挥部 4 月 17 日发布经订正后的新冠肺炎确诊病例数、确诊病例死亡数：“截至 2020 年 4 月 16 日 24 时，确诊病例核增 325 例，累计确诊病例数订正为 50 333 例；确诊病例的死亡病例核增 1 290 例，累计确诊病例的死亡数订正为 3 869 例。”

2020 年 4 月 8 日凌晨,“解封”后的武昌火车站,乘客准备登上 K81 次列车
(图片来源:新华社,费茂华摄)

出现以上数据差异的原因:一是疫情早期病人激增,导致医疗资源挤兑,收治能力严重不足,有些患者没有入院治疗,在家中病亡。二是在救治高峰期,医院超负荷运转,医务人员忙于救治,客观上存在迟报、漏报和误报现象。三是收治患者的定点医疗机构快速增加,既有部属、省属、市属和区属医院,也有企业、民营医院和方舱医院等,少数医疗机构未能及时与大疫情网对接、报送信息。四是有些死亡病例信息登记不全,存在重报、误报情况。①

对流行疾病数据做事后的订正是国际惯例,充分反映了中国政府对待新冠肺炎疫情的严肃态度。后来的疫情数据也一再表明,相关数据的修订是一种普遍现象:2020 年 4 月 29 日,英国对本国新冠肺炎患者的死亡数进行大幅度修订,纳入了疫情暴发以来社区和养老院等机构的 3 811 例死亡病例;日本东京地区在 2020 年 11 月 18 日至 2021 年 1 月 31 日的疫情统计数据也曾出现漏报 838 例确诊病例的情况。就之后的疫情发展看,美国仅纽约一个州,就发生了将养老院死亡人数的统计从 2021 年 1 月份的 8 500 人“调整”到 2 月 1.5 万人的情况。就更早的情况看,美国在 H1N1 流感发生后,也曾在事后对相关数据做了显著的修正。

① 《武汉订正新冠肺炎数据:确诊核增 325 例,死亡核增 1 290 例》,《新华每日电讯》2020 年 4 月 17 日。

2020年4月24日,国家卫健委宣布,随着最后一例重症患者新冠肺炎治愈,武汉重症病例实现了清零。

4月26日,武汉市所有新冠肺炎住院病例清零。

4月27日,经中共中央总书记习近平和中共中央批准,中央指导组离鄂返京。

人性的光辉

中国把提高治愈率、降低病亡率作为首要任务,快速充实医疗救治力量,把优质资源集中到救治一线。采取积极、科学、灵活的救治策略,慎终如始、全力以赴救治每一位患者——从出生仅30个小时的婴儿至100多岁的老人。为满足重症患者救治需要,想尽一切办法筹措人工膜肺(ECMO)设备,能买尽买,能调尽调。武汉市重症定点医院累计收治重症患者9 600多例,转归为治愈的占比从14%提高到89%,超过一般病毒性肺炎救治平均水平。对伴有基础性疾病的老年患者,精准施策,只要有一丝希望,就绝不轻易放弃;只要有抢救需要,人员、药品、设备、经费就全力保障。

通过专家巡查制度,定期组织专家团队对武汉市定点医院重症患者救治进行巡诊,评估患者病情和治疗方案。针对超过80%的重症患者合并严重基础性疾病情况,武汉市在疫情期间实行"一人一策",建立感染、呼吸、重症、心脏、肾脏等多学科会诊制度,并制定重症、危重症护理规范,推出高流量吸氧、无创和有创机械通气、俯卧位通气等措施。注重孕产妇、儿童等患者差异性诊疗策略,实现不同人群诊疗方案的全覆盖。严格落实疑难危重症患者会诊制度、死亡病例讨论制度等医疗质量安全核心制度,强化对治愈出院患者健康监测,确保重症患者救治质量。开展康复者恢复期血浆采集和临床治疗工作,建立应急储备库,截至2020年5月31日,全国共采集恢复期血浆2 765人次,1 689人次患者接受恢复期血浆治疗,取得较好治疗效果。①

① 中华人民共和国国务院新闻办公室:《抗击新冠肺炎疫情的中国行动》(白皮书),2020年6月7日。

华中科技大学同济医学院附属同济医院的一位医生，在微信朋友圈中，用质朴的语言，晒出他身边的一份账单和心中的感慨："ICU里的病人，每天平均要输2瓶白蛋白，每瓶价格425元。丙球蛋白每天8瓶，每瓶600元。ICOM机器开机就是5万，转1天要2万。其他药物、人力更是不计其数。739 575元，这是目前我(个人)看过最高的账单。都是国家买单。……这个账单也确实让我明白……举国体制的意义。"①

这位医生晒出的73万多元的账单，仅是他个人所见。根据《抗击新冠肺炎疫情的中国行动》(白皮书)的披露：

截至5月31日，全国确诊住院患者结算人数5.8万人次，总医疗费用13.5亿元，确诊患者人均医疗费用约2.3万元。其中，重症患者人均治疗费用超过15万元，一些危重症患者治疗费用几十万元甚至上百万元；疫情发生以来，湖北省成功治愈3 000余位80岁以上、7位百岁以上新冠肺炎患者，多位重症老年患者是从死亡线上抢救回来的。——这些患者的所有医疗费用，全部由国家承担！

在这些抽象数字的背后，是无数个感动世人的瞬间，闪烁着人性的光辉。

下面的三个事例，更能让人管窥这个国家在遭受不幸和灾难时，所努力达到的文明的高度。

1 600多页的病历

陕西一名66岁的新冠肺炎患者李女士，在2月5日进入西安交大第一附属医院治疗，经过医疗团队进行无创呼吸机、气管插管、有创呼吸机、CRRT等辅助治疗后，患者病情依然危重。2月9日凌晨，医疗团队对她实施了ECMO救治。为了挽救这位危重患者，医院成立了多学科专家参加的救治团队，成立了由8名医生、48名护士组成的床旁轮流救治小组，24小时不间断对患者实施治疗，保证患者一旦出现危急情况能第一时间进行干预。

其间，李女士先后6次出现气胸、出血、休克感染、心律失常等危及生命的状况，使用ECMO长达49天。经过117次院内专家会诊、3次全省大会诊，并

① 《中国抗疫不该被遗忘的真相：国家为救普通人花了多少钱？》，《北美留学生报》2021年2月6日。

连线李兰娟院士和张文宏教授指导患者的救治后,多次在死亡线上徘徊的李女士病情终于逐步稳定。3 月 4 日,李女士新冠病毒核酸检测转为阴性;3 月 28 日,ECMO 顺利脱机;4 月 14 日,拔除有创呼吸机。

经过医护人员 94 天的艰苦救治后,5 月 9 日,李女士达到了出院标准,顺利康复出院。她的病历文件厚达 1 600 多页……①

最美的夕阳

3 月 5 日下午 16:00 多,复旦大学附属中山医院第四批援鄂医疗队医生刘凯,推着 87 岁的王欣老先生去做一个 CT 检查随访。在回病房的途中,刘凯询问已经一个月没有看到阳光的老先生,要不要停下来看一会儿夕阳。征得同意后,27 岁的刘凯和 87 岁的王欣一起沐浴在夕阳下。这感人的一幕被同行的志愿者甘俊超用手机拍了下来。

王欣曾是音乐学院教授,还是爱乐乐团的小提琴手。高龄入院的他,一度情绪消沉,试图放弃治疗,甚至连家人打来的电话也不愿意接。在上海医疗队医护人员"专业、严格与精细"的精心照顾下,王欣的病情不断改善。武汉大学附属人民医院东院 20 和 22 病区,是重症及危重症患者病区,在上海援鄂医疗队 2 月 7 日整建制接管后,绝大部分患者病情逐渐稳定下来,并陆续出院。②

3 月 24 日,这支医疗队接管的两个病区已有 114 名重症患者经治疗后康复出院。

4 月 1 日,复旦大学附属中山医院第四批援鄂医疗队共 136 人,圆满完成救助任务后回到上海。临别前,王欣病况已经大为改善,能下床走动,他为医护人员拉了一首小提琴曲送行。

在刘凯回到上海后的第八天,他曾经陪护一同沐浴夕阳的王欣老先生,病愈出院。

据不完全统计,复旦大学附属中山医院医疗队中,至少有 20 名队员"火线入党"。和其他地区援鄂医疗队一样,他们用自己的努力,唤醒了沉睡两个多月

① 《66 岁,经历 94 天,ECMO49 天,病历 1 600 页……终于,她出院了!》,中国新闻社 2020 年 5 月 10 日。

② 《"落日余晖照"刷屏!背后有太多令人泪目的细节》,中国新闻社 2020 年 3 月 6 日。

的武汉。①

最美夕阳
(图片来源:复旦大学附属中山医院官方微博,甘俊超摄)

“最后一名”出院者

2020 年 1 月 23 日,崔志强出现发热症状;2 月 7 日,确诊新冠肺炎后入院;2 月 17 日,其病情急速恶化,第二天紧急接受 ECMO 治疗,双肺出现不可逆的

① 杨雨奇:《看夕阳的老爷爷出院了！走的时候他哭了……》,中国新闻社 2020 年 4 月 9 日。

肺纤维化，生命危在旦夕。

4 月 20 日，一名脑死亡患者的肺与崔志强配型成功。当天下午，专家团队历经 8 个多小时，顺利完成双肺移植手术。

手术两天后，崔志强成功撤下了 ECMO。

5 月 9 日，崔志强出现明显的移植后排异反应，医护团队立即给予治疗，帮助他挺过了“第一波打击”。

由于长期卧床，崔志强的全身肌力近乎为零。术后几天，他只能靠转动眼球配合治疗。医疗团队为崔志强制订了一系列康复计划，帮助他术后加速康复。

一个多月后，崔志强的肌力从原先的 0 级，慢慢恢复到 3—4 级，可以尝试自主站立。

6 月 14 日，崔志强借助站立支架，站立了 1 分钟。

在经历了感染新冠肺炎，62 天使用 ECMO，并进行了换肺手术，一度被认为“救不过来”的崔志强，在住院 166 天后，于 7 月 21 日平安出院。

新冠肺炎疫情发生后，中国是全球最早开展肺移植救治因新冠肺炎导致肺部不可逆纤维化患者的国家。崔志强是武汉大学人民医院抗疫期间收治的所有 5 510 名住院患者中，最后一名出院的病人。[①]

乾坤，何以转动？

8 月 11 日，根据第十三届全国人民代表大会常务委员会第二十一次会议的决定，国家主席习近平签署主席令，授予钟南山“共和国勋章”；同时，授予张伯礼、张定宇、陈薇(女)“人民英雄”国家荣誉称号。9 月 8 日，全国抗击新冠肺炎疫情表彰大会在京举行，除了对上述个人的褒扬外，大会还对全国抗击新冠肺炎疫情先进个人、先进集体、全国优秀共产党员、全国先进基层党组织进行表彰。

中国为何能在短短一个多月时间里扭转被动局面，控制住肆虐的疫情？在笔者看来，主要是得益于四个方面：

一是中国共产党“以人民为中心”和“人民至上”理念为抗疫的成功提供了根本保证。

---

① 《全球 10 例，他第一个出院》，《新华每日电讯》2020 年 7 月 22 日。

中国共产党是一个奉行“以人民为中心”和“人民至上”理念、没有政党私利、与全国人民利益完全一致的政党，中国共产党“立命”的基础不是精英政治游戏的扑克牌——选票，而是以“人民对美好生活的向往，就是我们的奋斗目标”为指引，旨在实现中华民族的伟大复兴。

政府在这样的理念、愿景的驱动下，形成了努力为人民承担“无限责任”的政府组织形式，因此中国政府本质上是以人民为中心的政府。也正是有这样的背景，才有中国最高领导人第一时间把“人民的生命安全和身体健康”放在第一位，不惜一切代价抗击病毒、救护百姓的决策。

在中国，每一位危重症患者都得到了全力救治，哪怕超过100岁。中国有不止1例百岁老人治愈出院的病例。

对于重症患者来说，高昂的医疗费是个人无法承担的。但在中国，新冠肺炎患者的所有治疗费用，都由国家承担，个人无须承担1分钱。这也是中华民族五千年历史文明积淀形成的、对每个人利益最大化的集体主义体现。毕竟，个人最大的利益是人身安全利益。

“以人民为中心”和“人民至上”理念的践行，得到了全国人民的认可和拥护。哈佛大学曾经在2003—2016年开展了一项为期8轮的调查研究，通过当面采访中国城乡各地的3.1万人研判民众对政府的态度。受访者对中央政府的满意度从2003年的86.1%升至2016年的93.1%，对乡镇政府的满意度从43.6%升至70.2%，执政的中国共产党获得了很高的支持率。参与这一调查研究的哈佛大学阿什民主治理与创新中心的爱德华·坎宁安说，“从广泛的国家政策的影响力，到当地城镇官员的所作所为，中国公民都认为政府比以往更有能力且更高效”。参与调查的专家们还认为，中国果断的抗疫行动与美国等发达国家一团糟的局面形成了鲜明对比，进一步提振了国内民众对中国政府的支持。

无独有偶，美国物理学会“物理”网2020年7月也发表题为《长期调查显示中国人对政府的满意度》的文章。文章指出，鉴于中国正在全球多个领域崛起，了解其民众如何看待政府从未像现在这样重要。与美国相比，中国人对中央政府的满意度很高。2016年，95.5%的受访者对政府的态度不是“相对满意”就是“高度满意”；相比之下，盖洛普2020年1月发布报告称，美国人对联邦政府的满意度仅为38%。①

二是高效集中统一领导、大规模的资源调度和一批又一批奋不顾身的医护人员及其他工作者，为抗疫的成功提供了强大的执行力。

为了能提高指挥协调效率，中央政府派出了抗疫的中央指导组在武汉前线督战。全国10%的重症医护人员汇集武汉。为了提升湖北省及武汉市的抗疫组织能力，中央政府还及时调整了湖北省和武汉市的“一把手”，调整之后效果立竿见影。

在正确的领导之下，面对从未了解的新病毒，广大医护人员、社区工作者、志愿者和警察等，以极大的勇气、顽强的毅力和大无畏的奉献精神，坚守在疫情第一线，他们是扭转乾坤的中流砥柱。

全国有4.2万多名医护人员支援武汉。在参加抗疫的医护人员中，一半是“90后”、“00后”，他们稚嫩的脸庞上映照出的，是我们国家和民族蓬勃的希望。

勇于担当，众志成城；一方有难，八方支援……面对疫情，全国上下万众一心汇聚而成的伟大抗疫精神，不仅属于湖北人民和武汉人民，更属于整个华夏儿女。

截至2020年4月29日12时，已统计到抗疫殉职人员496名(中共党员328人，农工党员1人)。其中，医护人员70人，警察128人，公务员112人，志愿者41人，村干部112人，工人17人，教职工6人，保安5人，城管3人，记者1人，司机1人。②

在这场抗疫战争中，中国的体制机制优势得到了淋漓尽致的发挥，但同时也发现了若干问题。可以预见，以我们的改革意识和效率，不久这些漏洞就会被修复，中国的国家运行效率会更高。

三是成熟的防控策略，使抗疫的各个环节得到了切实的落实。

中国在疫情暴发后，立刻从战略上认识到疫情的严重性，在疫情还未在全国明显扩散的情况下，迅速封闭武汉市乃至湖北省，切断了病毒向全国扩散的通道。这一快速决断，使得中国立刻形成了两个战场：湖北省和武汉市的抗疫

① 丹·哈沙：《哈佛花了13年研究中国民众对政府的看法，最后得出结果……》，《环球时报》2020年7月22日。

② 《致敬！这496人为抗疫付出生命》，观察者网2020年4月30日。

战场,全国非湖北地区的抗疫战场。两个战场中,湖北省压力大、资源不够,湖北省以外则压力小、资源充足。两个战场定位的最大好处是,抓住了问题的主要方面,使快速打赢这场全民抗疫"阻击战"有了明确的方向。

中国采取了集中全国资源"围城聚歼"病毒的策略,通过湖北省全民进行居家隔离,实施最严格的管控,主要疫情最终被歼灭在了武汉。

在湖北省外,全国各地也都以最严谨的标准"严阵以待"。以上海市为例,根据应对突发公共卫生事件预留的空间和基础设施,上海迅速启动了金山区的"上海市公共卫生临床中心",设置了新型冠状病毒肺炎集中隔离治疗点,并配置了医疗骨干,要求共产党员起到先锋模范作用。上海市新冠肺炎医疗救治专家组组长、复旦大学附属华山医院感染科主任、党支部书记张文宏教授动情地说:"党员冲在最前线,什么是前线？现在就是!"[①]共产党员成为抗疫的中流砥柱。

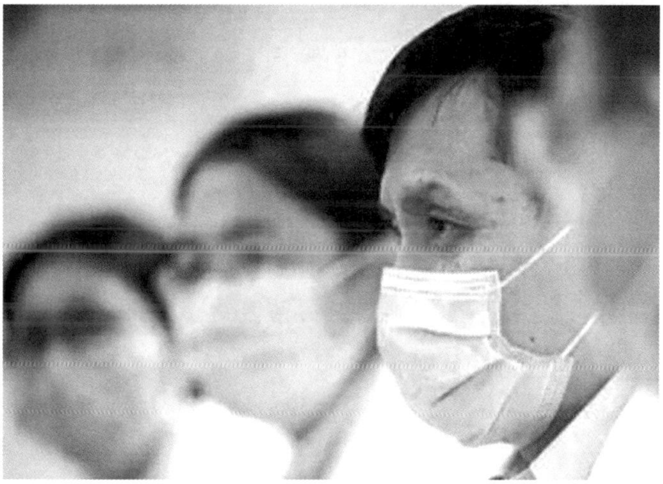

上海市新冠肺炎医疗救治专家组组长张文宏
(图片来源:《解放日报》,海沙尔摄)

全国在 3 月中旬实现了新增病例全部清零。中国抗疫策略也被世卫组织赞为是唯一有效的方法。之后,2021 年 11 月 28 日,中国疾病预防控制中心流行病学首席专家吴尊友在将中国与美英等国抗疫策略比照后披露,中国为此避免了 2 亿多人的感染、300 多万人的死亡。

① 顾泳:《党员冲在最前线,现在就是前线!》,《解放日报》2020 年 1 月 31 日。《上海"小汤山"正在建设？当地卫健委回应》,大众网 2020 年 2 月 10 日。

四是强大的工业能力，为抗疫成功提供了战略支撑。

中国疫情之所以能在短短一个多月就实现清零，还得益于自身强大的工业能力和巨量的物资补给能力。巨量的救援物资输往武汉市和湖北省，这是中国控制疫情的物质基础，使得中国在疫情暴发的 3 周后就实现了对感染病例和疑似病例“应收尽收，不落一人，应治尽治”。

以口罩为例，中国原本日均产能为 2 000 万只，全球市场占有率超过 50%；但在疫情发生后，中国在一个月内就将产能扩大 5 倍，由每天的 2 000 万只扩大到 1 亿只以上。

五是尊重科学、依循常识，创造性地发挥科技之长。

对于传染病不发现、不隔离，就没有了有效防治的前提，中国抗疫从上到下都是本着科学的精神，从常识出发，进行传染病的防控。同时，在追踪发现时，善于利用大数据等科技手段，通过手机健康码追踪传染源；在进行大规模检测时，进行批量首测(发现批量样本有问题时再逐一检测)，从而较快完成了数量巨大的检测工作——武汉检测的样本量为 989 万人，青岛检测的样本量则超过 1 000 万人；并且检测速度也越来越快——武汉历时 19 天，青岛则仅用了 5 天。这些都为防控的针对性提供了有效的数据支撑。

而这种对科学精神的尊重，是新中国成立后不断普及教育的成果。管子说：“仓廪实而知礼节。”这种科学精神的养成，也是改革开放 40 多年来物质成果和科技进步在精神层面的体现。

中国医学界的贡献

中国医学界自疫情发生后，发挥科研优势，或搭建信息交流平台，或快速刊发有关新冠肺炎的最新研究成果，活跃在世界抗疫的第一线。

学术贡献

疫情发生后，科技部、国家卫健委、中国科协、中华医学会联合搭建了“新型冠状病毒肺炎科研成果学术交流平台”，供全球科研人员发布成果、参与研讨。截至 2020 年 5 月 31 日，共上线 104 种期刊、970 篇论文和报告。

中国科学院发布了“2019 新型冠状病毒资源库”，建成“新型冠状病毒国家科技资源服务系统”、“新型冠状病毒肺炎科研文献共享平台”。截至 2020 年 5 月 31 日，这 3 个平台为全球超过 37 万用户提供近 4 800 万次下载、浏览和检索服务。①

中国医疗机构、疾控中心和医学工作者，在《柳叶刀》《科学》《自然》《新英格兰医学杂志》等国际知名学术期刊上发表了数十篇高水平论文，及时发布新冠肺炎首批患者临床特征描述、人际传播风险、方舱医院经验、药物研发进展、疫苗动物实验结果等研究成果，详见表 5—3。

表 5—3　　中国医学界在抗疫期间的学术贡献

时间	刊物(平台)名称	作者	论文名称(内容)
1 月 21 日	《中国科学：生命科学》(英文版)	中国科学院上海巴斯德研究所、军事科学院军事医学研究院和中国科学院分子植物卓越中心	《武汉地区的新型冠状病毒进化来源及与人 ACE2 蛋白作用并介导传染人的分子作用通路》
1 月 22 日	2019 新型冠状病毒信息库	国家生物信息中心	发布全球新冠病毒基因组和变异分析信息
1 月 24 日	《柳叶刀》	北京中日友好医院、中国医学科学院、武汉市金银潭医院等	《武汉地区的新型冠状病毒感染者临床特征分析》
1 月 24 日	《柳叶刀》	香港大学	《新冠病毒的自然史、传播特征和诊断方法》
1 月 25 日	《新英格兰医学杂志》	中国疾控中心领衔	《2019 年中国肺炎患者的新型冠状病毒》
1 月 29 日	《中华流行病学杂志》	中国疾控中心	《新冠肺炎疫情流行病学特征》
1 月 29 日	《柳叶刀》	武汉市金银潭医院、上海交通大学医学院、中国科学院武汉病毒研究所等	《中国武汉 2019 年新型冠状病毒肺炎 99 例流行病学及临床特征的描述性研究》

① 中华人民共和国国务院新闻办公室：《抗击新冠肺炎疫情的中国行动》(白皮书)，2020 年 6 月 7 日。

续表

时间	刊物(平台)名称	作者	论文名称(内容)
1月29日	《柳叶刀》	中国疾控中心等	《2019年新型冠状病毒的基因组表征和流行病学:对病毒起源和受体结合的影响》
1月29日	bioRxiv 预印版平台	中国科学院上海药物研究所	介绍通过计算机辅助模拟药物筛选的研究结果
1月29日	medRxiv 预印版平台	中国科学院自动化研究所等	介绍根据中国疾控中心每日报告的病例数分析疫情发展趋势的研究结果
1月30日	《新英格兰医学杂志》	中国疾控中心等	《新型冠状病毒感染的肺炎在中国武汉早期传播动力学》
2月3日	《自然》	复旦大学、华中科技大学武汉中心医院、中国疾控中心传染病预防控制研究所、武汉市疾控中心、澳大利亚悉尼大学等	《一种与中国呼吸道疾病相关的新型冠状病毒》
2月4日	《细胞研究》	中国科学院武汉病毒研究所、军事科学院军事医学研究院等	《瑞得西韦和磷酸氯喹能在体外有效抑制新型冠状病毒》
2月9日	medRxiv 平台	中国工程院院士钟南山团队	通过对1 099例患者样本分析,发现新冠病毒潜伏期最长为24天
2月11日	bioRxiv 平台	中国医学科学院、中国疾控中心	首次使用转基因小鼠研究新冠病毒致病性
2月12日	《柳叶刀》	武汉大学中南医院、北京大学第一医院	对妊娠期新冠病毒患者研究
2月17日	《柳叶刀》	解放军总医院第五医学中心	完成首例新冠肺炎死者尸检报告
2月17日	《中华流行病学杂志》	中国疾控中心	首次描述新冠肺炎发病流行曲线
2月19日	medRxiv 平台	上海市第一人民医院	对新冠肺炎疫情拐点进行分析
2月21日	《美国医学会杂志》	中国科学院西双版纳热带植物园	通过对四大洲、12个国家新冠病毒样本分析,发现华南海鲜市场新冠病毒由其他地方传入
2月24日	《美国医学会杂志》	中国疾控中心	《新冠病毒疫情特点和经验教训》

续表

时间	刊物(平台)名称	作者	论文名称(内容)
2月24日	《柳叶刀》	香港大学	发现新冠肺炎症状出现约5至6天病毒达到峰值,且患者未出现明显症状前已具有传染性
2月24日	《柳叶刀》	华中科技大学同济医院附属协和医院	指出将影像学特征与临床和实验室发现相结合,可以提高该病的早期诊断
2月28日	《新英格兰医学杂志》	中国工程院院士钟南山团队、中国工程院院士李兰娟团队、武汉市金银潭医院、武汉市中心医院、浙江大学附属第一医院、香港中文大学等	《新冠肺炎临床特点》
2月28日	bioRxiv预印版平台	北京协和医学院、中国疾控中心、中国医学科学院病原生物学研究所	《SARS-CoV-2在hACE2转基因小鼠中的致病性》
3月4日	《科学》	西湖大学	《全长ACE2识别SARS-CoV-2的结构基础》
3月5日	bioRxiv平台	南方科技大学、深圳市第三人民医院	《低温电镜揭示SARS-CoV-2结构全貌》
3月11日	《美国医学会杂志》	中国疾控中心	《不同类型临床标本中SARS-CoV-2的检测》
3月13日	《国家科学评论》	中国科学技术大学、中国科学技术大学第一附属医院	《致病性T细胞和炎性单核细胞引发炎症风暴导致重症新冠肺炎》

资料来源:兰素英、余佩颖、文巧、张凌霄,《新冠肺炎论文爆棚,全球190篇中国115篇,科学家们都发现了什么?》,《每日经济新闻》2020年3月4日。陈芳、刘华、韩墨、李志晖,《中国发布新冠肺炎疫情信息、推进疫情防控国际合作纪事》,新华社2020年4月6日。

根据《每日经济新闻》记者所做的不完全统计,从2019年12月26日至2020年3月1日,来自中国疾病预防控制中心文献目录以及全球权威医学期刊的各类新冠病毒的研究文章共计 190 篇，其中 115 篇出自中国研究团队，身在抗疫一线的中国医学研究者是发稿的主要力量，占 61%，为世界及时提供了中国的经验和研究成果。①

中医药的贡献

中国控制疫情、治疗感染患者的经验是有目共睹的，湖北省以外的死亡率为什么那么低？除了支持系统跟得上之外，中药起到了很大的作用，中西医结合的治疗方案已经充分验证疗效明显。

张伯礼带领中医“国家队”在江夏方舱医院积极救治，面对新的病毒，在没有现成治疗经验的情况下，探索出中医药治疗的“中国方案”。在整个治疗过程中，医护人员零感染，病人零死亡、零回头，轻症患者无一例转为重症。

3 月 23 日，国务院联防联控新闻发布会披露的信息表明，在抗疫过程中，社会各界认为中医药发挥了重要作用，成为这次疫情防控的一大亮点。数据显示，全国新冠肺炎确诊病例中有 74 187 人使用了中医药，占 91.5%，其中湖北省有 61 449 人使用了中医药，占 90.6%。临床疗效观察显示，中医药总有效率达到了 90%以上。中医药能够有效缓解症状，减少轻型、普通型病症向重症发展，降低重症向危重症的转化，在重症治疗中发挥了一定的作用；同时在康复治疗中也起到了非常重要的作用，能够提高治愈率、降低病亡率，促进恢复期人群机体康复。

中医药的治疗功效不仅在国内抗疫中得以验证，而且还得到了国外患者的认可。乌克兰祖国党领袖、前总理季莫申科和她的家人感染新冠肺炎后，一度病情严重。在中国驻乌克兰大使馆的帮助下，得到中国专家提供的中医药治疗，最终转危为安并康复。季莫申科说：“我切身感受到了中医药的疗效。”感觉“劫后余生”的季莫申科认为：“千百年来中医药积累了丰富的经验和实践，相关独特知识是中国和世界的共同财富。”国际社会应认真研究中医药，将其用于治疗新冠肺炎和其他疾病。②

---

① 兰素英、余佩颖、文巧、张凌霄：《新冠肺炎论文爆棚，全球 190 篇中国 115 篇，科学家们都发现了什么？》，《每日经济新闻》2020 年 3 月 4 日。

② 《季莫申科称中医药为世界财富》，《科技日报》2020 年 10 月 16 日。

对中国抗疫的评价

中国在抗疫期间采取的积极行动，得到了各国政要、国际组织、知名人士和有关调研机构的肯定。

疫情发生后不久，截至 2020 年 1 月底，古巴、越南、柬埔寨、马来西亚、斯里兰卡、美国、澳大利亚、厄瓜多尔、阿联酋等国领导人纷纷对中国的抗疫行动表示赞赏和支持。

1 月 22 日，德国总理默克尔和法国总统马克龙致电国家主席习近平，对中国抗疫表示高度赞赏。默克尔表示，德方赞赏中方及时应对新型冠状病毒感染肺炎疫情，保持公开透明，并积极开展国际合作。

1 月 24 日，世卫组织总干事谭德塞对中国政府的配合与透明表达了感谢——中国政府成功锁定病毒基因组，并快速分享给了国际社会。“我一生中从未见过这样的动员。”谭德塞 1 月 30 日在世卫组织新闻发布会上积极评价中国在疫情防控方面采取的措施，他认为中国采取的很多防控措施远远超出应对突发事件的相关要求，为各国防疫工作设立了新标杆。

2 月 24 日，在结束对中国为期 9 天的考察后，中国—世界卫生组织新冠肺炎联合专家考察组外方组长、世卫组织总干事高级顾问布鲁斯·艾尔沃德对中国成功抗疫工作给出了高度的肯定：“中国的做法是，既然没有药、没有疫苗，那么我们有什么就用什么，能怎样调整就怎样调整，能怎样适应就怎样适应，能怎样去拯救生命就怎样去拯救生命。”

艾尔沃德说：“两周前我刚到中国的时候，每一天新报告的确诊病例大概都是两千多。当联合专家考察组结束考察任务的时候，确诊病例两周之内实现了 80％的下降。这样的数据下降是真真切切的。”艾尔沃德表示，新冠肺炎是一种很严重的疾病，世界其他地方的人们在面对疫情时，首先要做的是改变自己的思维模式，学习中国专业的应对机制。他举例说，应对疫情，世界其他地方的人们往往会考虑“我们要如何生活”、“怎么来管理这场灾难”等问题，却不会想到病毒出现之后,需要在一周之内找到所有感染者,追踪每一位接触者,确保隔离他们每一个人,保住他们的性命;而中国恰恰在大规模地做这件事。艾尔沃德为此感慨道:“如果我感染了,我希望在中国得到治疗。”[①]

艾尔沃德感谢中国政府、中方专家和众多抗疫一线人员在联合专家考察组调研期间坦诚、深入地提供新冠肺炎的相关信息。他说,自己在医院里、飞机上和火车上同奋战在一线的医护人员、工作人员等交谈、了解情况,“最让我震撼的是,每一个中国人都有很强烈的责任担当和奉献精神,愿意为抗击疫情做出贡献”。

艾尔沃德分享了他在中国观察到的几个细节:奋战在抗疫一线的医护人员和工作人员全力以赴,非常疲惫,有工作人员在同考察组谈话间隙累得睡着了;中国其他省份的医疗队携带个人防护装备和医疗设备驰援湖北,甚至接管整个院区,这在其他国家是不可想象的。艾尔沃德说:“中国为世界争取到宝贵的‘窗口期’。各国应充分把握时机,构筑抗击疫情的‘第二道防线’。”世卫组织部分合作专家提供的数据模型显示,中国采取的控制人员流动的措施让中国境内的疫情传播速度延缓了两至三天,让中国境外的疫情传播速度延缓了两至三周。

艾尔沃德对此次中国抗击疫情给出这样的评价:“我们要认识到武汉人民所做的贡献,世界欠你们的。当这场疫情过去,希望有机会代表世界再一次感谢武汉人民,我知道在这次疫情过程中,中国人民奉献良多。”现场的翻译人员在翻译这段话时,几度哽咽。[②]

2 月 29 日,《中国—世界卫生组织新型冠状病毒肺炎联合考察报告》发布。报告认为,面对前所未知的病毒,中国采取了历史上最勇敢、最灵活、最积极的防控措施,尽可能迅速地遏制病毒传播;令人瞩目的是,所考察的每一个机构都能够强有力地落实防控措施;面对共同威胁时,中国人民凝聚共识、团结行动,才使防控措施得以全面有效地实施;每个省、每座城市在社区层面都团结一致,帮助和支持脆弱人群及社区。

美国盖茨基金会主席比尔・盖茨接受央视《新闻 1+1》栏目采访,在谈到

---

① 《世卫组织专家:如果我感染了,希望在中国治疗!》,中国新闻社 2020 年 2 月 28 日。

② 《中国抗疫的这一幕,震撼了世卫专家》,《中国青年报》2020 年 2 月 28 日。

“所有的武汉人民在如此严格的隔离下都做出了巨大的牺牲”时，表达了感谢。盖茨说：“中国已将新增病例的数字减少到很低；同时也在继续公布新增病例以及发生的地点，中国应该为这两点感到骄傲。”

比尔·盖茨后来在美国有线电视新闻网(CNN)电视节目中呼吁，美国在抗疫过程中行动迟缓，应当学习中国。4 月 7 日，盖茨在接受美国公共电视网(PBS)采访时称：“在美国能彻底安全之前，要严格保持社交距离，这是当前大多数国家正在做的事。这能让病例数下降。”他还预测，从美国的疫情防控和发展来看，要到 2021 年秋天才可能安全。4 月 26 日，盖茨在接受 CNN 的采访时再次谈到了中国——中国从疫情初期就做了很多正确的事情，“中国做对了不少事情……应对非常迅速，让检测能力顺利就位。他们(中国)避免了难以置信的经济冲击”；反观美国，本来被认为会很好地应对疫情，结果现在却做得很差，这是“可悲的”。对于那些指责中国的言论，盖茨也直言不讳地表示这是为了转移视线，其中包含了很多对中国的不公正和错误指责。同一天，在接受英国《金融时报》采访时，盖茨重申了同样的看法。

乔治·布什美中关系基金会主席、美国前总统老布什之子尼尔·布什，对中国抗击疫情非常肯定，他说：“中国的效率让我感到惊讶。……中国人民为抗击病毒做出了种种牺牲，从而避免病毒流传到全世界更广泛的区域，这种勇气值得赞赏，所以我只想鼓掌。坦白地说，这真是一件了不起的事情。”他还计划“几个月后，等一切都恢复正常，我将在中国进行大量投资。那时，中国的活力将会让人惊讶”。

英国剑桥大学教授艾伦·麦克法兰认为：“中国人民对新冠疫情做出了非同寻常的反应，赢得了许多关注细节的人们的赞扬，包括世界卫生组织。正如一些外部人看到的那样，中国的抗疫成果，不是通过恐惧或压制性的中央控制实现的，而是通过群体团结、相互理解、理性规划和负责任的行为来实现的，这使它变得更加令人难以置信。与许多西方国家，尤其是此后美国的悲剧性混乱形成鲜明对照的是，中国抗疫更加令人惊叹。中国如此有效地控制了新冠肺炎疫情，这使得西方对中国亏欠巨大。如果新冠病毒以在欧洲和美国肆虐的情形席卷占世界人口五分之一的中国人口，我们现在在西方会陷入更加可怕的困境。”

3月31日，国际权威期刊《科学》杂志发表题为《新冠肺炎疫情暴发最初50天内中国传播控制措施的效果研究》的论文。该文认为，武汉市的封城措施使疫情传播到其他城市的速度降低了2.91天，从而延迟了中国其他地区的疾病扩散和传播。

这篇论文指出，如果没有武汉出行禁令和国家应急响应，到2月19日，在武汉以外地区确诊的新冠肺炎病例将达到74.4万例(±15.6万)。而实际上，截至2020年2月19日，武汉以外地区报告确诊病例数为29 839例。也就是说，实际发生总病例数相比没有干预措施的情况减少了96%。这篇论文的结论被世卫组织所采纳，并在新冠肺炎全球研究路线图中公布。

《柳叶刀》杂志的社论指出，新冠肺炎疫情在中国得到迅速遏制令人印象深刻，“为其他国家树立了鼓舞人心的榜样”。社论认为，及早发现病例、追踪接触者以及改变人群行为等积极的公共卫生干预措施，在中国遏制疫情过程中发挥了巨大作用。此外，中国建造的方舱医院对于缓解医疗卫生系统所承受的巨大压力发挥了重要的作用。

5月4日，顶级学术期刊《自然》杂志刊发了中、英、美多国科研团队的研究。研究者通过建模发现，中国使用的三大非药物干预措施不仅遏制了新冠肺炎疫情在中国的发展，也为全球赢得了时间窗口——如果不实施强力的非药物干预“组合拳”，那么中国的新冠肺炎病例将可能增加67倍，感染人数超过700万人。

乌克兰前总理季莫申科称赞中国的抗疫努力堪称世界典范。她说，武汉的抗疫壮举充分展示了中国的医疗保障能力和“以人为本”的精神。中国在抗疫过程中的公开、透明以及向全世界分享经验的做法令人印象深刻。中国在自身疫情得到控制后，为世界各国提供抗疫援助的举动让人难忘。

参考资料

[1]《外国领导人积极评价和支持中国抗击新型冠状病毒感染肺炎疫情》，新华网2020年1月30日。

[2]《李克强同欧盟委员会主席冯德莱恩通电话》，中国政府网2020年2月1日。

[3]青木、孙秀萍、辛斌、柳玉鹏:《德官员谈疫情:德国必须站在中国一边并提供帮助》,环球网 2020 年 2 月 3 日。

[4]《守望相助丨征集新型冠状病毒肺炎求助者信息》,人民网 2020 年 2 月 4 日。

[5]韩东育:《民间外交与文化共享对构筑新时代中日关系的意义——对中日携手抗击新冠肺炎疫情的若干思考》,《日本学刊》2020 年第 2 期。

[6]江晓川:《审批时限两年变四天,试剂盒"一路狂奔"进武汉》,腾讯财经 2020 年 2 月 4 日。

[7]言清、王小:《武汉接到两个硬任务:检测全部疑似病例,收治所有确诊病人》,《财经》2020 年 2 月 5 日。

[8]《中宣部调集 300 多名记者深入湖北和武汉进行采访》,长江网 2020 年 2 月 5 日。

[9]燕小六:《为什么不能叫"武汉病毒"? 关于给传染病起名字的冷知识》,澎湃新闻 2020 年 2 月 6 日。

[10]《中国抗疫不该被遗忘的真相:国家为救普通人花了多少钱?》,《北美留学生报》2021 年 2 月 6 日。

[11]《湖北不用等核酸检测就可确诊》,《人民日报》2020 年 2 月 7 日。

[12]《重磅:"16 省份一省包一市",全国支援湖北! 附名单》,澎湃新闻 2020 年 2 月 8 日。

[13]《俄罗斯捐 23 吨医疗物资》,《人民日报》微博 2020 年 2 月 10 日。

[14]《七连降!》,新华社 2020 年 2 月 11 日。

[15]《疫情防控最吃劲时刻,中央再部署!》,《环球时报》2020 年 2 月 12 日。

[16]凌馨、刘曲:《世卫组织将新冠肺炎命名为"COVID-19"》,新华网 2020 年 2 月 12 日。

[17]《经习近平批准,军队增派 2 600 名医护人员支援武汉抗击新冠肺炎疫情》,新华社 2020 年 2 月 13 日。

[18]《李克强主持召开中央应对新冠肺炎疫情工作领导小组会议 部署进一步分级分类有效防控 要求优化诊疗加快药物攻关科学防治 王沪宁出席》,新华社 2020 年 2 月 13 日电。

[19]《国新办首次在武汉举行新闻发布会透露这些重要信息》,澎湃新闻 2020 年 2 月 15 日。

[20]《谭德塞评价中国防疫措施:我一生中从未见过这样的动员》,央视新闻客户端 2020 年 2 月 17 日。

[21]《解放军军服厂转产防护服后,振奋人心的一幕出现了》,《环球时报》2020 年 2 月 18 日。

[22]《习近平给比尔·盖茨回信,感谢盖茨基金会支持中国抗击新冠肺炎疫情》,新华视点 2020 年 2 月 22 日。

[23]鞠辉:《欧盟对华发送第三批援助抗疫防护物资》,《中国青年报》客户端 2020 年 2 月 24 日。

[24]李金磊:《面对疫情,中国做了什么?还要做什么?》,中国新闻社 2020 年 2 月 25 日。

[25]申勇、李铮、彭汉明、邢彬、段德文:《蒙古国总统向中国赠送 30 000 只羊》,央视新闻客户端 2020 年 2 月 27 日。

[26]《世卫组织专家:如果我感染了,希望在中国治疗!》,中国新闻社 2020 年 2 月 28 日。

[27]陈晓彤、华智超、陈小敏、郭丽霞:《22 支国家紧急医学救援队齐聚湖北》,长江网 2020 年 3 月 1 日。

[28]《美国前总统老布什之子:疫情后我将在华进行大量投资》,北晚新视觉网 2020 年 3 月 3 日。

[29]兰素英、余佩颖、文巧、张凌霄:《新冠肺炎论文爆棚,全球 190 篇中国 115 篇,科学家们都发现了什么?》,《每日经济新闻》2020 年 3 月 4 日。

[30]《"落日余晖照"刷屏!背后有太多令人泪目的细节》,中国新闻社 2020 年 3 月 6 日。

[31]许雯:《全国已派出 346 支医疗队、4 万多名医护人员驰援湖北》,《新京报》2020 年 3 月 8 日。

[32]王子豪、赵凯峰、王晨瑀:《武汉 14 家方舱医院最全图解,为何是"休舱"不是"封舱"》,北京日报客户端 2020 年 3 月 10 日。

[33]《中央指导组:以武汉为主战场的全国本土疫情传播已基本阻断》,央

视新闻客户端2020年3月31日。

[34]《“陪你看日落医疗队”今日凯旋,老先生拉小提琴相送》,中国新闻社2020年4月1日。

[35]陈芳、刘华、韩墨、李志晖:《中国发布新冠肺炎疫情信息、推进疫情防控国际合作纪事》,新华社2020年4月6日。

[36]周甲禄、梁建强、李劲峰、侯文坤、李伟、喻珮:《“封城”76天,武汉战“疫”中的这些时刻值得铭记!》,《新华每日电讯》2020年4月8日。

[37]乌元春、丁洁芸、王博雅琪:《中国武汉今日“解封”,外媒这么说》,环球网2020年4月8日。

[38]《比尔·盖茨接受白岩松专访:感谢武汉人民作出的牺牲》,央视网2020年4月9日。

[39]杨雨奇:《看夕阳的老爷爷出院了!走的时候他哭了……》,中国新闻社2020年4月9日。

[40]海上客:《美国还是有明白人的》,《新民周刊》2020年4月12日。

[41]《武汉订正新冠肺炎数据:确诊核增325例,死亡核增1 290例》,《新华每日电讯》2020年4月17日。

[42]艾伦·麦克法兰:《艾伦·麦克法兰:中国有效控制疫情,西方对中国亏欠巨大》,观察者网2020年4月17日。

[43]《〈柳叶刀〉社论:中国迅速遏制新冠疫情为其他国家树立榜样》,新华社2020年4月22日。

[44]宋宇晟:《武汉重症病例,清零!》,中国新闻社2020年4月24日。

[45]闫颂阳、王煜、徐蕴宸:《俄罗斯累计确诊超十万,英国大幅修订病亡人数》,澎湃新闻2020年4月30日。

[46]《致敬!这496人为抗疫付出生命》,观察者网2020年4月30日。

[47]《〈自然〉论文点赞中国抗疫,若不干预感染者或超七百万》,澎湃新闻2020年5月7日。

[48]《66岁,经历94天,ECMO 49天,病历1 600页……终于,她出院了!》,中国新闻社2020年5月10日。

[49]中华人民共和国国务院新闻办公室:《抗击新冠肺炎疫情的中国行动》

（白皮书），2020年6月7日。

[50]《北京47岁确诊外卖员活动轨迹曝光，网友心酸：生活不易！饿了么：不会辞退》，《每日经济新闻》2020年6月24日。

[51]《全球10例，他第一个出院》，《新华每日电讯》2020年7月22日。

[52]丹·哈沙：《哈佛花了13年研究中国民众对政府的看法，最后得出结果……》，《环球时报》2020年7月22日。

[53]霍文：《蒙古国30 000只羊9月开始要来了！待羊群肥壮后分批移交》，环球网2020年7月31日。

[54]《钟南山被授予共和国勋章》，央视网2020年8月11日。

[55]王一苇、汤佩兰：《改变新冠诊断标准的女医生张笑春》，新媒体《知识分子》2020年9月21日。

[56]霍文：《这次，3万只羊真的要来了！它们已经进入隔离免疫区了！》，《人民日报》2020年9月30日。

[57]《季莫申科盛赞中医药抗击新冠疗效》，《参考消息》2020年10月17日。

[58]《送给湖北的3万只蒙古羊都分给谁？援鄂医疗队都有份！》，湖北广电《湖北新闻》2020年11月20日。

[59]金涞、潘巍：《投桃报李！3万只羊即将分送完毕之际，湖北向蒙古国回赠抗疫物资》，央视新闻客户端2020年12月8日。

[60]毛振华等：《登上抗疫海报的护士，岁末再次穿上了防护服》，《新华每日电讯》2020年12月26日。

[61]《日媒：日本东京2个多月漏报838例新冠确诊病例》，中国新闻网2021年2月15日。

[62]《美媒探讨：中国共产党为何如此深得人心》，《参考消息》2021年2月22日。

[63]《“和英美比，中国规避了300多万人死亡”》，澎湃新闻2021年11月28日。

第 6 章

同舟共济

◎ 海外疫情概览

◎ “投我以木桃，报之以琼瑶”：中国的对外抗疫物资援助中国没有忘记疫情在中国暴发时欧盟提供的帮助。……如今，欧盟处于新冠肺炎疫情“大流行”的“震中”。……欧盟对中国在这一时刻提供支持表示“高度赞赏、十分感谢”。

——欧盟委员会主席　冯德莱恩

海外疫情概览

从海外疫情出现后的情况看，政府的行政能力、民众的集体意识、社会的文化习俗、选择的抗疫策略和国家的经济实力，是左右疫情发展的关键。而行政能力、抗疫策略等，又受到民众集体意识、社会文化习俗等因素的影响。

日本最初的病例主要集中在“钻石公主”号邮轮，国内病例相对较少。[①] 日本在疫情初始阶段没有采取强制封锁措施，但比较彻底地贯彻了病例追踪制度。巧合的是，每年的1月底2月初恰好是花粉症流行的时期，许多日本人在这一阶段都会佩戴口罩；再加上由于长期处于地震、海啸威胁之下，日本国民的危机意识较强，“钻石公主”号事件的发生，也促使民众保持社交距离，口罩更是外出的必需品；另外在疫情发生后，日本也采取错峰上班、居家办公、学校放假等一系列措施，因此日本早期的疫情控制尚好。然而，随着2020年11月份疫情态势明显上升后，日本政府也不得不在12月26日宣布“封国”：从28日起，

① “钻石公主”号(Diamond Princess)位列全球十五大最豪华邮轮之一。该邮轮是驰名世界的邮轮品牌“公主号”系列船队中体积最庞大、设施最完善的世界顶级豪华邮轮之一，甲板有18层，载客2 670人，船员1 100人。该船乘客在2020年1月感染新冠肺炎后，2月3日在目的地日本横滨海面被隔离，因邮轮相对密封、使用中央空调等原因，致使大批乘客被感染。2月19日，邮轮滞留乘客开始离船；至3月1日，全体船员离船。最终，该邮轮感染人数达712人。

暂停来自所有国家和地区的新入境。

从总体上看,日本的疫情发展态势呈现四个阶段:2020 年 1 月初至 4 月上旬,是疫情的第一波;4 月上旬至 7 月初,是疫情下降的抑制期。7 月初至 8 月初,是疫情的第二波;8 月初至 11 月初,再次进入疫情下降的抑制期。11 月初至 2021 年 1 月上旬,是疫情的第三波,这次暴发的疫情明显较此前猛烈;2021 年 1 月上旬后,在中、美等国疫苗相继上市后,日本每日新增的病例数迅速下降。但自 2021 年 3 月中旬开始,日本疫情再次暴发,形成疫情曲线的第四波上扬;5 月份后再次回落。日本的这个四阶段疫情发展态势,具有一定的代表性。

相比于日本民众的自觉,韩国疫情的控制却受到部分民众的干扰。2020 年 2 月 23 日,韩国将疫情危机的预警级别调至最高。这一最高警戒级别,只有在 2009 年甲型 H1N1 流感期间发布过,同时对庆北与大邱两地实行强力封锁措施。然而,韩国的一个名为"新天地"的宗教组织,在疫情初期铆足了劲与政府对着干。政府禁止教会集聚,"新天地"教会则高喊:"我们就是来送死的!"并继续组织集会。这样的情势,让韩国国内出现了一定程度的恐慌,以致韩国飞往中国的机票价格开始暴涨,往日 400—700 元的机票,在这段时间大幅度上涨至 4 000 元以上,有的甚至超过 2 万元;部分航班在 24 小时内上调价格 23 次。

2020 年 3 月 3 日,首尔市政府发出了准备吊销"新天地"教会法人执照的命令。在政府的高压下,"新天地"教会最后表示愿意配合。韩国政府采取的防疫措施与中国有类似之处,对可疑人员实行"应检尽检",并在各地设置"免下车"检测点,从而最大限度地从普通人群中识别出感染者。

与日韩相比,伊朗的日子确实不好过。自从单方面退出伊核协议后,美国以"极限施压"的手段,对伊朗实施前所未有的制裁,伊朗民生物资、药物及医疗用品极度短缺。美国《新闻周刊》2020 年 2 月 24 日发表文章称,美国的制裁已严重影响伊朗民众获得包括消毒液、口罩、检测试剂盒在内的最基本医疗物资的能力,从而导致伊朗无法有效应对新冠肺炎疫情。2 月底,美国国务卿蓬佩奥声言"美国与伊朗人民站在一起应对新冠病毒引发的公共卫生危机。……美国将继续保持广泛的制裁豁免与授权",白宫一分钱未出,靠嘴皮子上的"豁免与授权"对伊朗"援助"了一把,做了一次"口惠而实不至"的典型。其实这已不是蓬佩奥第一次开出"空头支票"了,在这之前,蓬佩奥宣布将向中国捐助 1 亿美元。但一转眼，美国政府在网站上就将“1 亿美元”改为“不超过 1 亿美元”。事实上，在整个抗疫期间，中国几乎没有收到来自美国政府的实质性援助。

自伊朗 2020 年 2 月 19 日宣布确诊首例新冠肺炎病例后，在通报当天，就有两名患者已死亡。这两名患者均来自伊朗的圣城库姆，确诊前没有与中国人接触过，也未曾离开库姆，更谈不上出国。传染源与传播链一直无法查清，这使得伊朗的疫情显得扑朔迷离。好在伊朗领导层对疫情防控有着清醒的认识，最高领袖哈梅内伊在 2 月 27 日果断叫停了伊斯兰共和国成立 41 年来从未中断过的周五聚礼，一周后又发布教法裁决，称“一切有利于抗疫的都是宗教善举，一切不利于抗疫的都是宗教恶行”，“严格遵守(卫生)规定是宗教义务”，这为伊朗防疫提供了宗教上的保障。[①] 此外，伊朗人每天早晚洗澡、勤洗脸洗手、如厕换鞋等良好的卫生习惯，都是避免感染新冠病毒的积极行为。与西方主要国家相比，有着 8 000 多万人口的伊朗累计确诊病例数相对较少。

欧洲上一次遭遇大规模的传染病，是暴发于 1918 年的“西班牙大流感”[②]，当时全球至少有 5 000 万至 1 亿人丧生。从那时候起，欧美遭遇流感袭扰层出不穷，最近一次是 2009 年美国暴发的 H1N1 大流感。这种历史记忆，使一些欧洲人开始习惯性地将新冠肺炎定性为“大号流感”。这其中发生的争执，也让欧洲在犹豫间错失了防控传染病的最佳时间窗口。

“大号流感”这一说法甚至得到医学界的一些资深专家的赞成。2020 年 1 月 23 日，米兰医学专家吉斯蒙多在社交账号上发帖说，意大利无须对中国武汉的疫情过度紧张或过度警惕，不要危言耸听和制造恐慌，只要保持适当的关注即可。一个月后，她仍然坚持认为“意大利人都疯了，居然把一个比流感稍微严重一点的感染，当成了一种致命的超级流行病”，她强调这场疫情并不可怕，只是媒体和政客们在不断地给公众洗脑，人为地制造恐慌。

意大利北部是疫情的重灾区。客观地说，意大利政府对新冠疫情还是给予了极大的重视，在 2020 年 1 月 31 日宣布进入国家紧急状态。然而，意大利地方政府的行政权力很大，中央政府对各个大区的管辖权有限。意大利政府准备

① 印权斌：《疫情越凶，伊朗人越自信》，《南风窗》2020 年 5 月 6 日。

② 所谓“西班牙大流感”，是 1918—1919 年暴发的全球性流行性感冒传染事件，最先在美国堪萨斯州的芬斯顿军营出现，因西班牙是最早公布这次流感的国家，所以该事件被以讹传讹地称为“西班牙大流感”。

在地方面对疫情独立难支时，由中央政府予以介入和帮助。伦巴第大区主席立即反对，表示“这是不可接受的干涉”。2 月 26 日，为了“确保全国范围内行动的最大一致性”，意大利政府向所有大区发布了防疫指令，但当天米兰市的迪斯科舞厅、酒吧、俱乐部的老板们集体请愿，伦巴第大区政府就立即取消了对酒吧等娱乐场所晚上 18:00 以后不得营业的禁令。这就像一个水桶，只要其中有一块“短木板”，木桶的蓄水就只能以此为限高，其他的“高木板”也只能急得干瞪眼。

欧冠足球赛事则成为疫情扩散的“加速器”。作为欧洲的足球强国，意大利共有尤文图斯、亚特兰大、那不勒斯 3 支球队进入 2019—2020 赛季欧冠 1/8 决赛。而亚特兰大队所在的贝加莫、尤文图斯队所在的都灵，都在意大利的北部地区。非常不幸，德国、法国、奥地利、瑞士、克罗地亚、丹麦等国的首发病例，都有过到访意大利北部的旅行史。在意大利成为欧洲疫情的“震中”时，欧洲其他各国并不以为然，2 月 27 日，欧冠赛事西甲皇家马德里主场迎战英超曼城，也是踢得如火如荼、嗨翻全场。

日本副首相兼财务大臣麻生太郎，在 2020 年 3 月 24 日的日本众议院财政金融委员会会议上，向在场的议员绘声绘色地描述了自己 2 月底曾在沙特阿拉伯利雅得召开的 G20 财长与央行行长会议上，提议欧洲国家共同应对新冠疫情，但与会成员“一点反应都没有”。麻生太郎还提到某些国家的代表认为“那是黄种人的病，不是我们的病”。麻生太郎在回忆这段场景时，特意用手敲了几下桌子，接着两手一摊，模仿说：“‘我们这儿又没有感染者’，欧洲那会儿是这样的(态度)。”说完，麻生太郎还撇了撇嘴，做出不屑的表情。在场的日本议员哄堂大笑。①

“那是黄种人的病，不是我们的病”，这种缺乏科学依据的判断，不仅存在于欧洲，在美国也有人这样认为。纽约州的州长科莫在 2020 年 3 月 31 日的记者会上承认，“病毒在中国内地暴发的时候，我们就已经收到消息了，但我们以为这个病毒只会攻击黄种人的免疫系统”。

与意大利一样，西班牙的中央政府与地方政府的权力制衡，在这次疫情中相互掣肘。西班牙的医疗保健资源主要掌握在 17 个大区政府而非中央政府手中。2020 年 3 月 2 日，马德里大区要求全国采取断然措施抑制疫情，但首相桑切斯政

① 崔舒飞：《麻生太郎吐槽：2 月底你们还说这是黄种人的病！》，环球网 2020 年 3 月 25 日。

府拒绝了这项提议。12 天后,眼看疫情开始严重,桑切斯召集各大区主席视频会议,准备宣布国家进入紧急状态;但加泰罗尼亚大区和巴斯克大区的领导人却把桑切斯的要求打了回票,还指责中央政府干扰地区的防疫工作。这次会议经过 7 个小时的来回折腾后,终于宣布西班牙进入紧急状态。

意大利、西班牙等欧洲国家在这次疫情面前捉襟见肘,医疗资源的不足是一个很大的硬伤。自 2008 年金融危机以后,意大利、西班牙等国为平衡预算,大量削减包括医疗卫生投入在内的公共开支。严厉的财政紧缩政策让越来越多的医生失业,或是移民到其他国家,并使得医院病床数量减少。

与意大利和西班牙的"苦干"不同,疫情发生后,英国琢磨的是"巧干"的办法。首相约翰逊声称不需要戴口罩,只要勤洗手就可以防疫,他还在电视上亲自示范说,一边洗手一边唱两遍《生日快乐》就"OK"。欧盟曾邀请英国共同进行呼吸机的全球采购,但英国置若罔闻。2020 年 2 月 13 日至 3 月 30 日期间,英国还缺席了 8 次关于冠状病毒的欧盟国家元首或卫生部长会议。3 月 11 日晚,世卫组织总干事谭德塞在日内瓦召开的新闻发布会上宣布,新冠肺炎疫情已构成"全球性大流行"(pandemic)。谭德塞表示,面对病毒来袭却反应麻木、不作为的情况,令他"极为担忧"、"令人震惊"。但让谭德塞"震惊"的还不仅仅是这些。第二天,也就是 3 月 12 日,英国政府干脆宣布放弃"遏制"策略,进而采取"延缓"措施。按照英国政府首席科学顾问瓦兰斯的说法,是让疫情"错峰",实现"群体免疫"。依靠自然方法获得"群体免疫",需要有约 60%—70%的人口染病并获得免疫力,按照英国 6 600 万人口计算,感染人数将达到 4 000 万左右。

一石激起千层浪,作为官方提出的"群体免疫"抗疫策略一经提出,就迅速登上世界各国新闻的主要版面,"吸睛"无数,大多数舆论对此持批评态度。2020 年 3 月 14 日,英国 229 名来自各所大学的科学家联名发表公开信,对瓦兰斯的"让感染扩散以造成群体免疫"言论提出强烈批评,认为政府这一防控策略会对英国的国家医疗服务体系造成巨大压力,并置"远超必要数量的生命面临险境。"

面对舆情,英国卫生大臣马修·汉考克不得不出来打圆场,表示"我们的防疫计划是基于科学家的专业意见来制订的,群体免疫并不是这个计划的一部分,那只是一个科学概念,不是一个目标或者一个策略"。但这位身居政府防疫管理最高层的老兄，后来被发现与自己的女秘书关起门来，在办公室"交换口水"偷情，这不仅有违道德，而且也违反了保持社交距离的政府规定。汉考克最后不得不引咎辞职。虽然这属于"八卦新闻"，但也由此可以看出英国防疫管理漏洞百出的一面。

在抗疫政策摇摆不定之际，3 月 15 日，英国巴斯半程马拉松的举办方见缝插针举办了赛事，6 200 名参赛者将街道塞得满满当当，其间没有采取防护措施。

这个让巴斯半程马拉松的举办方避免成本损失的"缝隙"确实很小。第二天，在国内外舆论的巨大压力下，英国政府抗疫态度 180 度大转弯，宣布从 3 月 16 日开始，实行社交疏离、学校关闭、远程上课等举措。

防疫政策的摇摆造成的疫情扩散，也让约翰逊吃到了苦头。继 3 月 25 日 71 岁的英国王储查尔斯王子新冠肺炎病毒检测呈阳性后，27 日，约翰逊本人也确诊感染了新冠病毒。在得知首相"中招"后，约翰逊的高级顾问卡明斯推开唐宁街 10 号的后门，拔腿就跑。这一戏剧化的镜头被英国电视媒体捕捉到，并在新闻和社交媒体上广为传播，让人为之捧腹。英国媒体事后说，卡明斯在疫情暴发后就一直躲着约翰逊。

约翰逊在后来接受采访时承认，英国政府在本国疫情暴发的"最初几周乃至几个月"里，对新冠病毒的"了解不够"、"需要吸取教训"，并说内阁原本可以在有些事情上采取"不同"的做法。

英国除了防疫政策坐了一趟"过山车"外，官方发布的数据也呈现让人匪夷所思的"宽幅震荡"。披露的数据表明，英国 2020 年 4 月 18 日的确诊病例数为 11 184 例，两天后的 20 日仅有 6 例；2021 年 1 月 3 日有 112 753 例，第二天即 4 日仅为 272 例。这样"大开大合"的统计数据并非个例。

虽然英国的"群体免疫"没有搞起来，但这一思路却得到了另一个国家的响应。负责瑞典防疫的该国首席流行病学家安德斯·特格内尔不仅十分认同英国的"群体免疫"策略，还亲自表示自己就准备撸起袖子这么干。

瑞典所采取的"另类"抗疫策略，导致其死亡率是周边其他 3 个北欧国家的 4 倍。面对高企的死亡率，特格内尔后来承认，本应采取更多限制措施控制新冠病毒的传播，"如果让我重新面对这种病毒，我会采取更严格的防控措施，向那些严格封锁的国家看齐，执行的策略会比目前的瑞典更严格”。

从事后的发展态势来看，“群体免疫”策略代价高昂。由于实行群体免疫，2020 年上半年瑞典的死亡人数已经创下 150 年来同期的纪录。

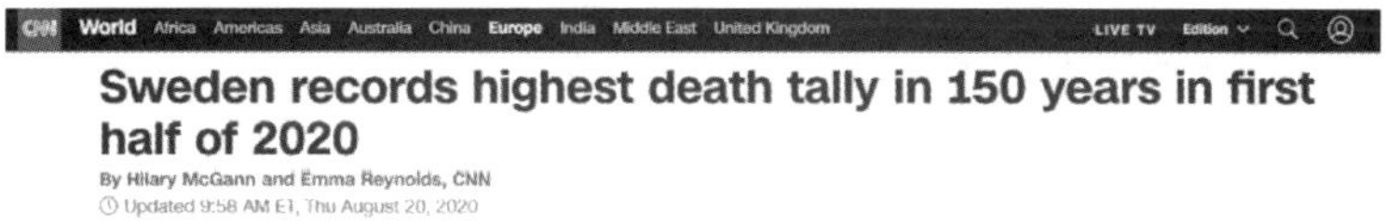
CNN World Africa Americas Asia Australia China Europe India Middle East United Kingdom LIVE TV Edition

Sweden records highest death tally in 150 years in first half of 2020

By Hilary McGann and Emma Reynolds, CNN

Updated 9:58 AM ET, Thu August 20, 2020

CNN 报道瑞典 2020 年上半年的死亡人数已经创下 150 年来的纪录
（图片来源：《环球时报》/ CNN）

瑞典抗疫策略的“另类”还体现在对病毒的检测上。瑞典公共卫生署对中国出口的高敏感度的检测试剂检测出“轻微症状或没有感到症状”的病例竟颇有微词。这显然与公认的极可能实现对传染病“早发现”的常识背道而驰。

与英国隔着一条海峡的法国，在 2020 年 1 月份的时候也感受到了新冠疫情的影响。

与人口 6 600 多万的英国相比，人口 6 700 多万的法国的处境更为不妙，全国配备呼吸机的重症床位仅有 5 065 张，低于英国 5 900 张重症床位的统计数字。

虽然法国并未实行群体免疫政策，但在起始阶段的应对过程中主动性仍显不足。同其他欧洲国家一样，新冠病毒在法国开始只是被看作“大号流感”，这是主观认识上的误区。几十年来，年复一年的流感应对经验让欧美国家对此早已习以为常，这无形中消解了人们对新型传染病应有的警惕之心。此外，由于防疫装备的不足和文化等因素，官方并不认可口罩的防护作用。从 1 月到 3 月，法国围绕口罩的争论接连不断，法国卫生部前后两任部长都反复强调：在没生病时不必戴口罩；如果没有医生的处方，没有人需要戴口罩。实际上，法国的口罩年产量也仅有数百万只，供给缺口太大。口罩的短缺也延误了病毒检测。3 月 14 日，法国启动国内 4 200 个民间实验室参与检测，但由于缺乏口罩，各采样实验室拒绝参与，致使法国检测能力受到影响。幸运的是，法国总统马克龙在疫情扩散之后，迅速认识到口罩的价值，比较早地在公开场合佩戴口罩，并在 3 月 28 日向中国订购了总计 10 亿只口罩，同时采购了大量的检测试剂。

与其他欧洲国家不同，德国拥有充足的医疗资源。德国每 10 万居民拥有

30 余台呼吸机,居全欧洲第一。德国有 1 160 家综合医院配备了重症监护室,重症监护床位达 2.8 万张,配有 ECMO 设备的医院数量超过三分之一。德国总理默克尔也为此深感自豪——德国有非常优秀的医疗系统,“可能是全世界最好的之一”。

由于有较好的医疗设备支撑,因而德国对于疫情的判断主要依据 R 值①动态管理,努力实现防疫与生产两不误。如果 R 值大于 1,则收紧管控措施;小于 1,则适度放松。默克尔定期召集各州州长举行视频会议,研究封锁防控方案;各州政府根据各自的实际情况制定防疫措施,有的还会根据疫情变化每半个月调整一次。除了大众、戴姆勒等大型企业的工厂曾关闭几周外,许多小型企业都维持正常运转,全国经济处于“半封闭”的弹性状态。

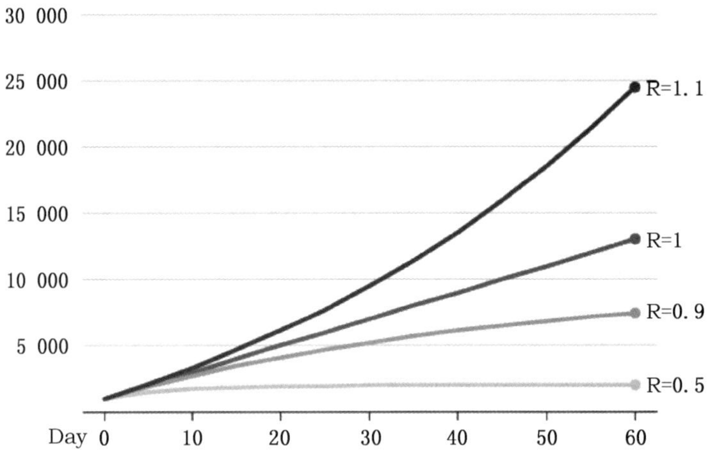

在不同的感染率下,1 000 个病例将会产生不同的影响
(图片来源:社交媒体)

此外,德国民众的自律性和集体意识较强,为防疫创造了较好的外部环境。95%的德国公民认为“隔离是必要的”;70%的受访者表示,为了遏制疫情,他们愿意向公共防疫机构提供“体温等个人健康数据、个人行动数据以及

---

① R 值是指某种传染病的繁殖数,简单来说就是 1 个感染者会传染给多少人。对于高度传染性疾病,比如麻疹,R 值可能高达将近 18,而目前新冠肺炎的 R 值普遍认为在略高于 3 的水平。R 作为传染病的有效繁殖数,随着时间的推移,会随着人群受到感染的程度和人为干预措施的实施而改变。如果 R 大于 1,则代表疫情正在发展;如果小于 1,就意味着疫情已经得到控制,最终将会消失。(《R 值是新冠肺炎疫情的重要指标,但过度关注可能会出乱子》,前瞻网 2020 年 5 月 21 日。)

社会关系等信息”。在民众的配合下，德国比较顺利地利用科技手段遏制疫情传播，推出了基于用户自愿的追踪新冠疫情的移动设备应用程序。

与中国、韩国等国家通过大规模筛查，“早发现、早报告、早隔离、早治疗”，从而阻断病毒传播链的方法不同，包括德国在内的欧洲大部分国家，在防控措施上普遍对病毒的存在保持一定的容忍度，在第一波疫情于2020年3月底得到控制后，由于天气转暖等因素，大部分欧洲国家的疫情曲线都能被压平；随着天气转冷，进入10月份后病毒传播明显呈现第二波的特征，并且升幅颇大，至2021年1月才得以控制。2021年3月份，疫苗的普遍接种给整个社会带来普遍的乐观情绪。原先德国政府颁布了复活节禁止集聚的政令，在民众的抗议下不得不取消。聚会一时爽，但德国疫情又一次抬头。

然而，由于新冠肺炎患者在无症状的情况下也具备传染性，因此这种策略使得疫情防控漏洞不断，意大利、英国、瑞士、瑞典最后都不得不相继宣布不对轻症患者进行检测。即便如德国采取了大规模的检测，同时采用了移动设备应用程序进行追踪，也因为并不强制性地要求人人使用这类技术，所以在病例追踪上仍有疏漏。在无法做到严防的前提下，各国为恢复社会经济而采取的解封措施，往往导致疫情的反复。

进入2021年，疫苗虽然上市，但疫苗的普及以及抗体产生作用，则需要一个过程。在这个“空窗期”内，部分国家民众因疫苗上市而导致长期紧绷的神经骤然放松，社交距离等防疫措施松懈，叠加病毒变异等因素，从而使疫情曲线又一次走高。以英国、法国为例，两国分别在2021年1月和4月，为控制疫情，不得不第三次采取全国封锁措施。到了该年的11月，随着病毒的变异和防疫政策的放松，欧洲再次成为疫情的“震中”。11月10日，德国单日新增病例近4万，创新冠疫情暴发以来新高。

作为有着中央集权传统的俄罗斯，在疫情初期雷厉风行。2020年1月30日，俄罗斯关闭远东地区中俄边境口岸，暂停向中国公民发放电子签证，但俄罗斯对欧洲往来航班的限制措施实施太晚，最终被“闪了腰”。俄罗斯从3月16日才开始限制往来欧盟、瑞士、挪威的航班。然而也仅为限制。直到3月27日，俄罗斯才宣布暂停所有国际航班，但此时疫情已开始在俄罗斯蹿升。

作为南美大国，巴西政府在2020年3月20日宣布国家进入公共灾难状态。由于实施了封城措施,巴西疫情传播速度一度较为缓慢。但封城措施对天性热情的巴西人来讲是一种煎熬,各地封城措施宽严不一,巴西总统博索纳罗也一度将新冠肺炎视为“小流感”。新冠肺炎累计确诊人数在4月5日突破万人后,便开始急剧飙升。而巴西经济也无法支撑持续封城带来的负面影响,6月份后巴西各地逐步解封,这也加速了新冠肺炎疫情的传播,使每日的新增病例数一直较高。

亚洲的另一大国印度,自2020年3月24日开始实行全国封锁,要求所有印度民众须居家隔离21天,工厂、商店、办公楼以及宗教场所等全部关闭。几乎所有的公共交通工具同时停止运营,失去了工作的数百万打工者只得徒步返乡。一位父亲带着5岁的小男孩,从德里步行700公里回中央邦。大规模的人口流动,使得病毒的潜在风险开始放大。另外,印度各城市的贫民窟也加剧了疫情的潜在风险。据联合国统计,印度贫民窟人口有1.7亿,占印度总人口的12.7%。这些地区的检测工作尤其困难。地处西部的印度第一大港口城市孟买,其最大的贫民窟塔拉维,1.75平方公里的区域内聚居着150万人口,人口密度是美国纽约市的30倍,而且卫生状况堪忧。孟买的普通社区发现新的确诊病例后,一般需要追踪十多名密切接触者,但在塔拉维,需要追踪的人数往往高达几百人。

总体来讲,印度的这一轮封锁,对疫情控制起到了效果;但随着失业率的上升,印度政府从2020年6月开始放宽了封锁措施,这使得印度疫情曲线再次走高,在9月份达到了每日新增近10万的病例。之后,印度疫情曲线开始下降,至2021年2月,每日新增病例数跌至万人以内。但之后疫情又呈现“海啸”式暴发。

“投我以木桃,报之以琼瑶”:中国的对外抗疫物资援助

中国在应对疫情如火如荼之际,也尽自己最大的努力帮助遭受病毒袭扰的世界各国,践行构筑人类卫生健康共同体的理念。

笔者为此曾积极建议:(1)中国必须更快研发出针对性药物和疫苗,这关

乎大国命运和全球格局,意义是极其重大的。(2)建立对外医疗支援体系。必要时,中国需要派出人员来帮助相关国家,这不仅仅是人道主义的问题,也是确保全球供应链体系的问题。(3)建立防控网络体系。这不仅仅是自我防控,还包括帮助其他国家防控,帮助其他国家建立防控体系。稳定的世界格局有利于中国的和平发展。(4)依托中国的工业能力,大幅度提升防护装备的生产能力,使中国的工业能力为构建人类卫生健康共同体做出积极贡献。

对亚洲各国的援助

2020 年 2 月中下旬,中国向日本交付了一批检测试剂盒,27 日、28 日两天,又将 5 000 套防护服和 10 万只口罩运抵东京。在中国正值抗疫的相持时期,这批物资更显珍贵。许多中国地方省市、企业和个人也在积极行动,向日本捐款捐物。

中国的地方政府也不时出现在援外抗疫行列中。2 月上旬,日本丰川市地方政府向中国江苏省无锡市捐赠了 4 500 只口罩和防护服等物资。随着日本疫情开始蔓延,丰川市口罩库存告急,无锡市闻知后立即行动,在 3 月 24 日将 5 万只口罩运往丰川市。

2020 年 3 月 26 日,伊朗德黑兰国际展览中心,身穿防护服的工作人员行走在筹备中的方舱医院床位之间(图片来源:中新网)

当伊朗出现疫情时,中国和伊朗的青年志愿者们联手将中国抗疫的经验、方案快速翻译成波斯文,提供给伊朗民众。2020 年 2 月 26 日,用中文和波斯文书写着“伊朗加油! 中国加油!”以及古代波斯著名诗人萨迪的名句“亚当子孙皆兄弟,兄弟犹如手足亲”的中国物资,运抵伊朗。29 日,由上海专家组成的中国红十字会专家组一行 5 人来到伊朗协助抗疫。

伊朗在中国专家组的建议下,参照中国经验,在疫情严重的德黑兰、库姆省、加兹温省和南部的阿巴斯港等地区建立了能容纳数十名到数百名患者的方舱医院。

3 月 7 日,由中国疾控中心专家、钟南山院士团队成员等 7 名专家组成的专家组飞抵伊拉克首都巴格达。25 日,中国援建伊拉克的核酸检测实验室在巴格达揭牌。

3 月 8 日,湖南远大集团与韩国首尔大学医院签约合作,由远大集团提供新的医院设施的兴建;这些设施于 21 日在湖南长沙的车间完成了预先组装和装箱;22 日发货;25 日到达上海装箱离港;27 日抵达韩国,然后用了 3 天时间完成组装交付;4 月 6 日,这家医院投入使用。一家医院,从中国开始生产到交付、再到另外一个国家使用,用了不到一个月时间,这种速度是真正的工业强国的制造速度。放眼全球,没有其他国家能做到。

3 月 23 日,中国驻韩国大使馆表示,中国政府向韩国追加援助的 100 万只医用外科口罩在当天凌晨由上海运抵仁川国际机场。中国先后两次向韩国提供总计 200 万只医用外科口罩、10 万只 N95 口罩和 1 万套医用防护服,援助物资发往了韩国抗疫一线。

菲律宾外交部长在中国援助物资运抵马尼拉时,称赞中国为世界各国树立了榜样。事实已经证明,中国采取的抗疫措施是正确有效的,菲律宾目前也在采取中国已经施行的一些措施,中国为别国抗击疫情指明了一条道路。南非卫生部长兹韦利 · 穆凯兹也说了同样的话:“我要感谢中国在抗击新冠肺炎疫情方面给我们带来的宝贵经验,中国是我们的榜样。”

在中国处于疫情早期的困难时刻,巴基斯坦倾囊相助,想尽办法从全国公立医院库存搜集了口罩、手套、防护服等物资支援中国。“投桃报李”,3 月 28 日,由新疆专家组成的中方医疗队一行 8 人,抵达巴基斯坦首都伊斯兰堡,并携

中国援建的韩国首尔医院项目内景(图片来源:掌上长沙)

带 10 万只一次性医用口罩、医用防护服、核酸检测试剂等抗疫医疗物资和药品。巴基斯坦总统阿尔维在 3 月份访华时,与中国领导人就援建巴基斯坦新冠肺炎隔离医院达成共识。7 月 9 日,巴基斯坦总理伊姆兰·汗和中国驻巴大使共同出席了新冠肺炎隔离医院落成的启用仪式;这家医院为巴基斯坦抗击疫情发挥了积极作用。8 月 13 日,中国援助巴基斯坦的 1 000 台呼吸机运抵伊斯兰堡。截至 2020 年 8 月份,中国政府先后向巴方提供 7 批抗疫物资,涉及口罩、防护服、检测试剂、呼吸机、护目镜、手术手套和测温枪等品类,物资重逾 106 吨。

2020 年 3 月 27 日至 29 日,中国援助马尔代夫、蒙古国、孟加拉国、尼泊尔的抗疫物资运抵了这些国家。29 日,中国医疗专家组一行 12 人抵达老挝。4 月 8 日,中国援缅抗疫医疗专家组抵达缅甸仰光……

进入 2021 年 3 月,印度再次进入新一轮的疫情暴发期。

印度疫情突起,原因是多方面的。按照印度细胞和分子生物学中心主任拉克什·米什拉的话说,是由于对“社会活动、经济活动和宗教活动的粗心大意”造成的。由于印度的 5 个邦要进行换届选举,而 2 月份印度低平的疫情曲线显示一切似乎尽在控制之中,部分印度媒体甚至宣布印度已经“建立了群体免疫”,因此受乐观的氛围笼罩,各政党在此期间开始大规模的竞选集会;同时,各地举行的“大壶节”[①]也造成了人群的大量集聚。法新社报道说,在“大壶节”期间,每周都有约 500 万基本不戴口罩的印度教信徒来到恒河岸边沐浴、祈祷。

由于印度在美国疫情危急时,曾应美国政府要求,放开氢氯喹的对美出口,因此印度在危机来临之际,理所当然地认为美国应当“拉兄弟一把”,对印度出售美国“富余”的疫苗(杜克大学的研究报告指出,美国疫苗储量供过于求),放开疫苗原材料的出口。但白宫新闻发言人在 2021 年 3 月份两度表示,“在确保美国人都能完成疫苗接种前,美国不会与其他国家分享新冠疫苗”。

深陷疫情危机之中的印度(图片来源:凤凰新闻客户端 /《时代》周刊)

① 大壶节又称为“圣水沐浴节”,是印度教的重大节日,为期 6 周。

从 2021 年 4 月 15 日开始，印度每日新增确诊病例数均超过 20 万例；从 4 月 22 日开始，每日新增确诊病例数突破 30 万例；5 月 1 日，每日新增确诊病例数更是突破 40 万例……印度阿里格尔穆斯林大学（AMU）在短短 18 天内，竟至少有 34 名教授因感染新冠去世。

美国 CNN 在报道中描述了印度当地疫情的惨烈——古吉拉特邦的火葬场因为日夜燃烧，焚尸炉的零部件已开始熔化。在这期间，病毒的“三重变异”、美国对疫苗原材料出口管控和禁止疫苗出口等因素，更是让号称疫苗生产大国的印度“无米下炊”，疫情防控雪上加霜。由于病殁人数激增，印度民众不得不在露天架起木材堆焚尸。各地医院开始“缺氧”，印度政府宣布，从 4 月 22 日起，印度暂停工业供氧，以专供医院急救。但缓不济急，各邦之间还是爆发了“氧气争夺战”，有的医院订购的氧气瓶甚至在医院门口遭到哄抢。印度氧气瓶黑市价格暴涨 10 倍，一瓶氧气黑市“起步价”5 万卢比，这个价格相当于印度普通工人近半年的工资；有的地方，一瓶氧气黑市价高达 10 万卢比。为满足医用氧气需求，新德里的法官向总理莫迪喊话，“去求！去借！去偷！去进口！”面对印度严重的疫情，中方新闻发言人在 22 日表示，“新冠肺炎疫情是全人类共同的敌人，国际社会需要团结一心共同抗疫。……我们愿为印方控制疫情提供必要的支持和帮助”。从 2021 年 4 月 22 日至 27 日，中方在外交部新闻发布会、国际会议等场合，至少 5 次表态积极支持印度抗疫，简化国内至印度物资通关手续，确保运输畅通。国务委员兼外交部长王毅表示，“愿随时根据印方的需要，向印度人民提供支持和帮助”。4 月 30 日，国家主席习近平就印度新冠肺炎疫情向印度总理莫迪致慰问电，并表示中方愿同印方加强抗疫合作，向印方提供支持和帮助。中国对身陷疫情的印度释出巨大的善意，并最大限度地提供了抗疫物资的支持。

据中方统计，仅 2021 年 4 月，中方为支持印度抗疫，相关企业开足马力、日夜加班，累计向印方出口呼吸机 5 000 多台、监护仪 15 000 余台、制氧机 21 569 台、超过 2 148 万只口罩和约 3 800 吨药品。6 月上旬后，印度官方公布的每日新增病例数跌入 10 万以内，之后逐步走低。

《印度时报》披露，越来越多印度民众对美国政府隔岸观火的态度愤懑不已，因为美国拥有大量的疫苗库存，却声称为了保护专利，对饱受疫情折磨的印度、巴西等国的呼吁置若罔闻。“还记得氢氯喹吗？美国前总统此前提出需求时，印度向美国伸出了援手，虽然印度本国民众也不够用。说漂亮话是远远不够的。13亿印度民众会记住，是谁在他们需要帮助的时候袖手旁观！"①

相较"袖手旁观"，澳大利亚则更"狠"，让世人为之错愕——澳大利亚宣布从2021年5月3日起，禁止14天内去过印度的人员入境，包括澳大利亚的本国公民和永久居民，违反规定者将面临约6.6万澳元（约5.2万美元）罚款，或者5年的监禁，或者"罚款"和"坐牢"两项并惩。② 面对有家不能回、回去要坐牢的困境，旅居印度的澳大利亚人表示了不满和抗议，但澳大利亚总理莫里森说，这么做"符合澳大利亚最佳利益"。

在"利益"面前，"人权"没有立锥之地。

对欧洲各国的援助

2020年3月10日，国务委员兼外长王毅与意大利外交部长迪马约电话连线。深受压力的迪马约在电话那头说，意大利疫情形势十分严峻，意政府正密切关注和学习中国抗疫的成功经验，采取有力举措阻止疫情扩散。

意大利在中国遭受疫情的关键时刻，向中国赠送了4万只口罩；在中国发生5·12汶川地震后，意大利也向中国捐赠了一座设施完备的流动医院等物资和款项，并派出救助医疗队。追往抚今，王毅表示，我们不会忘记，在中国抗击疫情最困难的时候，意大利给予了中国宝贵支持。现在，我们也愿和意大利人民坚定地站在一起。虽然目前中国自身对医疗物资还有较大需求，但我们将克服困难，向意方提供口罩等医疗物资援助，加大力度向意出口急需的物资和设备。如意方需要，中国也愿意派出医疗小组赴意协助抗疫。③

深受感动的意大利驻欧盟大使毛里齐奥·马萨里在中意两国外长连线当天，在美国政治新闻网站"政客"（Politico）上发表署名文章直言："没有一个欧盟国家响应呼吁，只有中国回应了。"

第二天，意大利发行量第二大的日报《共和报》，更换了它的社交媒体账号封面。

---

① 张敏.《近日，美国激怒了印度人》，海外网2021年4月25日。

② 《回家就要坐牢？澳大利亚禁止本国公民从印度回国！外媒都惊了》，《中国日报》2021年5月2日。

③ 《王毅：中国和意大利的友谊将在抗疫斗争中得到新的发展》，新华社2020年3月10日。

《共和报》还特意对这张图片做了说明:“位于武汉市武昌区的一家临时医院(方舱医院),两名医生在离开这里前稍事休息,在最后一名患者治愈后,这家医院将关闭。”

曙光在前,2020 年 3 月 11 日意大利《共和报》上刊载的武汉一家即将关闭的临时医院内的医护人员(图片来源:《北京周报》)

3 月 13 日清晨 5:31,由四川大学华西医院等机构的专家及医护人员组成的专家团队共 9 人,乘坐东方航空公司飞机,经过十多个小时飞行,抵达罗马,支援意大利新冠肺炎疫情防控工作。这是当时继支援伊朗、伊拉克之后,中国派出的第三支专家团队。与此同时,中方援助意大利的抗疫物资也在当天抵达比利时最大的货运机场——列日机场,快速通关后这批物资被及时送往意大利。物资外包装上写着意大利作曲家普契尼的歌剧《图兰朵》的歌词和曲谱——“消失吧,黑夜! 黎明时我们将获胜!”

中国的积极援助让意大利人深受感动。封城期间,意大利流行“晚 18:00 阳台音乐会”,个个都是艺术家的意大利人晚饭后会在阳台上吹拉弹唱互相鼓劲。3 月 14 日晚上 18:00,意大利罗马“Re di Roma”地铁站附近的小区,一栋住宅楼楼顶,一位意大利大爷举起麦克风说道:“虽然我不知道这里有没有中国邻居,但我想由衷感谢这个国家、这个民族。”随即,他播放起《义勇军进行曲》,并高喊“GRAZIE CINA!”(感谢中国!)周围的邻居也鼓掌致意,场面让人感动。

应意大利政府邀请，中国政府此后又派出两批医疗专家组赶赴意大利援助。3 月 18 日深夜 23:30，由浙江省 13 名专家组成的第二批赴意大利抗疫医疗专家组，携带了呼吸机、双通道输液泵、监护仪、检测试剂等 9 吨中方捐助的医疗物资，抵达意大利米兰。一周后，25 日，由安徽省 14 名专家组成的第三批赴意大利抗疫医疗专家组，从福州启程飞赴米兰。

中国第三批赴意大利抗疫医疗专家组部分成员
（图片来源：东方航空）

同意大利驻欧盟大使发出“没有一个欧盟国家响应呼吁，只有中国回应了”感慨一样，捷克总统泽曼也在 3 月 19 日晚的电视讲话中说：“中国是唯一一个向捷克提供医疗物资援助的国家。”

在中国遭受疫情初期，向中国捐赠物资却受到指责的意大利外长迪马约，在 3 月 24 日接受意大利国家广播电视台采访时，表示自己没有看走眼。他说，当初自己因为决定向中国赠送 4 万只口罩而被指责廉价抛售了用来保护意大利人的物资，但现在中国回赠了数百万只口罩。迪马约说，那些嘲笑意大利加入“一带一路”倡议的人，现在应该承认，对于这份友谊的投入让意大利在危难时刻有能力治病救人。除了三批医疗专家组外，中国还派遣了 50 名医生、80 名护士和 30 名技术人员，在意大利组建临时野战医院，帮助当地应对新冠疫情。①

① 《当初赠中国 4 万只口罩还被指责，现在……》，《今晚报》2020 年 3 月 27 日。

塞尔维亚总统武契奇在疫情关头也感叹,“中国是目前唯一能帮助塞尔维亚的国家”。3 月 21 日,由 6 名广东省专家组成的中国援助塞尔维亚抗疫医疗专家组,携带十几吨口罩、试剂盒、呼吸机等防疫物资抵达贝尔格莱德。塞尔维亚总统、卫生部长、国防部长等多位政府官员在停机坪迎接。武契奇总统在机场深情亲吻五星红旗,并将中塞两国国旗系在一起,对塞尔维亚能在困难时期得到中国政府和人民的支持与帮助表示由衷的谢意。武契奇的这一举动,让人印象极为深刻。

3 月 13 日,国家主席习近平致电欧洲理事会主席米歇尔和欧盟委员会主席冯德莱恩。习近平表示,中方坚定支持欧方抗击疫情的努力,愿积极提供帮助,协助欧方早日战胜疫情。中方秉持人类命运共同体理念,愿同欧方在双边和国际层面加强协调合作,共同维护全球和地区公共卫生安全,保护双方人民和世界各国人民生命安全和身体健康。[①]

3 月 18 日,国务院总理李克强同欧盟委员会主席冯德莱恩通电话。李克强表示,在中国抗击新冠肺炎疫情初期,欧盟机构给予慰问,并协调提供多批物资支持。当前疫情在欧盟国家出现蔓延态势,中方对欧方的处境和困难感同身受。疫情防控没有国界。当前形势下,中方坚定同欧方站在一起,支持欧方抗击疫情努力,并为欧方通过商业渠道采购医疗物资提供便利,也愿意积极开展国际合作,共同维护人类健康。冯德莱恩表示,当前疫情在欧洲持续蔓延。感谢中方为欧方抗击疫情提供的支持。欧中携手抗击疫情,共克时艰,充分展现了双方良好的友谊与合作。[②]

同一日,欧盟委员会主席冯德莱恩特地用英语、法语、德语三种语言录制了视频讲话,感谢中国为欧盟抗击新冠肺炎疫情所提供的支持。冯德莱恩说,中国没有忘记疫情在中国暴发时欧盟提供的帮助,迅速捐助 50 多吨防疫物资。欧盟对中国在这一时刻提供支持表示“高度赞赏、十分感谢”。

3 月 18 日、19 日,中国援法的抗疫物资,分两批运抵法国戴高乐机场。

4 月 11 日,由黑龙江省 10 名专家组成的医疗队前往俄罗斯协助抗疫。

中华民族是懂得感恩的民族。

① 《习近平:中方愿积极提供帮助,协助欧方早日战胜疫情》,新华社 2020 年 3 月 14 日。
② 《李克强同欧盟委员会主席冯德莱恩通电话》,央广网 2020 年 3 月 19 日。

中国援法抗疫物资徽记(图片来源:《北京青年报》)

中国人民不仅铭记疫情暴发时各国给予的援助,而且对历史上曾经帮助过自己的国际友人不敢忘怀。被国人尊称为“中国的辛德勒”的约翰·拉贝,在1937年“南京大屠杀”中勇敢地建立了安全区,无私地救助了20多万陷于日寇刺刀下的南京市民,挽救了他们的生命。腥风血雨中,约翰·拉贝写下的《拉贝日记》被后世公认为是研究“南京大屠杀”事件数量最多、保存最完整的宝贵史料。

机缘巧合,约翰·拉贝的孙子托马斯·拉贝疫情期间是德国海德堡医院的医生,目睹医院紧缺一种中国生产的药品后,他写信向中国驻德国大使馆求助。中国驻德国大使馆立即与国内工信部联系,在最短的时间内找到了生产这一药品的企业。这家企业当即决定无偿赠送这批药物,并第一时间送达托马斯·拉贝所在的医院,续写了83年前中德友人之间守望相助、患难与共的友情。[①]

对非洲各国的援助

中国也向非洲国家提供了大量抗疫物资援助。

截至2020年3月26日,有7支中国医疗队赶赴非洲6个国家。

---

① 《80多年前,德国人拉贝等拯救20万中国人;后人2020年求助,中国立赠抗疫药品!》,《新华每日电讯》2020年4月3日。

到 7 月初,中国已向非洲 11 个国家派出 148 人次的抗疫医疗专家组,遍布非洲的中国医疗队累计进行了近 400 场抗疫培训,为当地数万名医护人员提供防控指导。联合国秘书长南南合作特使、南南办主任豪尔赫·切迪克为此感谢中国向非洲 54 个国家捐赠医疗物资,感谢中国做出的贡献和榜样。

赶赴津巴布韦的中国抗疫医疗专家组(图片来源:央视新闻客户端)

对美洲各国的援助

2020 年 3 月起,中国派出许多架次的专机向墨西哥运送医疗物资,协助墨西哥抗击新冠疫情。3 月 30 日,中国向委内瑞拉派出的 8 人抗疫医疗专家组,携带检测试剂、防护用品、药品等物资抵达该国首都加拉加斯。

新冠疫情在美国的快速蔓延,使当地的医护人员和普通民众也面临医用防护物资缺乏的难题。位于美国疫情"震中"的纽约州正是重点支持对象。中国政府努力协助美国政府在华采购抗疫物资。中国地方政府也向在美国的友好省州提供援助和帮助,美国科罗拉多州州长贾里德·波利斯对湖南省在紧急时刻"非常慷慨地给我们送来了 1 万只口罩"喜出望外;广西壮族自治区人民对外友好协会向美国飞虎队历史委员会捐赠防疫物资,并通过该组织将物资分发给飞虎队的老兵和亲友。

中国企业加班加点,大量生产、交付纽约州和全美采购的医疗物资。尽管特斯拉 CEO 埃隆·马斯克宣布自己要造呼吸机,但远水不解近渴,3 月中旬,得到中方帮助的马斯克从中国购买了 1 255 台呼吸机，并将其空运至美国洛杉矶。当时，美国各州为了争夺呼吸机的有限产能相互加价抢购，马斯克从中国购买的这批呼吸机为疫情严重的加州提供了有力的支持。

在病毒的威胁下，国内外口罩等医用物资需求大增。除了原有传统口罩及相关产业链中的企业加大产能外，也有大量跨界企业转行其中。中国企业的快速转型在这次疫情冲击下得到了淋漓尽致的体现。比亚迪电子与美国加州签署了价值约 10 亿美元的口罩合同。根据合同，比亚迪公司在两个半月内向加州交付 5 亿只口罩，其中包括每只价格为 3.3 美元的总计 3 亿只 N95 口罩。2020 年 7 月 22 日，加州与比亚迪电子在原有 5 亿只口罩购买合同的基础上，又追加了 4.2 亿只口罩，其中外科口罩 3 亿只、N95 口罩 1.2 亿只，合同金额达 3.15 亿美元。“股神”巴菲特在口罩紧缺的时候，高高兴兴地戴上了比亚迪生产的口罩，还特意在网上晒出一张照片。作为中国制造业代表之一，比亚迪“飙”出了中国速度。到 2020 年 7 月下旬，比亚迪口罩日产量已达 5 000 万只，并以

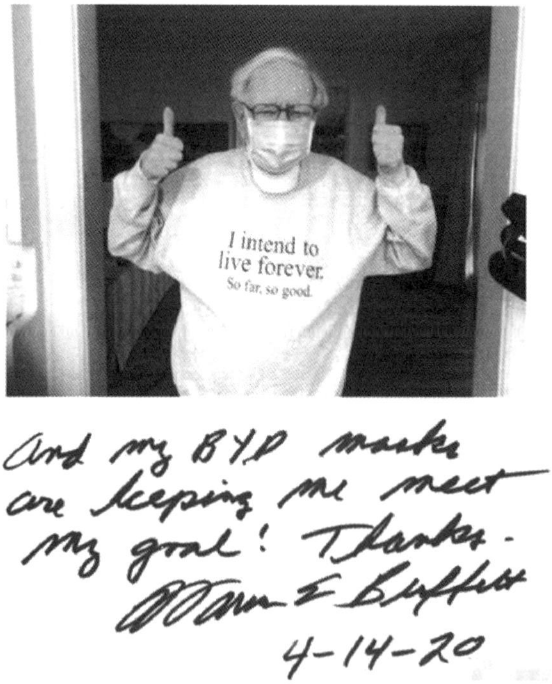

2020 年 4 月 14 日，戴上比亚迪口罩的“股神”巴菲特感觉良好，
誓言“长命百岁”（图片来源：《环球时报》）

每天100万—300万只的速度扩产。

除了比亚迪外,富士康、OPPO、上汽通用五菱、中顺洁柔、三枪内衣、红豆服饰、水星家纺等企业也纷纷加入口罩生产者行列。

2020年4月2日,马萨诸塞州自己想办法,通过包机从深圳市运回了120万只N95口罩。这批口罩中的30万只又捐给了疫情风暴眼中的纽约州。焦头烂额的纽约州州长科莫在获得这批额外的口罩时说,这可能是“我在大约10天内接到的唯一一个好消息”。

疫情之初,美国很多社团、企业和民众向中国伸出援手。在美国陷入疫情后,中国政府、地方和各界人士也积极向美方捐赠了大量急需的医疗物资。

中国驻美大使崔天凯(图片来源:资料图,引自央视网)

受到美国政府无端制裁的华为公司,为拯救生命,不计前嫌,向纽约州和华盛顿特区捐赠了数万件防疫物资。截至2020年5月6日,中国的地方省市和有关机构以及企业,已经向美国30个州、55个城市捐助了超过960万只口罩、50万盒检测试剂、30.59万副医用及其他手套、13.35万副护目镜等医疗物资。根据中国海关统计,从2020年3月1日到5月5日,中国共向美国提供了超过66亿只口罩、3.44亿副外科手套、4 409万套防护服、675万副护目镜,以及近

7 500 台呼吸机。① 中国驻美大使崔天凯说："在这场人和病毒的搏斗中，我们和纽约人民、和全美人民站在一起。"

国务院新闻办公室发布的《抗击新冠肺炎疫情的中国行动》(白皮书)指出：

中国与东盟、欧盟、非盟、亚太经合组织、加共体、上海合作组织等国际和地区组织，以及韩国、日本、俄罗斯、美国、德国等国家，开展 70 多次疫情防控交流活动。国家卫生健康委汇编诊疗和防控方案并翻译成 3 个语种，分享给全球 180 多个国家、10 多个国际和地区组织参照使用，并与世界卫生组织联合举办"新冠肺炎防治中国经验国际通报会"。

截至 5 月 31 日，中国共向 27 个国家派出 29 支医疗专家组，已经或正在向 150 个国家和 4 个国际组织提供抗疫援助；指导长期派驻在 56 个国家的援外医疗队协助驻在国开展疫情防控工作，向驻在国民众和华侨华人提供技术咨询和健康教育，举办线上线下培训 400 余场；地方政府、企业和民间机构、个人通过各种渠道，向 150 多个国家、地区和国际组织捐赠抗疫物资。

2020 年 3 月 1 日至 5 月 31 日，中国向 200 个国家和地区出口防疫物资，其中，口罩 706 亿只，防护服 3.4 亿套，护目镜 1.15 亿副，呼吸机 9.67 万台，检测试剂盒 2.25 亿人份，红外线测温仪 4 029 万台，出口规模呈明显增长态势，有力支持了相关国家疫情防控。1—4 月，中欧班列开行数量和发送货物量同比分别增长 24%和 27%，累计运送抗疫物资 66 万件，为维持国际产业链和供应链畅通、保障抗疫物资运输发挥了重要作用。

此后，中国仍持续不断地对美输出抗疫物资。

外交部发言人汪文斌 2021 年 3 月 5 日在外交部例行记者会上提供了 2020 年 3 月 1 日至 2021 年 2 月 28 日中国为美国疫情防控所供应物资的数据——中国向美国出口口罩约 438.5 亿只、外科手套约 11.9 亿副、防护服约 9.5 亿套、护目镜约 5 403 万副、呼吸机 17 585 台。

尽管美国在疫情问题上对中国"甩锅"不断，但面对事实，2020 年 8 月 6 日，美国驻华大使布兰斯塔德到访上海后也承认，面对新冠肺炎疫情，中国运往美国的防疫物资拯救了很多生命，其中很多来自上海，并对此深表感谢。

美国纽约州州长科莫后来回望纽约州这段抗疫的艰难历程时，批评美国将

---

① 《外交部：3 月 1 日到 5 月 5 日，中国向美国提供超 66 亿只口罩》，澎湃新闻 2020 年 5 月 7 日。

自身抗疫失误“甩锅”中国和世卫组织，表示新冠病毒不是“中国病毒”，他积极评价了中国的抗疫成就，并感谢中方在危难之时向美捐赠大量防疫物资。

为构建全球卫生健康共同体，中国以自身的积极行动，投入全球协同抗疫之中。此后，在疫苗的研发、生产、捐赠和供应方面，也发挥了积极作用。在全球疫苗紧缺、发达国家过度采购和囤积的状况下，中国为众多第三世界和发展中国家提供了极为宝贵的抗疫疫苗，为世界范围“抗疫屏障”的构建做出了巨大的努力和贡献。

参考资料

[1]《韩国疫情告急！977 人确诊！21 万人待排查，首尔飞青岛机票从 500 元暴涨到 4 000 元！》，《21 世纪经济报道》2020 年 2 月 25 日。

[2]李静、曹然：《伊朗疫情坏消息频出：卫生部副部长确诊、死亡率超高、防控经验匮乏》，《中国新闻周刊》2020 年 2 月 26 日。

[3]《副总统确诊、民众忧虑，伊朗为何疫情严重？》，央视新闻 2020 年 2 月 28 日。

[4]曹然：《意大利疫情威胁全欧洲：封城 12 座，逃离者可拘三个月》，《中国新闻周刊》2020 年 2 月 28 日。

[5]《滴水之恩，势必涌泉相报！中国再次决定支援日本抗疫，感动岛国》，湖北广播电视台电视新闻中心《长江新闻号》2020 年 3 月 4 日。

[6]《首尔拟吊销新天地教会法人执照》，《北京日报》2020 年 3 月 4 日。

[7]《境外媒体关注中国医疗队赴伊拉克协助抗疫》，《参考消息》2020 年 3 月 10 日。

[8]姚瑶：《从 31 到 7 500 例确诊：还原韩国新冠疫情“震中”三周》，《21 世纪经济报道》2020 年 3 月 10 日。

[9]《现在，意大利网民都在愤怒声讨一个人》，《环球时报》2020 年 3 月 10 日。

[10]《以法国为样本，看欧洲抗疫的艰难转身》，《参考消息》2020 年 3 月 10 日。

[11]《王毅：中国和意大利的友谊将在抗疫斗争中得到新的发展》，新华社 2020 年 3 月 10 日。

[12]江虹霖：《全球战疫 有一种温暖叫“中国援助”》，中国网 2020 年 3 月

11日。

[13]《中国医疗队援助伊朗，尝试中医药和伊朗传统医药的结合》，腾讯视频2020年3月11日。

[14]赵玮：《守望相助——意大利媒体用中国医护人员照片作为社交媒体封面》，《北京周报》2020年3月12日。

[15]海上客工作室：《中国医疗队支援意大利，背后有三个原因》，《新民晚报》2020年3月14日。

[16]李静、徐方清：《日本"慢半拍"的疫情防控》，《中国新闻周刊》2020年3月14日。

[17]潘革平、李骥志：《中国援欧物资上，写着〈图兰朵〉的一句歌词！》，新华社2020年3月14日。

[18]《"感谢中国！"罗马上空响起〈义勇军进行曲〉》，《北京日报》2020年3月15日。

[19]《1天内，3国向中国求援》，《人民日报》2020年3月16日。

[20]《把更易感染的人当小白鼠？英上百名科学家联名反对，美专家惊到捂脸》，北晚新视觉网2020年3月16日。

[21]田园：《欧洲大陆进入"紧急状态"》，《光明日报》2020年3月16日。

[22]《力挺英国"群体免疫"的人出现了，果然来自这个国家》，《环球时报》2020年3月17日。

[23]徐永春、严明：《法国点赞中国"团结"精神》，新华社2020年3月18日。

[24]《紧急驰援！第二批中国援意医疗专家组抵达米兰》，北晚新视觉网2020年3月19日。

[25]《中国军队捐助的抗疫物资，运到了！》，中国青年网2020年3月20日。

[26]《捷克总统：中国是唯一一个向捷克提供医疗物资援助的国家》，央视新闻客户端2020年3月20日。

[27]《"各国现在知道谁是真正的朋友了"》，《新华每日电讯》2020年3月22日。

[28]杨晓红、范小林、张保平、李铭、魏忠杰、荆晶、张修智、袁梦晨、夏鹏：《多国对中国提供物资和分享抗疫经验表示感谢》，新华社2020年3月22日。

[29]张颖：《中国援助塞尔维亚专家医疗队受最高礼遇迎接 塞总统亲吻五星红旗》，中国青年网2020年3月22日。

[30]《中国政府援助物资已全部运抵韩国》，澎湃新闻2020年3月24日。

[31]钱擘：《东航包机承运我国第三批支援意大利医疗队启程》，中国民航网2020年3月25日。

[32]崔舒飞：《麻生太郎吐槽：2月底你们还说这是黄种人的病！》，环球网2020年3月25日。

[33]阿童木：《马斯克称要造呼吸机，然后从中国购买了一千台》，《环球时报》2020年3月25日。

[34]《中国援助超80国：已派7支医疗队 回赠多国物资》，《新京报》2020年3月27日。

[35]《英国首相新冠肺炎确诊后顾问从后门溜走》，新浪财经综合2020年3月28日。

[36]《中国医疗队抵达巴基斯坦，网友：中巴友谊长青！》，浙江广播电视集团浙江6频道《1818黄金眼》2020年3月29日。

[37]《中国抗疫医疗专家组抵达老挝》，《人民日报》2020年3月29日。

[38]唐璐、阿斯钢、周盛平、刘春涛：《综合消息：中国向亚洲多个国家援助抗疫物资》，新华网2020年3月30日。

[39]倪雨晴：《欧洲专家：法国预计有12万阳性没检出来，医护感染严重还被排挤！3月22日还在说口罩无用》，《21世纪经济报道》2020年3月31日。

[40]商周：《德国新冠肺炎病死率为什么低？》，凤凰网2020年4月1日。

[41]《美国科罗拉多州州长感谢湖南省》，《环球时报》2020年4月2日。

[42]《80多年前，德国人拉贝等拯救20万中国人；后人2020年求助，中国立赠抗疫药品！》，《新华每日电讯》2020年4月3日。

[43]《韩国应对新冠肺炎疫情的早期经验》，世界银行2020年4月4日。

[44]陈芳、刘华、韩墨、李志晖：《中国发布新冠肺炎疫情信息、推进疫情防控国际合作纪事》，新华社2020年4月6日。

[45]《崔天凯：中方尽己所能为美提供支持，坚信我喜爱的纽约能熬过去》，凤凰新闻 2020 年 4 月 6 日。

[46]《英国疫情为何失控？学界 2 月便警告或感染 4 500 万人》，环球网 2020 年 4 月 9 日。

[47]《又一中国医疗专家组启程！目的地：俄罗斯》，中国新闻社 2020 年 4 月 11 日。

[48]马肃平：《错过的时间窗口：全球疫情，何以至此？》，《南方周末》2020 年 4 月 12 日。

[49]安晶：《俄罗斯早早关闭边境依然疫情恶化，为什么？》，界面新闻 2020 年 4 月 14 日。

[50]《中国援缅医疗专家组深入缅甸抗疫一线》，央视新闻客户端 2020 年 4 月 15 日。

[51]陈小茹：《印度面临三重考验》，《中国青年报》2020 年 4 月 15 日。

[52]胡博峰、刘皓然：《排查病例却被百人围攻投掷石块 印度医护人员疫情期频遇袭》，环球网 2020 年 4 月 16 日。

[53]印权斌：《疫情越凶，伊朗人越自信》，《南风窗》2020 年 5 月 6 日。

[54]《加州向比亚迪订购的 N95 口罩受阻》，新浪财经 2020 年 5 月 7 日。

[55]《瑞典主推群体免疫专家后悔了：承认"不封锁"政策致过多死亡》，第一财经 2020 年 6 月 4 日。

[56]李诗韵：《比亚迪口罩在美认证终通过 1.5 亿只 N95 运往加州中》，新浪财经 2020 年 6 月 10 日。

[57]刘丹忆：《列国战疫：疫情映照印度的"魔幻"与现实》，中国新闻网 2020 年 7 月 1 日。

[58]《英国医学杂志〈柳叶刀〉最新研究认为"群体免疫"控制疫情恐难实现》，央视新闻客户端 2020 年 7 月 8 日。

[59]《7 月 10 日外交部例行记者会》，外交部网站 2020 年 7 月 10 日。

[60]钱小岩：《巴西疫情到底多严重？确诊超 200 万、总统最新检测仍为阳性》，第一财经 2020 年 7 月 17 日。

[61]文景：《加州疫情超纽约！美国又来采购 4 亿多只比亚迪口罩》，《中国

基金报》2020年7月24日。

[62]《墨西哥总统感谢中国》，央视新闻客户端2020年7月24日。

[63]《约翰逊承认英国应对疫情有疏漏：本可以采取“不同”做法》，新华网客户端2020年7月26日。

[64]《上海市市长龚正会见美国驻华大使布兰斯塔德》，《解放日报》2020年8月7日。

[65]刘天、蒋超：《巴基斯坦接收中国援助的1 000台呼吸机》，新华网客户端2020年8月17日。

[66]《瑞典政府对中国新冠检测试剂公司提出一个奇怪的指控……》，《环球时报》2020年8月26日。

[67]泰勒：《突发！日本紧急宣布“封国”，28日起全面暂停新入境！发生了什么？》，《中国基金报》2020年12月28日。

[68]《中国已向美国出口口罩约438.5亿只》，《参考消息》2021年3月5日。

[69]《白宫发言人：确保美国人完全接种前，不与他国分享疫苗》，中国新闻网2021年3月2日。

[70]《很多国家请求提供疫苗，但我们哪个都没给》，《环球时报》2021年3月14日。

[71]海上客：《印度，全面失控！》，《新民周刊》2021年4月23日。

[72]张敏：《近日，美国激怒了印度人》，海外网2021年4月25日。

[73]《印度黑市氧气价格狂涨10倍，一瓶抵半年工资！中国制氧机来了：800台运抵，本周还有1万台》，《21世纪经济报道》2021年4月27日。

[74]《汪文斌证实：中国飞往印度货运航线正常运转》，海外网2021年4月30日。

[75]白云怡、陈青青：《专访中国驻印度大使，信息量大！》，《环球时报》2021年5月1日。

[76]《回家就要坐牢？澳大利亚禁止本国公民从印度回国！外媒都惊了》，《中国日报》2021年5月2日。

第7章

情何以堪

混乱跌宕的美国疫情

◎ 过于乐观的白宫

◎ 急转直下

"这是一场得到国家批准的杀戮。"

——《华盛顿邮报》

过于乐观的白宫

当疫情在武汉肆虐的时候,大洋彼岸也有人开始担忧新冠病毒是否会威胁到美国的经济增长。但美国商务部长罗斯似乎只是看到了机会,"我认为,这将有助于加速工作岗位回流北美,其中可能部分回流美国,部分则流向墨西哥"。罗斯显然没有考虑到这个病毒可能带来的风险。那时候连纽约州州长科莫也相信病毒只会攻击黄种人的免疫系统。

其实,看好美国的并不仅仅是罗斯一人。即便在中国,当有人因为子女在美就读而向当时国内一位医学界的"大咖"咨询时,得到的回答是——"没有必要为美国的疫情担心",美国的"医疗体系可以非常容易地就把它给应付过去"。

的确,美国完善的医疗系统、尖端的医疗设备、充足的可支配资源、领先的医学专业知识与技术,以及处置流行病学的经验,完全可以让人信服它将安然度过疫情的袭扰。即便在2019—2020年的流感季,美国有2 800万人感染、2.8万人住进ICU,美国整个社会也极为平稳,波澜不兴。高潮迭起的是美国股市,从2019年初的23 000点出发一路高歌猛进,从年头涨到年尾,涨了5 000多点。

面对这么好的年景,远望太平洋彼岸一轮又一轮的紧急防控,美国总统发言人贾德·迪尔自然不会错失为自己的老板评功摆好的机会。中气十足的贾德·迪尔说:"由于总统的领导,我们将保持健康、强大和经济繁荣,并在增长的挑战中脱颖而出!”

坐在白宫西翼椭圆形总统办公室的特朗普,笑了。

暗流涌动

早在2020年1月3日,特朗普政府就收到了有关新型冠状病毒的第一份正式通知(自1月3日起,中方开始定期向美方通报疫情信息和防控举措)。几天之内,美国情报机构在提供给总统阅读的每日简报中,警告这一冠状病毒可能会对美国造成严重威胁。

美国疾病控制与预防中心(以下简称“美国疾控中心”)1月8日首次发布了有关新型冠状病毒的公开警报,并于17日开始监测纽约、洛杉矶和旧金山的各个主要机场。

美国的军事部门对此也十分敏感。美国空军军官和卫生与公众服务部防备和响应助理秘书罗伯特·卡德尔茨,指示下属制订应急计划,准备在某一时刻开始执行《国防生产法》。这一法案授权政府可以强迫私人公司生产国家安全所急需的设备。1月14日,卡德尔茨在他的笔记本上用潦草的字迹写下了一个词——“冠状病毒”。

1月18日,卫生与公众服务部部长阿扎尔向特朗普介绍和提示了新冠病毒的危险性。

1月21日,美国西北角的华盛顿州的一名男子,确诊感染了新型冠状病毒。这是美国官方公布的第一例新型冠状病毒感染者。

美国官方公布的首个病例出现后,因为防疫的涉及面太广泛,阿扎尔就请国家安全事务助理奥布莱恩安排国家安全委员会介入,协调航空、旅行、移民的各个部门,以及牵涉外交和军事的国务院与五角大楼。在2001年发生“9·11”恐怖袭击和2005年禽流感暴发时,阿扎尔就在卫生与公众服务部担任高级职位,对如何进行危机管控,阿扎尔熟门熟路。

奥布莱恩的第六感也觉得事情不妙,他让副手波廷格来协调疫情应对措施。在官方公布首个病例当天,奥布莱恩找到特朗普,直言不讳地当面警告说:“这种病毒将是您在任期内需要面对的最大挑战。”波廷格在了解情况后,也向特朗普汇报，中方联络人告诉他说："这将与 1918 年的大流感疫情类似。"[①]

美国情报机构在 1 月和 2 月为总统特朗普准备的十几份机密简报中，也就新冠病毒发出了警告。但特朗普在这两个月期间持续淡化疫情的威胁。白宫内部好像存在两个平行的世界—— 一边是忧心忡忡的阁僚大员，一边是满不在乎的总统。

1 月 22 日，在瑞士参加达沃斯世界经济论坛第五十届年会的特朗普，接受美国媒体采访时，第一次被当面问及冠状病毒。当被问到是否担心潜在的流行病毒时，特朗普非常轻松地说："不担心。我们已经完全控制住了，就一个病例，一切都会好起来的。"

此时的特朗普，仍然陶醉在甫签的《中美第一阶段经贸协议》中，被特朗普最为看重的道琼斯指数气势如虹，正处于 29 000 多点的高位，所有人都看好他将顺利连任。感觉"手气颇佳"的特朗普在 1 月 24 日中国农历新年来临之际，操起推特(twitter)又是一阵表白，称赞中国人民一直在非常努力地遏制新型冠状病毒，美国高度欣赏中方的抗疫努力和透明度。

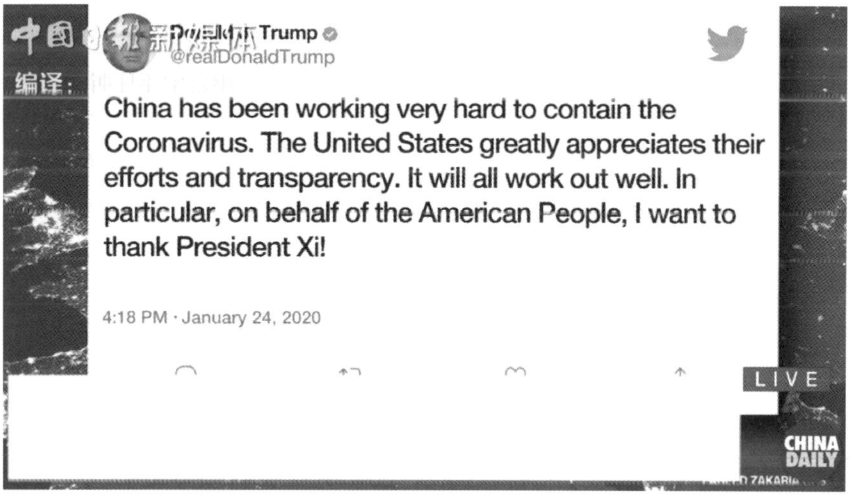

特朗普社交媒体发文："美国高度赞赏中方的抗疫努力和透明度"
(图片来源：《中国日报》)

心急如焚的美国疾控中心在 1 月 27 日发布了三级警告，要求避免前往中

① 《法媒评伍德沃德新作〈愤怒〉：震撼特朗普选战之书》，新华社客户端 2020 年 9 月 17 日。

国的非必要旅行。也许是为了提醒“当家人”勿当儿戏，29日，美国白宫国家贸易委员会主任彼得·纳瓦罗正儿八经地写了一份备忘录——“根据中国的报道，这种病毒的传染性远强于流感，更像是鼠疫或天花”，据此向白宫提出明确警告，可能出现一场造成50万美国人死亡的大流行病。[①]

也许是亲密幕僚的警示起了作用，特朗普一边在1月29日再次强调与中国的紧密合作——“现在我们正在和中国在新冠病毒上进行强有力的合作，我们认为这对我们来说会有一个非常好的结局”，一边在31日让阿扎尔代表政府宣布新型冠状病毒感染肺炎疫情为“国家公共卫生紧急事件”。阿扎尔在讲话中表示，美国赞赏中方抗击疫情的举措，特别是在推进国际合作领域的努力，同时宣布从当地时间2月2日下午17:00开始，实行暂时性防疫入境规定——除绿卡持有者和美国公民的直系亲属外，在最近14天内到过中国的非美国公民将被拒绝入境。

尽管宣布新冠疫情为“国家公共卫生紧急事件”，但美国药管局却规定，新冠病毒的检测必须向药管局申请授权后才可进行，这一措施限制了全国的病毒检测能力。直到2月29日，美国首例新冠死亡病例在华盛顿州出现后，美国药管局才允许全国数百家相关医院实验室进行病毒检测。

另外，检测数量过少的另一个原因是，美国疾控中心最初设定的检测标准“门槛”过高，规定只有近期有过中国旅行史或与确诊病患接触的疑似患者才能进行检测。美国西北大学范伯格医学院全球卫生研究所的教授和行政总监罗伯特·墨菲后来在媒体上指出，美国出现了与武汉发生疫情初期相同的问题，比如对于病例的检测标准过于苛刻——在2月26日前，美国疾控中心规定的标准是：(1)过去14天与疾控中心确诊病例有密切接触的，且有发热等症状的人；(2)过去14天有湖北旅居史，且出现发热等症状的人；(3)过去14天有中国内地疫情地区旅居史的人，且病情需要住院。

整个2月份，除了针对中国的旅行禁令之外，白宫没有再发布针对病毒开展防疫的任何旅行限制措施。

美国，显得异常“平静”。

---

① 佚名：《CNN梳理特朗普“变脸”时间线，找到对中国态度前后矛盾原因》，中国日报网2020年4月24日。

Clinical Features	&	Epidemiologic Risk
Fever[1] or signs/symptoms of lower respiratory illness (e.g. cough or shortness of breath)	AND	Any person, including health care workers, who has had close contact[2] with a laboratory-confirmed[3,4] 2019-nCoV patient within 14 days of symptom onset
Fever[1] and signs/symptoms of a lower respiratory illness (e.g., cough or shortness of breath)	AND	A history of travel from **Hubei Province**, China[5] within 14 days of symptom onset
Fever[1] and signs/symptoms of a lower respiratory illness (e.g., cough or shortness of breath) requiring hospitalization[4]	AND	A history of travel from mainland **China**[5] within 14 days of symptom onset

美国疾控中心起初设置的过于苛刻并一直沿用到 2 月 26 日的新冠病毒检测条件
(图片来源:澎湃新闻)

2 月 7 日,中美两国元首电话连线。特朗普在通话中对中国应对疫情的举措给予积极评价,并在当天的推特上称:中国正在采取严格的防控,将会取得成功,我们正在与中国密切合作。

此举显然有助于延续《中美第一阶段经贸协议》达成后市场的乐观氛围,但特朗普此时不知道,在他不断赞扬中国的时候,他的竞选对手拜登,已经在暗暗"掰着手指"记录他的此类言论。拜登在事后竞选时抨击特朗普在 2020 年 1—2 月期间,15 次表扬了中国。

特朗普 2 月 10 日在新罕布什尔州的演讲中又换了一个角度来谈论病毒:"到 4 月,你知道,理论上,天一热,病毒就会奇迹般消失。"特朗普忙着参加下一届总统的"招聘会",到处"递简历",仅 2 月 10 日至 3 月 2 日,就举行了 5 次室内集会,每次参会者都达数千人。新罕布什尔州举行的这场集会,也是特朗普在 1 月 18 日阿扎尔向他汇报冠状病毒危险性后举行的 8 次集会之一;其间,"高尔夫达人"特朗普还去高尔夫球场打了 6 次球。

尽管表面数字仍比较乐观,2 月 21 日整个美国的累计确诊病例数只有 15 例,但感受到暗流涌动的美国疾控中心,在这一天还是站出来表示——新冠病毒可能在美国发生"大流行",并宣布卫生官员们正在为此做准备。美国疾控中心国家免疫与呼吸疾病中心主任南希·梅森尼尔说,尽管新冠病毒目前在美国并未发生社区传播,但该病毒仍"很有可能"在全美发生大流行。她还提到中国实行的停工停学措施,认为美国最终也有可能对此进行仿效,"我们也有可能需要在这个国家实施同样的措施，这一天也可能会出现”。

白宫希望的“经济稳定、社会繁荣”的大好局面还是没有“稳住”。2 月 21 日，资本市场明显感受到疫情的严重性，道琼斯指数开始破位下行。事后，聪明的美国当红女歌手卡迪·B(Cardi B)揶揄说：“当美国股市开跌的时候，我就知道这件事没这么简单。”被疫情困在家中的卡迪·B 还称赞了中国的防疫举措——隔离、消毒、建医院、给所有人测体温，而这些美国却做不到。

道琼斯工业平均指数破位下行(图片来源：新浪财经)

一向将美国股市的上行指数作为自己政绩的特朗普，在第二天(22 日)，也就是周六，急忙出来给股市打气：“新型冠状病毒很大程度上在美国得到了控制。我们与每个人和所有有关国家保持着联系。疾控中心和世界卫生组织一直在努力工作，而且非常能干。我觉得股市开始变得非常好。”是的，你没有听错，“(美国)疾控中心和世界卫生组织一直在努力工作，而且非常能干”，特朗普在周末的那一天确实是这么说的。

但股市没有给这位为了稳住股市连周末都在“加班”的“大统领”一点面子，周一(24 日)，道琼斯指数大跌超过 1 000 点。

看到股市破位的特朗普急火攻心。25日在印度新德里访问的特朗普，在集会演讲时表示："我可以代表我的国家说，我们的疫情尚在掌控之中。"就在同一天，按捺不住的美国疾控中心的一名官员公开向公众发出警告，疫情将在美国蔓延，新冠病毒在美国社区内传播甚至是在全国大暴发，已经不是会不会的问题，而仅仅是时间早晚的问题。[①] 然而，第二天(26日)回到白宫的特朗普仍发表了极为乐观的讲话，认为新冠病毒"对美国人民来说，风险仍然很低"。"我们取得了巨大的成功，超出了人们的想象。一些国家确实暴发了疫情，意大利和很多国家遇到了一些困难。……我们拥有世界上最好的专家。我们已经做好了准备。"特朗普同时称赞中国在抗击疫情方面的工作，并指责民主党人"夸大疫情"。为了强调民主党人是在小题大做，特朗普说："美国每年死于流感的人数在2.5万至6.9万之间，我简直都惊呆了。"为了安抚股市，这一天特朗普又赶紧在推特上吹风，"新冠病毒在美国已经差不多被控制住……股市开始看起来不错"。"看起来不错"的股市，在26日当天跌了123点，算是给了总统一点面子；但紧接着第二天又大跌超过1 000点。

而疾控中心国家免疫与呼吸疾病中心主任梅森尼尔再次在2月25日的新冠肺炎疫情简报会上公开警告美国公民要做好应对新冠病毒的准备："我们需要做好准备应对生活中的重大混乱。"

进入2020年，便是进入了美国的大选时间。梅森尼尔的讲话显然与特朗普政府的"维稳"思路不在一个频道上。正在印度访问的特朗普对她的表态极为愤怒。特朗普政府对"不太听话"的医学专家毫不含糊。估计是"约谈"之后没有效果，这位与总统口径不一致的专家此后便"失踪"了——再也没有出现在白宫关于新冠肺炎疫情的简报会上。

2月26日，特朗普开启"自我表扬"模式，亲自下场"维稳"，称感染病例数"几天之内将降至接近于零"。"我们(的病例数)将大幅度下降而不是升高。我们控制得很好。我的意思是，我们确实做得很好"；同时，他很不专业地将新冠看作流感，"这是一种流感。这就像流感……这有点像普通流感，我们有流感疫苗可以打。实际上，我们将很快为此注射流感疫苗"。为预防新冠肺炎而注射流感疫苗，这种"关公战秦琼"的套路虽然文不对题，但与后来"注射消毒剂"的

① 玉渊谭天：《这些日子，白宫发生了什么？》，《环球时报》2020年6月12日。

建议相比,还算是“人畜无害”。27 日,特朗普再次表示,“这就像一个奇迹,疫情将结束”。眼见老板已经定调,同一天,卫生与公众服务部部长阿扎尔在国会一个委员会作证时应声说,病毒对公众的危险性仍然“很低”。同一天,特朗普在华盛顿发表讲话:“无论发生什么,我们都准备好了。”特朗普这时开始寻求“奇迹”——“它会消失。有朝一日,就像一个奇迹,它将消失。在我们的国家,你们知道,情况可能会变得更糟,然后才会好转。它也许会消失。我们看看会发生什么。没有人真正知道。”①

金蝉脱壳

随着新冠肺炎疫情在美国“浮出海面”,先知先觉的是那些占据要职、有着内部信息优势的政客。

纽约证券交易所的董事长杰弗里·斯普雷彻的妻子——佐治亚州共和党参议员凯利·洛弗勒在参加了参议院关于新冠病毒的介绍会后,立即脚底抹油,于 1 月 24 日抛售了包括埃克森美孚在内的 27 只股票,价值数百万美元。俄克拉荷马州共和党参议员詹姆斯·英霍夫,在 1 月 27 日也“用脚投票”,抛售了包括苹果公司在内的大量股票,总价值达 40 万美元。

根据美国广播公司(ABC)的报道,美国国会参议院情报委员会主席理查德·伯尔在 2 月 13 日也加入了抛售者的行列,一共抛售了价值近 160 万美元的股票,这些股票大多属于受疫情冲击最严重的行业,例如酒店和旅游业。

伯尔的连襟、在美国国家调解委员会任职的杰拉德·福斯,也于 2 月 13 日抛售了价值 9.7 万—28 万美元的股票。而就在一周前的 2 月 7 日,理查德·伯尔还在福克斯新闻上发表文章,放出“烟雾弹”称:“谢天谢地,面对着新兴市场的公共卫生威胁,如冠状病毒,今天的美国比以往任何时候都要准备得更加充分。这主要得益于参议院卫生委员会、国会和特朗普政府的工作领导。”

美国网上舆论讽刺伯尔“戏院失火时,他从出口溜走了,同时还顺手把戏票卖给了妇女儿童”。

① 《美媒盘点特朗普小觑新冠病毒言论:这是一种流感》,《参考消息》2020 年 4 月 2 日。

急转直下

在 2020 年元月 1 日清晨用跑步迎接新年到来的福奇，在收到疾控中心转来的疫情信息后，起先还对病毒在美的控制抱有一定的乐观情绪。这一半是由于他相信美国完善的医疗体系、尖端的技术和高水准的医学人才，足以应付；另一半是对病毒的特点不甚明了。但到了 2 月初，福奇开始公开发出警示，新冠肺炎疫情“传染性非常强，几乎肯定会是个大流行”；他呼吁，后面的 4 至 5 周是关键的窗口期，疫情要么见顶回落，要么暴发为全球性疫情。

铸成大错

从美国疾控中心 2020 年 1 月 8 日发布有关新冠病毒的警告，到 31 日宣布新冠病毒为“国家公共卫生紧急事件”，疾控中心的动作还是相当快的。2 月之所以“岁月静好”，一方面是由于白宫出于选举需要，不断粉饰太平，期望能稳住经济，为选举“加分”。这从特朗普在签署《中美第一阶段经贸协议》后喜不自胜的表现，就可见一斑。另一方面，除了主政者主观上讳疾忌医、有意掩饰外，被特朗普夸赞“非常能干”的疾控中心也在关键时刻掉链子——由于美国疾控中心实验室违规操作，致使试剂盒被污染，配发给全国各地实验室的检测试剂无法对病毒进行检测。全美各个实验室几乎在整个 2 月份无法对病毒进行检测。

《华盛顿邮报》详细披露了这起灾难性事件：早在 1 月下旬，全美 26 个实验室就收到了美国疾控中心配发的试剂盒，但有 24 个实验室的试剂盒出现了假阳性反应，根本无法使用。各地的检测样本被迫发回总部位于亚特兰大的疾控中心实验室进行二次核查，导致许多州的检测被迫停滞。美国食品药品监督管理局承认，疾控中心生产试剂盒时没有遵守其自身制定的操作规范。从 2 月初发现试剂盒存在问题到开始纠错，前后拖拖拉拉了将近一个月时间。其间，美国检测能力严重迟滞，这也为之后的疫情大暴发埋下了伏笔。前疾控中心官员、病毒学家詹姆斯·勒达克直指这次事故“对疾控中心来说真的是一个糟糕的污点,并且对全国造成灾难性的后果”。

毫无疑问,2 月没有检测试剂可用,致使全美截至 2020 年 2 月 29 日的累计病例数只有 64 例。因此,也难怪特朗普自认为“我们控制得很好。……我们确实做得很好”。从某种意义上说,白宫客观上也是被自己人给“摆了一道”。

疾控中心在检测试剂上铸成大错。仅从发布的病例数上看,美国确实“控制得很好”。但疾控中心的心里非常清楚,这个数据并不靠谱。因此就不难理解,为何在 2 月 21 日全国公开的累计病例数只有 15 例的情况下,疾控中心却发布了新冠大流行的预警。

2 月 27 日,美国总统特朗普任命副总统彭斯负责应对国内新冠肺炎疫情;数小时之后,白宫马上发布了“禁声令”,规定自即日起,禁止政府部门医疗卫生专家公开谈论疫情,所有政府卫生系统的官员和科学家,若要发布与疫情相关的信息、回应大众的关切或接受媒体采访,都必须得到副总统彭斯办公室批准。

The New York Times

Pence Will Control All Coronavirus Messaging From Health Officials

The White House's attempt to impose a more disciplined approach to communications about the virus was undermined by President Trump, who complained the news media was overstating the threat.

政府部门医疗卫生专家发布的新冠疫情信息,事前需要得到彭斯的审批
(图片来源:环球网 /《纽约时报》)

比尔·盖茨对美国医学界被“禁言”深感痛心,“我对美国的形势感到惊讶,因为世界上的流行病学英才有很多都在疾控中心。我原以为他们会做得更好”。直到 8 月份,面对高企的疫情,盖茨的失望难以言表,疾控中心自 3 月以来受到排挤,“从一开始,他们就基本上被禁言了”。

《纽约时报》为此刊发《美国新冠病毒检测史诗级的失败》社论,批评特朗普政府未能借鉴中国与韩国的成功经验,无论是疾控中心、白宫还是食药监局,均一再“宕机”拖延,导致大规模核酸检测迟迟没有展开。

在盖茨看来，尽管疾控中心起初在试剂盒上有过失，但放眼世界各国，面对疫情都会经过初始的慌乱和不知所措。“因此，美国和其他国家之间的差异并不在第一阶段，差异在随后的阶段，那时关于解封、领导人戴口罩等各种信息都不是疾控中心的错。”

烈马脱缰：开始蔓延的美国疫情

2020 年 3 月 3 日，美国前助理国务卿坎贝尔在哈德逊研究所对谈会上表示，中国在抗击新冠肺炎疫情时采取的“让人难以置信的严苛措施”，为美国争取了时间，但美国并没有有效利用。他担心，新冠肺炎疫情可能成为继“9・11”和金融危机之后，美国面临的第三次重大危机。

事实证明，坎贝尔的担心并非多余。

3 月 4 日，仍想着如何安抚市场情绪的特朗普在接受记者电话采访时，将新冠肺炎称为“新冠流感”(corona flu)，死亡率低且可自愈，“它很温和，最多也就是一个‘大号流感’”。特朗普在接受电话采访时，一定望了望窗外的蓝天，在谈到旅行安全时，他说：“如果还在飞的话，那个航班就是安全的，飞往世界多数地方是安全的。”

同一天，一贯“政治正确”的副总统彭斯，与全美主要航空公司的 CEO 们开了一场会。接着，彭斯召开发布会向外界宣布，国内和国际飞行都是安全的。从后来的事态发展来看，这个决定是灾难性的。一方面，病毒的检测、追踪无法满足实际的需求；另一方面，国家却大门洞开。根据统计，在切断与欧洲的航线之前，有近 180 万名旅客优哉游哉地从欧洲各地抵达美国，他们成了纽约州大多数的早期病例。

也许是电话采访意犹未尽，4 日晚，特朗普又赶着参加了福克斯新闻频道的直播。在直播中，特朗普说：“凭我的直觉，世界卫生组织估测全球新冠病毒死亡率为 3.4%的数据并不可信。我认为 3.4%其实是一个虚假数据。……这个数据会远低于 1%。”

进入 3 月，疾控中心终于修正了之前犯下的错误，开始提供可靠的检测试剂。3 月 6 日，特朗普戴着一顶印有“让美国保持伟大”的红色帽子，视察了位于亚特兰大的美国疾控中心，并保证：“任何有需要的人都能得到(新冠病毒)检测”,对于病毒的检测“一切完美”。事实上,这一承诺时隔很久都没有兑现。

3 月 8 日,特朗普继续向公众保证:“我一点也不担心。对,我不担心。不担心,我们干得很出色。”

意犹未尽的特朗普,第二天又在推特上写道:“去年(2019 年)有 3.7 万美国人死于普通流感。每年流感死亡人数在 2.7 万至 7 万之间。不会关闭任何设施,生活和经济仍在继续。目前有 546 例新冠肺炎确诊病例,其中 22 人死亡。好好想想这个数字。”用流感的数字作为对比,使人感到新冠肺炎带来的影响并不严重。但科研人员估计这时的美国已经有成千上万的人受到了感染。

3 月 9 日,美股出现疫情发生以来的第一次熔断(也是美国证券史上的第二次熔断)。股市出于对疫情的忧虑而大幅度下跌,终于让白宫感觉事态不是靠口头的廉价安慰能够摆平的。美国防控措施此后才开始陆续出台。3 月 16 日,白宫发布了全国“隔离令”;发出隔离令的这一天,美国的新增病例过千。一周后,每天的新增病例过万。这时距离白宫最初接获疫情信息的时间,已经超过了两个月。

3 月 11 日,特朗普在推特上保证,病毒将会“消失”,只需要保持冷静。但同一天,特朗普在华盛顿发表的电视讲话也终于带有了一定的警告意味:“现在有 600 多个病例,死亡 26 例,大家要保持警惕,小心点。”

3 月 13 日下午 15:30,美国总统特朗普在白宫南草坪举行记者会,宣布为了应对不断蔓延的新冠肺炎疫情,国家进入“紧急状态”,规定未来 30 天内,除英国外,所有从欧洲至美国的旅行(活动)都将被暂停。此后不久,英国也被拉进了这份禁止名单中。其实,在几个星期前,国家安全事务助理奥布莱恩在阿扎尔向他提出跨部门协调要求后,就已经向总统提出了这项政策。

可是,特朗普又用自己“感性”的表达方式把声明“搞砸了”,白宫的官员花了几天时间努力纠正总统的错误言论。这些错误言论导致美国公民像逃难一般从海外蜂拥回国。[①] 同时也增加了国际社会的紧张和疑虑。

白宫上一次颁布“国家紧急状态”行政令,是在一年之前(2019 年)的 2 月 15 日。为了修筑美国和墨西哥之间边境隔离墙筹集资金——根据美国相关法

① 《〈华盛顿邮报〉深度调查:川普怎样一步步耽误美国抗疫最关键 70 天》,环球网 2020 年 4 月 11 日。

2020 年 3 月 13 日，美国总统特朗普在白宫记者会上（图片来源：新华社）

律规定，国家紧急状态下，总统被允许动用国防部未确定用途的军事建设支出，特朗普因而获得了高达 36 亿美元的预算；此外，特朗普还可以使用打击毒品犯罪项目的 25 亿美元资金，以及财政部资产没收所得的 6 亿美元。为了获取数十亿美元的财政拨款而宣布国家进入“紧急状态”，这多少看起来有点小题大做。而为应对新冠肺炎疫情颁布“国家紧急状态”行政令却是形势所迫，并且显得姗姗来迟。

在颁布“国家紧急状态”行政令后，面对记者的现场提问，特朗普对中国抗疫工作仍给予了积极评价，表示中国分享给美国的数据等信息很有帮助，认为中国虽经历了艰难时刻，但对疫情的控制效果显著，“他们的数字看起来很好，真的很好，我们对此感到高兴”。特朗普非常清楚，用渡过难关的中国作为成功的案例，能够安抚美国社会的紧张情绪。

特朗普不忘强调，美国一直在与中国合作、共享数据，美国的一些医药公司也正在与中国专家全力合作。客观地说，在特朗普判断美国疫情尚可控制的时候，他从一个“局外人”的角度对中国的抗疫评价还算客观，并表示了合作的意愿。

3 月 27 日，特朗普在与中国国家主席习近平的电话交谈中表示：“我认真聆听了主席先生昨天晚上在二十国集团特别峰会上的讲话，我和各国领导人都赞赏你提出的看法和倡议。”“我很高兴看到中方在抗击疫情方面取得了积极进展。中方的经验对我很有启发。我将亲自过问，确保美中两国排除干扰、集中精力开展抗疫合作。感谢中方为美方抗疫提供医疗物资供应，并加强两国医疗卫生领域交流，包括抗疫有效药物研发方面的合作。”①事后，特朗普在推特上发文表示：“刚刚与中国最高国家领导人进行了非常愉快的交谈，详细讨论了席卷全球大部分地区的新冠病毒。中国对抗击这种病毒有丰富经验和深刻理解。我们正在紧密合作。致敬！”

3 月 15 日，特朗普终于承认：“这是一种传染性很强的病毒。令人难以置信。”但他仍然坚持认为“这是我们完全可以控制的”。《华盛顿邮报》后来说：“这两个多月的时间，成了被浪费掉的关键时刻！”

3 月 16 日，美国总统特朗普和白宫新冠肺炎疫情工作组在白宫召开记者会，并发布了抗疫指南——未来 15 天，美国人要避免 10 人以上的团体聚集，避免在餐厅、酒吧和美食广场进餐或喝酒等，保持社交距离。不过，有“好事者”把镜头里的人数一个一个地数了一遍，“翻车现场”至少有 16 人。②

拥挤的白宫新冠肺炎疫情新闻发布会
（图片来源：中国国际电视台）

---

① 《习近平：当前情况下，中美应该团结抗疫》，新华网 2020 年 3 月 27 日。

② 《特朗普“变形计”：从“病毒会奇迹般地消失”到“早知道新冠会成为大流行”》，中国国际电视台 2020 年 3 月 19 日。

白宫这种自相矛盾的抗疫政策在疫情期间并不鲜见,“事故”不断。

3 月 27 日,眼见全国的病例数超过中国,实现了“美国第一”,特朗普开始“捣糨糊”:“你可以称之为病菌,也可以称之为流感。你也可以称之为病毒。你可以给它起很多不同的名字。我不确定有谁知道到底是什么。”这种缺乏专业性的说法,常招致新闻媒体的批评和嘲笑。媒体披露,特朗普在幕后常求助于那些在应对流行病方面没有任何资格、经验或洞察力的人。4 月 15 日的一次“新闻事故”更佐证了这一说法。当时特朗普的高级顾问凯莉·安妮·康韦在接受福克斯新闻采访时批评世卫组织说,“伙计们,这是 COVID-19,不是 COVID -1 啊”,暗示“世卫组织之前有 18 次机会告诉世界关于 COVID -19 的情况”,“该组织可能对美国有所隐瞒”。美国著名脱口秀主持人特雷弗·诺亚(被中国观众称为“崔娃”)在节目中嘲讽说:“有时候,我觉得特朗普故意让康韦说这些蠢话,这样他就看起来比她要聪明。”《赫芬顿邮报》《野兽日报》都纷纷出来纠正康韦令人脑洞大开的说法。

然而,病毒不会因为人们选择无视而自行消失。进入 3 月,在逐步恢复检测能力的各实验室检测下,美国的确诊人数如同“短距起飞”:3 月 1 日,69 例;5 日,161 例;10 日,755 例;15 日,2 943 例;20 日,1.44 万例……

在 1 月 21 日官方公布发现首个病例后两个多月,3 月 27 日,美国的确诊病例数达 8.6 万例,超过意大利、中国的病例数。福奇公开警告,疫情可能导致 10 万至 20 万人死亡。特朗普对这一预测并不“满意”,他随后将这一数字下调为“5 万至 6 万人”。

截至 2020 年 4 月 12 日,美国所有 50 个州、首都华盛顿特区以及美属维尔京群岛、北马里亚纳群岛、关岛和波多黎各 4 个海外领地全部进入“重大灾难状态”,这在美国历史上尚属首次。美军“里根”号、“罗斯福”号、“尼米兹”号以及“卡尔·文森”号 4 艘航母上也出现了新冠肺炎病例。

4 月 29 日,美国全国累计确诊病例数超过 100 万例后,不断突破各百万级的整数关,呈现出令人极度忧虑的发展走势。

“这像是拿奶油刀去打仗”——防疫物资匮乏

从 2020 年 3 月 24 日起,美国连续 5 天每日新增确诊病例数超过 1 万例、每日新增死亡病例数超过 200 例,美国新冠肺炎疫情大有失控态势,全球为之侧目。面对全国确诊病例和死亡病例每天“放量”,防疫物资缺乏、医护人员不足让美国的疫情防控更是举步维艰。

事实上,美国防疫物资的缺口早已存在。美国口罩短缺问题说来话长。经济全球化,使美国主要口罩制造商在 15 年前就把生产线迁移到国外低成本地区,从那以后,美国的外科手术口罩从 90%由美国制造变成 95%由外国制造。

美国政府的战略储备通常有 1 200 万只 N95 口罩和 3 000 万只外科手术口罩。早在 2 月份,阿扎尔在接受国会议员质询时就表示,美国口罩缺口达 2.7 亿只;如果“大流行”持续一年,美国需要 35 亿只口罩。

“我们最大的错误就是醒来得太晚。”一名纽约州的医生无可奈何地说:“我们在 3 个月内看着来自中国和欧洲的警告,但是我们没把它当回事。整个联邦政府的医疗系统大面积瘫痪。”

美国医护人员对于医疗用品严重不足感到愤怒,纷纷通过媒体发声:“这像是拿奶油刀去打仗!”“我们好像蒙着眼睛在飞。”美国医护人员 3 月中旬自主发起“给我个人防护设备”的网络运动;部分医护人员组织民众给议员和政府机构写信,呼吁加快防疫物资的供应。

美国市长会议于 3 月 27 日公布了一项调查,213 位美国市长称他们没有足够的设备和物资来应对新冠肺炎疫情,同时也没有合适的渠道获得这些物资。具体而言,92.1%的城市缺乏足够的检测试剂盒;91.5%的城市缺乏足够的口罩提供给医护人员;88.2%的城市缺乏足够的个人防护设备;85%的城市缺乏足够的呼吸机。

医疗物资的高度紧张,致使重灾区纽约州非但没有得到来自联邦政府的大量医疗资源,反而要与其他州的政府甚至联邦政府竞价争夺呼吸机,州长科莫抱怨说,“这就像在 eBay 上与其他州一起竞拍一台呼吸机”。据纽约医院的医生透露,新冠肺炎患者大约从 3 月初开始大量涌入医院,医院对此毫无防备,“我们现在什么都没有,没有设备、没有病床、没有呼吸机,除了越来越多的病人,什么都没有”。美国 CNN 哀叹:“现在一切都乱套了,就像生活在第三世界的国家,这些场景只有在第三世界国家才会出现。”在纽约接受采访的医生说,

“这是美国,我想我们应该是一个发达国家”,但现在经历的却是“世界末日”。他每天看到的场景和特朗普说的完全不一样。实际情况截然相反,没有哪一次流感需要用冷藏车来拉遗体。① 更令人失望的是,此后有相当部分遗体竟然在冷藏车内放了一年之久。

储运遗体的冷藏车(图片来源:环球网)

在白宫 4 月 3 日的疫情简报会上,面对失控的疫情,白宫要求全球 N95 口罩主要生产商——美国 3M 公司——不要将产品出口到加拿大与拉美地区。发急了的特朗普甚至还为此事发过“狠话”:“我们需要口罩,我们不希望别人拿到这些口罩,如果有人不把我们需要的东西给我们,我们就要来硬的,我们一直都很强硬。”特朗普表示,要根据《国防生产法》限制国内急需的口罩等医疗物资出口,包括医用口罩、N95 口罩、医疗手套和其他个人防护装备等。

但这一切在《华盛顿邮报》看来已经太晚了——“几个星期以来,他(特朗普)对这场危机几乎只字未提。……同时,他也驳回了政府中情报官员和公共卫生高级官员的警告。有时,他对股票市场走势的担忧,要比对病毒在美国传播的忧虑更为真切,对美联储主席等人的指责更加强烈。他似乎从未对可能的美国人大规模感染表现出强烈的关注。”

① 《纽约医生公开真相:特朗普骗了所有人,美国正在经历的是世界末日》,《长春晚报》2020 年 3 月 28 日。

美国疾控中心在4月14日发布的一份报告显示:截至2020年4月9日,美国有超过9 000名医护人员感染新冠肺炎。在纽约布鲁克林医院,医护人员在防护装备短缺的条件下超负荷工作,有的医护人员穿着垃圾袋救治新冠肺炎患者;尸袋排列在走廊上。一名医生称那里是灾难。纽约的一名医护人员在社交媒体上透露,自己在上班前拿到的防护装备竟然是一件雨衣。由于物资匮乏,15日,在美国纽约布鲁克林区,医护人员在街头聚集喊话特朗普,要求提供防护装备。21日,美国护士联合会的代表们在白宫外,高举着疫情中殉职同事的照片,向美国政府表示抗议,要求政府为他们提供防护设备。一位护士代表在接受媒体采访时说:“此时此刻,或许人们都认为我们是英雄,可我们觉得自己更像是牺牲品。”

护士代表在白宫外高举殉职医护人员照片抗议
(图片来源:《环球时报》/《今日美国》)

医疗物资紧张的状况直到2020年7月份仍然存在。7月21日,美国全国护士联合会(NNU)在国会山外面摆放了164双白色的鞋子,以此哀悼在抗击新冠肺炎疫情中殉职的164名同事,并呼吁美国参议院尽快通过抗击疫情的救助法案。来自华盛顿的护士斯蒂芬妮·西姆斯说:“两个月前我和我的同事站在白宫门前,周围是88双鞋子,每一双鞋子都代表着一名死于新冠肺炎的护士。今天我们周围有164双鞋子。它们清楚表明:本届政府和国会失败了。护士们在继续死去。”①

首都医科大学校长、著名生物学家饶毅教授在 2020 年 7 月 22 日《纽约时报》上的刊文，从一个侧面反映了美国医疗资源紧张的状况。他的叔叔饶厚华是一名药剂师，3 月份感染新冠病毒，病了两个多月，在病逝前的最后十天，被医生判断为不可治愈后，呼吸机被取走用于救助其他病人。②

饶毅刊发在《纽约时报》上的文章——“我在武汉的亲人们活着，而在纽约的叔叔却病逝了”

（图片来源：《人民日报》健康客户端 /《纽约时报》）

“截胡”

为了争夺资源，除了禁止出口外，美国还时有“截胡”动作。2020 年 3 月 24

---

① 《“我们的命也是命！”美国医护人员街头喊话特朗普》，央广网 2020 年 4 月 18 日。《美国护士对自家政府已忍无可忍！》，《环球时报》，2020 年 4 月 22 日。王群编译：《美国国会山外放了 164 双鞋，背后是一个悲伤的故事》，《参考消息》2020 年 7 月 22 日。

② 《饶毅〈纽约时报〉评论：新冠期间中美两兄弟的故事》，《知识分子》2020 年 7 月 22 日。

日,美军从疫情严重的意大利运走了50万份测试纸,让意大利人目瞪口呆。[①]

法国东部大区议会主席吉恩·罗涅在法国《回声报》上回忆了从中国订购大量口罩的“惊险经历”。罗涅说:“我们一天24小时都在战斗……为此专门组织了工作组,有给力的合作者才可能买到口罩。”罗涅甚至把对方的出价都说得清清楚楚——美国人拿着3—4倍的现金来与法国人竞购,“这是真正的战斗”。普罗旺斯—阿尔卑斯—蓝色海岸大区议会主席穆塞里尔也反映了同样的现象。穆塞里尔称,在地区长官的一次会晤中,一位同僚向他透露了在中国的惨痛经历,“美国人用3倍的现金现场支付,从机场把口罩直接买走了”。但他没有透露该地区的名称和购买数量。蹊跷的是,在痛锥心肺、“指名道姓”地“控诉”后不久,这两名大区议会主席又在社交媒体上发文否认口罩被美国“截胡”。但法国的《解放报》还是在评论中称,美国人正试图购买任何现货口罩。一位匿名消息人士透露:“他们甚至在看到货物之前就要付双倍价钱,还是用现金。”[②]

法国从中国订购的防疫物资被拦截一事,在国际上造成了很大的影响,以至于法新社记者在4月3日的外交部例行记者会上向发言人询问:“一些法国官员指责美国‘截胡’了法国从中国订购的一批口罩,称这批口罩是在等待装箱启运的时候被美国买走,中方是否掌握具体情况?”

与法国“同病相怜”的是德国。柏林的官员4月3日爆料,美国在泰国曼谷机场将由包括美国3M在内公司生产的、原本将运往德国的20万只“非常抢手”的欧洲标准FFP2口罩截下并转运美国。这批口罩原本计划运往柏林供当地警方使用。这名官员指责华盛顿此举是“现代海盗行为”,力促德国政府要求华盛顿“遵守国际规则”。[③]

特朗普撂下的禁止美国3M公司将产品出口到加拿大的“狠话”,迅速激起加拿大多个省的省长言辞激烈地回击。纽芬兰省省长德怀特·鲍尔甚至拿出“9·11”喊冤,该省曾在当时帮助过美国民众,如今美国却要落井下石,“说我对特朗普最近的行为感到愤怒,那是一种保守的说法了。我简直不敢相信,在危

① 《意大利疫情如此严重,美国却把人家急需的物资给运走了》,广东卫视《全球零距离》2020年3月25日。

② 《美国机场现金加价“截胡”法国口罩订单,CDC正考虑专门就佩戴口罩发布指导方针》,《文汇报》2020年4月2日。

③ 《20万中国口罩被美国抢走,德国人气得连这句话都骂出来了!》,环球网2020年4月4日。

急时刻,特朗普甚至会考虑禁止向加拿大提供关键的医疗用品”。鲍威尔喊话说,在危机时刻,大家不能“不做个人”。①

巴西媒体也曾报道,有一批运往巴西的医疗物资在迈阿密中转运留时被美国高价买走。不出意外,美国驻巴西大使后来出面否认了这一指责。②

有了巴西的前车之鉴,为了保证安全,秘鲁以保密时间、保密航程的方式,将从中国订购的满载4架飞机的KN95口罩和30万套检测试剂,“悄悄地”运回国内。

除了与他国争夺医疗物资外,美国政府对国内各州也毫不手软,发生了多起联邦政府“截胡”州新冠病毒检测试剂和个人防护设备的事件。各州之间也时有相互挤对。科罗拉多州州长波利斯把从韩国购买的10万份检测试剂藏了起来,波利斯说:“我们担心联邦政府或其他方面把物资劫走。我们把物资偷偷藏了起来。毕竟我们不知道别人会不会乘虚而入……”“竞争可能来自其他国家,可能来自我们自己的国家,也可能来自其他州——我们不想让他们对我们正在做的事情有所察觉。”波利斯还说,科罗拉多州此前曾计划购买一批呼吸机,但因联邦紧急事务管理局(FEMA)介入并试图控制呼吸机供应而未能如愿。

科罗拉多州并不是唯一一个出于担心抗疫物资被“截胡”而采取行动的州政府。马里兰州州长霍根也将从韩国购买的50万份检测试剂藏在一个“秘密地点”,由马里兰州国民警卫队和州警察负责看守。③

伊利诺伊州花了1.74亿美元进口防疫物资,包括呼吸机、防护服、洗手液和口罩等,还破费近百万美元租赁飞机取货。尽管如此,如何确保进口物资“安全地”送达州政府手中,仍是一项“挑战”。伊利诺伊州州长的发言人朱尔丹将此形容为“一项艰难的壮举”。一位不愿公开姓名的消息人士告诉《芝加哥太阳时报》,州政府“获悉特朗普企图拦截……进口到美国的个人防护物资”,因而秘密安排包机运货,不对外公布具体细节,避免进入联邦政府“视线”。美国商业内幕网站报道,美国媒体披露了不少美国联邦政府拦截地方物资、充入国家医

① 赵挪亚:《美国截胡N95口罩,又一个加拿大省长怒了:做个人吧》,《环球时报》2020年4月6日。

② 《物资被美截胡后 巴西官员求助中国:急需口罩呼吸机》,海外网2020年4月8日。

③ 《为防止防疫物资被“截胡” 美国有的州甚至动用了国民警卫队……》,《参考消息》2020年5月3日。

疗储备的事件。这些做法导致联邦政府和州政府龃龉不断。[①]

姗姗来迟的检测报告

抗击疫情,一方面需要进行大范围的检测,以尽可能筛查出病人;另一方面也需要检测速度及时跟上,以尽早地隔离病人。

遗憾的是,在这两方面,美国都未能交出令人满意的答卷。

面对美国民众在新冠病毒检测中富人优先得到检测的"贫富有别"问题,特朗普虽然在3月18日表示,有钱和有关系的人不应该享受优待,但他承认,富人和名人确实有时会得到优待。"可能这就是生活,这时常发生。"但情况可能比"优先检测"这一问题更为糟糕,比尔·盖茨批评美国的有钱人可以检测多次,而低收入人群可能得不到检测。美国的检测系统没有区分优先级,无法提供准确的情况,检测数据也无法进行比较。与之相反的是,亚洲病毒检测及追踪能力远高于美国。

根据《华盛顿邮报》的报道,在美国,新冠病毒核酸检测结果平均需要等待3—5天,有的甚至需要1周或更长时间,这在某种程度上导致美国疫情进一步扩散。在遏制新冠肺炎疫情蔓延方面,检测速度至关重要。漫长的核酸检测结果等待时间,让美国无法像其他国家那样采取"核酸检测—追踪密切接触者—隔离"的策略来遏制病毒的蔓延。亚特兰大市市长一家就是因为检测报告延误而受到感染的。在参加完一场葬礼后,为了保险起见,亚特兰大市女市长凯莎·巴托姆斯一家人于6月29日进行了首次新冠病毒核酸检测。当时,他们当中还没有人出现任何不适症状。然而,一周过后,核酸检测结果还没有出来,但她的丈夫已经出现了发热等不适症状。7月7日,检测结果显示,他们的一个孩子感染了新冠病毒,但此时巴托姆斯和丈夫也已经感染了新冠病毒。"我和家人的经历显示出美国核酸检测的失败。"亚特兰大市的市长尚且如此,更遑论其他人。的确有比这位女市长等待更长时间的受检者。亚利桑那大学一名研究生于6月15日在当地接受了核酸检测。起初他被告知结果需要等待2—4天,到了第六天,检测机构称需要10天才能出结果,但22天过去了,他还没有

① 徐超:《怕联邦政府"截胡",美一州"秘密"进口医疗物资》,新华网2020年4月21日。

拿到检测结果。

约翰斯·霍普金斯大学公共卫生专家沃森在接受《华盛顿邮报》采访时说："这种情况使得感染者、密切接触者追踪几乎毫无用处。当一个人拿到核酸检测报告时，他已经出现了症状，而且他的接触者们也很可能出现症状并传染给更多人。"

白宫从 2020 年 3 月开始就一直坚称"美国在检测方面做得非常好。公众需要检测就可以得到检测"。但实际情况并非如此。直到 7 月，缺乏核酸检测用品仍是美国各大检测实验室面临的一个主要问题，美国公共卫生实验室协会首席执行官贝克尔指出："现在不是缺乏哪一种检测用品，而是所有用品都很缺。检测实验室需要更多的棉签、化学试剂、病毒运输介质、检测机器，还缺乏操作检测机器的检测人员。"①

面对如此糟糕的情况，疫情在美国暴发半年后，盖茨再次发声，(美国的)许多检测"纯属垃圾"，都被浪费掉了，因为它们反馈得太慢，导致有人在等待结果过程中感染新冠病毒。"我们告诉他们要改变这种情况，他们却说，'据我们看，我们的工作非常出色，棒极了'，现在是 8 月份了，看看我们的处境。"盖茨痛心地说："我们是世界上唯一把大部分检测的钱浪费掉的国家。"霍普金斯大学学者詹妮弗·纳佐认为，美国最需要的是联邦协调计划，"如果没有这些，美国的疫情应对仍像一艘用胶带绑起来的船那样不牢靠"。

被边缘化的疾控中心

2019 年 12 月 31 日，美国疾控中心首次获知新冠肺炎情报后，第二天就向上级部门美国卫生与公众服务部进行了汇报。但及时预警被白宫无视，特朗普本人更是认为相关汇报属于"危言耸听"。2020 年 2 月，疾控中心主张建立国家新冠病毒检测系统，但这一提议因成本过高被否；主张采取社交隔离等措施，但迟迟不被采纳；2 月下旬，疾控中心官员梅森尼尔在发布会上公开警示疫情，这让特朗普极为不爽，梅森尼尔从此再没有出现在公众场合。

既然意见听不得，那就做做基础性工作吧。美国疾控中心在其网站上不断

① 谢莲、向晨雨：《美国新冠病毒检测结果需等待 3—5 天，致感染者传染更多人》，《新京报》"外事儿"2020 年 7 月 14 日。

努力更新公布确诊病例、死亡病例以及接受检测的人数。

然而,从3月2日开始,疾控中心网站上关于检测人数和死亡病例的数据消失了。第二天,疾控中心在推特发文证实,他们不再公布这两项数据,理由是:许多州正在独立检测,疾控中心公布的任何数字都不能代表全国范围内正在进行的检测。有美国网友嘲讽疾控中心:"你们雇用了上千名博士,却来告诉我,他们不能把(各州)数字(汇总)加起来?"

显然,有着上千名博士的疾控中心不是不会用计算器,而是不被允许使用计算器。盖茨和他的基金会曾向疾控中心接洽抗疫事宜,但屡屡被告知须与白宫联络;刚开始,盖茨一头雾水,后来他才明白过来,"白宫在3月以后,就不允许疾控中心开展工作",因此,"自4月以来,疾控中心做得很好,但我们没有从中受益"。

盖茨对疾控中心的赞扬,不是没有根据的。由于白宫热衷于尽快复工,疾控中心为各州复工详细撰写了一份60多页的《实施重启美国的框架性指导方针》。这份指导方针是用流程图的方式,指导各级决策人士判断当地是可以解封还是继续封城,里面甚至还针对不同行业给出了详细计划。2020年4月10日,疾控中心主任雷德菲尔德将这一指导方针呈送特朗普等白宫高层,此后便如泥牛入海,杳无音信;13日,美国疾控中心又把这份指导方针发给白宫管理与预算办公室,寻求白宫的最终审批;24日,心怀一线希望的雷德菲尔德将完整方案发给美国国内政策助理格罗根等人,要求审阅,以便让疾控中心能够及时公布方案。由于5月1日是特朗普曾要求部分经济活动解封的日子,因此在4月26日,疾控中心再次促请白宫批准,但始终未果。

4月30日,白宫否决了该指导方针,没有任何解释。

30日当天,疾控中心办公室主管麦克戈文通知同事,"这份指导方针和经济解封流程图将永远无法重见天日"。

美联社获知后,在5月7日对此事做了专门的报道。5月8日,白宫却"甩锅"给了疾控中心,自称"永远不会对媒体撒谎"的白宫新闻发言人麦克纳尼推脱说:"这份指导方针尚未被疾控中心主任雷德菲尔德批准。"①

---

① 程靖、高兴:《美疾控中心被白宫边缘化,我们从美联社这篇调查报道中看到了什么?》,东方网"纵相新闻"2020年5月9日。

疾控中心有苦难言。2020 财年,疾控中心的预算额度为 80 亿美元,剔除通货膨胀因素,这一数字比 10 年前下降了 37%。在 2021 财年的预算中,这一数字还会被进一步削减。

白宫边缘化疾控中心,让专业人士心急如焚。此前对政治一直"无感"的世界权威医学杂志《柳叶刀》发表了《重振美国疾病预防与控制中心》的社论,炮轰特朗普政府肆意打压疾控中心,令这个美国公共卫生领域的旗舰机构成为白宫抗疫名义上的顾问和事实上的摆设。

社论说,特朗普政府对疾控中心工作能力的削弱在新冠肺炎疫情开始前就已存在。早在 2019 年 7 月,派驻中国疾控中心的最后一名疾控中心成员也被召回,这在很大程度上阻碍了两国疾控中心间的沟通。"美国人必须在 2021 年 1 月选择一位明白公共卫生事业不应受到党派政治引导的总统,"《柳叶刀》写道。作为享有全球声望的医学学术期刊,《柳叶刀》发表如此严厉的社论实属罕见。这篇措辞犀利的文章也引发广泛关注,被全国公共广播电台(NPR)、《福布斯》、《每日电讯报》、亚特兰大新闻(Atlanta News)等众多媒体转载。[①]

继《柳叶刀》之后,《科学》杂志总编辑索普在 9 月份撰文,批评特朗普对科学说谎。

Science EDITORIAL

Cite as: H. H. Thorp, *Science* 10.1126/science.abe7391 (2020).

Trump lied about science

H. Holden Thorp

Editor-in-Chief, Science Journals. hthorp@aaas.org; @hholdenthorp

《科学》杂志总编辑索普撰文——《特朗普对科学说谎》
(图片来源:《科学》)

国际权威期刊《自然》杂志于 10 月 5 日刊发长文,指出特朗普的政策或许会对美国的科学和科学研究机构造成巨大破坏,需要数十年才能恢复。

世界医疗领域顶级学术期刊、美国《新英格兰医学杂志》也打破了该期刊 208 年来"不问政治"的传统,首次在美国大选前夕明确反对一方候选人。在由

① 《〈柳叶刀〉:美国人必须在 2021 年 1 月前让一位总统入主白宫,这位总统需明白,公共卫生不应受党派政治影响》,《医师报》2020 年 5 月 17 日。

35 名编辑署名的《死于领导力真空》的评论文章中，痛斥白宫政客应对新冠疫情表现出“危险的无能”，批评特朗普政府将“危机变成了悲剧”。在文章结尾，35 位编辑呼吁美国人民“不应该纵容他们，不应该让这些人继续尸位素餐”。

创刊于 1845 年的美国著名科普杂志《科学美国人》，也打破了 175 年来秉持的中立立场，发表声明说：“我们并非草率做出这一决定，但是现在不得不做出这样的选择。特朗普已严重损害美国和美国民众，因为他排斥证据和科学，他已经损害到美国和美国人民。他在应对新冠疫情中显示出的无能和不诚实的行为，是最具毁坏性的例子。”

各州开始逐步复工后，美国生物医学高级研究与发展局前局长布莱特在出席美国国会调查听证会上发出警告，如果不能在科学的基础上改进现有应对措施，疫情将有可能变得更糟。他表示，如果没有更好的规划，那么 2020 年的冬季可能是现代史上最黑暗的冬天。

为了使统计出来的死亡人数不那么触目惊心，特朗普和白宫应对新冠肺炎疫情工作组敦促美国疾控中心官员改变其与各州合作统计新冠病亡人数的方式。根据 5 位参与制定政府应对疫情对策的政府官员说，他们正推动修订相关规定，以使死亡人数比最初报告的少得多。美国《野兽日报》网站在 5 月 13 日发布题为《特朗普团队敦促美国疾控中心下调新冠病亡人数》的报道称，白宫专门向疾控中心施压，要求其与各州合作，改变统计新冠病亡人数的方式。白宫应对新冠疫情工作组协调员德博拉・伯克斯要求疾控中心官员将以下病例排除在死亡病例统计数据之外，即没有通过检测结果确诊但据推测结果呈阳性的病例、感染新冠病毒但可能并非因此死亡的病例。疾控中心官员拒绝了这一要求，认为这种做法可能会歪曲死亡率。疾控中心死亡人数统计部门负责人鲍勃・安德森说：“我根本不担心过度上报的问题。……我们几乎肯定低估了死亡人数。”包括福奇在内的专家和医生们说，美国的实际死亡人数很可能高于政府的统计数据。[①]

各方面原因造成的数据扑朔迷离，使得美国感染新冠病毒的患者人数也颇具争议。2020 年 6 月 26 日，美国疾控中心主任雷德菲尔德估计，美国感染新冠病毒

① 《美媒称白宫施压美疾控中心下调新冠病亡人数，统计负责人：真实数字只会更多》，《参考消息》2020 年 5 月 15 日。

的实际人数可能是当前确诊人数的 10 倍![1] 也就是说，根据他的推测，美国感染新冠病毒的实际人数为 2 400 万左右，而当时公布的数据是 250 多万。

在美国多州疫情加剧的情况下，特朗普政府于 7 月 14 日突然下令，要求全美医院“绕过”美国疾控中心，将所有有关新冠肺炎患者的数据和信息直接上报至美国卫生与公众服务部。

The New York Times

The Coronavirus Outbreak ›

LIVE Latest Updates Maps and Cases Reopenings and Closings Economy an

Trump Administration Strips C.D.C. of Control of Coronavirus Data

Hospitals have been ordered to bypass the Centers for Disease Control and Prevention and send all patient information to a central database in Washington, raising questions about transparency.

特朗普政府剥夺了疾控中心对新冠肺炎疫情数据的控制权
（图片来源：国际在线 /《纽约时报》）

美国国内的公共卫生专家担心这些做法会降低疫情数据的透明度，影响防疫策略。前美国疾控中心执行主任贝瑟说：“这完全没道理，疾控中心才需要获得这些信息，准确掌握每个州的入院人数以及接受重症监护的人数等，进而评估人们采取的防控措施是否完全与所在州疫情相符。”

为了促使大学开学，特朗普在 7 月初批评美国疾控中心出台的重新开学指导方针“太严苛”，要求疾控中心修订相关内容。美国疾控中心曾在 5 月份明确表示，如果疫情未显著缓解，美国任何地方的学校都不能开学。但最终疾控中心架不住白宫施加的压力，还是在 7 月 23 日发布了修订后的重新开学指导方

① 《美国 29 州疫情反弹，实际感染人数可能是目前的 10 倍?》，中国新闻社 2020 年 6 月 26 日。

针。《华盛顿邮报》引用知情人士的话说，指导方针中的部分内容由白宫人员一手操办，没有体现疾控中心的意愿。①

被边缘化的美国疾控中心还在检测标准方面做出妥协。8 月 24 日，疾控中心官网“悄悄地”修改了关于检测的指导意见，认定与感染者密切接触者无须检测。然而，疾控中心此前的指导意见表示，任何在短期内接触过病毒，或可能暴露在病毒存在环境内的人，都建议接受检测。此前建议也写道：“考虑到无症状感染者和暂未出现症状者的传染风险，接触过确诊患者的人都必须立刻被确认并检测。”疾控中心预测称，40％的感染者可能为无症状，有 50％的病毒传播可能已在感染者出现症状前发生了。

CNN 指出，疾控中心并未对上述修改给出解释。

“我担心这些指导意味着，即使是与感染者有过非常密切接触的人，现在也不必接受检测了。”乔治·华盛顿大学公共卫生教授莉娜·温说道：“很奇怪为什么要修改这些指导……是为了给美国检测力度不足打掩护吗？”耶鲁大学传染病学专家加尔瓦尼指出，事实上新冠肺炎在出现症状前的阶段是很容易传染的，这个指导建议会加剧病毒传播，导致很多不必要的死亡。

多家美国媒体也“爆料”称，美国疾控中心受到了白宫高级官员的施压。CNN 评论指出，美国总统曾多次对本国进行大规模检测表示不满，强调这是一把“双刃剑”，并暗示美国应“放慢检测速度”。该评论称，联想到其言论以及疾控中心的最新指导意见，这再次让人们相信检测指南遭修改更多是基于政治因素，而非基于科学事实。②

应当追求科学真相的美国疾控中心，开始“讲政治”后，真相就更加扑朔迷离了。

扑朔迷离的数据——离真相有多远？

2020 年 3 月 25 日，BuzzFeed 新闻网③在开篇第一句就这样写道：“来自全美各地的医疗专业人员告诉 BuzzFeed 新闻网说，官方的新冠肺炎死亡人数与

---

① 《为了尽快开学，白宫人员自行撰写新版指导方针》，央视新闻客户端 2020 年 7 月 27 日。

② 《“应检尽检！”世卫组织为何向美国发出这个警告》，央视新闻客户端 2020 年 8 月 30 日。

③ BuzzFeed 新闻网是一个美国的新闻聚合网站，2006 年创建，致力于从数百个新闻博客那里获取订阅源，通过搜索、发送信息链接，为用户浏览当天网上的最热门事件提供方便。

他们在一线看到的情况并不一致。"一名在加州多家医院工作的急诊科医生就对 BuzzFeed 表示，很多因新冠肺炎死亡的人并没有得到应有的监测，而且一些地方政府也没有很好地审计医院报上来的死亡人数，"这些数字被大大低估了。我知道的一个事实是，有一个县有 3 个死亡病例，但只有 1 个被报到了网站上"。一名来自密西西比州一家小医院的部门负责人也表示，他们医院至少有 5 个确诊病例，但州政府在网站上报告他们所在县的病例时却只报了 1 个。一名新泽西州的护士同样对此事感到十分不满，她所在医院的急诊室里早就出现了确诊病例，官方网站却一直宣称他们县的确诊人数为 0。①

美国广播公司调查也指出，新冠肺炎的实际死亡计数有可能"戏剧性地"高出官方统计。这并不是没有先例。美国疾控中心曾对 2009 年和 2010 年美国 H1N1 流感病毒暴发做过事后分析，结论是：真实数据很可能比官方统计高出 15 倍。耶鲁大学公共卫生学院的流行病学家丹尼尔·温伯格推测，美国新冠肺炎患者的死亡统计，"可能比真实人数低了数万"，甚至可能是"已统计死亡病例的 2 倍左右"。

漏报，也是造成美国官方数据不真实的原因。美国广播公司指出，美国养老院中因新冠肺炎或相关并发症致死的人数早已上万，而美国疾控中心直到 2020 年 4 月下旬才开始将养老院死亡数据纳入总计，而且"还不清楚美国什么时候开始在全国死亡统计中计入这些数据"②。

美国佐治亚州阿森斯市一家医院的做法更为"大胆创新"。这家医院的护士向媒体私下披露，院方指示工作人员将咽拭子采样送到只检测鼻拭子的实验室，这样，无论如何，测试的结果只会呈阴性。通过操纵新冠病毒核酸检测结果，竟然给核酸检测阳性的患者出具阴性结果报告。众所周知，这一做法的后果极为严重，轻症患者得不到及时救治极有可能被延误成重症，甚至在不知不觉中丢掉性命。这种主观故意的胆大妄为，即便放眼整个国际医疗界也极为罕见。院方在媒体曝光后解释这样做的原因，就是不想收治新冠肺炎确诊病例。③

8 月 5 日，特朗普在脸书(facebook，2021 年 10 月 28 日更名为 meta)和推

① 《美国确诊数超过中国全球第一！ 医疗人士爆实际死亡远高于统计》，《环球时报》2020 年 3 月 27 日。

② 《大批美媒质疑 美国疫情真实数据已破天花板》，长安街知事 2020 年 5 月 1 日。

③ 《令人发指，美国医院还能这么干！》，《环球时报》2020 年 6 月 21 日。

特上发布了一段视频，特朗普在该视频片段中说，儿童“几乎对这种疾病免疫”。尽管脸书和推特删除了这段视频，但删除前，仍吸引了大约45万人次观看，并被转发了近2 000次。[①]

9月，佛罗里达州希尔斯伯勒县的一个学区，在受到扣留学校资金的威胁后于8月31日开学。开学后，佛罗里达州学龄儿童的新冠肺炎病例激增了34%。非常蹊跷的是，该州指示一些地区关闭新冠肺炎病例统计系统。杜瓦尔县学区和奥兰治县卫生部门官员都接到命令，要求关闭其在复课首周时启动的新冠肺炎病例统计系统。这一举措使佛罗里达州当地民众忧心忡忡。[②]

据美国儿科学会和儿童医院协会统计，美国儿童感染病例快速增加，在10月份的头两周时间内，激增近8万例。

各自为战

社交隔离的措施延缓了疫情的发展。从2020年4月开始，美国的每日新增病例数开始由3万多例回落到2万例左右。

这时的白宫一方面急着重启经济，另一方面准备对受疫情影响最严重的纽约州以及新泽西州和康涅狄格州实行隔离。这一想法迅速被纽约州州长科莫反呛，科莫指责这一做法是“宣战”。

从这一点看，与西班牙、意大利等国家类似，中央与地方之间的“制衡”在疫情面前成了相互拆台的工具。

从事后的发展看，白宫放弃了“全国一盘棋”的思路，各州州长可以依据各自情况自行做出决定。这一做法看似白宫做出了让步，但如此一来，重启后疫情可能再次暴发的责任与风险，也就被“巧妙地”转嫁给了各州的行政首脑。

哈佛大学医学院和公共卫生学院威廉·哈塞尔廷博士认为，如果没有强有力的国家领导，那么协调工作只能依靠市长和州长了。他说：“现在的情况非常严峻，而且一天比一天糟。从现在开始，地方领导人得知道，如果没有人牵头领导，他们有责任照顾好自家后院。”但州、市的协调也未尽人意，“后院起火”也不鲜见。部分州拒绝在辖区内就某些防疫措施发布统一的命令。佛罗里达州州

---

① 《特朗普发视频称“儿童对新冠免疫”，被脸书和推特一起删帖……》，《参考消息》2020年8月7日。

② 侯兴川：《一数据激增，美佛州当局强令关闭统计系统》，海外网2020年9月11日。

长德桑蒂斯就拒绝发布“海滩禁令”。这导致在佛罗里达海滩的相邻两县——杜瓦尔县和圣约翰县,因意见相左,出现颁布禁令的杜瓦尔县海滩上空无一人而隔壁未发布禁令的圣约翰县海滩上却熙熙攘攘的奇观。

2020 年 3 月 28 日的佛罗里达海滩,因为杜瓦尔县和圣约翰县在“海滩禁令”上意见相左,导致两县相交的海滩上一边空无一人、一边熙熙攘攘的奇观(图片来源:观察者网)

美国疾控中心也逐步认识到这种各自为战策略所带来的防疫漏洞。9 月,疾控中心主任雷德菲尔德制定了一项强制令,要求所有公共、私营交通系统的乘客及工作人员佩戴口罩。这项强制令也得到了美国卫生与公众服务部方面的支持,但又遭到了白宫的阻挠和否定。

美国这种“各人自扫门前雪”的抗疫策略,漏洞百出。10 月 16 日,包括曾经担任疾控中心主任的杰弗里·科普兰、汤姆·弗里登在内的美国疾控中心 1 000 多名现任和前任成员发表了一封题为《1 000 多名现任和前任疾控中心项目成员谴责美国对疫情的应对》的公开信,呼吁“在抗击疫情问题上,缺乏国家领导是前所未有和危险的”,要求疾控中心在抗疫中发挥更重要的作用。

重启!复工!造反有理!

民主党控制的部分州对特朗普的复工计划并不领情,如弗吉尼亚州、密歇根州、明尼苏达州就不理会特朗普的“复工令”,要求居民继续居家隔离。2020

年 4 月 17 日，特朗普居然在推特上连续发文，呼吁“解放弗吉尼亚”、“解放密歇根”、“解放明尼苏达”！

2020 年 4 月 15 日，美国密歇根州一些极右翼示威者持枪抗议“居家隔离令”
（图片来源：《南宁晚报》手机客户端）

于是，从美国东海岸到西海岸的十几个州，陆续出现众多的集会和示威游行，抗议政府颁布的“居家令”等防疫措施。其中，有超过 3 000 人参加了密歇根首府的游行抗议，高喊“把她（州长惠特默）铐起来”。把惠特默“铐起来”并不只是说说而已，密歇根州的民兵组织“金刚狼守望者”，确实密谋谋杀“暴君”或“绑架”现任州长惠特默，为此还专门进行了训练和战斗演习；但未及实施，就东窗事发，被联邦调查局侦破。在明尼苏达州，示威者把州长瓦尔茨的家门口团团围住；更有甚者，还有民众持枪上街抗议，并围堵州议会大厦。

共和党治下的佐治亚州，在 4 月底就率先重启。佐治亚州卫生部门为了让重启后的疫情数据看上去逐渐走低，竟然修改了确诊病例数据的时间序列，5 月 7 日的数据被放置在 4 月 26 日和 5 月 3 日之间。像佐治亚州这样人为“调整”疫情数据图表的做法，在其他州也同样存在。一位在佛罗里达州的卫生部门从事数据分析的专业技术人员说：“不断接到政府指令，要求为全州重启经济营造虚假舆论环境。”由于拒绝根据上级要求“调整”数据，坚持在系统内录入真实数字，因此政府直接解雇了这名技术人员。

除了数据失真外,复工所要求的检测能力在许多州也没有达到。以伊利诺伊州为例,不同研究机构给出的模型要求该州每天最低进行 4.4 万个测试,但实际上伊利诺伊州的检测只能达到每天不到 1.5 万个。

在缺乏科学统计数据的情况下,许多州匆忙重启,为此甚至不惜进行人为调整,这为后续的疫情失控埋下了伏笔。

美国卫生与公众服务部部长阿扎尔(图片来源:央视新闻)

经济重启后,美国 20 个州的新冠病毒感染率出现上升,有的州增长率超过 50%。福奇就此说道:“当经济重启带来的感染增加,同时也伴随着住院率的增加时,这表示我们正在朝错误的方向发展。”卫生与公众服务部部长阿扎尔 6 月 28 日忧心忡忡地表示,虽然目前在检测方面的能力有所提高,但“形势不同于两个月前,我们面临着非常严峻的新形势,我们能够采取行动并控制疫情的时间窗口正在关闭”。

阿扎尔的说法与总统特朗普及副总统彭斯的口径并不一致。彭斯认为美国已经成功控制了疫情,平缓了疫情曲线。阿扎尔知道彭斯在背后盯着自己,于是紧接着又拐弯抹角地表示自己不认为经济重启是导致疫情反复的原因。《华盛顿邮报》也评论说,美国最大的误判是在新冠病毒仍在全国大部分地区快速传播的情况下,匆忙地重启经济,从而造成疫情二次暴发。

美国《国家利益》杂志在《新冠病毒暴露了美国政治文化的衰败》一文中指

出，除了新冠病毒，美国还在遭遇另一种更可怕的病毒："防疫政治化"。不仅美国各州在真实疫情的发布上多有掣肘，连作为最高行政机构的白宫，在这方面也"妙手迭出"，甚至亲自动手修改疾控中心的防疫文件。

"一场得到国家批准的杀戮"

由于在条件并未成熟时匆忙放开，2020 年 6 月 24 日，美国的每日新增病例数突破 4 万，此后一路扶摇直上。但副总统彭斯在此期间却发表了一篇题为《不存在第二波新冠肺炎疫情》的专栏文章，为复工辩护。

《华盛顿邮报》指出：当其他国家正在战胜病毒，并以负责任的方式开始复工、复课时，美国扮演的却是失败者的角色。特朗普政府已放弃控制疫情，企图强迫人们复工，却不提供任何保护。报道称，"这是一场得到国家批准的杀戮，特朗普政府认为可以接受每天有 2 000 个本不该死的人死去……它在故意牺牲老人、工人、黑人和拉美裔"[①]。

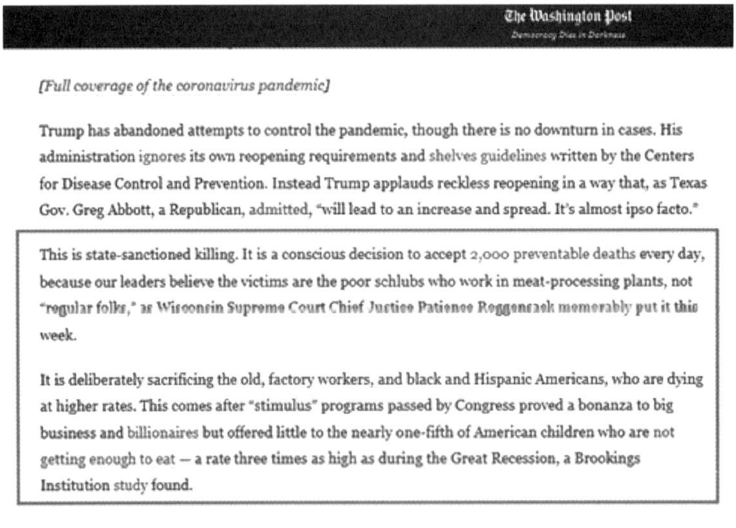
The Washington Post
Democracy Dies in Darkness

[Full coverage of the coronavirus pandemic]

Trump has abandoned attempts to control the pandemic, though there is no downturn in cases. His administration ignores its own reopening requirements and shelves guidelines written by the Centers for Disease Control and Prevention. Instead Trump applauds reckless reopening in a way that, as Texas Gov. Greg Abbott, a Republican, admitted, "will lead to an increase and spread. It's almost ipso facto."

This is state-sanctioned killing. It is a conscious decision to accept 2,000 preventable deaths every day, because our leaders believe the victims are the poor schlubs who work in meat-processing plants, not "regular folks," as Wisconsin Supreme Court Chief Justice Patience Roggensack memorably put it this week.

It is deliberately sacrificing the old, factory workers, and black and Hispanic Americans, who are dying at higher rates. This comes after "stimulus" programs passed by Congress proved a bonanza to big business and billionaires but offered little to the nearly one-fifth of American children who are not getting enough to eat — a rate three times as high as during the Great Recession, a Brookings Institution study found.

"这是一场得到国家批准的杀戮"
（图片来源：环球网 /《华盛顿邮报》）

据《纽约时报》报道，疫情给美国最脆弱人群造成了严重的威胁和伤害，老

① 《〈华盛顿邮报〉：美国抗疫是一场国家批准的杀戮》，环球网 2020 年 5 月 13 日。

年人首当其冲。截至 2020 年 4 月底，全美养老院、退伍军人之家等长期护理机构中，有 1.6 万多人死于新冠肺炎；而在两个月后，截至 7 月 7 日，全美超过 1.4 万个养老院出现新冠肺炎病例 29.6 万例、死亡 5.5 万多例，占全美确诊病例的 10%和死亡病例的 42%。从 4 月底到 7 月初，全美养老院等机构新冠肺炎死亡病例增加了近 4 万例。

在种族方面，美国疾控中心对全美约 1 000 个县的 64 万名确诊患者的种族背景进行分析后，得出的结论是，拉美裔和非洲裔民众感染新冠肺炎的可能性是白人的 3 倍。截至 2020 年 6 月 12 日的数据表明，美国印第安人和非洲裔的新冠肺炎住院率是白人的 5 倍，拉美裔的新冠肺炎住院率是白人的 4 倍。[①]

面对逐级走高的疫情，福奇 6 月 23 日在美国国会听证会上指出，美国新冠肺炎疫情尚未得到控制，一些地区的疫情快速蔓延"令人担忧"。参加听证会的卫生与公众服务部助理部长布雷特・吉鲁瓦尔表示："我如履薄冰，晚上睡不好觉。"睡不好的肯定不止吉鲁瓦尔一人，此前福奇就将新冠病毒称为"最可怕的噩梦"，而且还"处于开始阶段"。

2020 年 6 月 23 日，美国国会听证会上忧心忡忡的福奇
（图片来源：新华社/法新社）

① 《美国疫情蔓延加剧社会民生问题》，央广网 2020 年 7 月 16 日。

在这种局势下,比尔·盖茨 6 月 25 日在接受外媒采访时痛心地指出,“正是由于美国缺乏领导力,全球的情况才会更加糟糕”。他说:“我很失望,没有美国的领导,全球很难齐心协力做出反应。美国的失职直接导致了巴西和印度等发展中国家遭到了病毒的严重影响。”

随着美国亚利桑那州确诊病例不断攀升,为了不让情况变得“更加糟糕”,与亚利桑那州相邻的墨西哥边境城镇索诺伊塔的居民,直接用汽车封锁了连接美国南部边境的主要道路,阻止美国人进入墨西哥。

墨西哥居民用汽车封锁边境的道路,阻止美国人入境
(图片来源:凤凰网)

不断跳动的病例数,无比真实地扑面而来。

美国哥伦比亚大学的研究者通过数据模型评估发现,如果美国能够提前一周采取应对新冠肺炎疫情的措施,那么全美国的死亡人数将减少 3.6 万人;如果提前两周,那么死亡人数将减少 5.4 万人。伦敦帝国理工学院的研究也指出,如果美国的居家隔离规定能从 3 月 16 日提前两周开始,则本可阻止 90%的死亡。

面对不断攀升的死亡数字,纽约时报广场 5 月份设立了一块名为“特朗普死亡时钟”的广告牌,上面显示本可不必死去的美国死亡病例数。“特朗普死亡时钟”由美国电影制片人尤金·贾里奇设立的,他说:“那些本不必死去的生命表明,我们需要寻求更负责任的危机领导人。”

《爱尔兰时报》的一篇评论称,在过去,世界会恨美国、爱美国或者羡慕美国,但“现在,我们第一次认为美国很可怜”。

2020 年 5 月 7 日，纽约时报广场上的“特朗普死亡时钟”
（图片来源：中国青年网）

不仅在外人看来“可怜”，即便是美国人自己，也觉得“可怜”。曾在特朗普政府担任国家安全委员会委员、负责俄罗斯和欧洲事务的顾问菲欧娜·希尔说，“我们的盟友正越发地将我们视作一个可怜虫，因为我们内部正在发生的事情太令他们震惊了，我们的分裂正在活生生地啃食掉我们自己”；“我们才是导致这一切的人。……不是俄罗斯人或中国人或任何其他人，是我们自己自作自受！”

忍无可忍的前总统奥巴马在一场线上毕业生典礼的讲话中，指责政府中的许多人面对疫情无所作为，“甚至连假装负责都没有”。

殊途同归：“吹哨人”的命运

在美国，多位警示疫情的“吹哨人”遭到打压。

美国卫生与公众服务部下属的生物医学高级研究和发展局局长瑞克·布莱特，在屡次向美国政府预警疫情后，于 4 月底被革职。布莱特对于特朗普当局“只讲政治不讲科学”、“任人唯亲”的做法极为不满，“在进行决策时，我被逼着要让步于政治和裙带关系，而不是听从政府中优秀科学家们的建议”。

布莱特在向美国特别检察官办公室提交的 89 页举报材料中指控，美国的高级卫生官员在新冠肺炎疫情初期多次忽视他的警告，之后又为治疗新冠肺炎，不顾其劝阻打算强行推广未经科学证实的药物；而他因为反对遭到了报复，被变相“革职”。布莱特的律师后来表示，美国政府忽视科学专业知识、推翻公共卫生指导意见、不尊重科学家，导致大量的美国人感染新冠病毒或因此死亡，布莱特无法继续为这样一个将政治凌驾于科学之上的政府工作。

美国海军“罗斯福”号航空母舰在2020年3月24日首次出现3名士兵被确诊感染新冠肺炎。两天后，感染人数上升到25人。航母内部空间密闭，病毒一旦出现，极易迅速扩散。为保护舰上4 800名官兵的健康和生命，舰长克罗泽尔在3月30日给海军领导层写了一封长达4页的求助信，认为当前并非战时，水兵们没必要为此平白无故地牺牲生命，恳请上司能够准许舰员上岸紧急隔离。

“罗斯福”号航母（图片来源：百度图片）

但克罗泽尔很快被代理海军部长莫德利以泄密为由，解除了舰长职务。在克罗泽尔被迫离舰时，航母上的官兵自发列队送别舰长。

在克罗泽尔被免职后，意犹未尽的莫德利飞赴“罗斯福”号航母，在对全体舰员的广播中，大骂克罗泽尔“幼稚、愚蠢、无能”。莫德利的讲话引发了美国各界的批评。众议院军事委员会的民主党高层在一份声明中谴责了这一举动，声明称，“罗斯福”号上的官兵面临新冠病毒大流行的威胁，克罗泽尔关心士兵的健康和安全无可厚非。美国社交媒体评论指出：“这是‘公开、透明地’惩罚吹哨人。”“如果不对疫情发出任何警报，导致航母上的军人大规模感染，他依旧会被解职。所以说，本届美国政府‘甩锅’第一名。”

截至2020年4月，美国海军至少有40艘舰艇出现新冠病毒感染病例。由于“罗斯福”号事件曝光后影响太大，五角大楼规定，海军停止通报具体部队的新增新冠肺炎病例。尽管不再披露信息，但纸还是包不住火，到了 10 月，美国海军最高指挥官在发送给美国海军舰队的一封信函中透露，有 190 多艘美国海军舰艇遭遇新冠肺炎疫情，占美国海军部署的 296 艘舰艇中的近 65%。

第三位遭到打压的"吹哨人"是佛罗里达州公共卫生部门负责新冠肺炎疫情专项统计的丽贝卡·琼斯博士。琼斯的主要工作是负责该州"疫情公告板"网页的更新和维护。在她所负责的"疫情公告板"上，记载了佛罗里达州早在 2020 年 1 月 1 日就有人报告出现新冠肺炎症状的相关信息。琼斯博士在接受媒体采访时说，她不断接到政府指令，要求修改新冠肺炎确诊数字，删除可疑病例早于确诊病例的数据。在她执意坚持在系统内录入真实数字之后，遭到解雇。[①]

除了在疫情信息披露方面打压"吹哨人"，在政治领域，对于"吹哨人"的打击也不遗余力。国务院督察长史蒂夫·利尼克因为调查蓬佩奥及其妻子滥用权力而被解雇。据有关信息披露，蓬佩奥"就职两年来，一直利用预算资金为其今后的仕途建立政治关系。例如，他每两周就会举办一次美国政界上流人士参加的隆重晚宴。这引起了国会和民主党人的关注"。

美国国土安全部负责情报与分析办公室的代理副次部长布莱恩·墨菲因为拒绝配合白宫要求歪曲情报、将焦点转移至中国以配合特朗普的政治议程的施压，而被降为情报和分析办公室秘书、副秘书长。墨菲说："美国白宫和国土安全部的高级官员通过操纵和审查手段，将情报政治化，这让我们的国家及其安全处于严重危险之中。"这位被降职的官员是清醒的，情报政治化、完全意识形态化，这才是美国真正的危险。

输出病毒？

疫情期间，美国政府坚持遣返非法移民，导致美国变相成为病毒的输出国，冲击之大不言而喻。《纽约时报》认为，作为全球疫情最严重的国家，当局的这一做法，不仅不人道和残忍，而且相当于故意将美国的疫情"出口"到国外，那些缺乏疫情应对能力的穷国，诸如美国非法移民的主要来源国海地、洪都拉斯、危地马拉、萨尔瓦多、哥伦比亚和墨西哥等，都承受了巨大的压力。

《纽约时报》指出，在 2020 年 4 月底，危地马拉政府曾表示该国有五分之一

---

① 《美国三位疫情"吹哨人"的境遇：立即革职！》，《经济日报》2020 年 5 月 23 日。

The New York Times

Opinion

Why Is the United States Exporting Coronavirus?

Holding asylum seekers, immigrants and others in facilities where the virus easily spreads only to later send them to other nations is a public health hazard — here and abroad.

By The Editorial Board

The editorial board is a group of opinion journalists whose views are informed by expertise, research, debate and certain longstanding values. It is separate from the newsroom.

June 18, 2020

“美国为何输出病毒?”

(图片来源:《新民周刊》/《纽约时报》)

的新冠肺炎确诊病例来自被美国遣返的难民,其中美国一架遣返非法移民的航班上甚至出现了 76 人中有 71 人感染的情况。

不仅美国周边的“老少边穷”国家为美国疫情受累,就连美国的盟友也不能幸免。根据加拿大《国家邮报》报道,安大略、魁北克、不列颠哥伦比亚和阿尔伯塔四个大省的数据表明,该国新冠疫情由美国输入引发。澳大利亚总理莫里森则表示,美国应该为造成新冠病毒的广泛传播负责,因为该国八成确诊病例均为外国输入或其亲密接触者形成,其中大部分是由美国输入的。

“丧事喜办”

面对国内疫情不断走高的态势,副总统彭斯 2020 年 6 月 26 日在白宫新冠疫情简报会上语出惊人地表示,疫情出现增长是美国增加了检测能力的缘故,这是“非常令人鼓舞的消息”。他还说,美国政府的应对措施减缓了新冠病毒的传播速度,拉平了增长曲线,挽救了更多美国人的生命。“目前新增病例有一半是 35 岁以下美国人,这是件好事,因为年轻人患重病的可能性较小。”

相对来说，较容易康复的年轻人大量感染新冠病毒确实会降低新冠肺炎患者的病死率，但将这看作“好消息”和“好事”，却是超越了人类应有的同理心和道德底线的。

年轻人感染新冠肺炎后，将加剧社区传播，并感染到脆弱人群；而美国人口中肥胖症和糖尿病、高血压、心血管疾病等慢性病患者的比率较高，即使是年轻人感染，也可能导致重症和死亡。《华盛顿邮报》以疫情新重灾区佛罗里达为例，在复工后，疫情开始在夏令营、工厂、校园等场所急剧攀升。6 月之前，大多数新冠死亡患者是 65 岁以上以及有潜在健康问题的人；然而 6 月下旬以来，平均患者的年龄越发下降，截至 2020 年 6 月 20 日，佛州新冠患者的年龄中位数已降至 37 岁。这意味着，有一半的死者年龄低于 37 岁。很显然，这绝不是一个“令人鼓舞的消息”。

除了要求复工，在新增感染人数居高不下的情况下，白宫仍要求全美学校尽快复课。白宫新闻秘书麦克纳尼 7 月 16 日在记者会上重申了特朗普希望学校开学复课的观点，坚称学校很重要，必须重新开学，“科学不应该阻碍这一进程”。麦克纳尼可能意识到自己的失言，马上又引用《美国医学会杂志 · 小儿科》的研究说，儿童感染新冠，进而导致严重疾病的风险低于季节性流感，“科学是站在我们这一边的”。麦克纳尼的“科学不应该阻碍这一进程”的言论，马上引起了包括《国会山报》《今日美国》《卫报》等各大媒体的关注和批评。

“科学不应该阻碍学校重新开放”
（图片来源：上观新闻 /《今日美国》）

为了粉饰本国太平，矮化他国也成为美国官方的选项，此做法某些时候居然产生了类似黑色幽默的效果。美国国家旅游局官网一方面宣布解除针对美国公民的“第四级全球旅行警告”；另一方面发布了针对新西兰的“二级旅行警告”，呼吁民众谨慎前往新西兰。该声明称：“截至 2020 年 8 月 6 日，新西兰境内已有共计 1 569 例新冠肺炎确诊病例及疑似病例。目前，该国境内依旧有 23

例新冠肺炎活跃病例。”事实上，这 23 个病例已经在新西兰医院隔离治疗。对此，新西兰的网友揶揄道：“认真的吗？”“看看你们国家的病例数吧，我们更不希望美国人来！”

“丧事喜办”在美国大选的冲刺阶段进入“高潮”。为了“助兴”，白宫“科学办公室”(Science Office)10 月 27 日发布媒体声明称，“战胜新冠肺炎疫情”是特朗普在过去 4 年的主要“成就”之一，特朗普当局在面对疫情时采取了“果断”的防疫措施，“积极”与学术领域、相关行业和政府部门的科学家与卫生专家合作，得以“了解、治疗并击退着这场疾病”。这一胡吹乱捧“彩虹屁”式的新闻稿一经发布，引起舆论一片哗然。白宫最后不得不硬着头皮出面承认“用词不当”。

一只口罩，两党政治——政治斗争中迷失的科学精神

疫情初期，美国疾控中心并不建议民众佩戴口罩，只是建议病人佩戴口罩。在 2020 年 2 月 27 日的众议院外交事务听证会上，美国疾控中心主任雷德菲尔德对于是否需要佩戴口罩的回答是：不用！美国疾控中心这一天在推特上也发出类似的建议。在“非典”时期，美国疾控中心就未推荐民众佩戴口罩。但问题是，新冠肺炎患者在初期没有症状的情况下，也具有传染性。

已经从疫情中逐步走出来的中国网友大声疾呼：“美国疾控中心醒醒！”最后，就连中国官方也忍不住出来明确警示：3 月 27 日，中国疾控中心主任高福院士在美国《科学》杂志上指出，美国和欧洲最大的错误是人们不戴口罩。

高福认为，社交距离是控制任何传染性疾病的基本策略，特别是在面对呼吸道感染时。

高福还详细介绍了中国的具体控制措施：必须尽可能多地测量人们的体温，以确保发高烧的人被隔离开来。如果你能隔离感染源，你就能控制新冠肺炎。这就是为什么我们建造了方舱医院，把很多体育馆变成了医院。[①]

旧金山大学数据科学专家霍华德在对亚洲和欧洲两地民众佩戴口罩的防疫效果进行分析后表示：“数据显示，戴口罩的效果很好，这可能是最有效的公共卫生措施。”

---

① 姚欣然：《高福接受〈科学〉专访指出，不戴口罩是欧美防疫的“大错误”》，《健康时报》2020 年 3 月 28 日。

也许是中国专家苦口婆心的经验介绍和劝导，也许是观测到的数据起了作用，美国疾控中心也认识到口罩的防疫作用。4 月 3 日，在与疾控中心僵持了一段时间后，特朗普宣布了疾控中心的最新建议，“使用‘非医用、基于布料的’口罩遮盖面部防疫”。但在宣布这一措施的同时，特朗普却表示自己不会这么做，“这是自愿的。我不会照做”。而作为全美疫情应对小组的负责人、副总统彭斯也“萧规曹随”，说自己也反对佩戴口罩。

在美国国内防疫物资供应紧张缓解后，福奇对之前不建议公众戴口罩做出了解释，“(当初)我们害怕真正需要口罩的人没有口罩”。

如果说之前不戴口罩是因为主观认知和客观存在物资紧缺等原因造成的，那么，在疾控中心要求佩戴口罩后，作为政府高层以“我不会照做”身体力行地加以否定，则起到了负面的示范作用，开启了口罩政治化的滥觞。特朗普不仅自己拒绝戴口罩，还在推特上讥讽竞选对手拜登在出席活动时戴口罩。特朗普有各种各样拒绝佩戴口罩的理由，诸如他本人和他接触的人都会定期接受检测、戴口罩看上去很可笑且影响形象、自己需要经常发表讲话等；但大选因素是特朗普不戴口罩的重要考量。美国国内的保守派选民较为固执于传统，排斥口罩下的生活状态，甚至引用宪法，以个人自由为由反对戴口罩。此外，根据美国媒体的调研，很多美国白人男性认为戴口罩是软弱的表现。

基于特朗普对于口罩的态度，从 4 月份开始，是否戴口罩这个公共卫生议题就成为美国的一项政治议题。民主党人抓住这一点，大部分支持戴口罩；而共和党人则大多反对。

6 月 5 日，特朗普前往缅因州一家产能位居全球前列的新冠病毒检测拭子工厂视察时，尽管门口的牌子上写着“生产过程中必须戴上手套和口罩”，但特朗普依旧在视察过程中拒绝佩戴口罩。在特朗普打道回府后，工厂方面无奈地表示“在这期间生产的拭子将全部被丢弃”。

为了一只口罩，“大水冲了龙王庙”的奇观，不断地在全美各地上演。

在美国疫情的热点地区——密苏里州的乔普林市，直到 6 月底，市议会还在为是否要求民众戴口罩的问题激辩 5 个多小时，也未能出台相关措施。直到两周后，当地医院人满为患，戴口罩的动议才最终获得通过。

7 月 9 日，肯塔基州一法庭做出裁决，限制该州州长要求居民戴口罩而动用紧急命令。

7月16日，美国佐治亚州的共和党籍州长起诉该州首府、亚特兰大市民主党籍市长颁布的强制戴口罩的市级政令，违反了州一级的防疫指令。这位亚特兰大市的市长，就是之前我们提到的凯莎·巴托姆斯，她本人、丈夫和一个孩子都曾感染新冠病毒。7月8日，眼见全市的医疗系统不堪重负，有着切肤之痛的巴托姆斯颁布行政令，凡在亚特兰大市区内不戴口罩的人将被罚款甚至面临长达6个月的监禁。但15日，佐治亚州州长下令，禁止该州各市强制民众戴口罩，宣布至少15个地方政府此前的口罩强制令无效。

进入7月，美国已有33个州新增确诊病例出现上升趋势，超过一半的州暂时中止重启计划，一些地区重新关闭餐厅、酒吧等室内场所。随着疫情局势日益严峻导致选情告危，特朗普的一些顾问建议其佩戴口罩以弱化民众对政府疫情应对的不满，为此，特朗普终于在7月11日在马里兰州一家军方医疗机构看望伤兵和一线医护人员时，戴上了印有美国总统徽章的口罩。这是自新冠肺炎疫情暴发以来，在美国疾控中心发出戴口罩建议99天后，特朗普首次在公开场合佩戴口罩。为了维护“硬汉”形象，特朗普不忘自夸“戴上口罩后看起来像独行侠”。

美国顶级传染病专家福奇7月1日在接受美国全国公共广播电台(NPR)采访时批评说，疫情暴发之初政府官员关于佩戴口罩的“混乱信号”，导致民众对于戴口罩一事非常困惑，很多人直到现在仍然拒绝佩戴口罩，这也使得美国政府疫情应对进展缓慢。由于口罩议题政治化，因而即便疾控中心主任雷德菲尔德在7月份表示，如果所有美国人都戴口罩，那么不断增加的新冠肺炎病例可能会在4至8周内得到控制，但仍有11个州对是否佩戴口罩存在争议。直到9月份，仍有不少民众不愿意配合。在犹他州盐湖城，周末经常发生反对戴口罩的游行。在北达科他州、南达科他州这两个由共和党当政的“红州”，根本没有发布要求民众戴口罩的州长令。

令人匪夷所思的是，当时间来到2020年11月份，仍然有许多普通美国人不相信新冠病毒的存在，甚至一名共和党阵营的国会助手透露，他的上司不认为新冠是真的。有些感染者在临死前都不相信新冠肺炎疫情。《华盛顿邮报》记者雅克利娜把现实中这一出荒诞剧，归因于美国政府的错误引导和宣传。

“注射消毒剂”—— 一个来自白宫最高层的建议

美国疫情中表现的民粹主义让这一超级大国应有的科学精神也大打折扣，让世人惊愕不已。比尔·盖茨曾提到可利用数字证书来区分新冠病毒感染情况。这一发言随即被阴谋论扭曲为“盖茨希望在疫苗中植入微芯片监控人类”。阴谋论网站 Infowars 就此指控盖茨要“监控所有美国人”。

比尔·盖茨的境遇，与他对新冠肺炎疫情秉持的科学精神不无关系。比尔·盖茨始终直言不讳地批评特朗普政府应对疫情的处理方式。在特朗普决定停止向世卫组织提供资金支持后，盖茨在推特上称这一决定“听起来很危险”。他还在《华盛顿邮报》发表评论文章批评美国政府，“毫无疑问，美国错过了战胜新冠病毒的(最佳)机会”。

福奇认为美国之所以盛行各类阴谋论，是因为“(美国)这个国家有一定程度的反科学情绪”。美国网络上盛传一次性医用口罩中暗藏 5G 天线，政府通过这根天线利用无线电波来跟踪和控制民众，最终会导致人们大脑患癌。这一谣言在社交媒体上广为传播，网友到处转发并互相警告不要佩戴口罩，如果已经买了就扔掉。为此，美国哥伦比亚广播公司(CBS)专门制作了一档电视节目进行辟谣。

这种对科学的漠视，并不是蓄意为之，从更多的情况看，其实是当事人发自内心的真实看法。特朗普 4 月 23 日在疫情简报会上向科学家提议，利用紫外线或其他强光直接照射身体，可以治疗新冠肺炎；接着，更是惊人地提出，应该尝试向新冠患者体内注射消毒剂，以确认那是否有助于清除病毒。“有没有一种办法来那样做？通过注射、内服或者体内清理……当消毒剂进入肺部之后将会有很大作用。这种想法也很值得检验。”[①]特朗普在发表这一“高见”的同时，还将身体转向了白宫新冠病毒应对协调员黛博拉博士征询意见。从电视转播镜头中可以看出，黛博拉努力避开特朗普的目光，坐姿极为不安，表情尴尬。

特朗普的这一提议当即被现场媒体记者斥为“谣言”，随即也遭到医学界的一致反驳。

在特朗普提出注射消毒剂可能是一种新冠肺炎治疗方法后，根据美国疾控

---

① 史明磊：《特朗普闹出“注射消毒剂”笑话，白宫或改变简报会限制其角色》，《南方都市报》2020年4月25日。

中心报告显示,此后有超过三分之一的美国人开始滥用此类商品。美国疾控中心特地在推特上发文警示称:“家用清洁剂和消毒剂如果使用不当,可能会导致健康问题。按照产品标签上的说明使用,确保安全有效。”

来自美国亚利桑那州的一对夫妻旺达和雷尼乌斯,在听到特朗普谈论氯喹对于抵御新冠病毒可能会有效后,喝下了一杯由苏打水和含有磷酸氯喹的鱼缸清洁剂混合成的饮料。事后,61 岁的旺达在医院被抢救过来,而她的丈夫雷尼乌斯却再也没有醒来。旺达气愤地说:“我现在的建议是,不要相信总统和其他人说的话,因为可能他们根本不知道自己在说什么。”①

美国疾控中心后来说,美国一段时间以来发生多起“饮用洗手液”事件,已造成至少 4 人死亡,多人出现失明、癫痫等症状。

德国《焦点》周刊认为,“在抗击新冠病毒这件事情上,美国是一个失败的国家。而且没有人知道怎样才能终止疫情在美国的蔓延。因为‘科学’一词不再重要”。路透社认为,“美国对新冠疫情的糟糕应对,已经成为全球经济复苏的最大风险”。7 月 14 日,美国疾控中心 4 位前主任联名撰文,批评白宫“前所未有地将科学政治化”,指责白宫试图在抗击流行病的同时否认科学专业知识,就像“蒙着眼睛打仗”。② 之后,美国广播公司为此深入采访了 5 位美国疾控中心前主任,他们一致认为,美国目前仍深陷这场新冠肺炎大流行的原因是:政府忽视科学、领导层信息混乱。

“谁来埋单?”

疫情发生后,有记者在白宫新闻发布会上向美国总统特朗普提问:“为什么那些无症状的职业运动员能够得到检测?有关系的人就能排在队伍前面吗?”特朗普回答:“也许,这就是人生吧,有时候是会发生这样的事。”

特朗普说了一句大实话,明确概括了美国医疗界不公平的现状。很不幸,这种不公平普遍存在于美国的当下。

“谁来为医药费埋单?”这是纽约市一位新冠肺炎患者去世前挣扎着说出的最后的话。当这位患者被告知由于病重需要上呼吸机时,可能产生的高额账单

① 《终于,特朗普还是闹出了人命!》,长安街知事 2020 年 4 月 30 日。

② 《美国 4 名疾控中心前主任撰文抨击政府抗疫不力》,央视新闻客户端 2020 年 7 月 15 日。

是他最担心的问题。护士史密斯将患者的这则临终遗言发布在社交媒体上，并评论道："看到病人在临终之际，最担心的仍然是治疗费用，是一件令人心碎的事。这真是一个失败的国家。"

在纽约市曼哈顿附近的第 39 街，停着不少冷藏车，由于无力承担丧葬费或联系不到亲人，到 2020 年 12 月，冷藏车中存放的无人认领的新冠肺炎死者遗体已达几百具。

即使是"免费检测"，也不要真的当成"免费的午餐"。一位名叫黛斯利的女子在看到很多广告说检测是免费的，甚至不需要有医疗保险后，做了一次核酸检测。没有想到，事后她收到了 2 718 美元的账单。其中，核酸检测费用为 210 美元，其余 2 508 美元则是"实验室服务费"。保险公司只同意支付核酸检测费用，但拒绝承担其他与检测相关的服务费用。黛斯利无奈地说："如果必须还清这笔钱，我要掏空所有的积蓄。"

类似"实验室服务费"的，还有"医生出诊费"、"加班费"等各类附加的名头，而这些都由个人自己承担。

美国是唯一一个没有实现全民医保的主要发达国家。根据美国国会预算办公室统计，2019 年有约 3 000 万美国人没有医疗保险，到 2029 年这一数字可能将升至 3 500 万人。盖洛普咨询公司的调研披露，在美国，每 7 个成年人中就有 1 人担心治疗费用高昂，即使出现新冠肺炎的症状，也放弃去医院就诊。[①]

随着病毒大面积蔓延，越来越多的美国民众普遍感到无助。2020 年 10 月 23 日，美国单日新增病例数创纪录地达到了 8.3 万例，当天，在伊利诺伊州疫情发布会上，该州最高卫生官员在发言时数度哽咽，当场落泪。她难过地表示："这次疫情就像是一场艰难的马拉松比赛，因为终点看上去遥遥无期。"[②]仅隔了一天，24 日，美国单日新增病例数再次刷新了前一天的纪录，达到 9.4 万例；30 日，这一数字突破 10 万例；11 月 28 日，美国单日新增病例数突破 20 万例[③]；12 月 11 日，该数字超过 24 万例。更让人瞠目结舌的是，根据美国疾控中心公布的数据，12 月 18 日，美国单日新增病例数超过 40 万例[④]，美国疫情如烈火烹油。

---

① 《美国患者出院收到 110 万美元巨额账单！CDC 发布最新新冠报告》，急诊医学资讯 2020 年 6 月 18 日。

② 《美国再破纪录！》，《环球时报》2020 年 10 月 25 日。

③ 《美国单日新增确诊病例超 20 万例 累计超 1 342 万例》，海外网 2020 年 11 月 28 日。

④ 《美国又破纪录了》，《参考消息》2020 年 12 月 20 日。

面对一浪高过一浪的疫情数据，10 月 25 日，白宫办公厅主任梅多斯在接受 CNN 采访时干脆就说："我们不会控制疫情。" 梅多斯的意思是，美国只能指望疫苗、找到有效治疗和其他的缓解方式。在记者追问美国为何不控制疫情时，梅多斯表示："因为新冠像流感一样，只是一种具有传染性的病毒。" 美国抗疫兜兜转转了一大圈，再次回到七八个月前的逻辑上，当时特朗普说，"新冠肺炎就像流感一样，只是一种具有传染性的病毒"。

针对梅多斯的言论，拜登和他的竞选团队急得直跺脚，当天就发表声明对梅多斯进行了批评："(梅多斯)令人震惊地承认政府已经放弃尝试控制疫情，他们放弃了保护美国人民的基本职责"；"这不是梅多斯的一次失误，而是坦率承认了总统特朗普从危机一开始就明确采取的策略：挥舞白旗，并寄希望通过忽略它，病毒就会自行消失。然而病毒没有自行消失，也不会自行消失"。

拜登团队"批评"梅多斯的声明，同样令人愕然，因为拜登团队的声明相当于间接证实了梅多斯的表态，即美国政府不会控制疫情。拜登团队甚至还"补了一刀"，间接承认了白宫最初就没打算控制，而是寄希望于病毒会自行消失。

不想方设法控制疫情，当然就"省事"多了。白宫应对新型冠状病毒工作组召开会议的频次不断减少，到了 10 月份，每周仅仅举行一次会议，更像是走个过场，例行公事。

白宫"沦陷"

2020 年 10 月 2 日凌晨，特朗普在社交媒体上宣布自己和夫人梅拉尼娅新冠病毒检测呈阳性，之后进入医院总统套房治疗。在特朗普公布消息之前，他的助理希克斯检测呈阳性。此后，在短短的一周时间内，与白宫相关的新冠肺炎确诊病例已上升至 34 人，其中包括特朗普的顾问、新泽西州前州长克里斯蒂，以及特朗普助理尼克·卢纳、竞选经理比尔·斯蒂芬、白宫高级顾问斯蒂芬·米勒、白宫新闻发言人麦克纳尼及其两位副手吉尔马丁和卡罗琳·莱维特等一众白宫"内廷"。

不仅"内廷"沦陷，就连给特朗普提"核密码箱"的军官——美国海岸警卫队少校杰娜·麦卡隆——也中招了。

根据媒体分析，这起感染事件源自 9 月 26 日的最高法院大法官提名仪式。在那场仪式上，与会人员肩并肩密集地坐在白宫前草坪的椅子上，根本没有保

手提“核密码箱”跟随特朗普登机的杰娜·麦卡隆
(图片来源:《新民周刊》)

持必需的社交距离。仪式结束后,包括共和党参议员迈克·李在内等至少 8 名参加过大法官提名仪式的与会人员确诊。

2020 年 9 月 26 日,最高法院大法官提名仪式现场比肩接踵、人头攒动
(图片来源:《新民晚报》)

福奇对于白宫发生的一切并不感到奇怪:“看看本周在白宫发生的事情。

这就是现实。每天都有越来越多的人被感染。”他认为，白宫的新冠肺炎疫情暴发本可以避免，而发生在白宫的实际情况也恰恰证明了新冠肺炎大流行不是骗局。“白宫举行了一场超级传播活动，人们挤在一起，也没有佩戴口罩。我认为数据可以说明一切。”

和福奇一样具有预见性的，是 8 月 17 日《时代》周刊的封面。该封面由美国插画家蒂姆·奥布赖恩创作，漫画中“上升的水位意在体现特朗普和白宫正处于混乱之中”，特朗普“正在面临越来越多的麻烦”。

2020 年 8 月 17 日《时代》周刊封面
(图片来源:《环球时报》/《时代》周刊)

蹊跷的是，在 10 月 2 日的国会问询会上，卫生与公众服务部部长阿扎尔还曾信誓旦旦地表示，“美国政府不会采取‘群体免疫’作为对抗疫情的战略”，并声称将努力遏止美国确诊病例继续上升的势头；但在特朗普入院后，白宫呈现大面积感染之时，10 月 5 日，在特朗普顾问阿特拉斯的组织下，阿扎尔却会见了多位医学专家，并与他们讨论用“群体免疫”对抗新冠病毒。这些医学专家包括哈佛大学流行病学专家库尔多夫、牛津大学教授古普塔，以及斯坦福大学教授巴塔查里亚。随后，网络上出现了这几所高校流行病学专家联名起草的一封题为《大巴灵顿宣言》的公开信，呼吁以“群体免疫”的方法应对新冠肺炎疫情。

世卫组织为此在举行的例行记者会上说，大多数科学家认为，“群体免疫”是要在接种疫苗之后、在民众产生了抗体的基础上得以实现。

《大巴灵顿宣言》发布 10 天后，《柳叶刀》上发表了与之针锋相对的另一份宣言——《约翰・斯诺备忘录》(以下简称《备忘录》)。《备忘录》指出，“群体免疫”策略存在缺陷，没有证据表明年轻人自然感染后对新冠病毒具有持久的保护性免疫，一旦免疫力下降，所造成的地方性传播将给高危人群带来更大的风险，而且这种策略不会终止新冠肺炎大流行，反而会导致复发性流行。

耶鲁大学医学院流行病学助理教授贡萨尔维斯更是指责在没有疫苗的情况下，《大巴灵顿宣言》所提倡的“群体免疫”无异于一场大屠杀。

随着情况恶化，扶摇直上的美国疫情数据让人瞠目结舌(见表 7—1)。

表 7—1　　美国累计确诊病例数突破各百万级整数关的时间点

时间		累计确诊病例数
2020 年	4 月 29 日	100 万
	6 月 11 日	200 万
	7 月 9 日	300 万
	7 月 23 日	400 万
	8 月 9 日	500 万
	8 月 28 日	600 万
	9 月 25 日	700 万
	10 月 16 日	800 万
	10 月 30 日	900 万
	11 月 10 日	1 000 万
	12 月 8 日	1 500 万
2021 年	1 月 1 日	2 000 万
	1 月 24 日	2 500 万
	3 月 25 日	3 000 万
	8 月 2 日	3 500 万
	9 月 7 日	4 000 万
	10 月 21 日	4 500 万
	12 月 13 日	5 000 万

数据来源：美国约翰斯・霍普金斯大学的新冠疫情统计数据。

更让人痛惜的是，因感染新冠肺炎而死亡的人数也极度让人震惊。9 月，这一数据突破了 21 万人。为此，大量志愿者在华盛顿国家广场草坪插上 2 万多面美国国旗,将每一面国旗都朝向白宫,以此表达对政府应对不力的抗议,悼念那些逝去的21万人的生命。

沉默的抗议此起彼伏。10月4日,人们又在白宫外南侧草坪上摆上了2万把椅子,以此悼念美国超过20万的新冠逝者。

白宫外南侧草坪上悼念逝者的2万把椅子
(图片来源:中新网)

20多万罹患新冠肺炎的逝者永远沉默了,而此后不断爬升的数据更让生者无以言说。旗帜和椅子,已难以表达对巨大病亡数据的哀痛。

美国《纽约时报》网站2021年1月14日报道,自2020年3月份以来,美国的死亡人数比正常年份多出了至少40万。截至2021年12月14日,美国新冠肺炎死亡人数超过了80万。当然,这已是“后话”了。

参考资料

[1]《美国首例确诊!》,《环球时报》2020年1月22日。

[2]张松:《美国宣布进入公共卫生紧急状态,赞赏中方抗击疫情举措》,《文

汇报》2020年2月1日。

[3]桐瑶:《美国疾控中心:有可能出现学中国停工停学的一天》,环球网2020年2月22日。

[4]《特朗普坚称美国新冠疫情风险非常低》,第一财经2020年2月27日。

[5]《特朗普:美国每年流感死亡人数 让我惊呆了》,中国日报网2020年2月27日。

[6]侯佳欣:《美疾控中心:暂不建议戴口罩,网友:疾控中心醒醒!》,环球网2020年2月28日。

[7]陈林:《白宫禁政府医卫专家公开谈论新冠肺炎疫情,除非经副总统彭斯批准》,《南方都市报》2020年2月28日。

[8]周舟:《〈科学〉杂志称美卫生机构新冠病毒检测工作表现不佳》,新华网2020年3月3日。

[9]《美国专家:美国犯了与武汉疫情初期相似的错误,但不会比武汉严重》,《环球时报》2020年3月5日。

[10]孙立农:《特朗普称新冠肺炎为新冠流感,死亡率低可自愈》,欧联网2020年3月6日。

[11]《英媒:特朗普称世卫组织估测新冠死亡率为"虚假数据"》,《参考消息》2020年3月7日。

[12]陈沁涵:《特朗普称美国新冠病毒检测"完美",实际能力究竟如何?》《新京报》2020年3月7日。

[13]《特朗普再赞中国战疫成果:分享的数据经验大有帮助》,《人民日报》2020年3月14日。

[14]《2分钟盘点特朗普疫情期间改口之路,曾称病毒会"奇迹般消失"》,腾讯网《地平线》视频2020年3月16日。

[15]《特朗普将"新冠病毒"改写成"中国病毒",外交部回应了,还给出这些重磅事实!》,《每日经济新闻》2020年3月20日。

[16]《美国当红女歌手盛赞中国防疫措施 批媒体报道歪曲事实》,荔枝网2020年3月22日。

[17]《铁证!疫情暴发前,美国多名议员隐瞒疫情,私下抛售股票》,中国新

闻社2020年3月21日。

[18]詹晨:《美国情报高管一边隐瞒疫情,一边内幕交易卖股票》,《证券时报》2020年3月22日。

[19]蔡婷贻:《美国医院防疫物资严重短缺,医护人员称"正拿奶油刀打仗"》,《财经》2020年3月25日。

[20]《意大利疫情如此严重,美国却把人家急需的物资给运走了》,广东卫视《全球零距离》,2020年3月25日。

[21]钱泳文、陈杉:《习近平:当前情况下,中美应该团结抗疫》,新华网3月27日。

[22]《通话后,特朗普发了一条推特》,《环球时报》2020年3月27日。

[23]《美国确诊数超过中国全球第一! 医疗人士爆实际死亡远高于统计》,《环球时报》2020年3月27日。

[24]《纽约医生公开真相:特朗普骗了所有人,美国正在经历的是世界末日》,《长春晚报》2020年3月28日。

[25]姚欣然:《高福接受〈科学〉专访指出,不戴口罩是欧美防疫的"大错误"》,《健康时报》2020年3月28日。

[26]谢莲:《缺少物资成美国抗疫短板》,《新京报》2020年3月29日。

[27]刘宗亚:《纽约州长:你这是宣战,特朗普:没这回事》,中国经济网2020年3月29日。

[28]《美媒盘点特朗普小觑新冠病毒言论:这是一种流感》,《参考消息》2020年4月2日。

[29]《美国机场现金加价"截胡"法国口罩订单,CDC正考虑专门就佩戴口罩发布指导方针》,《文汇报》2020年4月2日。

[30]《法国记者:美国"截胡"法国从中国订购的口罩,华春莹:你该向美方求证》,中国经济网2020年4月3日。

[31]《20万中国口罩被美国抢走,德国人气得连这句话都骂出来了!》,环球网2020年4月4日。

[32]《刚刚,特朗普宣布戴口罩新建议,但他表示不会照做:就是不想戴!》,浙江新闻2020年4月4日。

[33]赵挪亚:《美国截胡N95口罩,又一个加拿大省长怒了:做个人吧》,观察者网2020年4月6日。

[34]《特朗普回应美国截胡德国口罩:我们需要,不希望他人得到》,上观新闻2020年4月6日。

[35]《物资被美截胡后 巴西官员求助中国:急需口罩呼吸机》,海外网2020年4月8日。

[36]《〈华盛顿邮报〉深度调查:川普怎样一步步耽误美国抗疫最关键70天》,环球网2020年4月11日。

[37]《美国50州全部进入灾难状态,“罗斯福”号航母已有550名船员确诊》,中国新闻社2020年4月12日。

[38]李东尧:《特朗普顾问怼世卫时露怯:那是COVID-19,不是COVID-1啊!》,环球网2020年4月16日。

[39]《“我们的命也是命!”美国医护人员街头喊话特朗普》,央广网2020年4月18日。

[40]乌小宝:《服了……美国又传比尔·盖茨制造新冠病毒》,环球网2020年4月18日。

[41]杨琳:《特朗普白宫“舌战”》,《中国经济周刊》2020年4月19日。

[42]《美国死亡超4万,特朗普:死亡率比西欧低多了!美国核酸试剂盒被曝出错!或致灾难性后果》,《21世纪经济报道》2020年4月20日。

[43]《特朗普曾15次称赞中国?和拜登激烈对骂,美媒:比对抗疫情有效》,好看视频2020年4月21日。

[44]《大批国产急需物资运拉美》,爱奇艺2020年4月21日。

[45]徐超:《怕联邦政府“截胡”,美一州“秘密”进口医疗物资》,新华网2020年4月21日。

[46]《美疾控警告美国入冬或现更严重疫情,特朗普还着急复工吗?》,北晚新视觉网2020年4月22日。

[47]《美国护士对自家政府已忍无可忍!》,《环球时报》2020年4月22日。

[48]佚名:《CNN梳理特朗普“变脸”时间线,找到对中国态度前后矛盾原因》,中国日报网2020年4月24日。

[49]史明磊:《特朗普闹出“注射消毒剂”笑话,白宫或改变简报会限制其角色》,《南方都市报》2020年4月25日。

[50]《美媒:机密简报曾多次警告新冠威胁,特朗普无视提醒致美疫情失控》,《参考消息》2020年4月29日。

[51]《大批美媒质疑 美国疫情真实数据已破天花板》,长安街知事2020年5月1日。

[52]《美国养老院等长期护理机构逾1.6万人死于疫情》,《人民日报》2020年5月2日。

[53]《为防止防疫物资被“截胡” 美国有的州甚至动用了国民警卫队……》,《参考消息》2020年5月3日。

[54]《“穷人得不到检测!”比尔盖茨真敢说,但更惊人的还在后面》,镇江文广民生频道2020年5月3日。

[55]《美参议员又曝丑闻,原来抛售股票的故事还没完》,央视网2020年5月8日。

[56]程靖、高兴:《美疾控中心被白宫边缘化,我们从美联社这篇调查报道中看到了什么?》,东方网“纵相新闻”2020年5月9日。

[57]《〈华盛顿邮报〉:美国抗疫是一场国家批准的杀戮》,环球网2020年5月13日。

[58]《美媒称白宫施压美疾控中心下调新冠病亡人数,统计负责人:真实数字只会更多》,《参考消息》2020年5月15日。

[59]邢義:《为什么说美国应对全球疫情大流行负责?》,中国新闻社2020年5月16日。

[60]《〈柳叶刀〉:美国人必须在2021年1月前让一位总统入主白宫,这位总统需明白,公共卫生不应受党派政治影响》,《医师报》2020年5月17日。

[61]《奥巴马再批特朗普抗疫不力:假装负责都不会》,澎湃新闻2020年5月17日。

[62]《科学家屡受打压,疾控中心沦为摆设,〈柳叶刀〉向特朗普政府开炮》,央视网2020年5月18日。

[63]刁大明:《美国多州为重启修改数据:疫情严重本不该“掩耳盗铃”》,

《新京报》2020年5月21日。

[64]《美研究人员:若提前两周“封城”,美国54 000人本可不必死》,环球网2020年5月21日。

[65]常君:《美国佛罗里达州涉嫌为重启经济修改疫情数据》,《中国日报》2020年5月21日。

[66]陆白希:《为什么疫情下美国疾控中心不断被边缘化?》,中国新闻网2020年5月29日。

[67]张晨静:《特朗普不戴口罩参观拭子生产厂后,厂商说要丢弃当日所有产品》,观察者网2020年6月7日。

[68]李萌:《疫情什么时候结束?福奇:我们仍处于开始阶段,远没结束》,海外网2020年6月10日。

[69]玉渊谭天:《这些日子,白宫发生了什么?》,中国青年网2020年6月12日。

[70]海上客:《美国多地新冠感染率升高,福奇:美国防疫工作正在朝错误方向发展》,环球网2020年6月16日。

[71]《令人发指,美国医院还能这么干!》,《环球时报》2020年6月21日。

[72]《美国抗疫,一塌糊涂!瞒报、出口病毒,竟是常态……》,《新民周刊》2020年6月23日。

[73]《美国疫情数据频刷纪录,把福奇愁坏了》,光明网2020年6月24日。

[74]《美国29州疫情反弹,实际感染人数可能是目前的10倍?》,中国新闻社2020年6月26日。

[75]《比尔·盖茨:如今病毒全球肆虐都是美国的失职!》,财联社2020年6月26日。

[76]《美国太牛了,这都能叫好消息》,《环球时报》2020年6月26日。

[77]《美国卫生部长警告:美国控制疫情的窗口正在关闭》,央视新闻2020年6月29日。

[78]《怕美国人带病毒入境 墨西哥边境居民用汽车堵路》,看看新闻2020年7月8日。

[79]《美国疫情为何失控?看了美国政府这些反科学的荒唐事就明白了》,

央视新闻客户端2020年7月10日。

[80]谢莲:《特朗普为何戴起了口罩?》,《新京报》2020年7月12日。

[81]《特朗普口罩首秀后:全美二十余州要求佩戴,反口罩抗议仍频发》,澎湃新闻2020年7月13日。

[82]谢莲、向晨雨:《美国新冠病毒检测结果需等待3—5天,致感染者传染更多人》,《新京报》"外事儿"2020年7月14日。

[83]《美国疫情蔓延加剧社会民生问题》,央广网2020年7月16日。

[84]《科学不应该挡道? 白宫发言人坚持要学校开学,一席话又惹了众怒……》,上观新闻2020年7月17日。

[85]《美国11州仍拒绝"口罩令"》,《环球时报》2020年7月19日。

[86]《美国网传口罩中暗藏5G天线 CBS主持人也看不下去了》,《参考消息》2020年7月19日。

[87]《"美抗疫队长"福奇为何被白宫边缘化?》,国际在线2020年7月20日。

[88]《外媒:美国当前形势很糟糕,未来几个月可能更糟……》,《参考消息》2020年7月20日。

[89]王群编译:《美国国会山外放了164双鞋,背后是一个悲伤的故事》,《参考消息》2020年7月22日。

[90]《美得州一女子监狱暴发疫情 超500名女囚新冠呈阳性》,中国新闻网2020年7月22日。

[91]《饶毅〈纽约时报〉评论:新冠期间中美两兄弟的故事》,《知识分子》2020年7月22日。

[92]向洋:《"史诗级失败"背后,是美国当政者犯下的"史诗级大错"》,《参考消息》2020年7月24日。

[93]《为了尽快开学,白宫人员自行撰写新版指导方针》,央视新闻客户端2020年7月27日。

[94]《美国口罩问题依然纠缠不清,专家:这可能是美国最大的疫情应对失误》,环球网2020年7月29日。

[95]《美民主党猛批蓬佩奥"掏空"国务院》,《参考消息》2020年7月31日。

[96]《美国新冠死亡再创新高，民众开始考虑移民外逃》，央视新闻客户端 2020 年 7 月 31 日。

[97]《美国人的态度终于改变了?》，《环球时报》2020 年 8 月 5 日。

[98]《特朗普发视频称"儿童对新冠免疫"，被脸书和推特一起删帖……》，《参考消息》2020 年 8 月 7 日。

[99]崔妍:《美国对新西兰发布"旅行警告" 新西兰网友被逗乐了……》，环球网 2020 年 8 月 7 日。

[100]崔妍:《〈时代〉周刊新封面:新冠病毒"水淹"白宫，特朗普被包围!》，《环球时报》2020 年 8 月 7 日。

[101]《比尔·盖茨:美国新冠检测"纯属垃圾"》，《参考消息》2020 年 8 月 10 日。

[102]《特朗普竞选团队开卖竞选口罩:"没有什么比戴着它更爱国"》，澎湃新闻 2020 年 8 月 18 日。

[103]赵健行:《看来，美国新增确诊人数要降了!》，《环球时报》2020 年 8 月 26 日。

[104]《"应检尽检!"世卫组织为何向美国发出这个警告》，央视新闻客户端 2020 年 8 月 30 日。

[105]刘晓琰:《美国一官员拒绝帮特朗普骂中国，惨遭降职》，长安街知事 2020 年 9 月 10 日。

[106]侯兴川:《一数据激增，美佛州当局强令关闭统计系统》，海外网 2020 年 9 月 11 日。

[107]《法媒评伍德沃德新作〈愤怒〉:震撼特朗普选战之书》，新华社客户端 2020 年 9 月 17 日。

[108]陈丹:《175 年来首次，美科学杂志就大选"站队"》，新华网 2020 年 9 月 17 日。

[109]佚名:《离开特朗普后她终于说了实话:美国这惨样与中国无关》，《环球时报》2020 年 9 月 23 日。

[110]徐剑梅:《都闹到这地步了，美国还在为口罩吵架、上街……》，《参考消息》2020 年 10 月 3 日。

[111]海上客:《怒插2万国旗抗议白宫,美国将面临“致命性12月”?》,《新民周刊》2020年10月5日。

[112]梁由之:《特朗普一出院,美国卫生部长阿扎尔就会见多位医学专家》,《环球时报》2020年10月6日。

[113]张霓:《福奇:白宫疫情暴发本可避免 新冠肺炎绝非骗局》,海外网2020年10月7日。

[114]王嫱:《继白宫后,五角大楼也“沦陷”了!美军一上将确诊,多名军方高层居家隔离》,《每日经济新闻》2020年10月7日。

[115]《尴尬了!还没给特朗普做流调,他身边34人已经确诊了……》,《新民周刊》2020年10月8日。

[116]《美国女子:没想到做一次核酸检测,所有的积蓄要被掏空》,央视新闻2020年10月8日。

[117]《美国密歇根州挫败一起暴力政变!》,《环球时报》2020年10月9日。

[118]张敏:《福奇:白宫经历了超级传播事件,人挤人还不戴口罩》,海外网2020年10月10日。

[119]一一:《白宫隔离名单太长了……》,《新民周刊》2020年10月11日。

[120]《美媒披露白宫“摁住”了出行口罩令》,央视新闻客户端2020年10月11日。

[121]《急剧增加!美海军逾六成舰艇染疫情》,《参考消息》2020年10月14日。

[122]甘甜:《逾800万美国人确诊!关于戴口罩,特朗普这样说……》,中国新闻社2020年10月17日。

[123]《千名流行病学专家谴责美国疫情应对》,《参考消息》2020年10月19日。

[124]耿直哥:《好家伙!》,《环球时报》2020年10月27日。

[125]海上客:《其实他们压根儿不抗疫!》,《新民周刊》2020年10月27日。

[126]丽莎、任重:《美国副总统办公室的工作人员私下都表示“很害怕”》,环球网2020年10月27日。

[127]《三次感染新冠的病例出现了……》,央视新闻客户端2020年10月

28日。

[128]《刚吹完特朗普治下“疫情结束”，白宫就澄清“用词不当”……》，《参考消息》2020年10月30日。

[129]《美记者：政府错误宣传导致很多美国人不相信新冠存在》，《参考消息》2020年12月1日。

[130]《惨不忍睹！纽约数百具新冠肺炎病亡者遗体无人认领》，《参考消息》2020年12月5日。

[131]《750具遗体放在冷藏车内，一年了……》，《参考消息》2021年5月8日。

[132]《美国新冠死亡人数突破80万，多数死亡“本来可以避免”》，中国日报网2021年12月15日。

第8章

政治操弄

『背锅侠』与病毒的污名化

◎ “背锅侠”轮流出场

◎ 越洋“甩锅”：病毒的污名化

◎ 躬身自问：美国海外和本土生物实验室迷局

◎ 何以至此：美国抗疫的反思

这次大流行强化了人们的普遍印象，即美国是一个堕落的超级大国。

——德国前副总理兼外交部长　约施卡·菲舍尔

“背锅侠”轮流出场

随着疫情的逐步扩大，社会舆论压力也开始显现。很不幸，民主党、前总统奥巴马和疾控中心，甚至福奇，都先后成为疫情失控的“背锅侠”。

民主党、奥巴马和疾控中心

2020 年 2 月 28 日，南卡罗来纳州的一次集会上，特朗普指责民主党夸大疫情。他说民主党把疫情威胁政治化，“这就是他们的新骗局”。同一天，白宫的幕僚长马尔瓦尼也发表了同样的观点，指责民主党关于白宫抗疫不力的说法，是一场“政治宣传骗局”。

进入 3 月份，眼见国内疫情有所蔓延，特朗普开始把责任甩给前任。3 月 4 日，他指责奥巴马执政时，一个“联邦机构的决定”导致（美国）缺乏大范围高效进行病毒测试的能力。特朗普声称，“我们几天前撤销了这个决定，让病毒检测更快、更精准”，现在美国（在病毒检测上）“有了更多人力、更多站点，也更灵活了。这在奥巴马时期是不可能的”。特朗普并没有具体指出到底是什么决定，搞得当时在场的记者一头雾水。特朗普的这一指责，是指奥巴马政府授予了食品和药物监督管理局监管病毒检测的权力，从而让非政府实验室很难获得开展病毒检测的许可。

这一指责对奥巴马政府来说有点冤。美国公共卫生实验室协会发言人米歇尔·福尔曼表示，在奥巴马时期，虽然有一些“加强实验室测试限制”的讨论，但最终都没有付诸行动。

3 月 13 日，特朗普又在推特上炮轰疾控中心无能——“他们对 H1N1 流感的应对就是一场灾难，成千上万的人死亡。直到现在，没有任何有意义的措施来解决检测问题……”但也就在 7 天之前，戴着“小红帽”的特朗普视察位于亚特兰大的美国疾控中心时还表示，“任何有需要的人都能得到(新冠病毒)检测”，对于病毒的检测“一切完美”。

骂完疾控中心，特朗普又将口罩缺口的问题归咎于奥巴马，顺带再一次嘲讽了奥巴马，“是奥巴马让事情更复杂了”。其实奥巴马政府很早就要求对 2009—2010 年甲型 N1H1 流感期间被消耗掉的 N95 口罩缺口进行补充，是当时共和党主导的议会没有批准奥巴马政府的请求。

更加奇怪的是，特朗普后来还指责奥巴马、拜登阻碍检测，而此时奥巴马早已卸任、拜登尚未“出山”，没有一点行政权力。

以往，美国国家安全委员会在不少国家设有“全球卫生与生物安全办公室”，与当地进行即时沟通，有点像古时候的“烽火台”，防范险情于千里之外。但特朗普政府上台后，解散了设在包括中国在内的 39 个国家的该机构。具有讽刺意味的是，面对新冠肺炎，特朗普还铁了心要削减医疗方面的预算。在特朗普政府 2021 年的预算中，美国国家卫生研究院和美国疾控中心的经费都被削减。疾控中心主任雷德菲尔德为此无比痛苦地说，“我们的公共卫生实验室投资不足，没有足够的设备，没有足够的人，没有足够的内部协调，也没有搜索能力”，几乎就是手无寸铁。

“没有能力”的不仅仅是雷德菲尔德，美国全国县市卫生官员协会主席弗里曼在别的场合也表示过类似的看法，“多年来政府对公共卫生基础设施投入缺乏，包括联邦、州和地方层面，使公众对于疾病及其他健康威胁很脆弱，特别是针对这样的疫情。没有这些方面的投入，我们也没有能力应对这样的疫情”。

“好人”福奇

从 2020 年 3 月份开始，福奇一直在大胆纠正特朗普的“谎言”以及对疫情的“乐观描述”。3月22日之后，福奇缺席了此前一直参加的白宫新闻发布会。有记者为此向特朗普询问，特朗普“打起了哈哈”：“福奇是个好人，我很喜欢他。他不久后就会回来。”

但“好人”不仅没有回来，还面临更大的威胁。进入4月份，特朗普在推特上转发了一条要求解雇福奇的推文，呼应那些要求解除福奇职务的人。到了5月3日，按捺不住的特朗普还是把“锅”结结实实地扣在了福奇的头上。这位总统说，一开始“所有人”都没有对新冠病毒足够重视，包括美国抗疫专家福奇都曾对他说过，“这事会过去的，这不是什么大事”。

面对5月开始的经济重启，福奇苦口婆心地提出警告：如果不顾开放指南强行开放，美国疫情“将面临全国范围内多次暴发”的危险。

结果果然很不妙。6月份，美国至少有10个州的新冠病例增加了1倍以上。加利福尼亚州、得克萨斯州、佛罗里达州和亚利桑那州成为疫情新的“重灾区”。福奇就此警示：“我们正在朝错误的方向发展。”法国主流报纸《世界报》在6月25日以《我们正朝着错误的方向全速前进：在美国，疫情令人担忧的复苏》为题，对美国疫情的“二次起飞”做了专门的报道。

6月30日，福奇在出席美国参议院听证会时无奈地表示，如果当前的趋势无法扭转，如果未来单日新增新冠肺炎的确诊病例数达到10万例，他也“不会感到惊讶”。之后的事态发展确实证明福奇的眼光太“毒”了，10月30日，美国的单日新增确诊病例数达到了101 461例，还顺带“刷新”了印度在9月创下单日新增9.7万多例的全球最高纪录，并一发不可收拾——2021年1月8日美国单日新增病例数超过30万例！

对于美国的抗疫表现，福奇坦率地提出批评，“当把美国作为一个整体与其他国家比较时，我不认为我们称得上‘做得不错’”。

在白宫看来，福奇关于疫情的“实话实说”有太多“阴暗面”，不符合特朗普提出的“一切向好”的观点。CNN的报道尖锐地批评了特朗普政府通过拒绝与专家合作来掩盖病毒真相，试图向群众证明他已经控制住了疫情。

美国哥伦比亚广播公司《面向全国》节目组在7月初抱怨，已连续3个月申请采访福奇，但都没有得到白宫的批准。

特朗普在7月9日接受采访时又表示，“福奇是个好人”，但“犯了很多错”，言下之意是福奇不宜出来“主持工作”。福奇随即澄清,“我从 6 月 2 日开始,就再也没有与特朗普总统见面,并且至少两个月没有向特朗普总统做过疫情简报”,“一直以来,我都因为讲真话而被认可,我从不讲那些被糖衣裹着的谎言,这或许就是最近我不常上电视并接受采访的原因”。

恼怒的白宫在 7 月 12 日火力全开,向多家媒体发送资料,列举了福奇此前关于疫情的一些“误导性言论”,包括福奇曾在 1 月份声称,“新冠病毒对美国民众不构成重大威胁”、“普通民众无须佩戴口罩”、“无症状感染者不太可能传播病毒”等。福奇承认,自己最初表态有不对的地方,这是因为当时对新冠病毒缺乏了解;之所以当初认为公众没必要佩戴口罩,是怕民众抢购导致医护人员无法获得足够口罩。

白宫官员斯卡维诺随即在脸书上分享了一幅抨击福奇的漫画。漫画中,福奇被丑化成一个水龙头,他那些支持封闭、反对重启的表态就像流水一样把“美

斯卡维诺在脸书上分享的抨击福奇的漫画(图片来源:新华社 / 脸书)

国经济”冲进下水道。纳瓦罗更是直接发文痛斥，“在我和他互动过的每一件事上，安东尼·福奇都是错的”。

对于这种党同伐异的做法，福奇无奈地表示，围绕病毒的党派环境令人不安，白宫工作人员的攻击“最终只会伤害总统自己”，“希望大家共同努力把疫情控制在可控范围内，而不是进行这种来回分散注意力的游戏，这种做法毫无意义”。

面对白宫对福奇的公开打压，有超过 3 000 名美国卫生专家签署联名公开信，批评白宫刻意败坏福奇的声誉。信中说，“像福奇这样的专家的声音应该不受限制地、清晰地传达给美国公众”，这是最终战胜新冠病毒的“唯一路径”。

随着舆情的反弹，特朗普又对外界强调说自己与福奇“关系很好”，纳瓦罗的文章“只代表他自己”。

之后，白宫则一口气批准了 3 家电视台对福奇的采访。

但这口气特朗普还是没咽下去。

7 月 19 日，特朗普在接受采访时继续指责福奇“有点危言耸听”，又列出了所谓的福奇在最近几个月中犯的几项“错误”。[①] 美国辛克莱广播集团旗下的地方电视台在 7 月底播出的节目中“火上浇油”，宣称福奇“制造”了新冠病毒。

福奇民意的高企让特朗普很不痛快，但进入 10 月，在后来的竞选总统过程中，特朗普团队又想蹭福奇的热度，打出福奇赞扬特朗普“没有人能(比他)做得更多”的广告。大感意外的福奇对此加以否认，说自己的那段话是称赞疾控中心和广大医护人员的。

气急的特朗普隔手就给福奇按上一顶“民主党人”的帽子，尽管福奇并未在任何政党注册。对于福奇没有配合自己竞选，特朗普最终还忍不住报以粗口。在与竞选团队的电话中，特朗普大骂福奇是个“白痴”、“灾难”，把福奇“酸”得够呛，“福奇是个好好先生，在这个位子已经 500 年了。他说他们每个人都错了。他就像一个很棒的人，一个告诉我们如何‘应对流行病的美妙的圣人’”。

对此，福奇只能耸了耸肩，承认自己在白宫是“不受欢迎人物”，他的某些言论“白宫不爱听”；但，“这就是人生”。

“这就是人生。”

无可奈何的福奇，只能重复一遍特朗普半年前曾经说过的那句“名言”。

① 《福奇感叹：人生就是如此！》，《参考消息》2020 年 7 月 20 日。

越洋“甩锅”:病毒的污名化

除了在国内寻找“背锅侠”,部分美国政客又刻意将这口“大锅”越洋“出口”。

部分美国政客毫无根据地污名化中国

2020年2月13日,美国白宫国家经济委员会主任库德洛指责中国政府应对疫情缺乏透明。对此,世卫组织卫生紧急项目负责人迈克尔·瑞安指出,库德洛言论与事实不符,中国政府积极配合世卫组织,展现出很高的透明度。

3月6日,美国国务卿蓬佩奥在接受美国消费者新闻与商业频道与福克斯新闻频道采访时,竟然不顾世卫组织的命名,将新型冠状病毒称为“武汉冠状病毒”;9日,共和党议员保罗·戈萨在推特上进行呼应,再次妄称新冠病毒为“武汉病毒”;10日,众议院共和党领袖麦卡锡又说这是“中国新冠肺炎”,共和党议员科顿甚至表示,“中国要对这次的病毒负责”。

中国外交部发言人耿爽在3月9日的外交部例行记者会上,谴责了个别美国政客不尊重科学、不尊重世卫组织就新型冠状病毒正式命名所做出的决定,迫不及待地借新冠病毒对中国和武汉进行污名化的做法。

然而,美国国内的专业人士并不认同政客的“甩锅”做法。美国疾控中心主任雷德菲尔德在3月11日举行的众议院听证会上承认,“一些‘流感’死者可能实患新冠肺炎”。有议员提问美国是否存在有些人看似死于流感,但实际上死于新冠肺炎的情况。雷德菲尔德回答说:“到目前为止,美国确实有一些病例是这样被诊断的。”美国疾控中心2月底发布的报告显示,2012—2020年的冬流感季,美国估计已有至少3 200万此类病例,其中1.8万人死于流感相关疾病。①

此前,特朗普频频宣称疫情不值得大惊小怪,那只是民主党和一些媒体的“骗局”。当时,他大多采用“外国病毒”(foreign virus)来指称世卫组织正式命

① 《美国疾控中心:美部分死于流感病例可能实患新冠肺炎》,《新华每日电讯》2020年3月12日。

名的新冠病毒;然而,随着 3 月 9 日、12 日、16 日美股三次熔断,特朗普开始“捉急”。特朗普对股市的看重有迹可循,早在 2015 年就曾经发推特称,若道指日跌幅超过 1 000 点,总统就该被加农炮射到太阳上去。

特朗普在 2015 年发推特称,若道指日跌幅超过 1 000 点,总统就该被加农炮射到太阳上去(图片来源:《新民周刊》)

在 3 月 16 日美股年内第三次熔断后,特朗普第二天开始在推特上使用“中国病毒”等污名化术语;并于 19 日在白宫新闻发布会上的发言稿中,将病毒名

2020 年 3 月 19 日,特朗普发言稿中对病毒称谓的手动修改痕迹,被眼尖的《华盛顿邮报》摄影记者杰宾 · 波特斯福德拍摄下来(图片来源:《北京日报》)

称改为“中国病毒”。这一改动，被眼尖的《华盛顿邮报》摄影记者杰宾·波特斯福德清晰地拍摄了下来。

在中国艰苦抗疫为世界争取一个多月的时间后，白宫的这一污名化举动，马上招致各方的批评。3 月 18 日，民主党总统初选的伊丽莎白·沃伦在推特上公开反对：“对白宫、福克斯新闻，还有任何在听的人，我说过一遍了，并且还要大声再说一遍：新冠病毒(对所有人)一视同仁。任何针对亚裔的偏见都是不可接受的。”

纽约市市长白思豪转发该推特，先是批评特朗普政府仍未提供足够的试剂盒，后指出美国的亚裔群体已经遭受伤害，特朗普不应该火上浇油。美国疾控中心主任雷德菲尔德公开表示，“中国病毒”的说法是错误的。雷德菲尔德后来承认，美国对来自欧洲的新冠病毒威胁认识缓慢，在美方对欧洲发布旅行禁令前，或许已经有两到三个星期内每天 6 万人从欧洲到美国，这种情况成为导致美国疫情暴发的主要因素。

澳大利亚研究人员对 3 月下旬推特上 260 万条与新冠病毒有关的推文，以及 10 天内对这些推文的 2 550 万次转发做了分析，发现有 5 000 多个推特账户以协同一致的方式，不断转发这类新冠病毒的相关信息，并散布了“新冠病毒是中国制造的生化武器”这一谣言。研究还发现，很多转发此类谣言的用户都是被远程控制的机器人账号，很多用户群都与美国极右翼势力支持者有关。[①]

3 月 20 日，《纽约时报》专栏文章指出，污名化中国的行径，是在试图转移公众注意，以掩盖白宫抗疫工作的灾难性失败。CNN 也认为，“中国病毒”这种说法不准确而且是污名化。

在特朗普使用“中国病毒”这一污名化的术语后，美国国务院 3 月 20 日向多个美国联邦政府机构下发了文件，要求他们与特朗普“统一口径”，将新冠肺炎疫情的责任全部推卸给中国。文件要求联邦政府的官员在对外发表讲话时，将美国的一切防疫不力都说成是中国的责任(Everything is about China)。[②] 一名官员说：“我们被告知，要以一切可能的方式把这个信息传播出去，包括记者会和电视出镜。”美国政府不仅仅把重点放在批评中国上面，还把美国对这次全

---

① 《美国用机器人账号炒作“病毒阴谋论”，华春莹：这比病毒更可怕！》，《新华每日电讯》2020 年 6 月 10 日。

② 《美国政府下发文件统一口径：发起舆论战！甩锅给中国》，《环球时报》2020 年 3 月 22 日。

球疫情的应对刻画为“非凡的人道主义”、“是世界所知的最伟大的人道主义者”。[①]

为了推卸责任、拉抬选情，除了在国务院等政府层面指示下属“甩锅”中国外，共和党的参议院全国委员会在 4 月份又向竞选机构发送了一份长达 57 页的备忘录，呼吁共和党候选人通过积极攻击中国来应对新冠肺炎疫情危机。这份备忘录敦促共和党候选人在回答任何有关病毒的问题时，都与中国挂钩：当被问及新冠病毒的传播是否是特朗普的错时，候选人被建议将话题转向中国以作为回应。共和党人表示，他们计划让中国成为 2020 年大选的中心议题。特朗普的顾问们表示，民意调查显示，针对中国的攻击将是有效的。备忘录里明确要求：“除了提及之前对中国实施的旅行禁令，不要为特朗普辩护——攻击中国就行。”由于这种毫不讲理的行径，美国网友将这份文件称为“谎话红皮书”。共和党参议院委员会发言人亨特并未否认这份备忘录的真实性。[②]

就新冠病毒针对中国的污名化做法，遭到了美国国内和国际社会的广泛批评。

就“中国病毒”的污名化做法，美国《科学》杂志采访了白宫首席抗疫专家、国家过敏症和传染病研究所主任安东尼·福奇，询问他会不会也把新冠病毒说成“中国病毒”时，福奇说自己“不会这么说”，而且是“永远不会”。[③] 福奇此后多次表明，这一病毒源于自然界。

针对美国个别媒体和政客散布的寻找“替罪羊”的做法，布鲁塞尔知名智库“欧洲之友”政策主任莎达·伊斯拉姆指出，这种“‘推卸责任的游戏’是有毒的”。

德国二十国集团智库峰会共同主席丹尼斯·斯诺尔诘问：“为什么在当前这样一个面临全球性威胁的时刻，不少国家仍向民粹主义和民族主义倒退？为什么要将这场大流行病称作‘中国病毒’？”

德国中国问题专家、黑森州国际事务司前司长米歇尔·博喜文指出：“还有

---

① 《美媒披露：白宫文件指导如何“甩锅”中国》，《参考消息》2020 年 3 月 23 日。

② 《美共和党向候选人发布 57 页竞选备忘录：只要被问病毒，就攻击中国！》，环球网 2020 年 4 月 25 日。

③ 《白宫疫情专家爆料：特朗普对中国的指责不符合事实，但我拦不住》，《环球时报》2020 年 3 月 23 日。

人声称病毒是‘以色列的实验室里制造的’，我们的媒体已经谴责这种说法是‘反犹主义’。我认为，媒体应该同样谴责针对中国的上述说法，这是‘肮脏地抹黑和中伤中国’。……在新冠病毒仍在世界各地传播之际，还有另一种毒化人们心灵的病毒，那就是个别政客和媒体煽动的针对中国的仇恨情绪。”

澳大利亚广播公司、澳大利亚亚太新闻网纷纷发表评论指出，将新冠病毒称为“中国病毒”是典型的种族主义行径，是美国错失疫情防疫时间窗口后推卸责任的借口和宣泄。

日本、韩国、泰国、巴基斯坦、蒙古国、印度尼西亚、尼泊尔、缅甸等国家的政界、学界、主流媒体均对毫无根据地污名化中国的行为表示反对。[1]

在各方的批评下，特朗普在 3 月 24 日的记者会上，将发言稿上的“中国病毒”字样划去。在接受福克斯电视台采访时，特朗普表示决定不再使用“中国病毒”这一说法：“我决定不再用这一点大做文章了。”

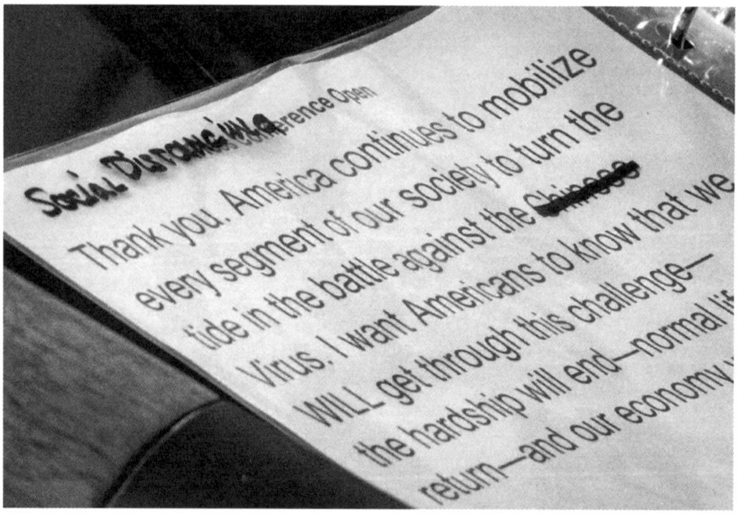

2020 年 3 月 24 日，特朗普在记者会上将发言稿中“中国病毒”的字样划去

（图片来源：《北京日报》）

针对特朗普多次将新冠病毒称为“中国病毒”，试图将美国疫情暴发的责任归咎于中国的做法，被誉为世界最知名“病毒猎手”的美国哥伦比亚大学公共卫

[1] 廖丽、王铁刚、高佳义、李大勇、李卫兵、陈翔：《自身难保还不忘给中国抹黑？亚太多国人士：美国某些人该歇歇了》，央视财经 2020 年 3 月 22 日。

生学院感染与免疫中心主任、传染病学专家利普金教授说:“这是全球性问题。煽风点火的言论和民族主义无法解决问题。”

著名的政治学学者福山,尖锐地批评了特朗普政府污名化中国的行径,“特朗普政府一直试图妖魔化中国,他这么做的原因,我猜是想让大家的注意力从他们自身糟糕的抗疫表现上转移开来。我认为这是非常愚蠢的、毫无必要的、没有帮助和不健康的”。

7 月 6 日,特朗普发推特称,美国因为做了“大量检测”,所以新增新冠肺炎确诊病例才不断增加,但新增死亡病例在下降。特朗普直接要求美国媒体“应该报道这个”,报道“新增就业数创了纪录”。就在这样一条自夸式推文中,特朗普还不忘推卸责任,又一次将“新冠病毒”写成了“中国病毒”。“恐怖小说之王”、美国作家斯蒂芬·金在转发特朗普的这条推文时,讽刺道:“现在是美国病毒了,大男孩!”

在发表了“注射消毒剂”的惊人言论后,特朗普的白宫幕僚怕“老板”再说错话,好说歹说将其“雪藏”了近 3 个月;但面临大选压力,特朗普还是在 7 月 21 日“重新出山”,他在这一天的白宫疫情简报会上承认口罩的作用,表示如果中国最先成功研制出新冠疫苗,美国愿与中国合作。但有美媒注意到,在当天的简报会上,特朗普仍然 4 次提及“中国病毒”。当天晚上,众议院议长佩洛西在接受 CNN 采访时说:“我觉得根据总统今天的言论,他意识到了自己犯的错误,现在支持佩戴口罩,承认这不是一个骗局,这是一场大流行病。因为他的无所作为,疫情在好转前可能会恶化。事实上,很明显,这是特朗普病毒!”在主持人追问是不是因为特朗普的应对措施,导致大量的美国人死去时,佩洛西回答说:“是的,这正是我所说的。我认为这是很明确的。”①

9 月 2 日,特朗普在新闻的专访中,一口咬定中国的死亡人数“比全世界任何国家都多”,“死了几十万人”,“只是中国没有报告出来”。彭博社指出,特朗普并没有拿出任何证据支持这种说法。4 日,在白宫疫情通报会上,特朗普再次毫无根据地宣称“中国的死亡人数比我们要多多了”。当记者询问证据何在时,特朗普“圆滑”地转移了话题。美国前总统国家安全事务助理赖斯 5 日在《纽约时报》撰文批评特朗普,“特朗普不是为人民服务的,他只想延长自己的任期”!

---

① 《“这是特朗普病毒!”》,《参考消息》2020 年 7 月 22 日。

特朗普政府借病毒毫无根据地污名化的做法,让不少美国人都觉得“上不了台面”。美国众议院 9 月 17 日通过一项决议,谴责与新冠疫情有关的反亚裔言论,包括总统特朗普经常使用的“中国病毒”等表述。[①] 2009 年 H1N1 流感袭击全球,美国是最初暴发地之一,那场灾难造成了全世界约 28.4 万人死亡,世卫组织同样宣布了那场流感是“国际关注的突发公共卫生事件”。但是当时美国并没有采取非常有利的控制措施,从而造成流感在世界各地肆虐。[②] 艾滋病的首发报告病例(实际是 5 例)也是在美国。而 1918 年暴发的所谓“西班牙大流感”,病毒溯源地是美国堪萨斯州的芬斯顿军营……白宫对国际公认的“定案”,又该如何解释?

污蔑病毒源自武汉实验室

2020 年 1 月 31 日,共和党反华参议员汤姆·科顿毫无根据地宣称病毒是武汉实验室泄漏的生化武器,美国右翼媒体《华盛顿时报》对此大肆炒作。(注意:不是《华盛顿邮报》。《华盛顿邮报》是创办于 1877 年的百年老报,以揭露“水门事件”而闻名。)

在列举了美国与国际专家已发表的科学研究结果后,全美发行量第二的报纸《今日美国》在其网站上指出,《华盛顿时报》的这篇宣称病毒源自武汉实验室的文章“内容虚假”,“传闻声称新冠病毒起源于中国实验室。根据我们的调查,我们判断这是虚假谣言”。[③]

哈佛大学流行病学和免疫学副教授迈克·米纳告诉《赫芬顿邮报》,“这种说法太荒谬。……所有迹象都指向一种病原体,该病原体已在动物体内传播并且传染给了人类。这样的传播方式对此类病毒而言很常见,他没有任何理由可以这样说”。

与《华盛顿时报》只有一字之差的美国主流媒体《华盛顿邮报》引述相关领域专家的意见,均认为武汉实验室泄漏病毒的言论极为无知。美国罗格斯大学化学生物学教授艾布赖特说:“根据病毒基因组和特性,没有任何迹象表明它是一种工程病毒。”马里兰大学化学武器专家利滕伯格指出,他与全球的分析师在

---

① 赵丽娜编译:《美众议院通过决议:反对使用“中国病毒”等表述》,《参考消息》2020 年 9 月 18 日。

② 《莫在中国处于临时困难时落井下石》,《环球时报》2020 年 2 月 2 日。

③ 《美媒:新冠病毒源于中国是虚假谣言》,中国搜索 2020 年 3 月 30 日。

私人邮件里讨论过病毒是否存在是武汉实验室泄露的生化武器的可能性，没有任何人有让人信服的证据。麻省理工学院教授纳朗认为，生物武器“理论上具有很高的致死率，低传播感染率”，传播这样的阴谋论“极不负责任”。哈佛大学流行病学和免疫学副教授米纳表示：“他们（中国）已经做了大家希望的一切，并且其所做的是当今其他任何国家或地区都采用的标准做法。”①

《自然医学》3 月 17 日刊发的研究论文指出，新冠病毒“不是在实验室中构建的，也不是有目的性的人为操控的病毒”。新冠病毒刺突蛋白与人体细胞的结合效率之高，通过基因工程无法达到，只有自然选择才能实现。就病毒传播给人类并造成大流行的途径，文章提出了两种可能性：一种是病毒通过自然选择在非人类宿主中进化到目前的致病状态，然后“跳”到人类身上；另一种设想则是，病毒的非致病性版本从动物宿主跳到人类，然后在人类中进化到目前的致病性状态。

4 月 15 日，美国国务卿蓬佩奥在接受采访时指鹿为马地造谣说：我们所知道的是病毒起源于中国武汉，且武汉病毒研究所与那个海鲜市场的距离只有几英里远；还有很多情况需要了解，美政府正在努力了解清楚。关于所谓“几英里远”的问题，实际上之前武汉大学医学病毒研究所杨占秋教授在接受媒体采访时就曾做过专门的阐述，他说，P4 实验室②的防护措施是非常严格的，而且武汉病毒研究所在武昌区，距离汉口区的华南海鲜市场至少 50 公里，一个在武汉东边，一个在武汉西边，开车穿行市区过去要将近两个小时。“另外，如果是实验室泄漏的话，那么病例应该是在实验室周围最先被发现，不会在距离那么远的华南海鲜市场。我认为实验室泄漏病毒的可能性是没有的。”③

同一天，美国参谋长联席会议主席马克·米利将军表示，美国军方对新冠病毒的起源进行的调查表明，该病毒不太可能是在实验室中产生的。但他为这一结论留了一个“活口”——对此，“我们还不完全确定”。第二天，美国国防部长埃斯珀在接受美国全国广播公司（NBC）采访时也承认：“目前大多数观点（病毒来源）是自然的。”

---

① 《美国议员造谣病毒是武汉泄露的生化武器？哈佛教授怒批：荒谬！》，《参考消息》2020 年 2 月 4 日。

② P4 即“生物安全四级实验室”，是防护等级最高的实验室。

③ 《专家：武汉病毒所离华南海鲜市场 50 公里，实验室不可能泄漏病毒》，《环球日报》2020 年 2 月 17 日。

美国参谋长联席会议主席马克·米利
(图片来源:《环球时报》)

美国白宫新冠肺炎疫情协调负责人博克斯 4 月 19 日在接受采访时承认,她既未掌握关于新冠病毒"是一场实验室事故"的任何证据,也不清楚"其确切起源"。博克斯还说,截至目前,普遍的共识是"这是从动物传染给人类的"。

美国前国务卿奥尔布莱特对试图"甩锅"中国的行为不以为然,认为各国不应该争吵指责,将新冠肺炎疫情政治化。

1 月底、2 月初从中国考察回来的"病毒猎手"利普金教授认为,没有任何证据能证明新冠病毒是在实验室合成的,也没有证据支持病毒是被泄漏的。利普金说,自己特别研究了病毒的序列,可以确定是从某种蝙蝠身上而来,因为蝙蝠携带的冠状病毒与新冠病毒有明显的关联。

4 月 30 日,美国国家情报部门罕见地发布声明:"整个情报界一直在为美国决策者和新冠病毒的来源提供关键的支持。情报界也同意广泛的科学共识,即新冠病毒不是人为的或由转基因而来。"在科学界、情报部门和美国军方的密集表态下,蓬佩奥在这一天接受美国媒体采访时,不得不厚着脸皮改口说:"我们不知道(病毒)是来自武汉病毒研究所、海鲜市场还是别的地方,我们没有答案。"

为了转移对自身领导抗疫不力的指责、博取选举支持率,特朗普就新冠病毒"甩锅"中国时可谓不遗余力。特朗普在 4 月 30 日宣称"见过病毒从武汉实验室泄漏的证据",但他"不被允许披露"。5 月 3 日的记者会上,特朗普又在没有证据的情况下进一步加码,坚称“我认为他们(武汉研究所)犯了一个可怕的错误,但不想承认”。

眼见老板言之凿凿,一向“政治嗅觉灵敏”的蓬佩奥,5月3日在接受美国广播公司采访时再一次改口宣称,“有大量证据”显示新冠病毒来自武汉的一个实验室。当采访者指出,他的这一表态与4月30日美国国家情报总监办公室的声明矛盾时,蓬佩奥当场第三次改口:“我看过情报部门的报告,我没有理由认为他们是错的。”

白宫一方面在前台演戏,另一方面在后台抓紧时间向情报界人士施压,要求他们支持病毒是来自武汉病毒研究所的说法。美国《纽约时报》报道称,情报部门最后还是认为没有任何公开的证据能够予以证明。

5月4日,福奇在接受《国家地理》杂志采访时表示,有力的证据显示导致新冠肺炎疫情的病毒并不是来自中国的实验室;同时,他也否认了“有人在野外发现病毒,将病毒带回实验室后导致泄漏”的推测。此前,福奇也表示,对病毒基因组的最新研究表明,新冠病毒是由动物传染给人类,并非在实验室环境中产生。

针对蓬佩奥的“新冠病毒来自武汉实验室”的谬论,CNN披露“五眼联盟”[①]的内部人士对他的说法无法认同——“这种情况非常不可能发生”。而蓬佩奥信口开河、无中生有且反复无常的作风,就连美国国内主流媒体也对其提出严厉批评。《纽约时报》网站刊发的一篇题为《蓬佩奥使美国国务院蒙羞》的文章中,非常严厉地批评说,“蓬佩奥损毁了国务院用几个世纪的服务和牺牲建立起来的声誉”,“美国国务院的印章正被亵渎”。

在“中国负责论”、“病毒人为制造论”等污名化言论被美国右翼势力频繁操弄之际,来自斯坦福大学、耶鲁大学、广州医科大学、香港科技大学、哈佛大学、兰德公司、布鲁金斯学会等的70余名学者于5月1日发布联名公开信,呼吁中美共同抗击新冠肺炎疫情,并避免用阴谋论或污蔑病毒起源的方式危害双边关系。公开信称,一些互信关系的建立需要几年的时间,但“当一条推文能瞬间在全球传播之际”,摧毁这种互信关系只需要几秒钟。“今天,政客们没有通过传

① 五眼联盟(Five Eyes Alliance,FVEY),是由5个英语国家所组成的情报共享联盟,成员国包括美国、英国、加拿大、澳大利亚和新西兰。

播阴谋论或污蔑病毒起源的方式危害双边关系的余地。是时候重建世界卫生组织等全球公共卫生联盟,重启科学交流,并相互尊重地开展跨国往来。”

5月4日,世卫组织回应:已知基因序列显示病毒不是人为制造的。

诺贝尔生理学或医学奖获得者、日本著名免疫学家本庶佑也被人假借名义散发“病毒人造”的虚假言论。对此,本庶佑专门做出澄清:“我和京都大学的名字,被用于进行虚假发布和错误信息的扩散,让我感到非常惊讶。……像这样对疾病的起源毫无根据的主张,是极其危险和具有毁灭性的。”

曾对武汉病毒研究所人员进行培训并参与合作的加利福尼亚大学戴维斯分校流行病学专家乔娜·马泽特在5月初接受美国《商业内幕》的采访时说,新冠病毒的传播极不可能是源自实验室泄漏。她列出了四大原因:(1)实验室样品与新冠病毒不匹配。(2)实验室执行严格的安全协议,无论是在实验室里还是在采样现场,中国研究人员的工作无可非议;在对样本进行研究时,研究人员仅使用灭活的、不具有传染性的样本。(3)新冠病毒是人畜共患疾病中暴发的一种最新病毒。(4)新冠病毒不是从实验室泄漏的第四个原因,是普通人比研究人员更容易接触感染活体病毒。

在各方面的反对声浪下,5月4日特朗普改口说,他的意思是病毒“从武汉地区扩散”,而不是确认“源自实验室”。

美国参谋长联席会议主席马克·米利在5月5日做出进一步的澄清,已有证据表明,新冠病毒并非人造,而是源于自然界。他还表示,有充分证据显示病毒并非“故意”释放。与他之前在4月15日的“不太可能是在实验室中产生”、“还不完全确定”的说法相比,这一次的表态已经非常肯定病毒是从自然界起源的。

灰头土脸的蓬佩奥在5月6日的记者会上只能再次“打脸”,承认美国不能肯定新冠病毒的暴发起源于武汉实验室,“我们不确定,它是在实验室中开始还是在其他地方开始的。”

来自中国方面的信息,与国际科学界的主流意见是一致的。

中国科学院武汉分院院长、武汉病毒研究所研究员袁志明在接受中国国际电视台(CGTN)专访时说,我们有严格的管理制度和科研行为准则,我们对这一点充满信心,有些人出于政治目的发出的阴谋论是没有证据的。袁志明援引美国加尔维斯顿国家实验室主任的话说，武汉病毒研究所的 P4 实验室与欧洲、美国的实验室是一样的，接受同样标准的严格管理。

武汉病毒研究所所长王延轶回忆说："武汉病毒研究所最早是在去年(2019年)12 月 30 日第一次接触到，当时还叫'不明原因肺炎'的临床样本。后来经过病原检测，我们才发现这些样本里面其实含有一种以前完全未知的全新冠状病毒，也就是现在说的新冠病毒。在这之前我们是完全没有接触过、研究过或者保存过这种病毒。实际上我们也和大家一样，都不知道这种病毒的存在。"①

武汉病毒研究所高级研究员石正丽，在 7 月 15 日通过邮件回复了国际权威杂志《科学》提出的多个问题，包括病毒起源和武汉病毒研究所的研究工作。这份采访稿于 7 月 24 日在《科学》杂志上刊出。在邮件里，石正丽回应了关于病毒起源的猜测。石正丽说，自己和同事在 2019 年末从患有不明来源肺炎的患者的样本中发现了病毒。"在此之前，我们从未接触研究过该病毒，也不知道存在着这样一种病毒。"

石正丽还说："来自全球的科学家已经压倒性地得出结论，新冠病毒源于自然界而不是任何机构。美国总统特朗普声称新冠病毒是从武汉病毒研究所泄漏，这与事实完全相悖。这给我们的学术工作和个人生活带来了伤害和影响。他欠我们一个道歉。"

石正丽还在邮件中再次阐明，武汉实验室没有人感染新冠病毒。"我们在湖北监测蝙蝠病毒多年，但是并没有在武汉甚至更广范围的湖北省发现有蝙蝠携带任何与新冠病毒密切相关的病毒，我不认为病毒从蝙蝠传染给人类的情况发生在武汉或湖北。"

来自美国乔治城大学的传染病学专家丹尼尔·卢西表示，石正丽回复的内容贡献很大，有很多事实是自己此前未曾注意到的，非常兴奋能直接从石正丽那儿得知这些。

成立于 1924 年、美国最大的私立非营利性生物医学研究机构——斯克利普斯研究所——的进化生物学家克里斯蒂安·安德森虽然有所疑问，但还是承认，石正丽的回答真实、符合逻辑，而且对科学原则的坚持符合人们对一位世界

① 《无中生有！CGTN 专访武汉病毒所所长驳斥新冠病毒阴谋论》，人民网 2020 年 5 月 26 日。

级的科学家和顶级新冠病毒研究专家的期待。[1]

尽管世界各地的科学家从实证的角度，证明了武汉病毒研究所与所谓病毒泄漏毫无关联，但美国政界仍有人绞尽脑汁地捕风捉影。

清者自清。

8 月 7 日，美国全国广播公司(NBC)成为疫情后首家获准进入武汉病毒研究所的外国新闻机构。美国记者在实验室中访问了大约 5 个小时，专访了武汉病毒研究所所长王延轶和相关资深专家。

王延轶在采访中说，在全球抗疫的进程中，武汉病毒研究所取得了重大进展，譬如他们是及时发现并与世界共享新冠病毒基因组序列的团队之一，研发了首个 SARS-CoV-2 病毒的灭活疫苗等。但"不幸的是，我们被当成这种病毒起源问题上的替罪羊"。"在进行与病毒做斗争的研究和相关工作时，任何人遭到无端或恶意的指控，都会不可避免地感到非常愤怒或被误解。"

NBC 新闻记者问道："(你觉得)特朗普总统欠你们一个道歉吗?"

"我觉得事实就是，武汉病毒研究所和新冠病毒的源头没有任何关系。无论是不是有人向我们道歉，都不会改变这个事实。" 王延轶笑了笑回答。

NBC 新闻记者还采访了中国科学院武汉分院院长、武汉病毒研究所研究员袁志明。袁志明同样对"病毒实验室起源论"的说法予以否认，"我曾多次强调，在 2019 年 12 月 30 日，我们在拿到了医院送来的 SARS 型或不明肺炎样本"，"在那之前，我们还没有遇到过这种冠状病毒，没有这种病毒，它就不可能起源于实验室"。

与武汉病毒研究所合作了 16 年的纽约非营利组织"生态健康联盟"主席彼得・达萨克也认为，"我认为他们并没有试图掩盖什么，他们很快就公布了病毒的序列"，"绝对没有证据表明它是从实验室中泄露出来的"。[2]

NBC 的客观采访公布后，让戴着有色眼镜的美国政客极为不满。美国国务院发言人奥特加斯马上就对 NBC 的采访进行指责，"他们有什么表现？他们只是机械重复中方宣传，没有追问事实"。

但实际上，NBC 的记者不仅深入拍摄了武汉国家生物安全四级实验室，还

① 《石正丽回复〈科学〉杂志提问：特朗普欠我们一个道歉》，《中国日报》2020 年 7 月 27 日。
② 《美国记者进入武汉病毒所专访》，深圳共青团 2020 年 8 月 12 日。

直接对话了武汉病毒研究所所长王延轶和研究员袁志明，全程刨根问底采访了5个小时，把能问的都问了。这么“拼”还是没能让美国政客满意，可见他们衡量新闻的标准不在内容真假，只在立场，只要不指责中国，说啥都是错的；同样，若没有明显攻击色彩，基本是客观记录和陈述，都被扣上“被收买”替中国做宣传的大帽子。

美国哥伦比亚广播公司知名时事节目《60 分钟》因为驳斥过“新冠病毒起源于中国武汉实验室”的说法，特朗普就斥责其“竭尽所能维护中国”、“想在中国做生意”；武汉“解封”之日，美国之音(VOA)在推特上分享了一则当地灯光秀视频，就被特朗普痛批“拿美国纳税人的钱，反而帮中国宣传”；CNN 就说了一句“在应对疫情大流行方面，中国的表现好于许多其他国家”，马上被按上“中国傀儡”、“人民公敌”的罪名……[①]

美国前驻华大使马克斯·博卡斯在接受 CNN 采访时说，美国现政府当下的所作所为，“让人联想到‘麦卡锡主义’时代……也有点像 20 世纪 30 年代的希特勒(时期)”，“现在美国正在经历一个疯狂的时期”。5 月 14 日，在接受《环球时报》采访时，博卡斯强调：“我们(中美两国)还在同一艘船上……确实有不少人试图让我们分开，登上两艘不同的船，但我认为这很不明智，美中仍然应该同舟共济，尽最大可能合作。”对于病毒来源问题，博卡斯说，“我不认为是实验室泄漏。”

在经过大量事实验证后，一度支持新冠肺炎病毒是“实验室泄漏”这一说法的诺贝尔奖得主戴维·巴尔的摩，也不认同实验室泄漏论。所谓“实验室泄漏”的“证据”，来自新冠病毒的弗林蛋白酶裂解位点，但实际上这一“位点”在过去的类似病毒中已有发现，并被众多科学家确认源于自然形成。费尽心机的美国情报部门，在 2021 年 10 月 29 日发布了所谓“新冠病毒溯源问题解密版报告”。普利策新闻奖获得者、知名作家迈克尔·希尔齐克评价这份报告不仅无法为“实验室泄漏论”提供任何证据，反而“有效地”证明了这一“假说”是伪科学。

歪曲事实，宣称“没有更早通知美国”

白宫贸易顾问彼得·纳瓦罗在 2020 年 3 月 26 日接收 CNN 采访时，将矛

① 《武汉病毒研究所采访 5 小时，美媒服了，政客怒了》，北晚新视觉网 2020 年 8 月 13 日。

头对准中国，声称“中国没有更早通知美国”。主持人迅速打断了他的话，“公平地说，美国政府显然对此准备不足。疫情正在发生，很可怕，但它确实发生了。你们(美国政府)在去年(2019 年)夏天举行演习的时候就知道，如果疫情暴发就会出现问题。这就是为什么我要请你们来谈谈物资供应的问题”。对此，纳瓦罗又企图将责任推给前任奥巴马政府，前言不搭后语地试图把美国应对疫情迟缓的责任甩给中国。这让主持人完全失去了耐心：“你这么说只是浪费时间，就讲到这里吧”，“我们没时间了，这太荒谬了！”主持人直接掐断了采访。

三天后，纳瓦罗再次接受 CNN 采访时，又反复使用“中国病毒”等词汇。对于纳瓦罗这一明显带有污名化和种族主义意味的言论，CNN 主播当场提醒对方不要在节目里使用这些词汇，然而纳瓦罗却仍旧嬉皮笑脸、充满恶意地反复说了很多遍，全然不顾主播的提醒。最终，电视主播以一声“谢谢”强行结束了访谈，出现在画面最后的纳瓦罗依旧在嬉笑不止。

7 月 29 日，纳瓦罗在接受 CNN 主播伯曼采访时又屡次恶意使用“中国病毒”，最终，主播伯曼无奈中止了节目，只留下纳瓦罗一脸的尬笑定格在荧屏上。

纳瓦罗的不端行为，相信大家并不陌生。他曾在书中使用虚构的一名专家、哈佛博士“罗恩·瓦拉”——这是他名字的变体——抹黑中国。“罗恩·瓦拉”这个虚构人物及其言论，在纳瓦罗所写的 6 本书中频繁出现，以此证明他有关中国对美国经济构成威胁的论调。纳瓦罗还一本正经地为这位所谓的哈佛博士“罗恩·瓦拉”编造了索引文献。2019 年，澳大利亚国立大学荣誉教授莫里斯·铃木发现从哈佛大学的毕业生名册中根本查不到这个人，纳瓦罗的造假行为就此被揭穿。这种学术不端的行径，连另一位美国反华政客白邦瑞都难以忍受：“我一直知道彼得具有创意和想象力，但我还是严重低估了他。”

针对美方屡次三番地抹黑中国，并宣称由此致使美国疫情防控延误的说法，外交部发言人赵立坚在外交部 4 月 17 日例行记者会上反问：“如果说美方在疫情初期受到误导或没有充足信息，为什么美疾控中心 1 月 15 日就发布了关于新冠肺炎的警告？为什么美方 1 月 25 日就宣布关闭驻武汉总领馆并撤出人员？为什么 2 月 2 日就对所有中国公民及过去 14 天到过中国的外国人关闭边境？”

事实上，在 1 月 29 日与中共中央政治局委员、中央外事工作委员会办公室主任杨洁篪的通话中，蓬佩奥还对疫情发生后中方及时回应美方关切表示了赞赏。①中美双方在 2020 年 1 月至 3 月多次就新冠疫情进行信息沟通。表 8—1 列示了自 1 月 3 日起至 3 月底，中美双方就疫情发展、防控等积极沟通的情况。

表 8—1　　中美双方 2020 年 1 月至 3 月就新冠疫情沟通部分统计

时间	内　容
1 月 3 日	中方开始定期向美方通报疫情信息和防控举措。
1 月 4 日	中国疾控中心负责人与美国疾控中心主任通电话，介绍疫情有关情况。双方同意就信息沟通和技术协作保持密切联系。
1 月 19 日	美国疾控中心就疫情防控中的有关情况与中国疾控中心沟通。
1 月 27 日	国家卫健委主任马晓伟应约与美国卫生与公众服务部部长阿扎尔通电话，就当前新型冠状病毒感染的肺炎疫情防控工作进行交流。
1 月 29 日	中共中央政治局委员、中央外事工作委员会办公室主任杨洁篪应约同美国国务卿蓬佩奥通电话。蓬佩奥对疫情发生后中方及时回应美方关切表示赞赏。
1 月 30 日	国家卫健委通过官方渠道告知美方，欢迎美国加入世界卫生组织联合专家组。美方当天即回复表示感谢。
2 月 2 日	国家卫健委主任马晓伟致函美国卫生与公众服务部部长阿扎尔，就双方卫生和疫情防控合作再次交换意见。
2 月 3 日	中国疾控中心负责人接待美国哥伦比亚大学有关学者来访。
2 月 4 日	中国疾控中心负责人应约与美国国家过敏症和传染病研究所主任通电话，交流疫情信息。
2 月 7 日	习近平主席应约与美国总统特朗普通电话。习近平强调，中方不仅维护中国人民生命安全和身体健康，也维护世界人民生命安全和身体健康。我们本着公开、透明、负责任的态度，及时向世卫组织以及美国在内的有关国家和地区做了通报，并邀请世卫组织等相关专家前往武汉实地考察。
2 月 11 日	中国疾控中心专家应约与美国疾控中心流感部门专家召开电话会议，沟通和分享疫情防控信息。
2 月 13 日	美国卫生与公众服务部相关负责人致函国家卫健委负责人，沟通双方卫生和疫情防控合作等有关安排。
2 月 16 日	由美国国立卫生研究院国家过敏症和传染病研究所临床主任莱恩、美国疾控中心国家免疫和呼吸疾病中心流感科医务官周为公等参加的“中国—世界卫生组织联合专家考察组”开始为期 9 天的在华考察调研工作。联合考察组由来自中国、德国、日本、韩国、尼日利亚、俄罗斯、新加坡、美国和世卫组织的 25 名专家组成。

① 陈芳、刘华、韩墨、李志晖：《中国发布新冠肺炎疫情信息、推进疫情防控国际合作纪事》，新华社 2020 年 4 月 6 日。

续表

时间	内　容
2 月 18 日	国家卫健委复函美国卫生与公众服务部,就双方卫生与疫情合作有关安排进一步沟通。
3 月 27 日	习近平主席应约同美国总统特朗普通电话。习近平强调,新冠肺炎疫情发生以来,中方始终本着公开、透明、负责任的态度,及时向世卫组织以及包括美国在内的有关国家通报疫情信息,包括第一时间发布病毒基因序列等信息,毫无保留地同各方分享防控和治疗经验,并尽己所能为有需要的国家提供支持和援助。我们将继续这样做,同国际社会一道战胜这场疫情。
3 月 30 日	国家卫健委主任马晓伟与美国卫生与公众服务部部长阿扎尔通电话,落实中美两国元首 3 月 27 日通电话的精神,分享中方疫情防治阶段性情况,并就下一步合作交换意见。

资料来源:陈芳、刘华、韩墨、李志晖:《中国发布新冠肺炎疫情信息、推进疫情防控国际合作纪事》,新华社 2020 年 4 月 6 日。

就在中国于 1 月 11 日网上公布基因组测序的当天,得到消息的美国迅速开展了新冠疫苗的研制工作,动作不可谓不快。特朗普后来在 5 月 14 日的白宫记者会上亲口确认美国疫苗研发始于 1 月 11 日。白宫指责中国隐瞒疫情,那么请问 1 月 11 日美国就开始了新冠疫苗研发,这个研发是根据什么来的?因为根据美国官方的消息,1 月 21 日美国才有第一例确诊病例,难道美国在对新冠病毒的生物构成一无所知的情况下,就开始研发疫苗了?

由此,美国之所以能在 1 月 11 日就开始研发新冠疫苗,只有两种可能:第一种是中国通报给美国的,并且向美国共享了新冠病毒的基因序列。如果是这样,所谓“没有更早通知美国”的说法就毫无根据,攻击中国隐瞒疫情的指控就没有事实基础,只能用出于政治目的、罔顾事实地抹黑才能解释。第二种可能,如果不是中国通报,按照逻辑推断,那就是美国自己本来就掌握了病毒的具体信息。

所谓的人为操控数据

继“新冠病毒来源于武汉”、“武汉病毒所泄漏新冠病毒”等谣言被科学证伪后,“中国刻意隐瞒和造假疫情相关信息”的阴谋论也被科学研究批驳得体无完肤。

针对美国政府高官和右翼政治人物在疫情期间对中国的频频“甩锅”,美国哥伦比亚大学经济学教授、前联合国秘书长高级顾问杰弗里·萨克斯详细指出,美国右翼对中国的指责没有一点道理。首先,一些右翼人士指责说,这种冠状病毒可能是一种中国的“生物武器”。科学家通过分析这种病毒,迅速将该说法驳倒。随后,右翼人士指控病毒是“偶然从武汉病毒研究所泄漏出来的”。这也是不合逻辑的。事实上,无论是生物学还是时间线,都不支持实验室泄漏的说法。生物学家指出,武汉的实验室里甚至没有在对这种新冠病毒开展研究。

最后,萨克斯发出尖锐的质问:“你们就没有羞耻感吗?”

除了“实验室泄漏论”之外,针对美国政府和右翼媒体罔顾事实、指责中国在数周内掩盖疫情的情况,萨克斯指出,考虑一下时间记录。武汉医生在2019年12月中旬首次发现了罕见的病毒性肺炎病例;12月31日,武汉卫生官员通知了世卫组织驻中国办事处;2020年1月3日,中国卫生部门致电美国疾控中心;1月11日,基因组测序完成并在网上公布;1月23日,武汉被封锁。考虑到一种以前从未发现过的新疾病在早期不可避免地会引起一定疑惑,这已经是一个很快速的时间轴了。①

意大利外交与国际合作部长迪马约在4月5日参加意大利电视7台的访谈节目时表态说:“无论是意大利情报部门还是国家层面掌握的信息,都没有任何数据可以反驳中国公布的数字。”

3月21日,美国国务院发言人摩根·奥塔格斯宣称中国疫情公布“不透明”,要求世界审视所谓疫情“时间表”。但奥塔格斯这一罔顾事实的表态,在3月23日遭到了副总统彭斯的否认。在接受福克斯电视台采访时,彭斯承认中国应对疫情信息公开透明,并透露在2月中旬就已经向中国派出医疗团队,查看中国的病患数据,来搞清楚中国到底发生了什么。彭斯还说中美双方正在展开良好合作。②

科学界对中国的数据情况进行了定量分析。牛津大学商学院学者冈村健与美国达拉斯联邦储备银行研究员克里斯托弗·科赫共同撰写了一篇名为《本福特定律和新冠疫情数据报告》的文章,文中通过利用本福特统计定

① 胡泽曦:《美政府高官疫情期间攻击中国 哥伦比亚大学教授:你们没羞耻感吗》,环球网2020年5月7日。

② 《美国终于承认中国公布疫情信息及时透明!发布特朗普政府应对疫情时间表》,《北京周报》2020年3月24日。

律(Benford's law)分析中国报告的新冠疫情数据后发现,中国不存在人为操控数据的情况。

这篇文章得出了三个有关疫情数据的重要结论:第一,用本福特定律对数据进行分析验证后,没有发现中国数据造假;第二,可以使用中国的疫情数据校准新增病例数和死亡病例数之间的权衡模型;第三,中国"后隔离"数据可以指导其他国家制定政策。

作者通过统计学规律,反驳了那些谣言。他们进一步提出,不仅中国政府的疫情数据真实可靠,其他国家采用的模型也可以依据中国数据对疫情趋势进行修正。此外,中国提供的数据还可以为别国疫情后期的社会恢复政策提供指导。

斯坦福大学的生物学教授、诺贝尔化学奖获得者迈克尔·莱维特在接受媒体采访时说:"在中国湖北和其他省市发生的疫情情况,与新西兰的疫情动态完全一样。"他表示,"如果中国在伪造数据,那他们肯定有一台时光机",因此,没有理由怀疑中国官方公布的疫情数据有问题。中国的数据与其他地方观察到的疫情曲线完全一致。

中国关于疫情数据的公布,不仅及时、准确,而且做了"累计确诊"、"现有确诊"、"无症状感染者"、"累计治愈"、"累计死亡"、"境外输入"等详尽的分类,即便在全球范围,也未见有超过中国如此科学、严谨的国家。因此,当法国BFM电视台采访马赛大学医学教授、传染病学家迪迪埃·拉乌尔,询问"你是否相信中国的数据"时,拉乌尔毫不客气地反问道:"你提这样的问题不觉得羞愧吗?"

掩耳盗铃——毫无根据的"碰瓷"

特朗普2020年6月17日在接受采访时又是"张口就来"——中国可能出于经济动机让新冠病毒传播到境外,以动摇与之竞争的经济体。然而,被记者追问是否有情报证据显示中国这样做时,特朗普却表示自己并没有获得任何情报;然后,特朗普说了句让人实在无语的话:"这只是我的感觉,他们可能那样做了。"这与历史上被反复严厉批判的"腹诽"定罪,已经没有什么区别了。

"收不住"的特朗普在6月20日俄克拉荷马州塔尔萨市的竞选集会上说:"毫无疑问,这(新冠)是一种疾病,它的名字比历史上任何一种疾病都多。"他还说:“我能给它命名‘功夫流感’,我能给它取 19 个不同版本的名字。”特朗普试图在病毒名称上“碰瓷”中国,以转移视线。特朗普的自说自话遭到了前总统奥巴马的强烈回应:“我不希望美国总统在国家积极宣扬反亚情绪,甚至还认为这样做很有趣。我不希望那样。那让我很震惊、很愤怒。”

不仅中国被频频“碰瓷”,就连美国国内的检测也被“找茬”。在塔尔萨市的竞选集会上,特朗普宣称,美国已检测 2 500 万人,位列“世界第一”,并将居高不下的每日新增病例数归咎于检测太快,要求下属“放慢检测速度”。一名政府官员事后“找补”说,特朗普的话是在“开玩笑”。但记者 6 月 23 日在白宫草坪上拦住特朗普,询问其有关“放慢检测速度”是否是一个玩笑时,特朗普语气坚决地否认道:“我没有开玩笑。”

特朗普将美国新冠肺炎病例的高发归咎于检测,并不是一时的心血来潮。早在 5 月 6 日,在与艾奥瓦州州长会面中,特朗普称,“如果检测少一点,确诊数字就会少。检测得越多,我们就会使自己看起来越糟糕”。6 月 17 日,特朗普在接受《华尔街日报》采访时再次强调“检测过度了”,“在很多方面,这(更多的检测)让我们看起来很糟糕”。CNN 评论称,这件事本身就反映出特朗普对这场灾难的轻率态度,以及他对科学抗疫方法的排斥。

疫情发生后的第一场竞选集会在塔尔萨市举行。这是一场被特朗普寄予厚望的竞选集会。会前,白宫宣称有 100 万人注册报名,预计届时将人山人海。在从白宫出发前,信心满满的特朗普特意发了一条推特,说那里的集会现场将人潮汹涌。竞选团队怕“老板”不尽兴,于是在场外又赶着搭建了额外的讲台,准备为场外的观众奉献一场 20 分钟的“加演”。但能容纳 1.9 万人的会场,最终的入场人数只有 6 200 人,上座率仅约 1/3;当天场外的支持者寥寥无几,特朗普竞选团队随后不得不取消了在场外露天的“加演”。但特朗普认为是 TikTok 的年轻用户虚假预订门票,把这场集会“搞砸了”,就此与 TikTok 结下了梁子。

6 月 23 日,特朗普再次发推特,宣称美国病例数的上升,是由于检测数超过其他任何国家,因此,较少的检测数就能“减少”美国的病例数。

这种试图通过减少检测数来降低病例的发生数,究其实质来说,无异于掩耳盗铃。

看不下去的美国VOX新闻网,很快出来“打脸”了特朗普。它的报道指出:“美国在新冠检测方面落后于几个国家。根据‘Our World in Data’数据网站的统计,到2020年5月9日,美国新冠检测率约为每1 000人中有26人接受了检测;相比之下,丹麦为53人,意大利为42人,新西兰为39人,德国为33人(截至5月3日),加拿大为28人。”

从中国国家卫健委公布的数据看,截至2020年6月22日,中国医疗卫生机构进行核酸检测累计达到9 041万人份。这在国际上引起不少关注,CNN对此做了专题报道;日本时事通信社对比了中日的检测数据,认为“中国的病毒检测能力是日本的130倍”;美国彭博社的一位记者则惊呼这个数字“太疯狂了”。

就具体的个案来讲,5月14日至6月1日的19天时间里,武汉市集中核酸检测989.98万人。此后,中国的检测速度更加“疯狂”。10月11日,山东省青岛市发现3例新冠肺炎无症状感染者后,立即组织大规模流调和检测。仅用了4天多的时间(截至15日下午15:30),就完成了1 046万份采样,并对其中的884万多份做出了检测报告。新疆喀什在10月24日发现第一例无症状感染者后,马上启动检测,至27日,3天时间完成了所辖地区全部474.65万多人的检测。美国食品药品监督管理局前局长斯科特·戈特利布博士对此惊叹地表示:“中国能够成功地避免疫情再次暴发,在美国就做不到这样。我们没有能力完成这项任务。即便我们有足够的人力、物力,我们也不会像中国做得那样好。”

7月1日,特朗普还在推特上忙着“甩锅”中国,一位美国政治评论员戳穿了这出“老把戏”:“中国不负责美国的防疫工作,那是你特朗普的工作……只有你还在忙着假装疫情是虚假的,这是你的责任。”①

德国总理默克尔7月9日在布鲁塞尔欧盟议会发表演讲,言辞激烈地批评道,在抗击新冠肺炎疫情方面,“正如我们亲身经历的那样,你不能用谎言和虚假信息来抗击疫情,正如你不能用仇恨或煽动仇恨来抗击疫情一样”。尽管没有指名道姓,但默克尔的言外之意是十分明确的。

塔尔萨市的竞选集会风波没有很快过去。7月30日,74岁的美国前共和党总统竞选人赫尔曼·凯恩感染新冠肺炎去世。凯恩是参加特朗普在俄克拉荷马州塔尔萨市的竞选集会几天后确诊的,随后病情迅速恶化。

---

① 《特朗普再对中国撒泼,华尔街都对他忍不了了》,《环球时报》2020年7月1日。

对中国念念不忘的特朗普，9 月 22 日在参加第 75 届联合国大会一般性辩论中做视频讲话，又一次无端“甩锅”指责中国，在短短的 7 分钟内，11 次提及中国。中国驻联合国大使坚决驳斥了这一荒谬言论。包括英国《金融时报》在内的众多国际媒体也毫不留情地指出，美政客不遗余力地一再妖魔化中国，“充满了政治算计”。法新社在报道中说：美国领导人在联合国的发言，是企图通过指责中国来掩盖人们对其抗疫不力的广泛批评。

大概是《哈利・波特》看多了，这种“碰瓷”伎俩演绎到后面，在一般人看来，已经到了“走火入魔”的境地。2020 年 10 月 8 日，特朗普说是因为中国施加了“诅咒”，造成了可怕的瘟疫。

笔者对此也不知道该说什么好。

2020 年 10 月 19 日《时代》周刊封面
（图片来源：凤凰新闻客户端/《时代》周刊）

对于特朗普政府慌不择路地推责，美国《时代》周刊也难以容忍。这家颇具影响力的美国媒体以封面文章的重磅规格指出：现在仅仅与白宫有关的病例，就比新西兰一个国家在过去的一星期内报告的还要多。

康奈尔大学与哈佛大学的一项研究指出，特朗普本人是有关选举和新冠病毒的最大虚假信息来源，“他是我们国家的超级传播者：谎言、恐惧、分裂、瞎折腾”。

由于特朗普总统针对中国的煽动性言论，美国各地不断发生针对亚裔的种族主义事件。西海岸城市洛杉矶一带无辜的日本裔移民，被羞辱为“猴子”，并被威胁“滚回日本!”。根据日本 NHK 电视台报道，美国各地出现了不少针对日本人和亚裔的种族歧视事件，西雅图一名美籍日本裔女教师，在路上突然毫无防备地被一名男子用装有石头的袜子狠狠地甩击面部，这名日裔女教师当场昏倒。事后检查发现，她被打得脑震荡、牙齿断裂、面部鼻梁骨折。

日本裔在美国西海岸遭受的歧视，在东海岸也以暴力的形式再现。日本爵士钢琴家海野雅威 9 月 27 日晚上在纽约曼哈顿的一处地铁站内，遭到 8 名年轻男女的种族主义言语羞辱，感觉还不过瘾的这 8 个人最后左右开弓，对海野雅威大打出手，致使其右肩和手臂多处骨折。这次毒打不仅使这名颇有造诣的钢琴家身受重伤，而且在精神上也深受打击，事件发生后不敢走出寓所。

相比之下，在东海岸的曼哈顿唐人街与纽约皇后区唐人街之间乘坐地铁的亚裔乘客，所遭受的多起种族主义诽谤和侮辱，似乎显得“小菜一碟”。

纽约唐人街的一位社区人士说：“社交礼仪已不复存在。过去两年半间，情况变得非常糟糕。华盛顿的言论似乎使美国的种族主义合法化并在全世界推广。”为此，纽约和加利福尼亚州的华裔社区不得不组织民间巡逻队以求自保。

“事实变得无关紧要”——被揭露的污名化套路

美国知名记者兼作家、独立新闻网站“灰色地带”(Gray Zone)的创建者马克斯·布鲁门塔尔指出：“我们在《纽约时报》、‘政客’新闻网站上看到许多有关‘中国如何制造虚假信息’的报道，信源都来自未具名的美国官员，这表明我们不幸地处于一场信息战中。在这场‘战争’中，事实变得无关紧要。”布鲁门塔尔及其同事经调查后发现，这些文章中的一个作者——肖强(音)——接受了美国国家民主基金会的资助，这是美国政府的实体机构，为世界各地的反对势力提供资金、支持和培训。布鲁门塔尔说："我在揭露美国国家民主基金会方面做过大量工作，它由里根时期的中情局创建，目的是做中情局以前秘密做的事，但美国国家民主基金会公开支持反对派运动，像去年（2019 年）发生在中国香港的事件一样。"

通过分析，布鲁门塔尔厘清了这样一个美国舆论战的模式——"美国国务院将信息泄露给媒体，媒体向公众宣传这个故事，最后政客发出呼吁，要求采取新的对华强硬和敌对政策"，即官方"放料"——媒体加工——政客呼应。[①]

德国《明镜》周刊评论说，美国政府在对抗中国时表现出"一种病态"。在疫情中，美国正失去世界领导地位，民粹主义者输掉了民主的良好声誉。被美国视作对手的不只是中国。

《柳叶刀》主编理查德·霍顿在英国《卫报》撰文表示，在新冠肺炎疫情中，中国科学家采取了果断、负责任的行动，保护中国人民的健康。他们建议及早封锁以切断病毒传播途径；他们实行严格的物理隔离政策，以减少社会交往；他们还建立了临时医院，以扩大床位容量，使病情最严重的病人能够分流到重症监护室。与 2002 年到 2003 年处理"非典"疫情的方式形成对比的是，中国医生迅速向政府发出了警告，中国政府也向全世界发出了警告。然而，西方国家没有听取这些警告。试图把这次新冠病毒大流行归咎于中国，就是要改写新冠肺炎的历史，并掩盖西方国家的失败！

自揭老底

尽管纳瓦罗在 2020 年 1 月份就向特朗普提交了关于新冠肺炎疫情严重性的备忘录，但特朗普在 4 月 7 日称自己"几天前"才看到纳瓦罗的报告。这一说法的真实性如何，此前外人无从知晓，直到采访过 9 位美国总统、并以调查"水门事件"闻名的记者伍德沃德 9 月份在他的新书《愤怒》（*Rage*）中予以揭穿。

伍德沃德在 2019 年 12 月至 2020 年 7 月间，对特朗普进行了一系列采访。在采访中，特朗普表示对能接受伍德沃德这样大腕的采访"深感荣幸"。伍德沃

① 范凌志、刘欣：《他们发现了美国反华宣传路线图，疫情过后想去新疆和武汉》，环球网 2020 年 4 月 27 日。

德和特朗普面对面坐在白宫总统办公室进行访谈时，甚至连副总统彭斯都站在一旁作陪。

是的，你没有看错，彭斯“站在一旁”。

伍德沃德在白宫采访特朗普（图片来源：环球网 / CNN）

在 2020 年 2 月 7 日的采访中，特朗普告诉伍德沃德，新冠病毒能够通过空气传播，“非常致命（deadly stuff），危害远远大于流感”。

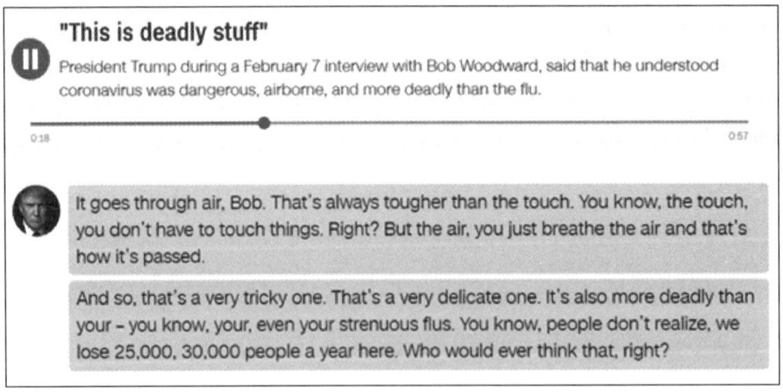

“这种病毒非常致命”（图片来源：环球网 / CNN 采访录音截图）

在 3 月 19 日的访谈中，特朗普对伍德沃德说：“我总是想要淡化它，我仍然喜欢淡化它，因为我不想制造恐慌。”在那次对话中，特朗普还对伍德沃德说，一些“令人吃惊的事实”表明，这种病毒的感染群体“不仅限于老人，年轻人也是”。

如果特朗普真的想“内紧外松”，那就应该在“淡化”的同时，采取负责任的实际行动，协调指挥、遏制病毒、保障民众的生命。但实际上，世人看到的却是谎言、推诿、粉饰，甚至自我吹嘘。

回溯白宫疫情发布会的新闻记录，可以发现，就在同一天，即 3 月 19 日，特朗普却在白宫的疫情发布会上公开宣称，美国的疫情暴发是因为“中国没有及时把情况告知自己”，并认为假如自己早点知道相关情况，疫情就会很容易控制住。这些采访记录表明，特朗普知道这种新冠病毒有多么致命和具有传染性，但他没有向美国人民传递这一正确的信息。[①] 这也为被特朗普一再抹黑的奥巴马提供了确凿的证据。在后来的反击中，奥巴马批评特朗普“不负责任”，“每天光发推特、看电视和编造谎言，而无法解决实际问题”。

伍德沃德不愧是两次获得普利策新闻奖的金牌记者。这一系列对特朗普的采访，累计历时 10 个小时，在新闻界摸爬滚打多年的“老油子”伍德沃德就是不同凡响，他居然还成功地“忽悠”特朗普同意在采访时进行录音。这些录音成为谁也无法否认的铁证。有人质疑伍德沃德为何不在 2 月份采访时就披露病毒致命性的信息，伍德沃德对此回应说，当时他需要时间来验证特朗普的说法；后来，在病毒肆虐后，他认为这一系列的采访已经超越了公共卫生事件，而成了政治问题，因此他选择在大选之前以出版图书的形式将这些内容和盘托出。伍德沃德给这本书取名——《愤怒》(*Rage*)。

在读完这本书后，不知道谁该“愤怒”？

是美国人民？还是“掉进坑里的”特朗普？抑或两者兼而有之？

特朗普在伍德沃德新书经由媒体披露后，不得不紧急接受媒体采访“灭火”。他毫不掩饰自己的“愤怒”，一反之前“热望”伍德沃德进行采访的态度，把伍德沃德形容为“迅速过气”的人、“那个写书的疯子”，攻击伍德沃德“对每个人都进行恶毒的诽谤”。而面对隐瞒信息的质疑，特朗普说：“我没有撒谎。”更让人气愤的是，特朗普还表示，自己在过去对疫情的表态前后不一“都怪中国”。

CNN 一针见血地指出，这句“没有撒谎”本身，就是在撒谎！在明知疫情真实信息的情况下，私下和公开场合的说辞却判若两人，最后还“都怪中国”，其毫无逻辑的表态，让人有充分理由相信他连谎话都没说“圆”。

① 《关于这件事，特朗普承认了》，《参考消息》2020 年 9 月 10 日。

被特朗普取绰号为“瞌睡乔”的民主党总统竞选人拜登，显然并不“瞌睡”，他斥责特朗普的做法“就是一场犯罪”，“病毒产生不是他的错，但病毒造成的死亡是他的错”。

对于特朗普这种无知任性、出尔反尔、可以为了短期个人利益而不断改变立场的表现，即便是他身边曾经共事的大员，都感到难以忍受。特朗普政府的首任国防部长马蒂斯这样评价他的“前老板”：特朗普是一个“危险的”、“不适合担任总统和三军统帅的”、“没有道德界限”的人。被特朗普“踢出”白宫的原国家安全事务助理博尔顿（按博尔顿自己的说法，是他“炒了”特朗普），在离开白宫后出版的新书《事发之室》（*The Room Were It Happened*）中披露，特朗普希望冻结对乌克兰军事援助，直至乌方同意调查 2020 年美国总统选举民主党竞选人拜登和他的儿子；让人惊讶的是，特朗普认为芬兰是俄罗斯的一部分，他不知道英国是拥有核武器的国家。在书中，博尔顿还揭秘，特朗普想让孟晚舟作为谈判的筹码，如果中国在贸易上做出让步，就可以取消对孟晚舟的起诉……

伍德沃德在新书出版后，做了一个总结性的评论：“我实在替他（特朗普）感到尴尬，替我们国家感到尴尬。居然有人可以这样到处乱说。……我从未见过哪位总统如此不负责任地处理问题。面对疫情，特朗普把头埋进了沙子里。在近 50 年里，我报道的 9 位美国总统中，（特朗普的疫情应对）可称得上是最无法容忍的过失和极度的冷漠行为之一。”①

《洛杉矶时报》9 月 10 日的社论说，现在我们有无可辩驳的证据表明，关于新冠病毒构成的威胁，特朗普几乎从一开始就对美国人民撒了谎。《今日美国》的社论也指出，特朗普为自己辩护称淡化病毒致命性是为了避免公众恐慌。但这是真的吗？特朗普从上任以来从不羞于煽动恐惧心理，只要能达到政治目的。他总是制造恐慌。②

9 月 13 日，纳瓦罗在接受 CNN 采访时，竭力回避主持人关于伍德沃德新书披露的特朗普在早就知道新冠病毒的严重危害时，为何仍然对美国民众说谎的提问，并发生激烈的争吵。最终，主持人不得不中断了纳瓦罗胡言乱语的直播画面。CNN 在采访中掐断对纳瓦罗的采访不是一次两次了，已让人产生了

---

① 《美记者：实在替他尴尬》，CCTV-4 2020 年 9 月 24 日。
② 《这一次，特朗普惯用的“假新闻”伎俩不起作用了》，《参考消息》2020 年 9 月 12 日。

一种“行为艺术”的错觉。

全球权威学术期刊《科学》杂志总编辑霍尔登·索普在该杂志官网上刊发的《特朗普对科学说谎》一文中，对特朗普隐瞒疫情的行为进行了严厉的批评，“一位美国总统故意对科学说谎，这一恶劣行径威胁了人类健康，更直接导致了许多美国民众死亡。……这可能是美国科学政策史上最羞耻的时刻。……这些谎言使科学界士气低落，造成了无数民众伤亡”。

伍德沃德只是坐实了特朗普在新冠问题上撒谎。其实，早在 4 月 19 日，CNN 主持人扎卡利亚就在节目中直言，无论美方如何质疑中国和世卫组织，都改变不了一个事实，那就是特朗普政府早在 1 月底到 2 月中旬期间就已经深知新冠病毒的潜在危险。“但他断定新冠病毒不会对美国造成很大影响、病毒会随着 4 月天气转暖而消失。显然，他担心采取任何强有力的行动对抗新冠疫情，会造成美国股市恐慌。……特朗普总统为了推卸责任，他决定抨击中国。”《华盛顿邮报》对特朗普言论的真实性，也在 4 月做了一项统计，截至 2020 年 4 月 3 日，特朗普上任后的 1 100 多天，对外发布了至少 1.8 万个“虚假或误导性信息”，平均每天高达 15 个。①

躬身自问：美国海外和本土生物实验室迷局

2019 年 6 月，独立新闻调查机构“武力观察”(Armswatch)披露，美国军方在全球 25 个国家和地区设立了生物实验室，秘密研制生物武器。这些实验室分布在格鲁吉亚、乌克兰等国家，以及中东、东南亚和非洲地区。报道称，这些实验室都属于所谓“生物协同计划”(Cooperative Biological Engagement Program)，该项目是由美国国防威胁署(Defense Threat Reduction Agency)出资 21 亿美元设立的。

2018 年 10 月，俄罗斯国防部就指出，美国“似乎在格鲁吉亚秘密运行生物武器实验室”，违反了国际公约，并对俄罗斯造成了威胁。俄罗斯辐射、化学和

① 《特朗普的“迷之”坚持：就是不戴口罩》，中国新闻网 2020 年 5 月 15 日。

美国国防部“生物协同计划”活动范围
(Cooperative Biological Engagement Program)

欧洲	亚洲		非洲	
乌克兰	格鲁吉亚	亚美尼亚	塞内加尔	坦桑尼亚
	阿塞拜疆	哈萨克斯坦	几内亚	南非
	乌兹别克斯坦	巴基斯坦	塞拉利昂	
	约旦	伊拉克	利比里亚	
	阿富汗	老挝	科特迪瓦	
	越南	泰国	喀麦隆	
	柬埔寨	马来西亚	乌干达	
	菲律宾		肯尼亚	

美国国防部“生物协同计划”活动范围
(图片来源:中国青年网)

生物防护部队司令伊戈尔·基里洛夫说得更具体,这一美国设在格鲁吉亚的实验室名为“卢加尔公共卫生研究中心”(Lugar Centre,以下简称“卢加尔中心”),是以已故的美国参议员理查德·卢加尔的名字命名的。

“武力观察”称,卢加尔中心开展的军方科研项目,包括对生物制剂(炭疽杆菌等)的研究,以及对病毒性疾病的研究;此外,实验室还在收集生物样本,用于将来的实验。

报道称,负责运营卢加尔中心的,是美国陆军的生物学家,以及几家美国私人企业。这些美国企业的职员获得了外交豁免权,企业为美国政府工作,不受格鲁吉亚政府的约束。①

格鲁吉亚国家安全局前局长吉奥尔加泽说:“一系列的实验,对我的同胞产生了致命后果。我这里有一个30人的死者名单。这些人在卢加尔中心接受过他们专家的丙型肝炎治疗。这些档案证实,来自美国的军事医学小组,以及私人承包商的生物学家,根据协议可以在卢加尔中心对格鲁吉亚居民进行秘密实验。”②

根据格鲁吉亚国家安全部门披露的文件显示,卢加尔中心曾“把志愿者当

---

① 《美军全球布局生物实验室被曝光!格鲁吉亚73名志愿者“试毒”身亡》,央视新闻2020年5月17日。

② 《美海外布局生物实验室目的何在?》,湖北卫视《长江新闻号》2020年6月9日。

作实验室豚鼠”，用来测试一种新的致命毒素。2015—2016 年，有 73 名参加测试的志愿者死亡。俄罗斯辐射、化学和生物防护部队司令伊戈尔·基里洛夫指出，俄罗斯南部一些病毒性疾病的传播可能与卢加尔中心的研究有关。另外，携带一种致命病毒性疾病——所谓的“克里米亚—刚果出血热”——的昆虫也反常地出现在俄罗斯南部，他认为，这些与美国军方的实验室不无关系。

美国国务院发言人对俄罗斯方面的指控持否定态度，在接受美国《新闻周刊》采访时表示，任何在独联体国家的与美国有关的设施进行生物武器研究的指控“都是无稽之谈，是典型的俄罗斯假情报和宣传活动”。这位发言人同时表示，卢加尔中心的工作是透明的，它不仅与美国合作，还与来自世界各地的国际科学家合作，“正如我们在许多场合所表明的那样，那里没有进行任何生物武器研究”。

但据保加利亚记者迪利娅娜·盖亚坦芝耶娃发表在《南部前线》的报告称，格鲁吉亚的卢加尔中心正是美国“生物协同计划”项目的重要一环，秘密开展一系列对致死性病毒、细菌和毒素生物武器的研究。

俄联邦安全会议副主席梅德韦杰夫说，俄方不清楚美国的海外实验室里面有什么、正在做什么研究。俄罗斯安全会议秘书帕特鲁舍夫在接受《俄罗斯报》采访时表示，美国已在全球各地建立了 200 多个生物实验室，包括独联体国家、乌克兰、格鲁吉亚和阿富汗。据悉，美国的海外生物实验室还有一部分分布于非洲以及泰国、柬埔寨、越南、老挝、马来西亚、菲律宾等东南亚国家，这些国家在地理上“恰巧”对中国形成了包围圈。①

2020 年 4 月，乌克兰反对党敦促当局调查 15 个美国军事生物实验室的运作，并表示自从这些实验室出现以来，乌克兰已经历了数次危险疾病的暴发。

据乌克兰新闻社报道，美国在乌克兰的实验室里面存放着特别危险的、据称是为了防范研发生物武器的病毒。哈萨克斯坦 Ehonews. kz 网站报道称，美国在哈萨克斯坦首都阿拉木图的生物实验室进行“不透明的研究”，经费来自五角大楼。②

同样的情形也出现在乌兹别克斯坦。2007 年，美国国防部在乌兹别克斯坦

① 《超 200 个海外生物实验室，对中俄形成包围圈——美国欠世界一个解释》，《北京周报》2020 年 5 月 8 日。

② 《美海外布局生物实验室目的何在?》，湖北卫视《长江新闻号》2020 年 6 月 9 日。

建立了首个国家专项实验室,此后数年又在安集延、费尔干纳、乌尔根奇等地建立了若干实验室,而该国在 2011 年、2012 年、2017 年和 2019 年多次暴发传染性疾病。

其实,早在 2018 年,格鲁吉亚前国家安全部长伊戈尔·乔加泽就声称他有证据证明美国在格鲁吉亚建立的卢加尔中心正在进行危险的实验,并呼吁美国总统特朗普调查该中心的活动。

俄罗斯外长拉夫罗夫在 2020 年 5 月 13 日的上海合作组织外长视频会议上表示,华盛顿在世界各地的军事生物活动极不透明,他们究竟在干什么?不可告人的目的令人生疑。他还指出,2001 年起俄罗斯与大部分国家主张就禁止生物武器公约议定书的准备进行磋商。拉夫罗夫认为,应该建立对成员国履行不制造生物武器义务进行核查的机制,即重启《禁止生物武器公约》核查议定书谈判。但放眼全球,美国是目前唯一一个迄今仍在阻挡重启《禁止生物武器公约》核查议定书谈判的国家。①

俄罗斯外交部发言人扎哈罗娃也指出,美国国防部以打击"生化恐怖主义"为借口,在俄罗斯周边地区建立具有双重意义的生物实验室,意在加强其在境外的生化影响。另外,也不能排除美国在第三国建立类似的实验室,以研制或重组各种危险疾病的病原体,并用于军事目的。

美国在自己的盟国境内,也同样设有此类机构。据韩国《统一新闻》报道,驻韩美军在韩国首尔龙山、釜山、群山和平泽 4 个美军基地设有 4 个炭疽杆菌生化武器实验室。从 2009 年至 2014 年,这些实验室共进行了 16 次炭疽杆菌试验。2015 年 4 月,美方在向韩国寄送样本过程中发生事故,引起韩国民众的极度不满,纷纷要求信息公开并撤走实验室。2019 年,在釜山港码头发现过将多种毒素送进韩国的现象,但驻韩美军没有进行事前申报,未经韩国法律的许可。2020 年 3 月 25 日,釜山当地民众在记者会上表示,再次要求韩国政府对非法运送毒菌和细菌试验展开调查,强烈要求关闭实验室。

从美国国防部官方发布的信息可以看到,美国的生物实验室在全世界广泛"撒网"布点。其中,主要布局在独联体国家和东南亚及非洲的第三世界国家,俄罗斯、中国周边成为美国布局的重点区域。据俄罗斯官方的说法,美国仅在

---

① 《美国海外实验室到底在干嘛?"灯塔"应给世界一个交代》,澎湃新闻 2020 年 5 月 29 日。

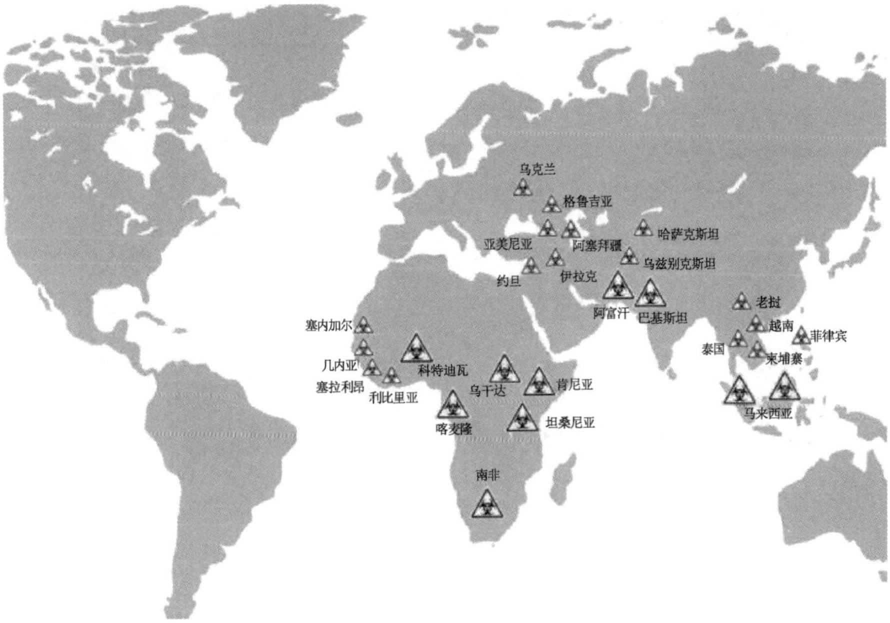

美国国防部“生物协同计划”分布范围示意图
(图片来源:央视新闻客户端)

乌克兰就有 15 个生物实验室,在格鲁吉亚设有 3 个实验室和 11 个小型研究所的研究网络。此前,俄联邦安全会议秘书帕特鲁舍夫透露,美国目前在全世界建立的生物实验室已超过 200 个。

为了搞清楚美国对核废料的处置情况,英国记者乔恩·米切尔查阅了 1.2 万多页的美国政府文件,结合对当地居民、退伍军人和研究人员的采访,出版了《毒害太平洋》(*Poisoning the Pacific*)一书,揭示了美军在太平洋地区相关设施对环境造成的可怕污染和对当地民众身心健康造成的危害,以及五角大楼如何试图掩盖真相——在写作这本书期间,米切尔被美国海军陆战队刑事调查部门监控,承受了巨大的压力。

美国在马绍尔群岛的“鲁尼特穹顶”储存了 7 万立方米的放射性碎片,包括美国战后原子试验留下的钚 239,从内华达州运来的受辐射土壤也倾倒在岛上。这个地方被当地民众形容为“一个巨大的混凝土坟墓”。①

① 《美军海外实验室到底有多“毒”?英记者新书揭露美国“黑历史”》,《人民日报》2020 年 10 月 26 日。

马绍尔群岛的核废物填埋场，被当地居民形容为“一个巨大的混凝土坟墓”
（图片来源：《人民日报》/《卫报》）

美国在不少国家开展生物军事化活动，引发了世界各国的普遍疑虑和反对，究其原因主要有三点：一是不透明。许多当事国都不知道美军实验室到底在干什么。作为境外生物军事化活动最多的国家，美方向《禁止生物武器公约》提交的材料中对此只字不提。二是不安全。美方许多活动与高危病原体密切相关，一旦发生安全事故，将对当事国及其邻国乃至全世界产生灾难性后果。三是不合理。放眼全球，只有美国以军方为主导满世界建设生物实验室，在境外大肆搜集生物资源，也只有美国是目前唯一一个反对《禁止生物武器公约》核查议定书谈判的国家。

越来越多的美国控制下的生物实验室遍布世界各地，俄罗斯联邦安全会议秘书帕特鲁舍夫经过分析后又一次强调，这些实验室大多分布在中俄边境附近；这些生物实验室周边地区曾经暴发过当地并不常见的疾病，这使人联想到美国从事军事生物学领域研究长达数十年的马里兰州德特里克堡实验室。俄罗斯方面认为，有充分的理由相信美国在各地的生物实验室里研发各类生物武器。

美国本土的军方最重要的生物防御技术研究机构——距离纽约 240 英里的马里兰州德特里克堡的美国陆军传染病医学研究所（USAMRIID），一直受到世人的关注。德特里克堡实验室储存有炭疽杆菌、布鲁氏菌、埃博拉病毒等致命“特定生物制剂与毒素”，平日戒备森严，2021 年 4 月 6 日，曾有一名美国海军医护兵持枪进入德特里克堡时被警卫击毙。美国“政客”新闻网对其这样描述：“德特里克堡现在是一个前沿实验室。在 20 世纪 50 年代和 60 年代，它是美国政府最黑暗的实验中心。”同时，它也是“中情局隐秘的化学实验和精神控制实验基地”。

但所谓的“前沿实验室”的安全管理却着实令人心忧。2019 年 7 月，美国疾控中心曾要求德特里克堡的这家军方研究所暂停对高致病性病原体的研究工作，因为疾控中心在该机构发现存在废水净化系统故障造成泄露等 6 处风险点，但美国疾控中心以“国家安全”为由拒绝公布更多细节。此前，德特里克堡实验室曾多次出现安全事故，包括生炭疽等致命菌株、毒株丢失事件；在实验室的高压灭菌室内，工作人员一般不佩戴防护装置。到了 9 月份，美国疾控中心披露美国“开始暴发的一种神秘肺病正在快速恶化”，这种致命疾病早期症状包括咳嗽、呼吸急促、疲劳、胸痛、恶心等。这一“神秘肺病”最后被归咎于电子烟。疾控中心 2019 年 9 月关于电子烟的肺炎报告显示，所谓电子烟肺炎患者胸片上肺部浸润(例如混浊)或 CT 呈磨玻璃混浊，但不是已知病毒、流感和细菌感染造成的，也不是艾滋病或癌症造成的。

电子烟在中国街头巷尾随处可见(图片来源：作者摄)

但电子烟并不是只有美国人抽，为何别国未曾发生“电子烟疾病”？以中国为例，中国电子烟的烟民有 340 万左右，随着网购、海外代购的出现，消费者的消费习惯与美国几乎同步,但也未曾发生所谓“电子烟疾病”。而电子烟渗透率高达 50.4%的英国(美国为 32.4%),以及欧洲,也未曾听闻发生此类疾病。这又如何合理解释美国 9 月份集中暴发的“电子烟疾病”?之后,“电子烟疾病”为何又悄无声息,就像什么也没有发生过似的?这其中的谜团仍然需要科研工作者进一步寻找答案。

戒备森严的德特里克堡,并非完全与世隔绝。在病毒研究方面,德特里克堡与美国北卡罗来纳大学的对冠状病毒进行了“几十年”研究的“冠状病毒猎手”巴里克教授有深入合作,例如,他们将 MERS 病毒的基因进行了修改,并感染了猴子。巴里克发明的“反向遗传技术”可以对冠状病毒进行改造和功能“增强”。

根据北卡罗来纳大学校办媒体报道,该校教授巴里克对冠状病毒进行了“数十年”的研究工作,有关工作直接与治疗冠状病毒感染的药物和疫苗有关。

据美国《麻省理工科技评论》杂志报道,巴里克能够通过“反向遗传技术”改造乃至“增强”冠状病毒。凭借该项技术,他不仅可以依据冠状病毒的基因片段培育出活生生的病毒,还可以改造冠状病毒的基因。更为惊骇的是,巴里克亲口向媒体承认,经他手改造的病毒可以做到“不留痕迹”。

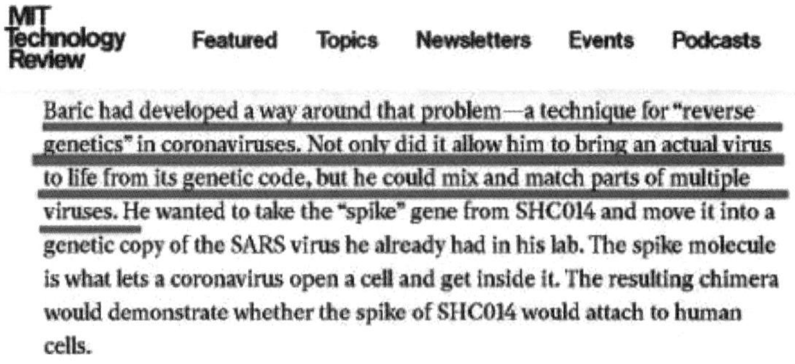
MIT Technology Review　Featured　Topics　Newsletters　Events　Podcasts

Baric had developed a way around that problem—a technique for "reverse genetics" in coronaviruses. Not only did it allow him to bring an actual virus to life from its genetic code, but he could mix and match parts of multiple viruses. He wanted to take the "spike" gene from SHC014 and move it into a genetic copy of the SARS virus he already had in his lab. The spike molecule is what lets a coronavirus open a cell and get inside it. The resulting chimera would demonstrate whether the spike of SHC014 would attach to human cells.

美国媒体报道巴里克通过“反向遗传技术”能够改造乃至“增强”冠状病毒
(图片来源:《麻省理工科技评论》)

更让人不安的是,德特里克堡和巴里克在北卡罗来纳大学的实验室,都明显有过不良的安全记录。[①]

① 《细思极恐!美国教授的“冠状病毒改造术”》,中国青年网 2021 年 8 月 16 日。

何以至此:美国抗疫的反思

2020年4月19日,马萨诸塞州首府波士顿的主要媒体《波士顿环球报》刊登了整整15页的讣告。一名网友说:“我这辈子从来没有见过讣告占满报纸的一整页,这太令人震惊了。我无法想象纽约和新泽西会怎样。”美国疾控中心主任雷德菲尔德6月23日不得不承认,美国虽然已尽最大努力应对疫情,但仍被新冠病毒“打败”。

指数级的差距

巴黎的蒙泰涅研究所的政治学家和高级顾问多米尼克·莫伊西这样评价美国的抗疫表现:“美国的表现不是差,是指数级的差。”[①]

那么,这个“指数”该如何衡量?

美国杜克大学全球卫生与公共政策领域的教授加文·亚米,以及加州大学全球卫生科学学科的名誉教授迪恩·贾米森6月在美国《时代》周刊上撰文,以中国的抗疫表现作为参照系,称美国对新冠疫情的应对要比中国差了100倍。

两位学者得出美国的应对比中国差100倍的依据,源自美国最新的一个新冠肺炎死亡率数字,即在每100万人中,美国已有超过340人死于这种传染病。

相较而言,中国的死亡率则是每百万人中约3.2人病亡。两位学者由此得出美国的应对比中国差了100倍。

中国在疫情初发后展现了决断力,“这些步骤得以将病毒的传播控制在了武汉,并为中国的其他地方争取到了准备的时间。截至2020年6月,中国只有16%的新冠肺炎病例发生在湖北省外”。

可是,美国在其首个确诊病例出现后的至少6周内,从联邦政府到大多数州政府,都没有采取任何这样的措施,也没有想办法去移除那些阻碍防疫工作的经济壁垒。

① 《“不是差,是指数级的差”——欧洲人眼中美国的抗疫表现》,中国新闻社2020年4月26日。

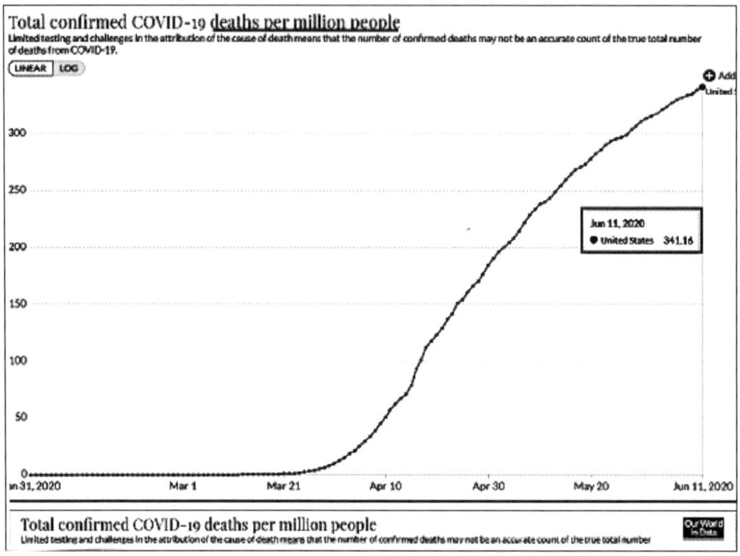

不断攀升的美国新冠肺炎患者死亡率

(图片来源:《环球时报》/《时代》周刊)

“这种迟缓的应对令病毒在数周内可以不受约束地进行传播,且几乎没有被发现。”这最终导致了美国成为全世界新冠肺炎病例数最多、死亡率最高的国家。

两位学者悲观地预测说,如果美国还要继续浪费时间,不学习其他国家和地区的经验采取更强力的防控手段,那么在后者因为有效及时的防控措施而避免了严重的疫情后果和高死亡率,逐步重启经济的时候,美国的死亡率恐怕将进一步恶化到中国的200倍……[①]

应该说,这两位学者的分析还是比较中肯的。在武汉发出“封城令”,向世人拉响最高等级的警报后,美国却错失了宝贵的窗口时间,在“服用”了一两个月“风险很小”、“一切都在掌控之中”的“安慰剂”后,眼睁睁地看着自己沦陷为全球疫情的新“震中”。

美国顶级科学家威廉·哈兹尔廷在7月也呼应了上述两位学者的看法。他说:“美国新冠死亡人数是中国感染新冠病毒人数的大约2倍,但中国的人口规模是美国的4倍。”针对特朗普一再将新冠病毒称为“中国病毒”,哈兹尔廷

---

① 《〈时代〉周刊刊文:美国比中国差一百倍!》,《环球时报》2020年6月12日。

说:“我希望我们可以停止与中国对抗,学习他们是如何控制新冠病毒的。”

美国《科学公共图书馆·综合》杂志,在 10 月 5 日公布了由巴塞罗那全球健康研究所与其他国际机构对 19 个国家的超过 1.34 万份调查问卷进行的测评,结果显示,中国政府在新冠疫情防控方面获得 8 分(按总分为 10 分计),位居首位。

大选至上:政治考量偏离科学精神

虽然中国 2020 年 1 月 3 日就通报给了美国信息,并且美国看似也有一些措施,但那个时候特朗普挂念的是应对民主党发起的弹劾案(弹劾案从 1 月 16 日开始到 2 月 5 日结束),以及之后自己的竞选,甚至一度认为卫生与公众服务部部长阿扎尔是一个喜欢小题大做的人。这也导致美国在武汉疫情暴发之后,以政治化的手段应对疫情,一再错失窗口时间。根据《华盛顿邮报》统计,美国从 1 月 3 日得到中国的信息通报算起,到美国 3 月 13 日宣布国家进入紧急状态,特朗普政府整整浪费了 70 天宝贵时间。

特朗普的工作习惯与奥巴马或小布什等前几任总统不同。之前的总统都能广泛阅读许多委员会的报告,经常出席不同部门的会议,但特朗普喜欢聚光灯,尽力远离公务,疫情发生后,对专家提供的各类数据似乎也不熟悉。

2020 年的三四月间,待在白宫的特朗普从早上 5:00 就开始看电视(美国媒体曾经报道特朗普每天要看 8 小时电视节目,喝 12 罐健怡可乐[①]),直到中午才到总统办公室,等待下午面向记者的白宫每日疫情工作小组发布会,美国媒体将此称为“一天中特朗普最期待的时刻”——特朗普将此看作弥补无法举办大选竞选集会的黄金时间。但特朗普又不喜欢参与发布会之前的筹备会,经常毫无准备就站到摄像机前,照本宣科地读完助手给他准备的讲话要点,然后就进入他颇为受用的“记者问答耍横环节”,为自己“评功摆好”。发布会结束后,特朗普又会坐到电视机前,从一个台跳到另一个台,不断“欣赏”自己的表现。[②]

尽管中方和世卫组织很早就向世界通报了新冠病毒的高传染性和危害性,但特朗普出于政治考量,不愿意坚持从科学角度出发彻底控制疫情——为了能

① 《特朗普的白宫生活:每天看 8 小时电视,喝 12 罐可乐》,海外网 2017 年 12 月 11 日。

② 《美媒曝光特朗普“疫情生活”:早上 5 点打开电视,中午到总统办公室》,北京日报客户端 2020 年 4 月 29 日。

够顺利连任，他一直希望维持较好的经济表现和股市的涨势，因此在疫情暴发初期，迟迟不愿意推出隔离防疫措施；而在疫情稍有控制之后，又急不可耐地重启经济，为此不惜修改美国疾控中心发布的疫情公共卫生指南，致使此后的疫情发展一发不可收拾。

对科学的漠视，是美国当政者抗疫期间犯下的最大错误。特朗普在竞选连任的集会上，甚至喊话选民："不要选拜登，因为拜登当选会听科学家的。"如此"雷人"的言论，除了让人摇头叹息外，已经无法再做评论了。而这个最大的错误对特朗普来讲，也最终转化为最大的苦果。2020 年 11 月 7 日，美国有线电视新闻网、美联社、哥伦比亚广播公司、美国全国广播公司等美国各主流媒体宣布拜登赢得 2020 年总统大选，一时间，"You are fired"一词迅速成为美国社交媒体上的"热搜"——特朗普竞选连任失败，他出局了。而"You are fired"恰恰是特朗普在当选总统前主持真人秀节目，面对被淘汰选手时常甩出的一句的口头禅。

政治极化：南辕北辙的两党权斗

2020 年 7 月 29 日，美国单日新增新冠肺炎死亡人数创出新高，达到 1 461 人，相当于在这一天，每分钟就发生 1 例死亡。哈佛全球健康研究所所长阿希什・贾表示，对死亡数据的增长感到"无奈和悲伤"，但是，"我们国家没有能力解决疫情问题，没有优先考虑防止死亡，这一事实更令人发狂"。

然而，之后的数据更是不断突破人们的想象。仅 2021 年 1 月，美国因新冠肺炎死亡的人数就超过 9.5 万，其中 1 月 12 日就高达 4 327 例。[①]

疫情暴发初期，特朗普政府轻慢地看待疫情，试图掩饰疫情、粉饰太平，并把民主党的政治攻击作为托词；当疫情无法掩盖时，又改口自我标榜自己干得不错，继而"甩锅"奥巴马、美国疾控中心、世卫组织，直至中国，将疫情问题作为政治攻击工具，企图转移视线。

美国两党围绕疫情展开了博弈。民主党把疫情作为政治上评价特朗普政府绩效的考核指标；特朗普政府则以其人之道还治其人之身，特朗普不止一次

---

① 《美国 1 月新冠死亡创新高》，光明网 2021 年 2 月 2 日。《美国单日新增新冠肺炎死亡病例 4 327 例，再创新高》，掌上兰州 2021 年 1 月 14 日。

对选民说这是民主党的政治工具,疫情被夸大了,直到 2 月底,特朗普还在沿用这一说法,对疫情关注甚少。

两党相互攻击还导致疫情的披露数据被隐瞒。由于担心特朗普政府对疫情死亡数据发难,纽约州没有向州议员报告养老院真实的新冠肺炎死亡人数。截至 2021 年 1 月,纽约州报告的养老院死亡人数是 8 500 人,而实际上纽约州养老院有超过 1.5 万人死于新冠肺炎。[①]

客观而言,民主党也的确从疫情中获得了优势。一度不被看好的拜登,在与特朗普的民调 PK 中逐步取得领先。

美国所发生的事,在中国人看来不可思议且无法接受,但在世界上最强大的国家,却实实在在地发生着。科学抗疫而非政治化处理是抗疫取得成功的前提,美国要想真正遏制疫情,第一步就是把口罩戴上。什么时候美国上下都戴上口罩,疫情的控制才会真的有希望。

美国已经承受不起再一波的疫情肆虐。美国国内民众也对政府这种南辕北辙的"离谱"抗疫日益失望,为了自保,甚至已经开始考虑移民。

纽约班布里奇会计师事务所的一份研究报告显示,2020 年的前 6 个月,放弃美国国籍的人数为 5 816 人,达到创纪录水平。

《新西兰先驱报》说,2020 年 6 月共有 112 800 名美国人访问了新西兰移民局网站,比上年同期激增 160%,"相当于每 30 秒就有 1 位美国用户浏览网站"。由于新西兰疫情控制良好,这家媒体估计成千上万的美国人正在考虑投奔该国,以躲避病毒。自疫情暴发以来,有至少 25 万美国人在查阅自己的移民资格,考虑移民新西兰。

体制短板:"小政府"面临大问题

在 CNN 2020 年 3 月 30 日的节目中,主持人扎卡里亚评论说,美国应对疫情不力是体制问题,美国民众正在为这些错误付出代价。

作为联邦制国家,美国各州拥有较大的权力,这一方面有助于各州在承平时期发挥各自的优势与积极性,但另一方面也应看到,在特殊时期,这也成为抗疫工作的掣肘。当特朗普准备对疫情严重的纽约州、新泽西州、康涅狄格州实

① 《纽约州州长科莫瞒报养老院新冠死亡人数,FBI 介入调查》,文汇网 2021 年 2 月 18 日。

行强制隔离措施时，立刻招致纽约州州长科莫的反对，称此举是向纽约州“宣战”，搞得特朗普灰头土脸。碰壁后的白宫，索性也放弃了统一抗疫的协调工作。美国各州由此更是在抗疫对策上自说自话，由于缺乏统一的调度，这边才按下葫芦，那边又浮起瓢。反映到核酸检测上，共和党所在的“红州”检测数量普遍较少。

在美国，上一次发生类似情形是 20 世纪 30 年代的大萧条时期，当时为统一应对危机，联邦政府机构进行了调整，包括设立社会保障和监管市场的部门。而目前美国面临新的体制短板，在医疗卫生层面，不仅对医院系统的调控，甚至隔离和其他强制性抗疫措施的制定也均由各州自己负责，各州的应对举措很大程度上取决于州长所属党派的立场，这也使得全国难以统一、平稳地应对新冠肺炎疫情。

贝丝·卡梅伦曾在白宫国家安全委员会担任负责全球卫生安全和生物防御事务的高级主管。特朗普上任后解散了卡梅伦领导的团队。卡梅伦说：“我从未料到我们会如此缺乏联邦政府领导力，这是蓄意造成的局面。疫情大流行正在各州扩散，在这种国家紧急状态下，联邦政府的领导力是至关重要的。”[①]此外，在这种体制下，“小政府”也使得“问责机制”缺失。

从美国各州的政府权力之大，也能窥见联邦政府领导力的“低下”。美国各州甚至可以罔顾禁毒令，使毒品注射合法化。一方面，美国联邦政府嚷嚷着要打击境内泛滥的芬太尼等瘾性药品；另一方面，罗德岛州公开计划开设全美首家“大烟馆”——毒品安全注射中心。而在听闻这一消息后，纽约市也不甘落后，宣称建立毒品安全注射中心的“时机已经成熟”。如果不是新闻报道亲眼所见，还真会让人以为在阅读一部“魔幻主义”的小说。

技术失误：迟缓的病毒检测与急于重启经济

美国总统特朗普曾屡次吹嘘美国的病毒检测能力已经大幅度提高。但直到 2020 年 7 月，在美国，许多人仍然需要等待很长的时间才能拿到新冠病毒检测结果。除了作为历史记录外，它们几乎毫无用处。由于检测报告的迟缓，因此对许多病例的行踪难以进行追查。

---

① 《美国抗疫这半年：所有可能出现的错误，全都犯了》，《参考消息》2020 年 7 月 21 日。

病毒检测迟缓的问题也得到了比尔·盖茨的佐证。盖茨认为美国大多数的新冠病毒检测都是“彻底的浪费”，因为人们要花很长时间才能获得病毒检测结果，“现在，你要等待超过3天，有时甚至是7天才能拿到检测结果。真是疯了。你们(检测机构)需要尽快出具检测结果，以便确诊病患可以改变自身行为，这样才能避免感染他人”。

检测花费时间太过漫长，许多卫生官员也指出这对于阻止病毒蔓延没有帮助。

参与实际操作的奎斯特诊疗公司(Quest Diagnostics)，在7月27日也“耸了耸肩”表示：对于包括住院患者、一些术前患者和医护人员在内的优先级患者，平均获得检测结果的时间已超过2天；对于普通检测，等待结果的时间超过7天。

“部落主义”：社会内部结构的分裂，加剧抗疫分歧

与福奇的中文译名一字之差的福山[①]在《外交事务》杂志发表了题为《病入膏肓？特朗普时代如何加速美国政治衰退》的文章。在这篇文章里福山认为，在防治疫情中，必须抛弃非黑即白的简单二分法。决定表现好坏的关键不在于国家体制，而在于国家的能力；还有最重要的是，对政府的信任。福山指出，直到3月中旬，特朗普总统还一直坚称美国控制了疫情，病毒很快就会消失。这也解释了为何美国错失了两个月的准备时间，导致测试剂和医疗物资持续短缺。与此同时，中国公布的新增病例数量却保持平稳。福山忧心忡忡地指出：“美国不断加深的‘部落主义’(tribalism)让我们没有理由感到乐观。”

福山在苏联崩溃后，提出了著名的“历史的终结”一说，认为西方政体是人类历史发展的最终形式。但随着时间的推移，福山也逐渐认识到西方政体的局限性。美国的“部落主义”源自种族、宗教、意识形态等不同认同的族群。福山认为，特朗普是第一位识别出“部落主义”里中下层白人群体利益诉求，并加以利用的美国总统；而在此之前，历届美国总统是以争取中间选民为目标的。在特朗普当选后，由于他的引导和推动，又在某种程度上强化了美国政治版图中

① 福山，日裔美籍学者，哈佛大学政治学博士，斯坦福大学政治学系教授。此前曾任教于约翰斯·霍普金斯大学尼兹高等国际研究院、乔治·梅森大学公共政策学院，曾任美国国务院政策企划局副局长、兰德公司研究员。著有《历史的终结与最后的人》《信任》《政治秩序的起源》等。

的“部落主义”的格局和政治极化的分野。

一方面,“部落主义”强调个人对组织的认同和归属感;另一方面,在现代互联网社会碎片化的时代,“网络原住民”寻求认同和归属感的组合更为自由便捷,并趋于观念化,同时这种观念在网络上表现得更为极端。“部落主义”另一个隐含的意思是,为谋取本“部落”的利益,可以不惜牺牲他人的利益。

美国从微观上来讲,更为强调个体的自由权利;从宏观上来讲,国家由权力较大的各州联盟而成,这些都为“部落主义”的形成提供了温床。因此,福山指出特朗普通过政治化手段的操弄,“强化了美国政治版图中的‘部落主义’的格局和政治极化的分野”,是切中肯綮的。

此外,在笔者看来,福山所说的“美国政治衰退”,还在于以美国为首的西方国家的精英整体已经失去了进取心。我们可以从三个方面来看这个问题:

一是资本空转和产业空心化。从美国的资本精英视角来看,我们知道,控制资本的美国精英是在美国影响力最大的精英。但是,如果大家注意就会发现,华尔街资本现在很不喜欢做产业投资,他们更加醉心于资金在资本市场空转,通过增加市场杠杆来获得高额利润,次贷危机一定程度上就是这么搞出来的。然而,哪怕爆发了次贷危机,我们也没有看到华尔街有任何本质改变,现在他们依然如故。

资本不再愿意投资实业,只愿意在资本市场加杠杆获利,虽然在一定时期内能保持利润,但美国资本的影响力在全球范围内一定会大幅度下降。

想想看,近代历史上的西方人是多么勇往直前,通过各种探险去发现新的机会,这也是近代西方崛起的最重要动力之一。然而,现在高风险、高机会的前沿领域我们能看到多少西方人?

二是基础科学和教育投入不足。被称为美国“天眼”的阿雷西博射电望远镜前不久前因为没钱维修而坍塌了。阿雷西博射电望远镜自 1963 年建成后,在半个多世纪的时间内一直是全球最大的射电望远镜,由于缺乏维修,最终成了一堆废铜烂铁;然而与此同时,做消费电子产品的苹果公司却拥有两三千亿美元的现金流和 2.28 万亿美元的市值。也就是说,美国的资金全部集中在了能够从资本市场赚钱的企业,基础科学研究的投入已经开始大幅度缩减,美国曾在 10 年前宣称要在 2020 年前重返月球,可直到现在美国重返月球也遥遥无期。这就是美国缺乏进取心的表现。

坍塌的美国“天眼”——阿雷西博射电望远镜
(图片来源:《科技日报》)

三是美国的基础设施已经逐渐落后。20 世纪 90 年代初,当笔者看了电视剧《北京人在纽约》后,对美国的发达程度惊叹了很久。然而,20 多年后,美国还是那个美国,但基础设施落后了,美国的地铁、公路、桥梁大多是几十年前建造的;反观中国,基础设施日新月异,很多早已超过美国。奥巴马任上曾宣告要建造高铁,并投入上百亿美元。结果,十来年了连一寸高铁都没造出来,而就在前不久,中国时速 620 公里的高铁样车都已经造出来了!

美国沦落到这个地步是有原因的,不仅仅是“部落政治”那么简单,所谓“部落政治”,只是最后的表象而已。

哈佛大学肯尼迪政府学院前院长、著名国际政治学者、“软实力”概念的提出者约瑟夫·奈对福山的观点非常赞同。他说:“我认为福山说得好。成功的关键是(民众对政府的)信任,而不是政治体制的类型。”

福山和约瑟夫·奈提出的政府在抗疫中的绩效,取决于民众是否信任政府,这一点也得到了美国首席传染病专家福奇的侧面佐证。在谈到一部分美国民众拒绝戴口罩和防疫隔离时，福奇说，这是由于他们不相信权威和政府。

美国知名公关公司爱德曼发布的信任度调查报告，也从一个侧面支持了福山和约瑟夫·奈的看法。调查报告表明，在加拿大、中国、法国、德国、印度、日本、墨西哥、沙特阿拉伯、韩国、英国和美国11个国家中，中国民众对本国政府信任度达95%，较2020年1月新冠肺炎疫情暴发初期上升了5个百分点，在受访国家中排名第一；而美国民众对本国政府的信任度只有48%，在受访国家中列倒数第二。按照爱德曼公司的计算方法，信任度1%—49%被认定为“不信任”，50%—59%为“中立”，60%—100%为“信任”。

由丹麦前首相、前北约秘书长拉斯穆森运营的一家丹麦民调机构与一家德国民调机构，联合对53个国家和地区的12万人发起了一项关于新冠肺炎防控和民主等问题的民意调查。结果显示，在这53个国家和地区中，几乎所有国家和地区认为中国疫情防控做得比美国好；调查还发现，中国人认为本国不存在“本国政府服务于少数人的利益”和“本国缺乏民主”这两个负面问题。此外，美国的德国马歇尔基金会、德国贝塔斯曼基金会和法国蒙田研究所进行的一项研究表明，中国作为有影响力的全球参与者的形象得到了广泛传播。2020年5月，上述三国民众对中国的看法都发生了显著变化：20%的德国受访者、28%的法国受访者和14%的美国受访者把中国视为最具影响力的国家，比年初分别上升了8%、15%和8%。

在混乱的防疫政策导致美国深陷疫情后，美国的“人设”也以惊人的速度坍塌。一项对32个国家和地区进行的民调发现，人们对特朗普在国际事务中“做正确的事情”的信心仅为29%。德国人现在对美国还是中国是他们最亲密的伙伴这个问题的意见势均力敌，分别为37%和36%。德国、法国、加拿大、巴西等国民众对特朗普的信心均低于30%，而墨西哥的这一数据更是低至8%。德国前副总理菲舍尔说：“在特朗普政府应对新冠肺炎疫情遭遇灾难性失败之后，美国国际形象受到的打击将很难修复。这次大流行强化了人们的普遍印象，即美国是一个堕落的超级大国。”

不仅外界对美国的观感大打折扣，而且美国国内的普通民众也对政府不负责任的行为心怀怨恨。美联社与芝加哥大学联合进行的民意调查显示，有56%的美国受访者把国内疫情现状主要归咎于美国政府。曾三次获得普利策奖、

《世界是平的》一书作者托马斯·弗里德曼10月13日在《纽约时报》以《中国变得更好,而美国却病得更重,这全拜特朗普所赐》为题,抨击特朗普政府的抗疫工作。

Opinion

China Got Better. We Got Sicker. Thanks, Trump.

With a different leader, the United States could have contained the coronavirus.

《中国变得更好,而美国却病得更重,这全拜特朗普所赐》
(图片来源:《新民周刊》/《纽约时报》)

弗里德曼在文章中感叹:"新冠病毒一度被认为是中国的'切尔诺贝利',结果却成了西方的'滑铁卢'。"

缺乏合作:傲慢之下污人误己的偏见

在中国迅速采取了正确的抗疫措施后,西方媒体就出现针对封城的"人权质问",将武汉的方舱医院污名为"集中营",称戴口罩无助防疫;甚至有媒体幸灾乐祸地以文章标题的形式称"中国是真正的东亚病夫了"。这类罔顾科学的报道,试图以意识形态和种族色彩的偏见,构建一条隐形的"鄙视链",从而获得居高临下的道德优越感。殊不知,在形成这种舆论场的同时,实际上也在为这些国家日后"挖坑"。

2020年3月8日,《纽约时报》的社交媒体在前后20分钟内,分别发文对中国和意大利为抗疫而采取的封锁措施进行评价,认为中国采取的举措"给人民生活和个人自由带来巨大的损失",而意大利的封锁措施是"为遏制欧洲最严重的冠状病毒暴发而冒着经济风险"。这种带着优越感的双重标准,在网络上招致广泛的批评。

西方发达国家内心深处仍秉持傲慢与偏见,不屑于向中国学习。这种思维同清末时期的中国人的思维差不多,就是觉得自己厉害、自己发达,其他国家都是落后的蛮夷。

在疫情发生半年后，直到2020年11月6日，英国才开始要求利物浦所有居民接受新冠检测；军队将提供后勤服务。回过神来的英国首相约翰逊说：“这种大规模检测有可能成为我们对抗新冠病毒的强大新武器。”

当疫情在这些国家出现后，尽管诸如《纽约时报》之前持有偏见的媒体，在后来的访谈中对所谓“集中营”的说法做出修正，称方舱医院并不是外网抹黑造谣的“集中营”，而是为了有效隔离患病人群，将疑似、轻症病人与医院里的重症病人分类管理的正确措施，但为时已晚。先前形成的这种舆论场与价值观，无形中或多或少阻碍了当局者采取正确和科学的抗疫措施，成为贻误抗疫良机的重要原因之一。

无论如何，之后人们所看到美国疫情失控的局面，是让人极度失望和遗憾的。

参考资料

[1]《纳瓦罗再借“罗恩·瓦拉”发表对华强硬言论 华春莹：意欲何为?》，环球网2019年12月13日。

[2]《莫在中国处于临时困难时落井下石》，《环球时报》2020年2月2日。

[3]《美国议员造谣病毒是武汉泄露的生化武器？哈佛教授怒批：荒谬！》，《参考消息》2020年2月4日。

[4]《“真正的东亚病夫”？〈华尔街日报〉你过分了！》，澎湃新闻2020年2月7日。

[5]倪洁：《专家：武汉病毒所离华南海鲜市场50公里，实验室不可能泄漏病毒》，《环球时报》2020年2月17日。

[6]《遭民主党质疑疫情应对迟缓，特朗普回应：新骗局》，界面新闻2020年2月29日。

[7]邓睿侃：《被批抗疫不力，特朗普又把“锅”甩给奥巴马》，观察者网2020年3月5日。

[8]《境外媒体：蓬佩奥屡提“武汉病毒”别有用心》，《参考消息》2020年3月8日。

[9]《同样是封城,看〈纽约时报〉如何报道中国和意大利》,《北京周报》2020年3月11日。

[10]《美国疾控中心:美部分死于流感病例可能实患新冠肺炎》,《新华每日电讯》2020年3月12日。

[11]朱梦颖:《特朗普朝美疾控中心开火:对H1N1疫情的应对就是灾难,总是反应不足,还慢!》,环球网2020年3月13日。

[12]《特朗普竟使用"中国病毒"字眼,推特上网友立即反驳!》,中国经济网2020年3月17日。

[13]《特朗普声称"中国病毒",遭美国人痛批》,北京日报客户端2020年3月17日。

[14]《中国抗疫缺乏"西方式自由"?〈纽约时报〉记者回了句大实话》,北晚新视觉网2020年3月17日。

[15]《实情!〈纽约时报〉记者揭秘中国抗疫,主持人:赶紧发给美国卫生部门看看》,《中国日报》2020年3月18日。

[16]《白宫带头炒作"中国病毒",她站了出来》,观察者网2020年3月18日。

[17]廖丽、王铁刚、高佳义、李大勇、李卫兵、陈翔:《自身难保还不忘给中国抹黑?亚太多国人士:美国某些人该歇歇了》,央视财经2020年3月22日。

[18]殷岳:《〈纽约时报〉刊文:"别让特朗普跑了"》,央视新闻客户端2020年3月23日。

[19]《美媒披露:白宫文件指导如何"甩锅"中国》,《参考消息》2020年3月23日。

[20]章一叶:《如何应对疫情?特朗普"花式甩锅"行为大赏!》,看看新闻2020年3月24日。

[21]《美国终于承认中国公布疫情信息及时透明!发布特朗普政府应对疫情时间表》,《北京周报》2020年3月24日。

[22]《这回,特朗普悄悄划掉"中国病毒"》,北京日报客户端2020年3月25日。

[23]张霓:《白宫贸易顾问谈抗疫甩锅中国,主持人斥"浪费时间"掐断采

访》,海外网 2020 年 3 月 27 日。

[24]《美国科学家:武汉绝不是新冠病毒源头！病毒并非来自实验室,而是自然产生的》,《21 世纪经济报道》2020 年 3 月 29 日。

[25]《美媒:新冠病毒源于中国是虚假谣言》,中国搜索 2020 年 3 月 30 日。

[26]《弗朗西斯·福山:美抗疫不力源于政治信任危机》,《参考消息》2020 年 4 月 2 日。

[27]胡锡进:《武汉刚封城的时候,全世界都没有想到会有今天,也包括我们》,《环球时报》2020 年 4 月 3 日。

[28]陈芳、刘华、韩墨、李志晖:《中国发布新冠肺炎疫情信息、推进疫情防控国际合作纪事》,新华社 2020 年 4 月 6 日。

[29]宋承杰:《意大利外长:没有任何数据可以反驳中国公布的疫情数字》,央视新闻客户端 2020 年 4 月 7 日。

[30]乌元春、丁洁芸、王博雅琪:《中国武汉今日“解封”,外媒这么说》,环球网 2020 年 4 月 8 日。

[31]《五角大楼回应“阴谋论”:目前证据表明新冠病毒是自然产生》,《环球时报》2020 年 4 月 15 日。

[32]《美国防长埃斯珀:目前大多数观点指病毒来源是自然的》,凤凰新闻客户端 2020 年 4 月 17 日。

[33]白云怡:《美国防长也想赖中国“误导”,赵立坚:先回答这三个“为什么”!》,《环球时报》2020 年 4 月 17 日。

[34]《蓬佩奥称病毒起源于武汉并称武汉病毒研究所离华南海鲜市场只有几英里远,外交部回应》,《北京商报》2020 年 4 月 18 日。

[35]《福奇:新冠病毒并非在实验室环境中产生》,《新闻联播》2020 年 4 月 20 日。

[36]《新冠病毒绝对不可能是从武汉病毒所出来的》,中国国际电视台 2020 年 4 月 20 日。

[37]彭大伟:《欧洲智库专家:病毒是人类共同敌人,“甩锅”无助解决问题》,中国新闻社 2020 年 4 月 22 日。

[38]《“病毒猎手”利普金:美国对疫情的反应一开始就慢了》,中国青年网

2020年4月23日。

[39]李大勇:《美国前国务卿奥尔布莱特:新冠肺炎疫情不应政治化,各国需要团结而不是指责》,央视新闻客户端2020年4月24日。

[40]《CNN梳理特朗普“变脸”时间线,找到对华态度前后矛盾原因》,中国日报网2020年4月24日。

[41]《美共和党向候选人发布57页竞选备忘录:只要被问病毒,就攻击中国!》,环球网2020年4月25日。

[42]范凌志、刘欣:《他们发现了美国反华宣传路线图,疫情过后想去新疆和武汉》,环球网2020年4月27日。

[43]《约瑟夫·奈看中美抗疫》,《环球时报》2020年4月28日。

[44]《美媒曝光特朗普“疫情生活”:早上5点打开电视,中午到总统办公室》,北京日报客户端2020年4月29日。

[45]《法媒问是否相信中国疫情数据 专家反驳:你问这个不觉得羞愧吗?》,海客新闻2020年5月1日。

[46]《美国国家情报总监办公室:新冠病毒并非人造和基因改造而成》,IT时代网2020年5月2日。

[47]《70多名中美学者,在〈纽约时报〉发了封联名公开信》,环球网2020年5月2日。

[48]何欣蕾:《新冠病毒人工制造?诺贝尔奖得主澄清》,央视新闻客户端2020年5月3日。

[49]《英美学者推翻“中国谎报疫情数据”阴谋论》,CCTV-4 2020年5月3日。

[50]周斐:《曾与石正丽合作的美国病毒专家:新冠病毒不可能源自实验室泄漏》,《南方都市报》2020年5月3日。

[51]王晓枫:《美国疫情未收敛就急于复工,专家担忧若无非常措施恐造成30万人死亡》,《财经》2020年5月4日。

[52]单珊:《蓬佩奥又“精分”:病毒来自武汉实验室,但我拒绝拿出证据》,东方网2020年5月4日。

[53]郭涵:《蓬佩奥再叫嚣“中国制造病毒”,美专家抛4点理由反驳》,观察

者网 2020 年 5 月 4 日。

[54]徐乾昂:《蓬佩奥声称有“大量证据”,被澳大利亚情报官员揭穿老底》,观察者网 2020 年 5 月 5 日。

[55]《福奇“打脸”特朗普、蓬佩奥:无证据显示病毒来自武汉病研所》,中国日报网 2020 年 5 月 5 日。

[56]郭涵:《特朗普改口了:没确认病毒来自武汉实验室》,观察者网 2020 年 5 月 6 日。

[57]张梦旭、郑琪、李雪:《美军方表态病毒并非人造,美媒痛斥白宫栽赃中国举动“愚蠢”》,环球网 2020 年 5 月 7 日。

[58]胡泽曦:《美政府高官疫情期间攻击中国 哥伦比亚大学教授:你们没羞耻感吗》,环球网 2020 年 5 月 7 日。

[59]《蓬佩奥改口:美并不确定新冠病毒暴发源自武汉实验室》,环球网 2020 年 5 月 7 日。

[60]《超 200 个海外生物实验室,对中俄形成包围圈——美国欠世界一个解释》,《北京周报》2020 年 5 月 8 日。

[61]白云怡、谢文婷:《美前驻华大使:美国政府有点像上世纪 30 年代的希特勒》,《环球时报》2020 年 5 月 14 日。

[62]《特朗普的“迷之”坚持:就是不戴口罩》,中国新闻网 2020 年 5 月 15 日。

[63]《美国 1 月 11 日已开始研发疫苗!特朗普亲口承认了》,新华网 2020 年 5 月 17 日。

[64]《美军全球布局生物实验室被曝光!格鲁吉亚 73 名志愿者“试毒”身亡》,央视新闻 2020 年 5 月 17 日。

[65]《无中生有!CGTN 专访武汉病毒所所长驳斥新冠病毒阴谋论》,人民网 2020 年 5 月 26 日。

[66]《美国海外实验室到底在干嘛?“灯塔”应给世界一个交代》,澎湃新闻 2020 年 5 月 29 日。

[67]《德国前副总理菲舍尔:新冠疫情将加速开启东亚世纪》,《参考消息》2020 年 5 月 29 日。

[68]《诺奖得主:如果中国伪造了数据,那肯定有时光机》,《环球时报》2020年6月8日。

[69]《美海外布局生物实验室目的何在?》,湖北卫视《长江新闻号》2020年6月9日。

[70]《美国用机器人账号炒作"病毒阴谋论",华春莹:这比病毒更可怕!》,《新华每日电讯》2020年6月10日。

[71]《〈时代〉周刊刊文:美国比中国差一百倍!》,《环球时报》2020年6月12日。

[72]耿直哥:《尴尬了:全世界只有四个地方认为美国的防疫工作比中国好……》,环球网2020年6月16日。

[73]崔妍:《在美日本人也被恐吓:滚回日本,不然炸你的店》,环球网2020年6月19日。

[74]刘洋、乌元春:《又碰瓷中国? 特朗普竞选集会上给病毒改名"功夫流感"》,环球网2020年6月21日。

[75]《特朗普这是在开玩笑?》,《环球时报》2020年6月22日。

[76]《虚假预订门票,特朗普竞选集会竟被TikTok青少年搞砸,上座率仅1/3》,《南方日报》"前沿资讯号"2020年6月22日。

[77]《特朗普承认:凭"感觉"甩锅中国》,长安街知事2020年6月23日。

[78]《不顾疫情办集会拉票,特朗普"放慢检测"言论遭痛批》,央视新闻客户端2020年6月23日。

[79]《全球确诊病例破927万,美官员:美国被新冠病毒打败》,中国新闻网2020年6月24日。

[80]《热衷仇外的蓬佩奥正全力摧毁美国声誉》,央视新闻客户端2020年6月25日。

[81]《特朗普老抱怨美国核酸检测多,中国亮了亮自己的数据》,环球网2020年6月25日。

[82]《中国公布核酸检测量,美日震惊》,《环球时报》2020年6月25日。

[83]连清川:《特朗普政府一直试图妖魔化中国,这很愚蠢》,《新京报》2020年6月29日。

[84]高琳琳:《奥巴马痛批特朗普使用“功夫流感”:让我很愤怒!》,中国日报网 2020 年 6 月 30 日。

[85]《美国新冠确诊超 262 万,福奇:若未来每日新增达 10 万,不会感到惊讶》,北晚新视觉网 2020 年 7 月 1 日。

[86]《特朗普再对中国撒泼,华尔街都对他忍不了了》,《环球时报》2020 年 7 月 1 日。

[87]纽约华人资讯网主笔詹涓:《世界正在可怜美国:“朝着错误的方向全速前进”》,转引自搜狐网 2020 年 7 月 2 日。

[88]桐瑶:《特朗普又提“中国病毒”,终于轮到“恐怖小说之王”怼他了!》,《环球时报》2020 年 7 月 6 日。

[89]《美国疫情为何失控? 看了美国政府这些反科学的荒唐事就明白了》,央视新闻客户端 2020 年 7 月 10 日。

[90]《德媒:美国政府在对抗中国时表现出“一种病态”》,《环球时报》2020 年 7 月 10 日。

[91]《被德国总理如此辛辣地不点名批评,特朗普总统还坐得住吗?》,《环球时报》2020 年 7 月 13 日。

[92]钱雅卓:《美国疫情急剧反弹,白宫却忙着“甩锅”给福奇?》,《新京报》“外事儿”2020 年 7 月 14 日。

[93]《真稀奇! 被问确诊人数为何暴增 特朗普:因为奥巴马和拜登不让检测》,腾讯视频 2020 年 7 月 15 日。

[94]《福奇对白宫发出最尖锐回击》,《环球时报》2020 年 7 月 16 日。

[95]《白宫竟然对“抗疫队长”下手了?》,新华社 2020 年 7 月 18 日。

[96]《哪些因素阻碍美国抗疫?》,《参考消息》2020 年 7 月 19 日。

[97]《美国抗疫这半年:所有可能出现的错误,全都犯了》,《参考消息》2020 年 7 月 21 日。

[98]《美媒:特朗普治下,全球对美国的尊重正以惊人的速度崩溃》,《参考消息》2020 年 7 月 21 日。

[99]崔妍:《“如果中国先研制出疫苗,美国怎么办?”特朗普:我们愿与中国合作》,环球网 2020 年 7 月 22 日。

[100]王群编译:《口水战升级！佩洛西把新冠病毒叫作“特朗普病毒”》,《参考消息》2020年7月22日。

[101]向洋:《“史诗级失败”背后,是美国当政者犯下的“史诗级大错”》,《参考消息》2020年7月24日。

[102]顾乡:《美国电视台宣扬阴谋论,称福奇“制造”新冠病毒》,《参考消息》2020年7月26日。

[103]《竟说福奇“制造”了病毒,美国科学政治化已无底线》,中国青年网2020年7月27日。

[104]《石正丽回复〈科学〉杂志提问:特朗普欠我们一个道歉》,《中国日报》2020年7月27日。

[105]《美国信任度调查报告显示中国民众对政府信任度达95%》,人民网2020年7月27日。

[106]《美国疾控中心主任首次承认:疫情主要来自欧洲》,中国日报网2020年7月29日。

[107]《核酸检测纯属浪费！比尔·盖茨公开怼美国总统:画面霸气》,快科技2020年7月29日。

[108]《美国新冠死亡再创新高,民众开始考虑移民外逃》,央视新闻客户端2020年7月31日。

[109]沈林:《一步错,步步错,美国疫情数据还在“坐火箭”》,《新民周刊》2020年8月1日。

[110]《美顶级科学家:我们应该向中国学习如何控制新冠病毒》,CCTV-4 2020年8月1日。

[111]《〈柳叶刀〉主编话越来越直接:美国攻击中国就是要改写历史》,《环球时报》2020年8月4日。

[112]张卉:《美境外生物军事化活动引发的质疑和反对声音此起彼伏,外交部回应》,环球网2020年8月4日。

[113]李东尧:《美媒:2020年上半年有5 816名美国人放弃美国国籍,达创纪录水平》,环球网2020年8月8日。

[114]《美国记者进入武汉病毒所专访》,深圳共青团2020年8月12日。

[115]《武汉病毒研究所采访 5 小时，美媒服了，政客怒了》，北晚新视觉网 2020 年 8 月 13 日。

[116]《特朗普又骂中国，没人信了》，环球网 2020 年 9 月 7 日。

[117]《关于这件事，特朗普承认了》，《参考消息》2020 年 9 月 10 日。

[118]崔妍：《美知名记者新书曝特朗普曾大骂美军将领是“一群胆小鬼”，特朗普：我“几乎确定”我不会看这本书》，环球网 2020 年 9 月 10 日。

[119]《特朗普最新大丑闻，也是中国的错?》，环球网 2020 年 9 月 11 日。

[120]《这一次，特朗普惯用的“假新闻”伎俩不起作用了》，《参考消息》2020 年 9 月 12 日。

[121]侯佳欣：《“这可能是美国科学政策史上最羞耻的时刻!”》，《环球时报》2020 年 9 月 12 日。

[122]《民调：欧洲更看重北京而不是华盛顿》，《参考消息》2020 年 9 月 14 日。

[123]赵挪亚：《听不下去了 CNN 切断纳瓦罗采访》，观察者网 2020 年 9 月 14 日。

[124]赵丽娜编译：《美众议院通过决议：反对使用“中国病毒”等表述》，《参考消息》2020 年 9 月 18 日。

[125]吴黎明：《散布“政治病毒”玷污联合国平台》，新华社 2020 年 9 月 24 日。

[126]《美记者：实在替他尴尬》，CCTV-4 2020 年 9 月 24 日。

[127]《多数美国人把美国疫情现状归因于美国政府》，北京日报客户端 2020 年 10 月 5 日。

[128]《全球民调：中国政府抗疫表现得分最高》，《参考消息》2020 年 10 月 7 日。

[129]董鑫：《特朗普称中国施加“诅咒”造成瘟疫，外交部驳斥》，《北京青年报》2020 年 10 月 9 日。

[130]《〈时代〉周刊看不下去了，发了最震撼的一张封面!》，凤凰新闻客户端 2020 年 10 月 9 日。

[131]耿直哥：《揍“中国人”！日本音乐家在美国被打成重伤》，《环球时报》

2020年10月9日。

[132]李丽涛、丁淑华、徐斌:《最新发布:青岛已采样1 046万份检测样本出结果884万例 无新增》,青岛新闻网2020年10月15日。

[133]《中国在青岛做的,美国可能永远也做不到》,《参考消息》2020年10月16日。

[134]海上客:《拉登没死、拜登犯罪……特朗普这是药性的扭曲or理智的沦丧?》,《新民周刊》2020年10月16日。

[135]《特朗普甩锅福奇找到新理由……》,《参考消息》2020年10月17日。

[136]《恐华症愈演愈烈,美华裔社区建巡逻队自保》,《参考消息》2020年10月27日。

[137]《两次站台猛批特朗普,奥巴马成历任总统的"例外"?》,《新京报》"外事儿"2020年10月28日。

[138]王仲昀:《3天完成400多万人的核酸检测,"喀什速度"背后可爱的人》,《新民周刊》2020年10月28日。

[139]《YOU'RE FIRED! 登上推特热搜》,《参考消息》2020年11月8日。

[140]刘旭霞、越之、张松、柳玉鹏、辛斌:《美媒宣布拜登"当选",特朗普失去了哪些支持者?》,环球网2020年11月9日。

[141]《美国单日新增新冠肺炎死亡病例4 327例,再创新高》,掌上兰州2021年1月14日。

[142]《热搜爆了!华春莹点名,美国这一实验室藏不住了!CGTN起底德特里克堡基地:为何2019年突然"关闭"?》,《21世纪经济报道》2021年1月20日。

[143]《美国1月新冠死亡创新高》,光明网2021年2月2日。

[144]《纽约州州长科莫瞒报养老院新冠死亡人数,FBI介入调查》,文汇网2021年2月18日。

[145]张琪:《这回,轮到日裔美国人了……》,《环球时报》2021年3月6日。

[146]《突发!电子烟监管风暴来临,2 000亿巨头闪崩,盘前暴跌40%!》,《每日经济新闻》2021年3月22日。

[147]《俄罗斯联邦安全会议秘书:有理由相信美国在各地生物实验室开发

生物武器》,央视新闻客户端 2021 年 4 月 8 日。

[148]《突发！美军士兵硬闯美国德特里克堡被击毙》,北晚新视觉网 2021 年 4 月 8 日。

[149]《诺奖得主改口:实验室泄漏论没有"确凿证据"》,《参考消息》2021 年 6 月 14 日。

[150]《细思极恐！美国教授的"冠状病毒改造术"》,中国青年网 2021 年 8 月 16 日。

[151]《美国将开设首家大烟馆怎么回事？美国为什么要开设大烟馆》,海峡网 2021 年 10 月 28 日。

[152]裘雯涵:《美知名记者:美国"病毒溯源报告"有效地推翻了"实验室泄露论"》,上观 2021 年 11 月 7 日。

第9章

病毒溯源

是一个科学问题

◎ 科学界的声音

◎ 各国的报道与科学实证研究

重大传染病和生物安全风险是事关国家安全和发展、事关社会大局稳定的重大风险挑战。① 病毒溯源和传播途径研究，对整个疫情防控至关重要，必须全力弄清楚。②

——中共中央总书记、国家主席、中央军委主席　习近平

科学界的声音

当武汉首先报告新冠肺炎疫情后，关于病毒的各种阴谋论的猜测也在网络上逐渐发酵。世界各国医学领域的科学家，从专业的角度、以科学为依据、以事实为准绳，进行了客观的研究，从而对各类缺乏事实依据的阴谋论给出了否定的回答。

医学界的研究

英国格拉斯哥大学病毒研究中心和中国西交利物浦大学较早地对病毒溯源这一课题开展了合作，2020 年 1 月 22 日，相关分析结果在“中国病毒学论坛”上公布。根据序列分析，两校的联合研究指出，新冠病毒可能源自蝙蝠。

紧接着，国际顶级医学期刊《柳叶刀》在 2 月 18 日发表了来自德国、英国、荷兰、美国、澳大利亚、西班牙以及马来西亚、中国等全球著名科研单位 27 位病毒学家、流行病学家的联合声明，对疫情期间出现的各种阴谋论进行批驳。27

① 《习近平：向科学要答案、要方法》，央视新闻客户端 2020 年 3 月 3 日。

② 董瑞丰：《坚持向科学要答案要方法——解读习近平总书记对疫情防控科研攻关的新要求》，新华社 2020 年 3 月 16 日。

位科学家指出,在这次疫情中相关数据迅速、公开且透明的共享,正在受到关于这一疾病起源的谣言和错误信息的威胁。"我们在此共同强烈谴责认为该新型冠状病毒疾病(COVID -19)并非自然起源的阴谋论。"

3 月 17 日,美国哥伦比亚大学、斯克里普斯研究所、图兰大学,英国爱丁堡大学,澳大利亚悉尼大学的研究人员在《自然医学》杂志刊发论文,指出新冠病毒是通过自然进化产生的,而非实验室合成。斯克里普斯研究所安德森教授对此做了详细的说明:"在对比了可用的冠状病毒菌株的公共基因序列数据后,我们很肯定地确认,新型冠状病毒源自自然界。"对这一观点的支撑主要来自以下两点:首先,如要通过实验室制造病毒,就必须依靠已知病毒的主干来进行开发;但研究发现,新冠病毒具有与任何人类已知病毒不同的主干结构。其次,科学家研究发现,新冠病毒"尖刺"部分的蛋白,与人类细胞有着极强的结合能力,而这种能力只能源于自然演化。

对于新冠病毒传播给人的途径,上述《自然医学》的论文提出了两种可能:第一种,病毒起先是在天然宿主中进化、变异,然后传播给人类;第二种,病毒在能够致人生病之前就已经从某种动物传播给了人类,再在人体中进化、变异,获得人与人之间的传播能力,并可导致严重的、甚至危及生命的疾病。

其中一位论文作者、来自美国图兰大学医学院的罗伯特·加里在接受美国媒体采访时表示,刺突蛋白的突变,可能触发了此次大流行;但在"升级"之前,病毒很可能以较弱的状态传播了几年,甚至几十年。[①]

这一观点,与被誉为"病毒猎手"的美国哥伦比亚大学公共卫生学院感染与免疫中心主任伊恩·利普金的观点一致。利普金也认为,新冠病毒可能不仅是在过去几个月中源自蝙蝠的传播,而是有可能数月甚至数年前就已经进入了人类体内,最终转变为"人传人"的致命病毒。"我认为它可能在人类中传播了一段时间,"利普金说,"多久? 我们可能永远不会完全重建这一过程……它可能已经流传了几个月甚至几年时间。"

美国国立卫生研究院院长弗朗西斯·柯林斯 3 月 26 日发表了题为《基因研究显示,新冠肺炎病毒起源于自然》的文章,援引并力挺美国国立卫生研究院支持的国际研究小组,在对比几种冠状病毒(包括引起 COVID -19 的新型冠状

① 《新冠病毒系自然起源,或早已在人群中传播》,《新京报》2020 年 3 月 29 日。

病毒)的公开基因组数据后得出的结论——该病毒产生于自然界。

4 月 8 日，国际知名学术期刊《美国科学院院报》发表了德国和英国研究团队共同撰写的有关新冠病毒变种的报告。这份报告的第一作者、英国剑桥大学彼得·福斯特博士对此进行了非常详细的分析："A 型病毒是最早出现的病毒，我们可以用它与蝙蝠相关的冠状病毒相比较。让我觉得有趣的是，在早期的样本中，A 型在武汉并不多见，23 个样本中只有 3 个是 A 型，而 A 型在中国其他地方更多见，但(中国其他地方)A 型总的数量很少。我认为和武汉一样，中国除武汉之外的其他地方也几乎不可能是新冠病毒的起源地。所以，根据基因组数据来看，武汉不是新冠病毒的起源地。"

针对病毒起源于实验室的流言，悉尼大学专门研究传染病和生物安全性的爱德华·霍尔姆斯教授说，没有证据表明新冠病毒起源于武汉的实验室。澳大利亚昆士兰州孟席斯健康研究所的传染病和免疫学主任奈杰尔·麦克米伦教授也同意"自然起源"的判断："到目前为止，所有证据都表明新冠肺炎病毒是自然来源的，而不是人为的。"

针对媒体和社交平台上流传的一些有关新冠病毒起源的谬论，世卫组织发言人 4 月 21 日表示，所有已知证据都表明新冠病毒不是经实验室人工干预或制造而来的。世卫组织欢迎各国科研人员努力寻找新冠病毒来源。比利时政府新冠肺炎疫情事务发言人、病毒学家埃马纽埃尔·安德烈也说："没有理由认为这种病毒从实验室泄漏或在实验室中制造，这种病毒的遗传结构是自然的。"

德国顶尖病毒学家德罗斯滕 2 月 18 日与其他 26 位国际知名科学家在《柳叶刀》上发表声明，谴责有关新冠病毒非自然起源的阴谋论后，又在继续深入开展研究的基础上指出，与此次暴发疫情的新冠病毒相似的蝙蝠冠状病毒只存在于菊头蝠体内，而人们不可能简单地在一间实验室里饲养菊头蝠，同样也不会轻易就在实验室因为失误而感染这样一种病毒。德罗斯滕强调，由于存在"屏障"，蝙蝠冠状病毒不会轻易地传染给人类。"我所能说的是，这(一传言)听上去极其不可信。"

在分析了来自全球新冠病毒感染者的超过 7 500 个病毒基因组数据后，英国伦敦大学学院等机构研究人员在《感染、遗传与进化》期刊上刊发文章指出，基因分析显示，新冠病毒可能 2019 年底已在全球广泛传播。

俄罗斯科学院信息传输问题研究所的亚历山大·潘钦等人在美国《同行评议科学杂志》上撰文说，他们在分析了不同国家对新冠病毒基因组测序所得的1 000多套数据后，通过新冠病毒与其他冠状病毒的对比，可以看出新冠病毒在演化早期的突变情况，与自然界中其他冠状病毒相似。潘钦的结论是，“这些情况表明新冠病毒是自然起源，在其演化过程中看不到任何人为干预的迹象”。

针对新冠病毒的起源，诺贝尔委员会专家、卡罗林斯卡医学院玛丽亚·马苏奇教授在接受《北欧时报》采访时，肯定了中国在隔离方面做得很成功，同时也直截了当地表示，病毒本身就是自然界的一部分。病毒拥有在物种间转移的能力，当它从一个物种转移到另一个物种身上时，就可能引起严重的疾病，这就是当下我们正在面对的情形。事实上，目前对于病毒的起源并没有确切的原因，但类似的公共卫生事件则贯穿于人类历史。

世卫组织与“唯独没有美国”

在综合来自各国科学界的研究后，世卫组织驳斥了病毒起源的各类谣言。世卫组织发言人法德拉·沙伊卜 2020 年 4 月 21 日说，世卫组织认为，就所掌握的证据来看，这一病毒起源于动物而非实验室人为制造；媒体和社交平台上流传的有关新冠病毒起源的言论和阴谋论是荒谬的。

令人感到意外的是，5 月 18 日，世界卫生大会题为“COVID-19 Response”的决议中，所有同意“调查病毒来源”的国家和组织中，包括中国、欧盟、俄罗斯、英国、澳大利亚、非盟等，唯独没有美国。这时美国还没有退出世卫组织。在会议召开之前，美国“强烈呼吁”进行病毒起源的调查，但进入行动阶段后，美国却悄悄退出决议并拒绝调查。

在世界卫生大会上，中国参与了欧盟起草的新冠肺炎疫情应对决议草案的磋商和案文的协商。在溯源问题上，决议草案参照《国际卫生条例》突发事件委员会建议，要求总干事与世界动物卫生组织、联合国粮农组织及各国密切合作，通过联合实地科学考察等措施查清病毒的动物来源和向人类传播的途径，以及可能的中间宿主，目的是降低类似事件发生的风险。草案还特别强调，成员国应该采取必要措施防止歧视、污名化，打击错误、虚假信息。这些内容客观中立，与一些国家动辄毫无根据的妄言形成鲜明对比，个中意味不言自明。

8 月 3 日，世卫组织召开新冠肺炎例行发布会。世卫组织卫生紧急项目负责人迈克尔·瑞安表示，中国专家提供了初始阶段调查信息和检测材料，做了大量出色的科研和监测工作，之后需要更广泛的回顾性流行病学研究，以了解病例间的联系，并确定是在武汉或是其他地方发生了新冠病毒打破动物与人类之间物种屏障进行传播。迈克尔·瑞安同时强调，武汉有专门针对非典型性肺炎的监测系统，从而发出了预警，但并不意味着武汉就是新冠病毒出现跨物种传播的地点。

8 月 4 日，外交部新闻发言人汪文斌表示，经双方协商，世卫组织两名专家于 7 月 11 日至 8 月 2 日来华开展新冠病毒溯源科研合作预备性磋商。在华期间，双方专家进行多次会谈，就新冠病毒人群、环境、分子、动物溯源以及传播途径等领域开展的科研工作进展和下一步科研计划进行了深入交流。同时，双方专家根据第 73 届世界卫生大会通过的新冠肺炎疫情应对决议精神，研究制订了全球新冠病毒溯源科学合作计划的中国部分，以进一步研究新冠病毒的动物来源、中间宿主和传播途径，以便更好地防控新冠肺炎疫情。①

按照中国与世卫组织 2020 年 7 月商定的工作任务书，2021 年 1 月 14 日中午 11:00 左右，世卫组织国际专家组所乘坐的航班抵达武汉天河机场 T3 航站楼。

这次来华的世卫组织国际专家组的名单，完全由世卫组织方面提出，成员来自 10 多个国家以及世卫组织、世界动物卫生组织、联合国粮农组织等国际机构，具备科学独立性、广泛的代表性和权威性。世卫组织总干事谭德塞指出："这是一次独立的研究。"中国政府为这次联合溯源做了大量行政、技术、后勤保障和支持工作。为支持此次联合溯源研究，中方应世卫方面和国际专家组的要求，组织了中国相关领域顶级专家参与溯源工作，并动员大量技术人员为联合专家组搜集数据和资料提供必要支撑。专家实地参访需求由专家组自主提出，访谈对象和访谈内容由专家组现场自主确定，报告由专家组自行起草。②

联合专家组分为"流行病学"、"分子溯源"、"动物与环境"3 个小组，开展全球溯源的中国部分工作。

---

① 《专家组将赴武汉查找新冠病毒可能的源头？中方回应》，外交部网站 2020 年 8 月 4 日。
② 申杨、杨毅：《关于中国和世卫组织联合溯源研究，外交部强调了这四点》，央广网 2021 年 3 月 6 日。

联合专家组共同研究了大量的疫情相关数据资料，现场考察了包括武汉市金银潭医院、华南海鲜市场、中科院武汉病毒研究所在内的 9 家单位，与医护人员、实验室人员、科研人员、市场管理人员及商户、社区工作者、康复患者、牺牲医护人员家属、居民等进行广泛交流，不断凝聚科学共识，并于 2021 年 2 月 9 日召开“中国—世界卫生组织新型冠状病毒溯源研究联合专家组新闻发布会”。在发布会上公布了初步的联合研究成果，主要包括：

在蝙蝠和穿山甲中发现了与新冠病毒基因序列具有高度相似性的冠状病毒，但相似度尚不足以使其成为新冠病毒的直接祖先；水貂和猫等动物对新冠病毒高度易感，提示蝙蝠、穿山甲或者鼬科、猫科动物，以及其他物种都可能是潜在的自然宿主。

华南海鲜市场关闭后的环境检测普遍发现新冠病毒污染，其中水产摊位尤为明显，华南海鲜市场新冠病毒可能通过感染者、被污染的冷链产品、动物产品等途径引入，但尚无法确定。对该市场的动物产品大规模检测未发现阳性，对湖北省蝙蝠以及中国各地大量的家畜家禽、野生动物采样监测均未发现新冠病毒，未发现疫情发生前后有新冠病毒在家畜家禽、野生动物中循环的证据。

2019 年 12 月，武汉市人群中发生了新冠病毒一定规模传播，大部分病例集中在下半月。华南海鲜市场是新冠肺炎疫情的其中一个暴发点，也是疫情早期引起疾控部门关注的一个重点场所，但早期病例搜索及分析显示，华南海鲜市场出现病例的同时，武汉市其他地方也有病例发生。

联合专家组对新冠病毒从自然宿主直接传播和通过冷链食品、中间宿主、实验室等四种引入人群途径的可能性进行了科学评估（评估结论分为“极不可能”、“不可能”、“可能”、“比较可能”、“非常可能”五个层级），认为新冠病毒“比较可能”是经中间宿主引入人类，也“可能”是直接传播或者通过冷链食品引入人类，“极不可能”是通过实验室引入人类。①

在发布会后，包括《纽约时报》在内的多家美国媒体却“援引”多位世卫组织专家的话称，世卫组织专家组在中国的新冠病毒溯源调查受到了中方阻挠，中方“拒绝分享可能让世界更了解新冠起源的原始数据”。这些报道“出笼”后，被

① 刘曲：《中国—世卫组织新冠病毒溯源研究联合专家组举行新闻发布会》，人民日报客户端 2021 年 2 月 9 日。

“援引”的世卫组织专家马上辟谣，指出美媒严重歪曲了他们的原意。

出生于英国并长期在美国工作生活的世卫组织病原体顾问、美国非营利组织生态健康联盟主席、本次世卫组织专家组成员彼得·达萨克说：“我的中国同行们坦率开放且值得信任。我们始终能获得重要的新数据。”《纽约时报》的报道并不是他在世卫组织任务中所获得的经验。

世卫组织丹麦籍专家西娅·菲舍尔也表示：“这也不是我在世卫组织任务中所获得的经验。我们国际专家团队与中国专家团队建立了良好的关系。我们与中国专家进行了热烈的讨论。我们说的话被严重歪曲，这为重要的科学工作带来了阴影。”

彼得·达萨克后来更进一步说：“我们的话被媒体断章取义地拿来编造自己的报道。这真的令人失望，《纽约时报》真无耻。”

世卫组织专家组成员、荷兰病毒学家马里恩·库普曼斯就外界对这次溯源研究所做的“有罪推定”表示说：“果然开始了，连报告都不愿意等，对吧？”

“中国—世卫组织新冠病毒溯源研究联合专家组”外方组长安巴雷克此后也说，所发布的报告是联合专家组的共识，“不存在其中一方影响另一方得出结论的情况”。

被达萨克批评为“无耻”的《纽约时报》，只能在2021年2月14日又发表了一篇对达萨克的专访。这次他们老老实实以问答的形式刊出了采访全部内容。

达萨克在这篇专访中披露了此前未曾报道的一些内容——从到达的第一天起，他们所看到的新数据和新信息都是在中国以外无法见到的。例如，武汉华南海鲜市场的摊贩是哪些人、他们的供应链从哪里来、首批确诊患者有什么联系等。“当你要求需要更多信息时，中国科学家就会离开去找，几天后他们会做出分析，我们因此可以得到新的信息，这些都非常有价值。”“对我来说，这些(研究信息)真的是让我大开眼界。”达萨克再次强调所谓“病毒实验室泄漏病毒”的说法极不可能存在，世卫组织专家与中方梳理了各种假设，目前认为病毒起源于动物的可能性较大。

达萨克最后忠告说，未来的病毒溯源研究工作应走在科学的道路上，而不应该陷入政治的泥沼之中。[①]

① 《世卫专家首次披露，原来中国做了这么多，大开眼界！》，北晚新视觉网2021年2月16日。

2021 年 3 月 30 日，世卫组织发布了该机构的全球新冠病毒溯源研究中国部分的正式报告，对上述研究成果正式确认。

各国的报道与科学实证研究

新冠疫情出现后，世界各国对其展开溯源研究。研究成果显示，导致新冠疫情的新病毒在 2019 年已经在世界多地出现，这也为对疫情和病毒的进一步研究，提供了科学与理性的线索。

意大利

意大利是欧洲疫情较早暴发的国家。对于意大利疫情的溯源，欧洲知名的马里奥·内格里药理研究所主任朱塞佩·雷穆齐，在接受美国国家公共广播电台采访时回忆说，意大利可能早在 2019 年 11 月、12 月就已经出现了高度疑似新冠病毒肺炎症状的不明原因肺炎。雷穆齐说，医生们反映“见过这种奇怪的肺炎，非常严重，特别是在老年人中，在(2019 年)12 月甚至 11 月时……这意味着在我们知道中国的疫情暴发之前，病毒至少就已经在意大利的伦巴第北部地区传播起来了”。

雷穆齐的说法是一种直觉判断，而意大利安莎社 2020 年 3 月 25 日的报道则提供了学术支撑——在伦巴第大区卫生局的协调下，14 家研究中心在学术论文平台 arXiv 上联合发表的论文显示，新型冠状病毒早在 1 月 1 日就开始在伦巴第大区流行。英国《自然》杂志在其网站上评论称，新冠肺炎疫情在被发现前，已在意大利流行了几个星期；也就是说，新冠病毒在 2019 年 12 月就已在意大利开始“活跃”。

更直接的证据，来自意大利负责公共卫生的主要科研机构——意大利国家高等卫生研究院，6 月 18 日，该机构在官网发布报告指出，在意大利北部城市米兰和都灵 2019 年 12 月 18 日的废水样本中，检测出了新冠病毒的遗传物质。①

---

① 邓宗宇：《意大利：去年 12 月米兰和都灵废水样本中发现新冠病毒》，《环球时报》2020 年 6 月 19 日。

世卫组织卫生紧急项目负责人迈克尔·瑞安表示，这是重要的发现，需要进一步研究，有可能新冠病毒在 2019 年 12 月已在意大利北部传播，只是当时并没有人意识到。

迈克尔·瑞安的判断还得到了其他科研机构的进一步证实。意大利米兰大学研究人员在一份 2019 年 12 月 5 日提取的 4 岁儿童咽部分泌物中也发现了新冠病毒，而这名男童和他的家人都没有出国旅游史。[①] 这一发现已经刊登在了美国疾控中心下属的学术期刊《新发传染病》上。米兰大学还在 2019 年 11 月 10 日的一名 25 岁女性皮肤炎患者的活检样本中，发现了新冠病毒基因序列，这一研究成果刊登在《英国皮肤病学杂志》上。这一结果又将意大利"零号病人"出现时间再次提前到 2019 年 11 月。[②]

与米兰大学同城的意大利米兰国家癌症研究所，在 2019 年 9 月至 2020 年 3 月参加肺癌筛查的 959 名健康志愿者留存的样本中，检测到有 4 人的样本在 2019 年 10 月第一周就带有新冠病毒的抗体，由此推断他们是 9 月份被感染的。意大利国家癌症研究所科学杂志《肿瘤杂志》刊登了这一研究成果。[③]

法国

已有 100 余年历史的法国巴斯德研究所，对在 2020 年 1 月 24 日至 3 月 24 日采集的 97 份法国新冠病毒样本进行了基因测序和比对，同时与全球共享流感数据倡议组织(GISAID)发布的 338 份病毒基因序列进行对比分析，建立了病毒进化树图谱。通过对比研究发现，法国流行的新冠病毒来自在本土已经流传的某个病毒的进化枝，与报告的中国和意大利的输入病例都不同。这意味着 2 月份疫情在欧洲国家暴发之前，病毒就已经在法国悄然传播。[④]

如果说病毒进化树图谱是理性分析的话，那么，下面来自临床的发现则更为直接。

法国巴黎北部塞纳—圣但尼省两家医院的危重症科室负责人伊夫·科恩

---

① 《外媒揭病毒溯源"时间线"：2019 年秋，欧美多地已现新冠病毒》，《参考消息》2021 年 1 月 21 日。

② 《意大利再发现一例 2019 年 11 月已感染新冠病例》，《环球时报》2021 年 1 月 11 日。

③ 《外媒揭病毒溯源"时间线"：2019 年秋，欧美多地已现新冠病毒》，《参考消息》2021 年 1 月 21 日。

④ 《法国最新研究：法国疫情由本地流传病毒毒株引发》，《人民日报》2020 年 5 月 3 日。

和他的团队,于4月6日至9日对2019年12月至2020年1月所采集到的肺炎患者的核酸检测样本进行PCR血清学重新检测时发现,其中有一名患者的样本在新冠病毒测试中显示是阳性。这名患者于2019年12月27日被送入重症监护室,他的两个孩子后来也被确诊感染。这名42岁的患者是一个鱼贩,他的最后一次旅行是2019年8月前往阿尔及利亚。由于这一病例与中国没有关联,因此极大地改变了人们对新冠病毒在法国传播的认知。这表明,新冠病毒已于2019年12月底在法国人群中传播。这一病例比1月24日法国卫生部首次确认的外来输入病例早出现将近1个月。这一发现成果在《国际抗菌药物杂志》上以《新冠病毒已于2019年12月底在法国传播》为题发表。①

针对"法国在2019年12月便已出现新冠病例"一事,世卫组织专家在5月5日和6日的记者会上分别就此做出回应,称这是有可能的。世卫组织发言人克里斯蒂安·林德迈尔认为,法国发现早期新冠肺炎病例的消息并不令人意外。

法国科学家后续的研究发现,新冠病毒可能在2019年11月就已经在欧洲出现。法国东北部科尔马市阿尔贝·施魏策尔医院的米歇尔·施米特博士与他的研究团队认为,新冠病毒出现在法国的时间可能更早。他们在检查了2019年底拍摄的数千张胸部X光片后发现,其中有两张的影像与新冠肺炎患者的症状一致。这两张X光片拍摄于11月16日和18日,这为新冠病毒什么时候第一次出现在法国提供了新的视角。

英国

英国《每日邮报》通过追踪一名早期病例,也将新冠病毒在英国可能出现的时间指向了2019年11月。《每日邮报》的报道说,一位名叫皮特·阿特伍德的84岁老人在2020年1月底死于新冠肺炎。他的女儿说,老人在1月7日由于剧烈咳嗽入院治疗,而在2019年12月28日阿特伍德就已经出现了相关症状;而她本人早在12月中旬就出现了新冠肺炎的症状。她认为,新冠疫情可能在11月份就已经在英国传播。《每日邮报》在报道里说,阿特伍德本人从来没有离

---

① 李洋:《最新研究:新冠病毒去年12月底已在法国传播,病例与中国无关联》,中国新闻社2020年5月5日。吕霖、王振雅、张萌:《多国新冠病毒最早感染时间提前,源头到底在哪?》,《健康时报》2020年5月5日。

开过英国。①

美国

除了意大利、法国和英国开展新冠病毒的早期溯源外，美国各机构也相继投入这方面的工作。

美国加州圣克拉拉县对两名病逝于2020年2月份的死者的尸检结果，引起了美国医学界的高度关注。这两名死者都是新冠肺炎患者，其中一名57岁女子的死亡日期为2月6日，这比美国官方公布的第一个新冠肺炎患者的死亡病例发生时间——2月29日——提前了三周多。这名57岁病亡女子没有中国旅行史。哈佛大学全球健康研究所主任杰哈认为，这名女子可能在2020年1月初至1月中旬就已经感染了新冠病毒，也不太可能是美国的"零号病人"，这意味着在她染病之前，新冠病毒已经于更早的时间在美国境内传播。圣克拉拉县卫生官员将这些当时未确诊的新冠死亡病例称为"只是冰山一角"。1月份加州出现新冠病例并不是猜测，根据英国《每日邮报》的报道，洛杉矶的首例确诊病例出现在1月26日。②

美国广播公司后来在4月9日发布的报道，试图追溯"冰山一角"之下的情况。美国广播公司称，据4位知情人士透露，早在2019年11月下旬，美国情报官员就警告说一种传染病正在蔓延，对民众构成威胁。报道说，"美国国家医学情报中心(NCMI)11月份的一份情报报告详细阐述了人们对日前被称为'新型冠状病毒'大流行的担忧"，并"分析得出这可能是一场灾难性事件"。美国国家医学情报中心将报告通报给了五角大楼、国防情报局和白宫。③ 在美国广播公司做出上述报道后，国防部长马克·埃斯珀被记者问及此事时，他表示自己"不记得"也"不知道"是否收到过相关报告。之后，国防部对这篇报道予以了否认。

美国新泽西州贝尔维尔市市长迈克尔·梅勒姆在4月30日以自己的亲身经历，为上述令人感到蹊跷的"11月份"提供了一个活生生的案例。根据《世界

---

① 《英媒：英国新冠肺炎最早死亡病例发生在今年1月份》，央视新闻2020年9月10日。

② 《美国首个死亡病例提前3周多！而且没来过中国……》，《中国青年报》2020年4月24日。张霓：《美国研究：新冠病毒去年12月或已在洛杉矶传播》，海外网2020年9月11日。

③ 杨月：《外媒：美国11月下旬就已预警新冠病毒危机，政府未能及时应对》，《健康时报》2020年4月9日。

日报》、新泽西州当地媒体 NJ. com 和《记录报》的报道，梅勒姆认为自己在 2019 年 11 月就已经感染了新冠病毒。

梅勒姆回忆说，他在 2019 年 11 月前往大西洋城参加一场会议，11 月 21 日回程时就感到不适，到家后开始高烧，感觉浑身发冷，整个晚上都无法入眠。“我以前也患过流感，但症状从未如此严重，我觉得自己好像快要死了。”梅勒姆说：“我身边也有很多人告诉我，他们曾在去年 11 月、12 月生病而且症状严重。”

尽管官方认为梅勒姆当时不可能感染新冠病毒，但他还是坚持去做了血液抗体检测。4 月 29 日拿到的结果让医生也感到极为震惊，检测显示，梅勒姆体内已有新冠病毒抗体。梅勒姆说，检测表明，他体内的抗体存在时间很长，不是最近产生的。[①]

关于病毒在美国的起源时间，加拿大及英国皇家内科学院院士、抗击新冠病毒加拿大医学专家协调委员会主任关玉莲在 5 月 4 日接受媒体采访时表示，美国最早的感染时间或在 2019 年 10 月。[②] 同一天，佛罗里达州在其卫生部门网站上，公布了所有确诊病例的数据，包括患者何时开始出现症状以及何时得到检测呈阳性结果。数据显示，在佛罗里达州官方 3 月 1 日正式通报首例新冠肺炎确诊病例（当时患者必须经过美国疾控中心确认后才可宣布确诊）两个月前，佛罗里达州就已有 171 人感染了新冠病毒。这些患者早在 1 月 1 日就出现了新冠肺炎症状。这 171 名患者中没有人曾去过中国旅行，其中的 103 人连美国的国门也没有踏出过。[③]

第二天，美国 CNN 对英国研究人员对全球 7 600 名患者身上提取的新冠病毒进行基因分析结果做了报道。研究发现，该病毒从 2019 年晚些时候就已经开始在世界范围内传播。这一研究报告刊登在《分子流行病学和传染病进化遗传学》上。报告写道：“我们的结果与先前的估计相符，到 2019 年底前，所有基因序列都具有共同的祖先，这证明在这一时期，新冠病毒进入人类宿主。”CNN 的报道指出，这说明该病毒早在官方报告之前就已经在西方开始传播。[④]

---

① 《美国一市长承认：我去年 11 月就已感染新冠病毒》，新华社 2020 年 5 月 6 日。

② 吕霖、王振雅、张萌：《多国新冠病毒最早感染时间提前，源头到底在哪？》，《健康时报》2020 年 5 月 5 日。

③ 《美媒：佛罗里达州 171 名患者早在 1 月就已出现新冠肺炎症状》，海外网 2020 年 5 月 6 日。

④ 何秀芳：《去年 11 月已有病例？美国确诊超 120 万，特朗普却“急”了：不戴口罩视察，还想解散疫情应对小组》，《21 世纪经济报道》2020 年 5 月 6 日。

上述的一系列报道，在 4 个月后得到了美国加州大学洛杉矶分校研究人员的呼应。9 月 10 日，加州大学洛杉矶分校的研究人员在《医学互联网研究杂志》发布的一份报告显示，自 2019 年 12 月 22 日至 2020 年 2 月期间，因咳嗽而在加州大学洛杉矶分校医院与诊所治疗的患者数量显著增加，较此前 5 年的同期平均水平增加 50%以上。门诊人数激增，导致部分患者不得不被送往加州大学洛杉矶分校运营的其他医院。急性呼吸衰竭患者的比例也较前 5 年有显著增加。报告指出，如果新冠病毒确实是 2019 年圣诞节前后开始在洛杉矶悄无声息地传播，那么加州大学洛杉矶分校医院病人的就诊模式就与实际情况非常相似。研究人员指出，这些相比以往"多出来的患者"中，即使只有一部分是新冠肺炎患者，仍然可以说明病毒当时已在洛杉矶及其周边悄然传播。研究人员由此表示，美国疾控中心在 1 月下旬报告首例新冠肺炎病例时，加州大学洛杉矶分校的医生们可能已经治疗了几十名新冠肺炎患者，只是当时还没有意识到。①

美国疾控中心的研究人员之后在分析了美国红十字会 2019 年 12 月 13 日至 2020 年 1 月 17 日于 9 个州采集的 7 389 份献血血样后发现，有 106 份血样的新冠病毒抗体检测结果呈阳性。为了避免其他冠状病毒抗体的干扰，研究人员对这 106 份血样又做了一系列检测，在检测的 90 份样本中有 84 份含有专门针对新冠病毒的抗体。专家认为，"阳性样本均为假阳性的可能性极小"。这一研究发表在美国传染病学会官方刊物《临床传染病》上，表明"新冠病毒感染病例可能在 2019 年 12 月就已在美国出现，早于此前人们的认知"。②

与美国疾控中心的研究相印证的是，2021 年 6 月 12 日，美国国立卫生研究院在《临床传染病》刊发论文指出，在该机构对美国 2020 年初采集 2.4 万份血样进行检测后发现，至少有 9 人的血样中含有新冠病毒抗体。为了提高检测的准确性，美国国立卫生研究院采用了两种不同的血清学检测方法。

在上述 9 个含有新冠病毒抗体的样本中，最早的一例来自伊利诺伊州 2020 年 1 月 7 日采集的血样；而马萨诸塞州 1 月 8 日、威斯康星州 2 月 3 日、宾夕法尼亚州 2 月 15 日采集的血样也显示含有新冠病毒抗体。由于新冠病毒抗体的产生，是在染病大约 2 周之后，因此美国国立卫生研究院的科学家认为，在 2019

---

① 张霓：《美国研究：新冠病毒去年 12 月或已在洛杉矶传播》，海外网 2020 年 9 月 11 日。
② 《外媒揭病毒溯源"时间线"：2019 年秋，欧美多地已现新冠病毒》，《参考消息》2021 年 1 月 21 日。

年 12 月份,美国本土已经开始新冠病毒的低速率传播。[①] 中科院预印本平台(ChinaXiv)运用大数据和人工智能技术建模,根据已公开数据对美国东北部的 12 个州和中国武汉市等地的疫情起源时间进行分析,研判美国新冠肺炎疫情首例感染发生概率 50%的日期多数位于 2019 年 8—10 月,较大概率在 2019 年 9 月前后已开始流行;而中国武汉市首例感染发生概率 50%的日期为 2019 年 12 月 20 日。这一分析结论与流行病学调查结果基本相符。[②]

由此看来,新泽西州梅勒姆市长当初的"感觉",是有道理的。

然而,在上述美国科研人员发表本土早期新冠肺炎疫情溯源报告后,美国官方要求终止对美国相关病例研究,理由是此举对美国不利。

与此同时,国际权威医学期刊《柳叶刀》的"新冠肺炎疫情委员会疫情溯源特别工作组"中的美国专家们,也受到"压力"甚至"威胁",被要求放弃有足够科学证据支撑的"蝙蝠是新冠病毒自然宿主"论,转而支持"实验室泄漏"论;为此,部分科学家可能不得不辞职,以坚持自己的科学立场。[③]

日本

日本方面也有新冠病毒早期出现的相关报道。日本的检测机构对 2019 年 1—3 月份采集的 500 份无偿献血者血样进行检测,其中两份样本的新冠病毒抗体检测为阳性。5 月 5 日,一名备注身份为"筑波大学博士"的医生福岛淳在推特上发表文章,称在 2019 年 8 月的患者血清中发现了新冠病毒抗体,认为新冠病毒在 2019 年 8 月就已进入日本,并很可能在秋季就已经在日本蔓延。日本官员对此称不排除"假阳性"的可能。而相关报道指出,进行检测的这个机构,很可能就是日本最权威的传染病检测与研究机构——国立感染症研究所。[④]

---

① 刘柳:《美权威报告:2019 年 12 月新冠病毒已在美传播》,长安街知事 2021 年 6 月 16 日。韩咏红:《病毒从哪儿来?》,《联合早报》2021 年 6 月 18 日。

② 《最新研究表明:美国新冠肺炎疫情较大概率于 2019 年 9 月前后已开始流行》,海外网 2021 年 9 月 22 日。

③ 《美国专家受到"威胁",中方回应》,《环球时报》2021 年 6 月 28 日。

④ 孙秀萍:《日本 2019 年年初血样新冠病毒检测呈阳性,厚生劳动大臣:存在"假阳性"可能》,环球网 2020 年 5 月 16 日。

西班牙

在日本出现 2019 年 3 月份可能发现新冠病毒的报道后，2020 年 6 月 26 日，西班牙巴塞罗那大学发布公告称，该校一个研究小组在 2019 年 3 月份采集的巴塞罗那废水样本中检测出新冠病毒。

该研究小组的科研人员一开始在 2020 年 1 月 15 日的废水样本中检测到了新冠病毒的存在，因此，研究小组随后开展了进一步的溯源，检测了 2018 年和 2019 年的废水样本。研究人员发现，2019 年 3 月 12 日的样本聚合酶链式反应(PCR)检测呈阳性，且病毒水平非常低。研究小组的负责人、生物学教授阿尔韦特·博什称，巴塞罗那旅游业发达，游客众多，这一研究结果表明，世界其他地区很可能也发生了类似情况，但许多病例当时或因被误诊为流感病例而被遮蔽了。[①]

巴西

巴西科研人员也采取了与西班牙类似的研究思路，对下水道的水样进行了分析。

巴西圣卡塔琳娜联邦大学的专家组于 2020 年 7 月 2 日发布了题为《2019 年 11 月巴西圣卡塔琳娜下水道发现新冠肺炎病毒》的研究报告。这份报告由 14 位圣卡塔琳娜联邦大学的研究人员联合署名。专家组在对巴西圣卡塔琳娜州首府弗洛里亚诺波利斯市 2019 年 10 月到 2020 年 3 月的下水道水样分析中发现，在 11 月 27 日的水样中检测到新冠病毒，而在随后的 2019 年 12 月 11 日和 2020 年 2 月 20 日两组样本中发现病毒载量均有所上升。[②] 这一发现比美洲大陆官方宣布的第一例新冠肺炎确诊病例——2020 年 1 月 21 日美国确诊第一例新冠肺炎病例——提前了两个月，比巴西政府宣布的 2020 年 2 月 26 日出现的新冠肺炎确诊病例早了三个月。

参与这一研究的方格罗教授说，他们对弗洛里亚诺波利斯市每个月的下水道水样冰冻样本做了例行检测，在 2019 年 11 月的样本中发现了新冠病毒。起初，科学家们怀疑这一结果是不是搞错了，然后在不同的实验室用不同病毒标

---

① 《西班牙去年 3 月废水样本中检出新冠病毒》，新华社 2020 年 6 月 27 日。

② 《外媒揭病毒溯源“时间线”：2019 年秋，欧美多地已现新冠病毒》，《参考消息》2021 年 1 月 21 日。

记物进行了重新测试，测试的结果重复了之前包括病毒基因组在内的所有数据，得出的结论完全一致。

这表明，新冠病毒早在世界范围内官方正式宣布第一例确诊病例之前一个多月，就已经在巴西出现。

参加研究的圣卡塔琳娜联邦大学应用病毒学实验室的生物科技博士吉斯兰妮·丰加罗对测试的过程做了详细的解释：研究所用样本的采集时间是2019年11月27日，而病毒感染人类需要几周时间；也就是说，在采集到样本的15—20天前，就已经有人感染了。吉斯兰妮表示，研究人员是在将废水样本中检测到的病毒与4组新冠病毒基因组进行了对比、且每个样本至少进行8次测试后，最终确认检测到的病毒为新冠病毒。研究小组在应用病毒学实验室得出结论后，又到圣卡塔琳娜联邦大学医院的分子、微生物和血清学实验室进行了检测，也都得出了相同结论。①

牛津大学循证医学中心荣誉高级研究员、纽卡斯尔大学客座教授汤姆·杰斐逊在接受英国《每日电讯报》采访时说："我认为这种病毒早已存在，且无处不在。我们看到的可能是本来处于休眠状态却被环境条件激活的病毒。"他还说："福克兰群岛(阿根廷称为马尔维纳斯群岛)2月初就发现了病例。那么，这一病例从何而来？曾经有一艘从南乔治亚开往布宜诺斯艾利斯的邮轮，乘客们进行过筛查，然而到了第8天，当他们开始向威德尔海航行时，他们中出现了第一例病例。病毒是否存在于被解冻的熟食中并被激活了呢？"

汤姆·杰斐逊还分析了100多年前席卷全球的大流感的情形，"'西班牙大流感'时，就出现过这种奇怪的情况。1918年，西萨摩亚大约30%的人口死于'西班牙大流感'，而他们当时与外界没有任何交流"。

他认为，"对于这种情况的解释只能是，这些病毒并非来自别处然后又离开，而是一直都在，有些东西激活了它们，也许是人口密度或环境条件，这就是我们要寻找的答案"。

为此，汤姆·杰斐逊和循证医学中心主任卡尔·赫尼格汉在《每日电讯报》上联名发表文章，呼吁展开一项类似于约翰·斯诺在1854年所做的深入调查。斯诺当年的调查发现，霍乱是从伦敦一个受污染的水井开始传播的。这两位学

① 汤晔：《巴西专家：去年11月下水道中已存在新冠病毒》，央视新闻客户端2020年7月3日。

者认为，探究为何如此多的疫情暴发于食品厂和肉类加工厂也许能揭示病毒传播的主要新途径。可能是共用的卫生间，加上阴冷的环境条件，使病毒得以滋生传播。①

总之，世界各地的科学家对新冠病毒的早期溯源工作，从自身的外部环境和客观实际出发，做出了努力，也不断更新了这一病毒在全球出现的时间轴，从而加深科学认知，为保护人类的健康做出了有益的贡献。

参考资料

[1]《27名科学家柳叶刀发声明：强烈谴责新冠非自然起源的阴谋论》，澎湃新闻2020年2月19日。

[2]《习近平：向科学要答案、要方法》，央视新闻客户端2020年3月3日。

[3]董瑞丰：《坚持向科学要答案要方法——解读习近平总书记对疫情防控科研攻关的新要求》，新华社2020年3月16日。

[4]《美媒：意大利专家称本国疫情或早于中国传播》，环球网2020年3月21日。

[5]许骏：《美国国立卫生研究院院长：新冠肺炎病毒源于自然》，环球网2020年3月28日。

[6]《新冠病毒系自然起源，或早已在人群中传播》，《新京报》2020年3月29日。

[7]《美国"病毒猎手"：新冠病毒可能已在人类中传播数月甚至数年》，澎湃新闻2020年4月5日。

[8]陈芳、刘华、韩墨、李志晖：《中国发布新冠肺炎疫情信息、推进疫情防控国际合作纪事》，新华社2020年4月6日。

[9]杨月：《外媒：美国11月下旬就已预警新冠病毒危机，政府未能及时应对》，《健康时报》2020年4月9日。

[10]《澳专家：没有证明表明新冠病毒来自武汉实验室》，海外网2020年4

① 《牛津大学知名专家：新冠病毒可能不是源自中国，早就潜伏于世界》，《参考消息》2020年7月7日。

月22日。

[11]刘曲:《世卫发言人:现有证据表明新冠病毒起源自动物》,新华社2020年4月22日。

[12]《人民日报评论员:病毒溯源要以科学为依据》,《人民日报》2020年4月23日。

[13]《美国首个死亡病例提前3周多!而且没来过中国……》,《中国青年报》2020年4月24日。

[14]彭大伟:《德国顶尖病毒学家:“新冠病毒源自实验室”极不可信》,中国新闻社2020年4月25日。

[15]刘玲玲:《巴斯德研究所最新研究:法国疫情由本地流传病毒毒株引发》,海外网2020年5月3日。

[16]吕霖、王振雅、张萌:《多国新冠病毒最早感染时间提前,源头到底在哪?》,《健康时报》2020年5月5日。

[17]李洋:《最新研究:新冠病毒去年12月底已在法国传播,病例与中国无关联》,中国新闻社2020年5月5日。

[18]何秀芳:《去年11月已有病例?美国确诊超120万,特朗普却“急”了:不戴口罩视察,还想解散疫情应对小组》,《21世纪经济报道》2020年5月6日。

[19]《美国一市长承认:我去年11月就已感染新冠病毒》,新华社2020年5月6日。

[20]《法国在去年12月便已出现新冠病例?世卫:有可能》,中国新闻社2020年5月7日。

[21]西佳:《剑桥大学遗传学专家彼得·福斯特:病毒早于12月?意料之中》,央视新闻客户端2020年5月9日。

[22]孙秀萍:《日本2019年年初血样新冠病毒检测呈阳性,厚生劳动大臣:存在“假阳性”可能》,环球网2020年5月16日。

[23]徐立凡:《世界卫生大会召开,打破了这三大谎言》,新京报评论2020年5月19日。

[24]《惊人发现:美国拒绝调查新冠病毒起源》,《环球时报》2020年6月11日。

[25]《新冠病毒可能2019年11月就已在欧洲出现》，《人民日报》2020年6月16日。

[26]邓宗宇：《意大利：去年12月米兰和都灵废水样本中发现新冠病毒》，《环球时报》2020年6月19日。

[27]朱赫：《世卫组织：意大利北部可能在去年12月就已出现新冠病毒传播》，央视财经2020年6月23日。

[28]《西班牙去年3月废水样本中检出新冠病毒》，新华社2020年6月27日。

[29]汤晔：《巴西专家：去年11月下水道中已存在新冠病毒》，央视新闻客户端2020年7月3日。

[30]《牛津大学知名专家：新冠病毒可能不是源自中国，早就潜伏于世界》，《参考消息》2020年7月7日。

[31]《重大发现不断！多国新冠疫情首次出现时间点或大幅提前》，新华社2020年7月8日。

[32]《俄专家：新冠病毒突变情况支持病毒为自然起源》，新华社2020年8月2日。

[33]《专家组将赴武汉查找新冠病毒可能的源头？中方回应》，外交部网站2020年8月4日。

[34]《英媒：英国新冠肺炎最早死亡病例发生在今年1月份》，央视新闻2020年9月10日。

[35]张霓：《美国研究：新冠病毒去年12月或已在洛杉矶传播》，海外网2020年9月11日。

[36]《诺委专家：新冠病毒来自自然界，中国的政策很成功》，中国新闻网2020年10月5日。

[37]《意大利再发现一例2019年11月已感染新冠病例》，《环球时报》2021年1月11日。

[38]《外媒揭病毒溯源“时间线”：2019年秋，欧美多地已现新冠病毒》，《参考消息》2021年1月21日。

[39]刘曲：《中国—世卫组织新冠病毒溯源研究联合专家组举行新闻发布

会》,人民日报客户端2021年2月9日。

[40]周斐:《美媒造谣病毒溯源受中国阻挠,多位世卫专家:歪曲事实真无耻》,南方都市报APP·南都即时2021年2月14日。

[41]《澳媒称发现世卫赴华专家“通中证据”,当事人回怼》,《环球时报》2021年2月15日。

[42]《中国—世卫组织新冠病毒溯源研究联合专家组外方组长:不存在其中一方影响另一方得出结论的情况》,《文汇报》2021年2月16日。

[43]申杨、杨毅:《关于中国和世卫组织联合溯源研究,外交部强调了这四点》,央广网2021年3月6日。

[44]《新冠全球溯源研究中国部分公布》,中国新闻社2021年6月8日。

[45]刘柳:《美权威报告:2019年12月新冠病毒已在美传播》,长安街知事2021年6月16日。

[46]韩咏红:《病毒从哪儿来?》,《联合早报》2021年6月18日。

[47]《美国专家受到“威胁”,中方回应》,《环球时报》2021年6月28日。

[48]《最新研究表明:美国新冠肺炎疫情较大概率于2019年9月前后已开始流行》,海外网2021年9月22日。

第10章

从抗疫，到抗议

◎ 一起看似偶然的事件

◎ 抗议升级

◎ “处决式枪击”

◎ 躺着中枪

◎ “黑人的命也是命”抗议运动背后的原因

"我一直在报道黎巴嫩发生的抗议活动。这些抗议活动，与我现在在美国看到的抗议活动没有太大不同。"

——英国《每日电讯报》记者　乔西・恩索尔

一起看似偶然的事件

新冠疫情导致保持社交距离成为一个基本要求，但一起看似偶然的事件，却将人们重新集聚起来，并且愈演愈烈，发展成为普遍的街头抗议运动。

跪杀弗洛伊德

2020年5月25日，46岁的黑人乔治・弗洛伊德在美国明尼苏达州明尼阿波利斯市，因被怀疑使用20美元的假钞买烟而遭店家举报。

弗洛伊德也许并不知道自己用的是假钞；也许是迫于生计、明知故犯，抱着碰碰运气的心态想"薅一把羊毛"。最终，弗洛伊德在店家报警后被警方逮捕。当时3名警察将他按在地上，白人警察德雷克・肖万用膝盖压住他的颈部8分46秒。在这个过程中，弗洛伊德一直向警察求饶，并呼喊"我无法呼吸了"(I can't breathe)，最后痛苦地呼唤"妈妈……"多位路人在边上试图阻止警察，但警察并未理会，直到弗洛伊德陷入昏迷并死亡。过路人达内拉・弗雷泽拍下了事件的过程并将视频上传到网络。视频中，被跪压的弗洛伊德连呼28遍"我无法呼吸了"，悲惨难以言状。

5月26日，几百名示威者汇集在明尼阿波利斯市的街头，抗议警察暴力执法。27日，孟菲斯和洛杉矶等多个城市也爆发抗议活动。在孟菲斯，民众抗议

在警察跪压下死去的乔治·弗洛伊德(图片来源:百度百科)

弗洛伊德之死,同时悼念 2020 年 3 月遭警察破门而入后被射杀在睡梦中的 26 岁黑人女子布伦娜·泰勒,以及 2 月 23 日慢跑时遭白人枪杀的黑人青年艾哈迈德·阿贝里。随后,抗议活动迅速蔓延到全美各个城市。抗议活动的现场,打出“黑人的命也是命”(Black Lives Matter)的标语,这一标语迅速在全美流行,频频出现在各地的游行示威人群中。

5 月 29 日,明尼苏达州亨内平县官方公布了弗洛伊德的初步尸检报告。报告指出,弗洛伊德死于心脏病,还说他的“体内可能含有毒品”,警察肖万的压制使他的状况恶化。弗洛伊德的家人对这份报告非常愤怒,称其根本是“胡说八道”。于是,弗洛伊德家人聘请前纽约市首席法医迈克尔·巴登执行第二次、独立的非官方尸检。

6 月 1 日,由巴登领衔的独立尸检报告披露弗洛伊德死于颈部和背部压迫导致的窒息,这种窒息导致脑部血液供应不足。报告还显示,弗洛伊德身体状况良好,健康没有问题,他的死属于“谋杀”。法医发现,压在双手被反铐的弗洛伊德身上的警察的重量以及施压的体位,是弗洛伊德横膈膜功能损害的诱因。

6 月 4 日，亨内平县医学检查员公布了弗洛伊德的最终尸检结果，报告显示弗洛伊德的死亡原因是心肺骤停或心脏停止。新的报告显示，弗洛伊德的头、嘴、脸、肩膀、胳膊和腿上有多处瘀青和伤口，但报告说，没有证据表明这些伤害会直接导致他死亡。尸检报告还显示弗洛伊德患有心脏病和高血压，初步的毒理学报告发现其体内芬太尼和甲基苯丙胺的含量适中。报告认为，虽然弗洛伊德死前遭警察肖万膝盖强压脖子超过 8 分钟，但无法认定这就是弗洛伊德死亡的直接原因。

弗洛伊德的"跪杀"案件不是孤例，在弗洛伊德死前两个月，即 2020 年 3 月，美国黑人男子丹尼尔·普鲁德也因警察的跪压而死亡。警方最初的结论是普鲁德死于吸毒过量。

弗洛伊德最初的尸检报告也认为他"体内可能含有毒品"。显然，这是一个"熟悉的配方"。

在普鲁德案件中，警方雪藏了执法录像，拖延了半年之久，最后在"黑人的命也是命"运动爆发后，迫于压力才不得不公开，由此引发了持续多日的示威。2021 年 2 月 23 日，普鲁德案件的大陪审团拒绝对涉事警察提起正式诉讼。当地人士无奈地说："从历史来看，当黑人或者棕色皮肤人种在美国被杀时，大部分时候不会有刑事指控。"

高举"我无法呼吸了"、"黑人的命也是命"等抗议标语的人群
（图片来源：新华网）

虽然“事主”德雷克·肖万被控二级谋杀和二级故意杀人罪,但即便被判有罪,根据相关规定,他仍可获得超过 100 万美元的退休金。

白宫前的抗议

2020 年 5 月 29 日凌晨,美国总统特朗普发推特称,军队将支持明尼苏达州政府,并威胁要对“暴徒”动用武力。特朗普说:“如果发生劫掠,那就开枪。”天亮后,首都华盛顿民众举行抗议活动,抗议者在美国财政部建筑外墙喷涂反对特朗普的口号,并在白宫外高喊口号“举起手来。不要开枪!”在白宫外的拉法耶特公园,一些抗议者还与白宫特勤人员发生冲突。这一天,白宫因抗议活动而被封锁。到了晚上,聚集在白宫前的大批抗议者不愿离去。美国特勤局人员出于安全考虑,将特朗普带入白宫地堡内的“总统紧急行动中心”躲避。这件事被媒体披露后,特朗普在网络上被戏称为“地堡男孩”。特朗普对此非常恼火,强调自己去那里是“视察工作”。但是,司法部长巴尔后来在接受媒体采访时说漏了嘴:“当时的情况非常糟糕,特勤局建议总统下到那个地堡里去。”

有了地堡体验的特朗普,5 月 30 日警告示威者,如果冲破白宫的围栏,“迎接他们的将是我见过的最凶恶的狗和最凶狠的武器”。

由于白宫周边治安情况堪忧,第二天,特朗普又被特勤局带入地堡躲避。这一次,特朗普没有说自己是去那里视察。

作为总统官邸,白宫目前拥有至少两个大型地下掩体,此外还有错综复杂的地下通道。白宫的地堡始建于 20 世纪 40 年代初,也就是第二次世界大战期间,但建成后很少被历任总统使用。2001 年“9·11”事件发生当天,由于担心被劫持的飞机撞击白宫,副总统切尼曾进入地下掩体避难(当时总统小布什本人不在首都华盛顿)。

“9·11”事件暴露出当时白宫地下掩体的很多问题,包括面积有限、通风系统不好、没有办法举行视频会议等。因此,白宫随后着手建造了另一个更大的掩体。根据英国《每日邮报》的报道,新建的第二处地堡位于白宫北草坪下,新的地堡共 5 层,有独立的通风系统和食物供应,即使遭受核弹攻击,也不会受到核辐射影响。

新的地下掩体有两条隧道可供逃生撤离:一条通往财政部大楼;另一条通

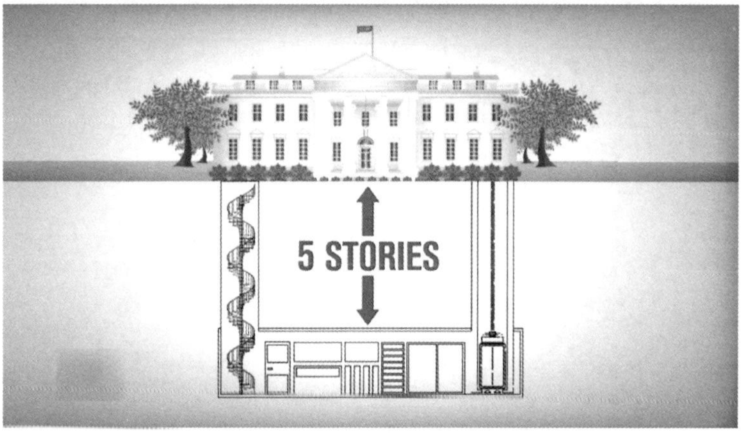

白宫北草坪下新建地堡示意图
（图片来源：《今晚报》）

向白宫的南草坪，总统可以在那里迅速登上“海军陆战队一号”专用直升机。

除了首都华盛顿，美国其他多个城市也爆发示威游行。5 月 29 日，就连积极报道抗议活动的 CNN 位于亚特兰大市的总部大楼也遭到打砸。有抗议者向大楼投掷鞭炮，还有抗议者在楼外焚烧美国国旗，现场十分混乱。CNN 大楼前的警车被示威者烧毁。警方则针锋相对，出动了装甲车，向抗议人群发射催泪瓦斯。

同一天晚上，在底特律市的示威活动中，一名身份不明的嫌疑人驾驶一辆灰色汽车枪击一群示威者，其中一名 19 岁男子中枪身亡。在加利福尼亚州奥克兰市，两名联邦保卫局的执法人员中枪，其中一人因枪伤身亡。

5 月 31 日，美国白宫附近的圣・约翰教堂在抗议活动中被人纵火。圣・约翰教堂建造于 1816 年，多位美国总统曾在此进行过礼拜活动，因此也被称为“总统教堂”。

6 月 1 日，特朗普在警察发射催泪瓦斯、强行驱散抗议人群后，到圣・约翰教堂前摆拍了几张照片，圣・约翰教堂的主教批评特朗普这是拿教堂当“道具”，潜台词就是总统在表演。显然，教会并不想特朗普把自己当作政治工具。

在教堂前摆拍后的当晚，白宫椭圆形办公室里发生了一场激烈的辩论，特朗普抨击各州的州长无能，抗议运动使“美国成了全世界的笑话”，要求军方立即派遣 1 万名现役军人应对抗议；但特朗普威胁出兵平息全国骚乱的决定踩到

在街头镇压、驱散抗议者的美国警察和国家武装力量
(图片来源:《纽约时报》)

了美军方的红线,遭五角大楼前任高官连续猛批。沉默了一天后,国防部长埃斯珀在 6 月 3 日表态,公开反对派遣正规军平息国内抗议。司法部长巴尔和参谋长联席会议主席马克·米利也随即附和埃斯珀的讲话。

随后,抗议示威活动席卷全美约 140 个城市,其中 40 多个城市因为抗议示威活动演变成暴力而不得不实行宵禁;21 个州动用了国民警卫队。①

截至 2020 年 6 月 1 日,据不完全统计,在抗议示威活动中,有 4 100 多人被捕。许多抗议示威活动以和平方式开始,最后却演变为对当地商铺的打砸抢烧。参与组织抗议示威活动的“反法西斯运动”组织 6 月 1 日在社交媒体上号召各地扩大范围、继续抗议。对此,特朗普点名“反法西斯运动”是恐怖组织。

6 月 2 日,特朗普呼吁发生抗议示威活动的纽约市:“呼叫国民警卫队吧。那些低等生命和失败者正在撕裂你。快点行动!”用“低等生命”和“失败者”来称呼示威者,进一步加剧了美国社会各阶层的对立。美国国内网上评论认为,“现任总统正在竭尽全力地激化矛盾而不是解决问题”。

与白宫的激烈反应形成对比的是,在各地的抗议示威活动中,首都华盛顿

---

① 国民警卫队又称联邦国民兵,是美国的预备役部队,由美国各州民兵组织演变而来,属于各州政府的地方武装部队。

特区、纽约州、佛罗里达州、加利福尼亚州等多地的一些警察也加入了示威行列。他们单膝下跪，公开表明自己反对粗暴执法的立场，祈求民众停止过激行为，以和平的方式表达自己的诉求。

与此同时，也有警方强行扣押记者的公开报道；还有骑警冲撞游行中的妇女，再从她身上踏过去；或是警察拉下游行队伍中五六岁孩童的口罩，往孩子脸上喷胡椒水……

前政府高官的批评

奥巴马、小布什、克林顿和卡特 4 位美国前总统，以及 1 位前国防部长、1 位前参联会主席、1 位前白宫幕僚长和 1 位共和党参议员，对总统特朗普在非洲裔美国人弗洛伊德死于白人警察之“膝”引发抗议浪潮后采取的政策，提出了强烈的批评。

目前仍然在世的“前总统俱乐部”成员，都对弗洛伊德事件做了表态，这确实比较罕见。

1977—1981 年担任美国总统的吉米·卡特说：“我非常清楚种族隔离和不公正对非裔美国人的影响。我们需要一个与其公民一样好的国家，我们应该得到比这更好的结果。”

卡特后面的继任者是里根、老布什，已经故去，就不谈了。

接任老布什的是克林顿，大家对他应该比较熟悉。克林顿的话很耐人寻味，他说，不应该有人以弗洛伊德那样的方式死去。他的死给人们一个痛苦的提醒，即一个人的种族身份依然决定着他被对待的方式——“如果乔治·弗洛伊德是白人，戴着手铐，躺在地上，他会活下来吗？”“为什么这样的事会不断发生？”

2001—2009 年担任美国总统的小布什，同特朗普一样都属于共和党，也忍不住批评特朗普试图打压和平示威者。在小布什看来，美国社会系统性种族主义的唯一办法，就是“倾听正在遭受伤害的人的声音”。

一直被特朗普寒碜的奥巴马，也发表声明指出：“这并不是在这样和那样之间做出决定。要实现变革，就必须让当权者感到不那么舒服，并将其转化为切实可行的解决方案和法律。”

除了4位前总统外，前参联会主席迈克·马伦海军上将在《大西洋》月刊上发文谴责了特朗普的应对政策。更为重磅的是，特朗普的老部下、第一任国防部长马蒂斯在6月3日发表声明，批评“特朗普是我有生之年见过的，第一位不愿意团结美国人民的总统——甚至不假装尝试一下”。马蒂斯指责特朗普对宪法构成了威胁，并将特朗普的分裂言论与纳粹德国相提并论，他认为，这次反种族歧视运动诉求正当，而且绝大多数人没有采取暴力行动，示威行动之所以不断蔓延，正是由于美国过去3年多来没有成熟的领导。前白宫办公厅主任约翰·凯利对马蒂斯表示了支持。①

英国《每日电讯报》的记者乔西·恩索尔在经历了纽约的示威现场后感叹道：“我刚刚结束在贝鲁特任职的四年时光。我曾报道过多次未遂政变、革命、战争以及‘伊斯兰国’的兴衰。从2019年10月到今年(2020年)2月底离开时，我一直在报道黎巴嫩发生的抗议活动。这些抗议活动，与我现在在美国看到的抗议活动没有太大不同。”

美国警界的“秘密”

在美国警界有许多正直的警察，但其中也有少数人犯法之后，却拥有不成文的“职业豁免权”。警界在暴力执法外，滥用职权等情况也屡有曝光。

辛迪的丈夫体魄健硕，从美国名牌大学毕业后，任职于顶尖科技公司实验室，担任高级软件研发设计师，一天在家门口附近骑自行车时，被从后面开来的汽车撞飞，从此卧病在床，生活基本不能自理，记忆力几乎完全丧失。而当时处理事故现场的执勤巡警并没有给肇事司机开出违规罚单，因为那个肇事司机是现任警察的家属。

在美国各地还流行着“警察亲友卡”，由各地的警察局、警察工会、兄弟会、警探养老协会等组织每年发放给警察的亲友和关系人等“圈内人”。当事人拿着这类卡片，在交通违规时，就能经常免于处罚。

持卡人拥有某种程度上被豁免的特权，凡遇到“麻烦”时，便可以得到逃避法律制裁的机会。这已经是警界默认的“潜规则”。②

---

① 田策：《外媒：美国四位前总统谴责特朗普应对抗议浪潮政策》，《参考消息》2020年6月5日。
② 江岚：《美国警界特权的大小圈子》，《中华读书报》2020年7月5日。

上述这些仅仅是一些警察特权的案例。更令人担忧的是，尽管美国一些政府部门——联邦调查局和国土安全部明确认定，白人至上主义者是美国最致命的国内恐怖主义威胁，但白人至上主义团体仍渗透到美国各个地区的执法机构特别是警界当中。

美国前联邦调查局特工迈克尔·杰曼就美国执法部门与极右翼势力间的关系开展了长期的调查，发现自2000年以来，美国执法官员与十多个州的种族主义武装活动有牵连；包括亚拉巴马、加利福尼亚、佛罗里达、伊利诺伊等十多个州的警方与好战团体和白人至上主义团体有关系。很少有警察机构明确禁止与白人至上主义团体来往。

抗议升级

弗洛伊德事件发生后，全美的抗议活动不断扩大，事态也随之升级。

拆像、"斩首"与更名

截至2020年6月13日，全美有超过1 600个城镇爆发抗议活动。随着抗议的升级，更是上演了一场又一场"拆除雕像大战"。

这场拆像的源头，要追溯到2017年8月。当时弗吉尼亚州的夏洛茨维尔市做出了拆除美国内战时南方将领罗伯特·李将军雕像的决定。白人至上的右翼团体对这一决定极为不满，组织了多场游行抗议活动，并导致冲突和骚乱，造成3人死亡、几十人受伤。当时，特朗普发表谈话，一方面谴责暴力活动，另一方面表示，"如果你们只是看到南方军将领曾经支持蓄奴就要毁掉他们的雕像，那么美国内战前的国父杰斐逊和美国的创始人华盛顿也都曾蓄奴，是大奴隶主，难道他们的雕像也要被拆除吗？"由于历史的原因，美国的建国者们很多是奴隶主——《独立宣言》签署者中有70%是奴隶主。

特朗普以为通过这样的逻辑延伸，可以保住李将军的雕像。

然而，当时立即有黑人神父回答——是的，也要拆！杰斐逊和华盛顿也不例外。

6 月 9 日，波士顿市的哥伦布雕像被抗议者毁坏，状如“斩首”。由于这一场面极具视觉冲击力，因此也被各大媒体广泛报道。

被波士顿市抗议者“斩首”的哥伦布雕像（图片来源：腾讯视频“5 号视频”）

6 月 10 日晚，朴次茅斯市的示威者摧毁了一座南方邦联纪念碑，他们一边高呼“没有正义就没有和平”，一边将纪念碑上的 4 名士兵雕像的头“切掉”，还把雕像手持的剑和步枪也一一拆除。示威者情绪高涨，现场甚至还有一支乐队演奏助兴。

杰斐逊和华盛顿的雕像也要拆除——3 年前的那句话，在这次抗议运动中成为现实。6 月 14 日晚，部分反种族歧视示威者在波特兰市的抗议活动中，推倒了当地杰斐逊高中的杰斐逊雕像，而雕像的底座满是涂鸦。波特兰市的抗议活动一直没有平息，到了 10 月初，示威者又拆除了前总统罗斯福和林肯的雕像。波特兰警察协会大楼也在此期间多次遭到破坏，示威者在大楼墙壁的防护木板上，涂上“烧了它”、“警察是杀人犯”、“杀死总统”等示威标语。

《独立宣言》起草人杰斐逊的雕像被推倒后，“国父”华盛顿也很快“倒霉”。有非裔作家 6 月 17 日在网上追问：“我们还要等多久，才能把城里的乔治·华盛顿铜像推倒?”

没有让这位作家“失望”的是，他只等了一天，6 月 18 日深夜，波特兰市的示威者们，喊着“嘿呦嘿呦”的号子，拉倒了位于该市东北部德裔美国人协会草坪上的乔治·华盛顿雕像。在拉倒雕像之前，还有示威者在雕像基座上涂鸦，将华盛顿描述为“(实行)种族灭绝的殖民者”。拉倒雕像后，示威者还将燃烧的美国国旗丢在雕像上。

被拉倒的波特兰市的华盛顿雕像(图片来源:《北京日报》)

这座华盛顿雕像塑立于 1927 年，当时耗资 4 万美元，堪称“巨款”。

在华盛顿雕像被拉倒后的第二天，旧金山金门公园内的美国国歌《星条旗》歌词作者弗朗西斯·斯科特·基的雕像也被示威者拉倒。基同样是一个蓄奴者，他的雕像被拉倒后，示威者在现场放起了庆祝的烟花。

眼看各地拆像运动如火如荼，6 月 21 日，纽约自然博物馆主动宣布，因带有征服原住民和黑人的隐喻，将拆除入口处的西奥多·罗斯福雕像。

既然连开国总统都不能幸免，那些与奴隶制有着更深关联的历史人物的雕像就更不在话下。南方李将军等美国南北战争期间南方将领的雕像，以及英奴隶贩子爱德华·科斯顿、约翰·麦克多，西班牙传教士朱尼佩罗·塞拉诺的雕像均被涂鸦、摧毁……

美国这一拆除雕像的运动，很快波及国外——英女王伊丽莎白雕像、丘吉尔雕像被喷漆，印度的甘地因曾经发表过种族歧视的言论，其雕像也被喷漆。

拆除雕像运动愈演愈烈，大有草木皆兵的态势。耶鲁大学甚至被点名要求更改校名，“＃Cancel Yale＃”（取消耶鲁）的话题登上了美国社交媒体的热搜，因为耶鲁大学以“奴隶贩子”伊利胡·耶鲁命名。历史上，虽然耶鲁以贩奴起家，但也热心教育，耶鲁大学就是由他捐赠资金和图书筹办的。

继6月8日西雅图大批示威者占领该市国会山所在的部分街区，并更名为“国会山自治区”（Capitol Hill Autonomous Zone）之后，6月22日晚，美国白宫附近再次爆发反种族主义示威抗议活动，抗议者还在白宫附近的圣·约翰大教堂外涂上了“黑宫自治区”（Black House Autonomous Zone）的字样，呼应了此前抗议者在西雅图市中心建立的“国会山自治区”。

从拆像到更名，反映出美国社会治理机能的缺失，尽管废除了奴隶制和种族隔离制，但种族之间的隔阂与歧视，至今仍如幽灵一般游荡于美国社会的各个角落。而这场运动也时不时地朝着泛化的方向发展，甚至出现国际象棋中“为什么白棋先走”这种无厘头的讨论，并将这一规则与种族主义相关联。

被损毁的19世纪美国废奴运动领袖弗雷德里克·道格拉斯的雕像
（图片来源：环球网）

如果那些被指认为蓄奴者的雕像被破坏还有某种理由的话，南北战争中废除奴隶制的林肯总统，他的纪念堂广场石座也被涂鸦，这就让人匪夷所思了。

既然在抗议运动中，美国南达科他州的总统山[①]上 4 位大名鼎鼎的总统在各地的雕像——3 个倒下、1 个被喷——无一幸免，那其他总统的雕像就更不在话下。与林肯雕像被涂鸦让人费解一样，旧金山金门公园内美国第 18 任总统格兰特的雕像也被拉倒，而格兰特是南北战争时期主张"废奴"的北方联邦军总司令。纽约州罗切斯特市一个公园内的一座 19 世纪美国废奴运动领袖弗雷德里克・道格拉斯的雕像也被人从基座上"连根拔去"。

林肯雕像被污，格兰特和道格拉斯的雕像被毁，表明这场反种族歧视运动不会"一帆风顺"，种族歧视者的反弹在社会的各个角落无处不在。

新闻自由？

在抗议活动期间，除了美国当地媒体的记者受到警察袭击、逮捕外，来自英国、澳大利亚、瑞典、挪威、德国、法国、加拿大等其他国家的新闻工作者以及国际通讯社记者均遭到不同程度的攻击。这些记者很多是在明确自己媒体工作者身份的情况下遭到了警察的袭击或者逮捕。

截至 2020 年 6 月初，在英国《卫报》记录分析的事件中，有 40 名记者遭到

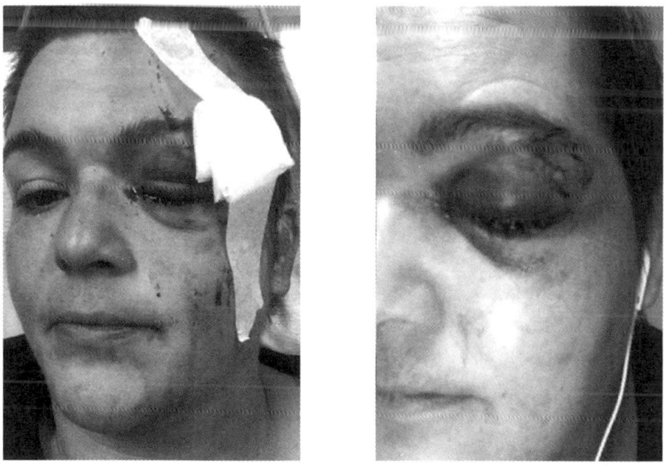

记者琳达・蒂拉多的左眼被子弹击中，导致永久失明(图片来源：央视新闻)

① 总统山又称拉什莫尔山，山体雕刻了美国历史上 4 位著名总统的头像，分别是乔治・华盛顿、托马斯・杰斐逊、西奥多・罗斯福和亚伯拉罕・林肯。

子弹射击,橡胶弹、胡椒弹、泡沫弹等是最常用的袭击武器;有 34 名记者被警察人身攻击;在 20 多起事件中,涉及使用催泪瓦斯;在 15 起事件中,涉及使用胡椒喷雾;此外,有 33 名记者被逮捕或拘留。记者琳达·蒂拉多更为不幸,在明尼阿波利斯市报道抗议活动的现场,她被一发子弹击中眼睛,导致左眼永久失明。

"保护记者委员会"的执行主任罗伯特·马奥尼说,这样大规模的暴力事件让所有人都深感震惊。在(6 月初)过去一周,我们记录了 300 多起攻击新闻记者的事件,其中大部分是身体攻击。①

"处决式枪击"

根据追踪美国警察枪击事件的美国"勘测警察暴力"组织披露的数据,从 2020 年初到 8 月 22 日,美国警方没有开枪打死人的日子只有 12 天。而从 5 月 25 日,也就是非裔男子弗洛伊德遭警察暴力执法死亡后算起,截至 8 月 22 日,警方没有杀死任何人的日子只有 3 天——即 6 月 4 日、6 月 14 日和 8 月 12 日。②

然而,在上面这组统计数据截止日期的第二天,即 8 月 23 日,在威斯康星州基诺沙市又发生了警察枪击黑人事件。这一天,黑人布雷克在处理完一起纠纷(警方的版本是,布雷克无故拒绝了警方"重罪逮捕令"),走向自己停靠在路边的轿车并打开车门准备上车时,被尾随其后的白人警察从背后连开 7 枪。当时,布雷克的 3 个儿子正坐在车里目睹了这场被人们称为"处决式枪击"的悲剧。布雷克随后被送往医院,由于伤情严重而瘫痪。即便躺在医院的病床上,布雷克的手仍被铐在床边的栏杆上。

当天晚上,基诺沙市就爆发了抗议示威活动。抗议发生后,威斯康星州司法部发表了一份声明,说涉案警察正在"行政休假"。

① 《数百名记者遭美警袭击,有人左眼永久失明……》,央视新闻 2020 年 6 月 7 日。

② 《近 3 个月,美国警察只有 3 天没杀人》,中国新闻网 2020 年 8 月 29 日。

基诺沙市的抗议使全美各地又掀起了新一轮的反种族主义、反警察暴力的抗议活动。

在布雷克被“7 连发”枪击后的两天，8 月 25 日，基诺沙市街头再次响起枪声。一名叫里滕豪斯的 17 岁白人少年，在基诺沙市街头用 AR-15 自动步枪向抗议者射击，之后遭到抗议者追打，倒地后，里滕豪斯再次开枪。在这次枪击事件中，三人倒地，其中两人分别被击中头部和胸部当场死亡，一人中枪负伤。据报道，里滕豪斯是一名白人警察崇拜者，支持“警察的命也是命”(Blue Lives Matter)运动。

开枪击倒两人后，里滕豪斯举枪向驶来的警车示意缴械，警车居然从他身边若无其事地开走了。

好像什么也没看见。

事件发酵后，里滕豪斯在 26 日才遭到逮捕。

案发当天的一段视频显示，警察向看起来像是武装平民的人投掷瓶装水，其中的一个人看起来像是枪手里滕豪斯。警察通过扩音器说：“我们很感谢你们过来。”

“极右翼好战分子被允许参与暴力行动并离开，抗议者则遭遇了暴力的警察行动。”对美国执法部门与极右翼势力间的关系开展长期调查的迈克尔·杰曼说，这种“漫不经心的回应”以危险和可能致命的方式向极右翼暴力团体赋权，“这些极右翼武装团体当中最暴力的成员认为，他们的行为得到了政府的批准”。①

特朗普 8 月 31 日为里滕豪斯辩护，说他受到示威者“非常暴力的攻击”，开枪是自卫。

美国的种族歧视与反种族歧视运动之间的矛盾日渐激化，看不到何时才是尽头。根据“勘测警察暴力”组织披露，2013—2020 年，98.3%的警察致死事件中相关警察都没有受到刑事指控。②

截至 2020 年 11 月底，情况“稍有好转”，据“勘测警察暴力”组织统计，在 2020 年的 11 个月时间里，有 17 天没有发生警察致人死亡事件。

2019 年诺贝尔经济学奖获得者班纳吉认为，“社会严重撕裂和对立，对话的

---

① 《英媒：白人至上团体已渗透美国各地警队》，《参考消息》2020 年 8 月 31 日。
② 《他们一年中只有 17 天没打死人》，《参考消息》2020 年 12 月 17 日。

空间在缩小,两极分化严重”,对于那些政客来说,他们会利用这个机会指责他人,或是为民粹主义呐喊,或是讨论优越和低劣,或是指责某些国家来负责。班纳吉将政客的这类表现归因于他们内心的恐慌。

在这样的环境下,这种“恐慌”经由各种舆论传导给社会后,更加剧了社会的剧烈动荡。

2021 年 11 月 20 日,里滕豪斯被判无罪。

躺着中枪

“黑人的命也是命”运动,让人想起那些不久之前冤死的亡魂。

2020 年 3 月 13 日凌晨,黑人急救员布伦娜·泰勒做梦也想不到,她会在自己肯塔基州路易斯维尔市的家中,被身穿便衣、破门而入的警察乱枪打死。

泰勒的男友说,当晚他们从睡梦中被砸门声吵醒,在询问对方是谁后并没有得到回复。(肯塔基警方说当时正在执行扫毒任务,表明了身份。)在门被撞开后,泰勒的男友向门外开了一枪,一名警察腿部中弹受伤。这一枪迅速招来 25 枪的回击,躺在床上的泰勒身中 8 枪当场死亡。

泰勒死亡案引发的抗议示威活动,在路易斯维尔市持续超过 100 天。

最终的搜查结果表明,泰勒和她的男友没有犯罪和涉毒案底,住所也没有查出毒品。

最后,警方承认弄错了地址,跑错了地方,杀错了人。

9 月 23 日,美国肯塔基州大陪审团宣布,涉嫌枪击美国黑人女子泰勒的 3 名白人警察中,2 名警察采取的执法行为是正当的,不予起诉;另一名警察因盲目开枪被诉以三项轻罪。当天,这项裁决再次引起路易斯维尔市骚乱,示威者聚集在路易斯维尔市中心,高呼“没有正义,就没有和平!”泰勒家人的律师克伦普对司法机构的说法提出质疑,直指这项裁决是“无耻和无礼的”。随后,纽约、华盛顿、亚特兰大、芝加哥等城市也出现了规模不等的抗议示威活动。

当天,在白宫记者会上,当记者询问特朗普对泰勒案判决的看法时,特朗普

“抖了一个机灵”，推说自己要出去接一个“紧急电话”。

“我会回来的，明天见。” 特朗普挥了挥手，潇洒转身。

彭博社记者事后披露，其实特朗普当时根本没有什么“紧急电话”。

具有讽刺意味的是，在 9 月 23 日肯塔基州对泰勒在家中“躺着中枪”做出判决的当天，西雅图市警察在驱散反种族歧视和暴力执法抗议人群时，面对倒在地上的抗议者，一名警察推着自行车从其脖子上野蛮碾过。从现场视频来看，这名警察本可以避开该倒地者，但警察在调整了方向后，自行车的两个轮子先后结结实实地从倒地者脖子上碾过。

泰勒事件并非个案。据《华盛顿邮报》估计，美国警察每年开枪打死约 1 000 人，有些极为离谱的枪击事件经曝光后，才为人所知。

2014 年 8 月 9 日，弗格森市 18 岁黑人青年布朗在没有携带武器的情况下，遭白人警察威尔逊拦截搜查并被开枪打死。尸检显示，布朗至少身中 6 枪，其中有 2 枪在头部。但密苏里州地方陪审团却宣布枪杀布朗的白人警察威尔逊被免予起诉。这一事件在美国也引发了大规模的游行抗议。

布朗被无故枪杀案过去了 6 年，但黑人遭遇的这类噩梦却仍在现实中一再重演。

2020 年 2 月 23 日下午，25 岁的黑人青年艾哈迈德 · 阿贝里在佐治亚州格林县一条社区街道上慢跑时，莫名其妙地被 64 岁的白人格雷戈里 · 麦克迈克尔及其 34 岁的儿子特拉维斯 · 麦克迈克尔开着皮卡车追逐并连开 3 枪射杀。阿贝里的母亲说，她儿子曾是一名橄榄球运动员，当时在跑步锻炼，身上没有携带任何武器。案发后两个多月，这对白人父子迟迟未被逮捕。

2020 年 3 月 12 日，47 岁的非裔男子唐尼 · 桑德斯在一条小巷中被警察枪杀。开枪警察说桑德斯用枪指着他。但事后调查发现，桑德斯口袋里只有一部手机，没有武器。将近一年后，2021 年 3 月 1 日，美国堪萨斯市所在的杰克逊县检察官宣布对涉案警察免予起诉。

在弗洛伊德被“跪杀”后不久，6 月 12 日，27 岁的非裔男子布鲁克斯在亚特兰大因停车地点妨碍快餐店顾客取餐而被警察盘查。警察在布鲁克斯没有攻击性举止的情况下开枪击杀了布鲁克斯。

2020 年 9 月 23 日，加州 42 岁的非裔男子莱因霍尔德因涉嫌乱穿马路而被警察枪杀。

2020年10月3日,在得克萨斯州沃尔夫城,黑人男子乔纳森·普莱斯在当地一处加油站好心劝阻一名男子对一名女子的袭击。当警察赶来时,普莱斯举起了双手,向警察描述刚才发生的事件。

出人意料的是,警察当场开枪击毙了普莱斯。

被无故枪杀的黑人男子乔纳森·普莱斯
(图片来源:《环球时报》)

当地的媒体报道说,普莱斯是社区内颇受尊敬的专业运动员、教练、励志演说家和社区工作者。

像泰勒、布朗、阿贝里、桑德斯、布鲁克斯、普莱斯等被无故冤杀的黑人,或者像莱因霍尔德只是犯有轻微过失而被杀害的黑人,经新闻媒体曝光后才引起社会的关注。而那些没有"浮出水面"的诸如上述情形的案件,或者被"抹黑"的受害人,只能在社会底层的一角,引来一声叹息,之后就湮没无闻了。

美国地方检察官在决定是否起诉犯事警员方面,几乎有不受限制的自由裁量权,检察官认为开枪有理由就不会起诉。

警察的工会组织是美国最强大的工会之一。随着时间推移,一些工会已经在警员的合约上写入各种条款,能够在死亡事件发生后,延缓调查程序;警员还得益于有限制的豁免权。人们普遍认为，有了这样的保护，警员很少需要担心他们的行为所造成的后果。①

“黑人的命也是命”抗议示威引发的冲突，导致暴力事件层出不穷，警察也遭到了“暴力反噬”。

2020 年 9 月 12 日晚，当时两名洛杉矶康普顿市的警察正坐在停靠于路边的巡逻警车里，遭到一名非裔男子从车窗外的连续枪击，车内一名 31 岁的女警员及一名 24 岁的男警员双双头部中枪，生命垂危。就在两名警察被送进医院抢救后，抗议者堵住了这家医院急诊室的出入口，又发生了反对警察的抗议游行。

早在 2019 年，美国国家科学院进行的一项研究发现，非裔美国人被警察暴力执法致死的概率是白人的 2.5 倍(这个数据并不是孤证，美国疾控中心披露，疫情期间，非洲裔美国人的确诊率、死亡率分别是白人的 2.6 倍和 2.1 倍)；在一些地区，警察杀死黑人的比率是杀死白人的 6 倍。

皮尤研究中心的研究表明，美国监狱中非裔的比例占监狱犯人的 1/3，而美国人口中非裔的比例仅为 13%。

现年 51 岁的英国曼彻斯特大学社会学教授、英国《卫报》观察员加里·扬格指出，美国的种族主义更加致命。“在其他国家，非裔居民在外面散步时不用担心自己随时可能被枪杀，但在美国，情况完全不同。”

越来越多的非裔美国人盘算着离开美国。28 岁的非裔美国人克里德和丈夫决定在大选之后前往厄瓜多尔生活，“今年发生的事情表明，美国的环境对非裔非常不友好，传递出‘这个国家不关心非裔美国人’的信号，所以我们决定离开”。32 岁的非裔教师威廉姆斯表示，“我曾经去过 26 个国家，除了美国之外的任何一个国家都令我感到安全”。谷歌网站的统计数据表明，非裔美国人搜索“如何移居加拿大”的词条数量明显增加。②

1963 年 8 月 28 日，美国黑人民权运动领袖马丁·路德·金在林肯纪念堂前发表著名的演说《我有一个梦想》——“我梦想有一天，我的四个孩子将在一个不是以他们的肤色，而是以他们的品格优劣来评价他们的国度里生活。”

半个多世纪过去了，马丁·路德·金的梦想，依然遥不可及。

---

① 《起诉开枪的美国警察为何那么难?》，《参考消息》2020 年 9 月 28 日。
② 《够了！是离开美国的时候了》，《环球时报》2020 年 10 月 11 日。

“黑人的命也是命”抗议运动背后的原因

“黑人的命也是命”抗议运动为何会席卷全美？这背后其实是由很多原因叠加形成的，总结起来，笔者认为主要有如下 6 个方面：

视频曝光的残酷虐杀的真实过程，激怒了公众

有数据显示，美国每年都有数百名黑人被警察射杀，时不时也会因此引发骚乱。这次之所以这么快形成大规模暴乱并蔓延，原因之一就是这次白人警察虐杀黑人男子的视频被全部录了下来，铁证如山，并在社交媒体上广泛传播。由于虐杀的过程太过残忍，引爆了美国公众的怒火，尤其是黑人情绪非常激动。

新冠肺炎疫情挤压的民众情绪

新冠肺炎疫情对隔离中的民众，有较大的心理考验。长期限制了行动自由，这让美国人非常不适应，心理压力也不断增加(其实任何有过这种经历的人，随着时间的推移，都会有心理压力)，在何时恢复正常依然遥遥无期的情况下，美国民众的情绪有些顶不住了。

严重的经济问题和失业率

美国经济在 2019 年已经开始显现颓势，特朗普政府为何发起对华贸易战后又一次次回到谈判桌前？原因就是美国经济压力所致。每一次特朗普打电话到北京的时候，都是美股暴跌濒临破位之时，而每次中美重回谈判桌都能刺激美股再次上涨。

进入 2020 年，本来美国经济压力就大，然而新冠肺炎疫情的暴发又使以消费经济为核心的美国经济遭受重创。四五月份，美国新增失业人数达到 4 076.7 万人，超过历史上任何时期的失业人数，相当于美国劳动力的 1/4。经济严重下滑和如此之高的失业率，使得美国公众对未来充满不确定，再加上经

过两个多月，特朗普政府发的钱也花得差不多了。在这种情况下，美国民众的情绪会更容易被点燃。

深层次的经济、政治与阶级矛盾

自 20 世纪 80 年代以来，美国 40 年时间里中产阶级的规模不是增大了，而是大规模缩小了。很长时间以来，美国相对有品质的生活，靠的是中国等东亚国家的人口红利支撑。然而，随着中国等国推动产业升级以及依靠内需发展经济，美国霸权所能获得的超额收益正在萎缩，再加上美国经济发展的利益大量被华尔街金融资本瓜分，这使得美国内部已经有了非常严重的贫富分化与阶级矛盾。

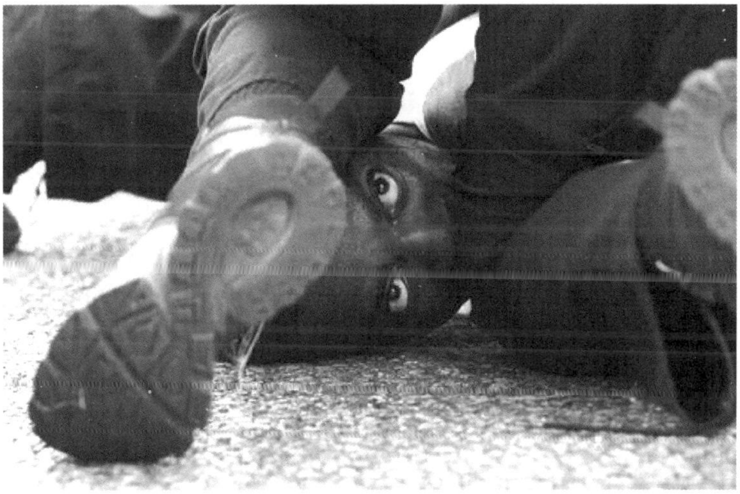

2016 年 7 月 9 日，美国路易斯安那州首府巴吞鲁日，一名示威者被执法人员跪压制服(图片来源：新华社 / 路透社)

过去，美国主要依靠向外转移矛盾来达到内部矛盾的调和，但自 2008 年全球金融危机以来，美国对外转嫁危机的进程一直不顺畅，或者说一直未能将内部矛盾有效转嫁。这直接带来两个严重的后果：一是美国政治精英内部出现了难以弥合的分歧，两党互撕已经到了不择手段的地步；二是美国内部不同阶层的矛盾趋于激化，这其中就包括种族矛盾。

经济、政治与阶级矛盾无法有效化解，是这次暴乱快速蔓延的深层原因。

美国种族隔阂的文化因素

在美国，种族歧视是犯罪，是严重的政治问题，非常敏感，很少有人公然进行种族歧视。然而，隐性的歧视在美国又无处不在，在一部分地区和城市，黑人与白人分住不同街区，分读不同学校，干着不同的工作，完全不同的生活圈子……因为数百年来历史原因造成的不同族群间的心理隔阂，没有得到有效和彻底的消除。

正是这种深层次的对立，使得这次白人警察“跪杀”黑人男子后彻底引爆了广大非裔的愤怒情绪，从而很快出现了大规模的暴乱。

但即便如此，这种深层的文化隔阂与歧视也难以通过一轮抗议加以解决。

在“黑人的命也是命”抗议运动发生半年后的 12 月的一天，一路开心地哼着小曲，开着刚买的 SUV 新车的拉丁裔黑人、美国预备役军官纳扎里奥，万万没有想到自己会被弗吉尼亚州的两名白人警察“胖揍”一顿。纳扎里奥的这辆新车还没来得及办理正式的牌照，所以只能在后车窗贴上一个临时牌照。警察发现该车没有悬挂车牌，于是进行拦截。因为当时路上极为昏暗，谨慎的纳扎里奥打开汽车的双跳灯后，将车辆缓缓行驶了 1 公里，进入一家加油站后停车。

这件事本来并不复杂，身穿美军军服的纳扎里奥当时心里可能也是这么想的。纳扎里奥高举双手伸出车窗外，表示自己没有攻击性，同时说自己是一名军人。但接下的一幕还是让他大吃一惊。警察不仅用枪指着他，还歧视性地威胁要给纳扎里奥“骑上闪电”①，说话间，警察又用手里的罐装辣椒水喷了纳扎里奥一脸。无法睁开双眼的纳扎里奥被勒令下车后，又遭到警察的“膝盖撞击”，被掀翻在地，并戴上手铐。

一心为国家效力、自称“在北非流过血”的纳扎里奥，做梦也想不到自己会受到这般羞辱，被结结实实地压在地上的纳扎里奥，泪流满面……

检查的最后结果，当然是纳扎里奥没有问题。但这还没完，警察离开前威胁纳扎里奥，如果敢投诉，就会起诉他，还会影响他今后的军旅生涯。

这位一身军服的美国黑人的无辜遭遇，再次形象地说明了种族歧视的基因，已经深深植入这个国家的文化之中。这也确实如美国驻联合国大使格林菲

① 美国电影中给黑人施用电刑的台词。

尔德2021年4月14日在联合国人权理事会上，面对现实，不得不承认的那样——“我目睹了奴隶制的原罪，是如何将白人至上主义编入我们的建国文件和原则的。”

特朗普因素

作为总统，特朗普的言行具有强烈的示范作用。在抗议活动发生后，特朗普对于民粹言行的袒护，对事件的发展起到了火上浇油的作用，这更加刺激了公众情绪，导致暴乱加速蔓延。以致在大选辩论期间，主持人华莱士不得不提出“是否愿意谴责白人至上主义”的问题；而对于华莱士的这一问题，特朗普选择避而不答。

特朗普的一些言行对美国社会的撕裂是显而易见的，甚至颠覆了美国社会的一些传统价值观，造成了社会的混乱和价值观的混淆。美国政治评论员范·琼斯2020年11月8日一早在CNN新闻节目直播现场听到拜登胜选的消息后，泣不成声。他说：“在这个早晨，当家长更容易了，更容易告诉孩子——人品是重要的，讲真话是重要的，做好人是重要的。……在这个国家，如果你是穆斯林，就不用担心总统不允许你继续待在这个国家；如果你是移民，你就不用担心总统会把孩子夺走；来美国追梦的人，不用再担心被无故遣返。”[①]在琼斯看来，特朗普治下的美国，使上面这些品质和要求，变得“不容易”与“不可能”。

尽管特朗普败选，但特朗普的支持者在他的鼓动下在2021年1月6日攻占了美国的国会。[②] 国会当时正在副总统兼参议院议长彭斯的主持下“走过场”——清点选举人票、确认拜登胜选。西装革履的议员们被破门而入的汹涌人流吓坏了，纷纷四散而逃，用惊慌失措来形容一点也不过分。在这场骚乱中有5人死亡。不仅衣冠楚楚的政客们因为国会的暴力沦陷而心理坍塌，就是见过“大场面”的一名国会警察，在三大后也因心理崩溃而自杀。

德国总统施泰因迈尔感叹说：“美国国会大厦暴力事件乱象，是政治高层散

① 《拜登赢得总统大选，CNN主持人报道时泣不成声：好日子回来了》，https://www.bilibili.com/video/BV1p5411V7HM，2020年11月8日。

② 特朗普政府的代理国防部长克里斯托弗·米勒也承认，“如果没有总统的演讲，会不会有人向国会大厦进军并占领国会大厦？我认为肯定不会，所以的确起了煽动作用”。转引自《美前代理防长：特朗普1月6日讲话煽动了国会大厦袭击》，《参考消息》2021年3月12日。

2021 年 1 月 6 日，被攻占的美国国会(图片来源：中新网)

布重重谎言、蔑视民主、煽动仇恨和分裂导致的恶果。”美国前总统克林顿也持有相同的看法，他说，四年多的“毒药政治”散播故意编造的假消息、对国家体制的不信任，以及让美国民众相互对立，矛盾激化升级为冲击。即便同属共和党阵营的前总统小布什也承认，那些冲击国会的人被“谎言和虚假的希望”所驱动。

美国的“部落政治”的特质，在这一轮美国大选中得到了淋漓尽致的表现。

在美国政府换届后，美国总统拜登于 2021 年 3 月 11 日的电视讲话中，谴责了针对亚裔的仇恨犯罪。没有特朗普因素干扰的明尼阿波利斯市，3 月 12 日与弗洛伊德家属达成了 2 700 万美元的天价和解协议。但是，美国内部根深蒂固的种族歧视，是难以靠一次“和解”就得以解决的。拜登也承认美国存在“系统性的种族主义”。

就在拜登发表讲话以及和解协议达成后不久，3 月 16 日，美国亚特兰大地区又发生了一起枪击事件，8 人被杀，其中 6 名为亚裔。亚特兰大一家当地媒体报道说，有目击者听到嫌犯说他要“杀掉所有亚洲人”。这一事件再次激起包括亚特兰大、华盛顿、纽约、洛杉矶、旧金山、波士顿、西雅图等各地的抗议游行示威。白宫新闻发言人普萨基在回答记者提问时，认为是特朗普政府对病毒的污名化使得全美范围内发生了针对亚裔的仇视事件，她说：“我们在上届政府期间曾看到过一些破坏性言论,称新冠病毒为'武汉病毒'或其他称呼,导致了人们对亚裔美国人社区的不准确、不公平的看法。"

2021 年 3 月,全美各地爆发"停止仇恨亚裔"示威游行
(图片来源:《参考消息》/《每日邮报》)

普萨基话音刚落,美国国内社交媒体上,一群青少年又发起了"掌掴亚裔挑战赛"(slap an Asian challenge)的活动。美国国内对亚裔的歧视日见加深,甚至到了肆无忌惮的地步。

"制止仇恨亚太裔美国人组织"指出,2020 年 3 月至 2021 年 2 月近一年时间内,全美收到了将近 3 800 起针对亚裔美国人的种族歧视事件报告,而这只是"实际发生的仇恨事件的一小部分"。

在亚裔接连不断受到种族歧视和攻击后,警方的态度却让人大跌眼镜。纽约市警察局居然宣称:"(这些仇恨亚裔犯罪的嫌疑人)有一个共同特点,就是精神疾病。"这样的说辞和态度,几乎就是为这类犯罪给予了一个另类的"刑事豁免"。

纵观美国历史,几乎每隔一段时间就会出现一次大规模的骚乱——1967 年美国底特律大暴乱,1968 年因为马丁·路德·金遇刺身亡引发美国骚乱,1992 年洛杉矶大骚乱……

从时隔若干年就爆发一次反种族歧视抗议浪潮看,美国"黑人的命也是命"

运动，只是这个国家自身长期以来内部固有问题的又一次爆发而已。

用现在的流行语来说，就是“内卷”。

参考资料

[1]徐剑梅、邓仙来：《美一黑人青年慢跑时遭枪杀引发全美关注》，新华网2020年5月8日。

[2]《诺奖得主班纳吉：某些政客指责别国该为问题负责，是因为心里害怕》，凤凰财经2020年5月8日。

[3]《美国白宫紧急封锁！特朗普：再这样就开枪了》，澎湃新闻2020年5月30日。

[4]《新闻观察 美国警察暴力执法凸显社会深层矛盾》，央视网2020年5月30日。

[5]《洛杉矶进入紧急状态，全美32个城市爆发抗议》，澎湃新闻2020年5月31日。

[6]高琳琳：《弗洛伊德家人回应官方尸检结果：胡说八道，已自聘验尸官二次尸检》，中国日报网2020年5月31日。

[7]《抗议蔓延30多城，特朗普扬言用恶狗对付示威者后，又威胁州长市长强硬起来》，《新民晚报》2020年5月31日。

[8]《数十个美国城市爆发示威！CNN总部被砸……》，《中国经营报》2020年6月1日。

[9]《华盛顿“总统教堂”被烧，距今已有200多年历史》，澎湃新闻2020年6月1日。

[10]《周末140多个美国城市暴力抗议，超40城市宣布宵禁》，《中国日报》2020年6月2日。

[11]《惊了，这两个词竟然能从美国总统的嘴里说出来》，环球网2020年6月3日。

[12]李晓航：《弗洛伊德最终尸检报告显示死于心肺骤停，新冠病毒检测呈阳性》，海外网2020年6月4日。

[13]郭涵：《与特朗普唱反调 美媒：军官正在“反叛”》，观察者网2020年6

月 4 日。

[14]张松:《美四位前总统罕见发声担忧局势》,《文汇报》2020 年 6 月 5 日。

[15]田策:《外媒:美国四位前总统谴责特朗普应对抗议浪潮政策》,《参考消息》2020 年 6 月 5 日。

[16]《英媒记者感慨:“看着美国乱局,我想到了中东”》,海外网 2020 年 6 月 5 日。

[17]《军方不同意》,《柳州晚报》2020 年 6 月 8 日。

[18]《美国司法部长一不小心说漏嘴了,特朗普真成了“地堡男孩”?》,北晚新视觉网 2020 年 6 月 9 日。

[19]李芳:《美国这市通过法案:以被警察枪杀黑人女子命名,禁止不敲门搜查》,海外网 2020 年 6 月 12 日。

[20]朱箫:《美媒:“跪杀黑人”警察即使罪成,仍可获超 100 万美元退休金》,海外网 2020 年 6 月 13 日。

[21]《又来? 美国一非裔男子众目睽睽之下被警察射杀》,东方网 2020 年 6 月 14 日。

[22]《美国开国总统华盛顿雕像被示威者推倒》,北京日报客户端 2020 年 6 月 19 日。

[23]施晶晶:《雕像拆掉,全部拆掉》,《南风窗》2020 年 6 月 23 日。

[24]高风:《华盛顿像倒下,砸出美国多少尘埃》,环球网 2020 年 6 月 23 日。

[25]谢莲:《白宫门口出现“黑宫”》,《新京报》2020 年 6 月 23 日。

[26]孙兴杰:《耶鲁大学被要求改名:抗议活动走向“死胡同”》,《新京报》2020 年 6 月 24 日。

[27]《澳媒:国际象棋白棋先走是种族主义! 澳专家:……》,上观新闻 2020 年 6 月 25 日。

[28]江岚:《美国警界特权的大小圈子》,《中华读书报》2020 年 7 月 5 日。

[29]《“倒像运动”引发报复? 美国废奴运动领袖的雕像也被推了》,环球网 2020 年 7 月 6 日。

[30]桐瑶:《砰! 砰! 砰! 砰! 砰! 砰! 砰!》,《环球时报》2020 年 8 月 25 日。

[31]《美国致2死1伤枪击案17岁白人枪手被捕 特朗普发声》,人民资讯2020年8月27日。

[32]《近3个月,美国警察只有3天没杀人》,中国新闻网2020年8月29日。

[33]《英媒:白人至上团体已渗透美国各地警队》,《参考消息》2020年8月31日。

[34]《美国抗议冲突不断,特朗普为枪杀抗议者的少年辩护,称他开枪属于自卫》,北晚新视觉网2020年9月1日。

[35]《洛杉矶两警察在巡逻车中遭蓄意枪击受伤,特朗普拜登双双谴责》,中国青年网2020年9月14日。

[36]《美陪审团:白人警察枪杀黑人女子属正当防卫不予起诉》,中国新闻网2020年9月24日。

[37]惠晓霜:《美国两名警察在抗议活动中遭枪击》,新华社2020年9月24日。

[38]《特朗普提前离开记者会称接紧急电话 记者道出实情》,中国日报网2020年9月24日。

[39]《野蛮!美警察骑自行车碾过抗议者脖子!》,《参考消息》2020年9月25日。

[40]耿直哥:《美国男子劝架却被警察枪杀,一看果然又是黑人》,《环球时报》2020年10月6日。

[41]《够了!是离开美国的时候了》,《环球时报》2020年10月11日。

[42]王思予:《骚乱持续升级!美国波特兰示威者写下"杀死总统"》,环球网2020年10月20日。

[43]《美国记者:政府的错误宣传导致很多美国人不相信新冠真实存在》,央视新闻客户端2020年10月1日。

[44]《拜登赢得总统大选,CNN主持人报道时泣不成声:好日子回来了》,https://www.bilibili.com/video/BV1p5411V7HM,2020年11月8日。

[45]《他们一年中只有17天没打死人》,《参考消息》2020年12月17日。

[46]刘阳:《他们依旧无法呼吸》,《参考消息》2021年2月24日。

[47]林日、魏辉:《美国如临大敌!》,《环球时报》2021 年 3 月 9 日。

[48]《〈我不能呼吸(I Can't Breathe)〉斩获大奖》,《环球时报》2021 年 3 月 15 日。

[49]乌元春:《美国针对亚裔暴力袭击增加,白宫怪上届特朗普政府称呼“武汉病毒”导致》,环球网 2021 年 3 月 18 日。

[50]《美国多地举行“反亚裔仇恨”游行集会》,央视财经 2021 年 3 月 21 日。

[51]《有人网上发起掌掴亚裔的比赛? 仇视亚裔愈演愈烈》,《新民周刊》2021 年 3 月 31 日。

[52]《美国针对亚裔的仇恨犯罪频发,纽约警方竟称犯案者大多因“精神疾病”》,中国青年网 2021 年 4 月 3 日。

[53]《我在为这个国家效力,就被这样对待?!》,《环球时报》2021 年 4 月 10 日。

[54]张越:《罕见! 美国在联合国批美国》,《参考消息》2021 年 4 月 19 日。

第11章

惊涛骇浪中的世界格局

◎ 冲击波

◎ 输血！无限量化宽松：拯救美股的世纪熔断

◎ 笑不动的贝佐斯：新经济加速

◎ 不择手段的打压

◎ 拒绝新冷战

"美国四人帮"的论点，与其说是对一项地缘政治宏大战略的阐述，不如说是面向国内政治的胡言乱语。

——耶鲁大学高级研究员、
摩根士丹利前亚洲区主席　斯蒂芬·罗奇

冲击波

2020 年 1 月 23 日，武汉按下"暂停键"，全国各地纷纷进入"一级响应"，原本应当红红火火的春节，也在瞬间冷却。各地的餐饮、酒店、旅游业首当其冲受到影响，之后是包括《姜子牙》等多部受到市场期待的贺岁档电影先后宣布撤档。各类学校转为线上教育，线下教育培训机构受到较大影响。受到困扰的中国经济在第一季度同比下降 6.8%。

在中国进入疫情防控时间后，美国商务部长罗斯 1 月 30 日对福克斯商业频道表示，目前处于扩散期的新冠肺炎疫情将有助于工作岗位回流美国，并促使美国企业重新考虑涉华业务的供应链等风险问题。①

随着美国产业"空心化"的加剧，白宫亟须为国内特别是"铁锈带"的失业人口找到饭碗。通过就业率的提升，一方面促进经济的繁荣，另一方面也为 2020 年的总统选举赢得选票，从而强化选民对"美国第一"价值观的认同。

罗斯的一番话，从经济的角度讲出了政治的味道。

罗斯想到了工作岗位，却没有想到疫情的防控。其实，这也与白宫在 2 月份面对疫情时粉饰太平、主观上淡化甚至回避疫情对经济冲击的整体思路

① 《美商务部长称肺炎疫情"有助工作岗位回流"美国》，《参考消息》2020 年 1 月 31 日。

合拍。

然而，病毒并不会因此停止传播。在疫情面前，美国在 3 月份不得不进入“紧急状态”，但时间窗口不再眷顾白宫的主人。2020 年第一季度，美国的国内 GDP 增长率为－4.8%。从事后来看，这个数据只是一个糟糕的开始。进入 4 月，美国的失业率急剧上升，《纽约时报》在 5 月 9 日以夸张的版面，记录了 4 月份美国失业率“爆表”的一刻。

4 月，美国失业人数达 2 050 万，失业率飙升到 14.7%。美国银行的首席经济学家米歇尔·迈耶惊呼，“这简直是破纪录！”“在经济衰退中，通常需要几个月或几个季度的时间才能显现出来的事情，这次在几周内就发生了。”标准普尔评级公司首席经济学家波维诺感到非常沮丧，“我原以为大衰退是一辈子才会发生一次的事，但这次更糟糕”。

在悲观的氛围下，《纽约时报》还是提到了一个“亮点”，即近 80%的失业者表示，他们是被暂时解雇，预计将在未来几个月重返工作岗位。

这样的“亮点”，应当是建立在疫情有效防控后复工预期的基础之上的。然而，缺乏统一调度，并在急于复工而渐趋消极的防疫举措下，确诊感染病例很快创出了新高，进而使复工难以为继。得克萨斯州奥斯汀市 35 岁的酒吧服务员阿丽莎·安格拉在重返工作岗位不到 5 个星期后，又一次失去了工作。安格拉说，她从春天开始申请了推迟偿还房贷，目前只能靠领取失业救济金度日。

安格拉还是幸运的。肯塔基州的亚历克西斯·赫尔德斯 4 月份遭到解雇，她每周都在网上申请失业救济金，直到 6 月份仍未收到分文。赫尔德斯向政府部门打电话，但每次都被转到一个自动语音信箱。佛罗里达州一家餐厅的经理凯莉·约翰逊独自抚养 5 个孩子，3 月份遭解雇后，4 月份的大部分时间里，她给该州的相关部门打了上百次电话都没有打通，在等了近两个月后才拿到第一笔失业救济金。

据《华盛顿邮报》统计，截至 2020 年 5 月底，全美仅有 57%的失业救济金申请得到处理，由于人手不足和技术原因，大量申请停留在审核阶段。漫长的等待致使许多申请人濒临破产。尽管复工后部分岗位得以恢复，但截至 6 月 27 日，全美申请失业救济的总人数仍有 1 800 多万人。

"All the News That's Fit to Print"

The New York Times

Late Edition

VOL. CLXIX ... No. 58,688

NEW YORK, SATURDAY, MAY 9, 2020

$3.00

U.S. UNEMPLOYMENT IS WORST SINCE DEPRESSION

Georgia Killing Puts Spotlight on a Police Force's Troubled History

Long Path to Arrests of Ex-Officer and Son in Black Man's Death

April's Rate of 14.7% Touches All Parts of Economy

In Flynn Case, Russia Inquiry Is Barr's Target

If West Wing Still Isn't Safe, Is Any Office?

A Mexico City cemetery. Regional virus deaths are officially low.

As Official Toll Ignores Reality, Mexico's Hospitals Are Overrun

A Walk a Day to Get By

Moscow's Paused Celebration

G.O.P. Convention Qualms

Politics and the Justice Dept.

Banker Shakes Up Suriname

A Good Walk, Unspoiled

Anyone Up to Shoot Hoops?

New York's Return to the Arts

A Shot at Stardom, Revised

Timothy Egan

《纽约时报》显示 2020 年 4 月份美国失业率“爆表”(图片来源:《纽约时报》)

根据美国劳动统计局最新数据,5 月份美国就业人口比例下跌至 52.8%,这意味着美国成年人中有近一半人(47.2%)处于无业的状态。

美国 2020 年第一季度-4.8%的 GDP 仅仅是疫情影响的开始,由于在"封闭"和"重启"之间摇摆不定,白宫屡次在抗疫政策上发出紊乱的信号,导致新冠病毒感染人数和死亡人数不断攀升。尽管重启后 5 月和 6 月的经济数据有所改善,但 6 月中旬后疫情的反弹,最终使美国国内经济陷入"停摆—重启—停摆"的恶性循环。由于新增病例持续激增,至 7 月初,美国至少有 17 个州暂停了重启经济的计划。传统商业模式中服务业首当其冲,其中受到影响最为显著的是零售、餐饮、休闲、娱乐、旅行和运输行业等。现场场景模式下的消费者支出急剧减少,其需求端出现系统性的萎缩甚至崩塌,而美国服务业在年度经济产出中占据比重高达 80%;再加上"黑人的命也是命"抗议活动的冲击,致使第二季度美国的 GDP 为-32.9%,创下自 1947 年"季度 GDP"数据公布以来最差纪录。[①]

我们从新闻报道的几个片段,就可以品尝到其中的无奈——美国运动品牌巨头耐克 2020 年 3—5 月份财季销售额同比下跌接近 4 成,全球业绩惨淡;幸运的是,在公司全球板块中,大中华区成为唯一的闪光点。耐克在大中华区全财年的营收超过 66 亿美元,在汇率不变的基础上同比增长 11%,连续 6 年实现两位数增长。

拥有超过 160 年历史的美国梅西百货 2020 年第一季度营业额亏损近 10 亿美元,裁员约 3 900 人,公司股票被移出标准普尔 500 种股票指数,市值也从 2 月中旬的约 60 亿美元缩水至 17 亿美元。著名的彭尼百货也被迫关闭了几百家门店。

奢侈品零售商尼曼·马库斯在 2020 年 5 月份申请破产。7 月 8 日,有两百多年历史的男装品牌零售商布鲁克斯兄弟(Brooks Brothers)向美国特拉华州法院申请破产。1818 年布鲁克斯兄弟在华尔街附近开设了第一家商店,先后为包括林肯、罗斯福等在内的 40 位美国总统提供服装,多位美国总统都是它的忠实客户,它也一度是华尔街银行家们指定的服装供应商。

① 美国 GDP 曾在 1958 年第一季度出现 10%的下跌,其次为金融危机时期在 2008 年第四季度下降了 8.4%,以及 1980 年第一季度下滑 8%。

2020 年 1—6 月,美国新出现的商业破产量已经达到 3 604 起,与上一年度同期相比增长 26%。同时,破产申请还有加速趋势,6 月份的新增量为 609 起,同比增幅为 43%。

科技公司的线下业务也受到波及。微软公司 6 月 26 日永久性关闭全球 83 家实体零售店,而苹果公司则宣布再次关闭 14 家美国门店。

市场研究机构 eMarketer 发布的报告指出,2020 年,实体零售业的销售额将下降 14%,至 4.184 万亿美元,线下销售可能需要长达 5 年的时间才能恢复到正常水平。

除服务业外,高等教育、商业房地产和高成本的城市生活方式都无一例外要做出改变,或者出局。仅仅是 2020 年春季学期的几个月内,全美高校就减少了 80 亿美元的收入。有着 174 年历史的麦克默里学院,因财务危机而宣布在春季学期结束后永久关闭。截至 2020 年 7 月底,全美共有 33 所大学宣布永久关闭。

类似地,欧盟委员会在 2020 年 5 月 6 日发布报告指出,欧洲正经历 20 世纪 30 年代大萧条时期之后前所未有的经济冲击,欧盟经济活动几乎在一夜之间下降了 1/3 左右。英国零售巨头玛莎百货发布的半年业绩报告显示,这家"百年老店"也出现了它自 1926 年上市以来的首次亏损,并不得不裁员 7 000 人。

"百年老店",英国零售巨头玛莎百货(图片来源:央视新闻)

由于疫情以及"脱欧"的影响,英国国内供应链紊乱,部分超市不得不将商品拍照后,制成纸板放在货架上。英国《每日邮报》报道说,许多顾客在这些超市里被“琳琅满目”的货架“晃了眼”，最终徒唤奈何。

输血！无限量化宽松：拯救美股的世纪熔断[①]

疫情冲击导致的市场停摆，叠加产油国对油价的博弈，对全球尤其是美国金融和证券市场产生了明显的扰动。美国证券市场在短短10天时间内，竟然经历了4次熔断；而在此前熔断机制建立的30余年时间里，只在1997年发生过1次熔断。

熔断的历史：美股史上的第一次熔断

国外交易所中采取的熔断机制一般有两种形式，即“熔即断”与“熔而不断”。前者是指当价格触及熔断点后，随后的一段时间内交易暂停；后者是指当价格触及熔断点后，随后的一段时间内买卖申报在熔断价格区间内继续撮合成交。在美国交易时段，熔断机制可以分为三档：第一档市场熔断，是指市场下跌达到7%；第二档市场熔断，是指市场下跌达到13%；第三档市场熔断，是指市场下跌达到20%，触及这一跌幅后，市场当天即告收盘，不再交易。

1987年10月19日，美国纽约证券交易所发生了史上最大的一次崩盘事件，道琼斯工业指数一天之内跌幅达22.6%，许多百万富翁一夜之间沦为贫民。这一天也被美国证券界称为“黑色星期一”。

为了避免发生此类“一夜回到解放前”的“黑天鹅事件”，1988年10月19日，美国商品期货交易委员会与证券交易委员会批准了纽约证券交易所和芝加哥商业交易所的熔断机制和涨跌幅限制。

美国的熔断机制在“闲置”了9年后，终于在1997年10月27日在市场上初露峥嵘。当天下午14:36，道琼斯指数下跌350点，在股票、期权和股指期货市场同时触发第一档熔断。

---

① 熔断机制(circuit breaker)也称为自动停盘机制，是指当股指波幅达到规定的熔断点时，交易所为控制风险采取的交易限制措施。

投资者在忐忑不安中艰难地挨过了半小时(当时施行的是旧版的熔断机制规则)。

下午 15:06 交易恢复之后,惊魂未定的投资者,又在短短 24 分钟内眼睁睁看着道指飞流直下 550 点,触发第二档熔断。于是,交易所不得不提前 30 分钟收盘。

这可能是最尴尬的提前下班,不少交易员说当时感觉自己就像被"解雇"一样,不知道明天将会如何。

这一天,道琼斯工业指数收于 7 161.15 点,暴跌 7.18%,创下自 1915 年以来最大跌幅。

2012 年 5 月 31 日,纽约证券交易所对熔断机制进行了修订。一是道琼斯指数被标普 500 指数取代,标普 500 指数成为熔断基准指数;二是将熔断阈值修改为 7%、13%和 20%三档。根据相关规定,当标普 500 指数在短时间内下跌幅度达到 7%时,美国所有证券市场交易均将暂停 15 分钟。目前,在美国交易时段和非美国交易时段,甚至部分个股,美国都设有熔断机制。

环球同此凉热:美股的第二次熔断

纸包不住火。白宫对疫情文过饰非式的淡化处理,并没有真正抑制病毒的传播,反而成为疫情扩散的"加速器"。而沙特与俄罗斯在石油减产协议上"谈崩",则成为世界资本市场雪崩式下跌的导火索。

2020 年 3 月 6 日,为了打击俄罗斯拒绝减产的强硬态度,同时也为了将开采成本更高的美国石油开采商"拖下水",沙特决定报复性增加石油开采量,将每日开采量增至 1 200 万桶,创下日产量的新纪录。

2008 年全球金融危机之后,美国就逐渐放开了境内的油气开采,美国开启了油气开采的大规模投资,尤其是页岩油、页岩气的投资在过去几年取得了很大的成果。美国 2012 年的时候日产原油还在 600 万桶的级别,而到了 2019 年已经超过了 1 200 万桶。美国能源信息署 2018 年 12 月公布的数据显示,截至 2018 年 11 月 30 日当周,美国石油净出口量为 21.1 万桶/日,首次成为净出口国;这也是自 1973 年美国能源信息署开始公布该数据以来的第一次。

从每天进口数百万桶原油,到开始成为原油净出口国,美国仅仅用了五六年时间。不但如此，美国的产能还在进一步扩大。凭借美国的实力，如果再这么搞几年，每天出口几百万桶原油都有可能。

因此，对现有的产油国而言，美国的页岩油、页岩气是最大的敌人。过去几年国际原油市场已经失去了美国大规模进口这个市场，幸好有中国市场不断扩大进口才能维系油价，未来几年如果美国仍然每年出口几百万桶，那真的是核心产油国的心头大患。估计沙特国王一想起这个场景，晚上都会睡不好觉。

因此，对沙特来说，美国的页岩油、页岩气就是其最大的对手。不仅是沙特，包括俄罗斯以及其他产油国，美国的页岩油、页岩气都是对手。

不过，相比沙特、伊朗、俄罗斯这些产油国很多石油开采的成本均低于 5 美元，美国页岩油的开采成本则在 60 美元以上。在这种背景下，借全球经济下行给原油带来的压力，打压美国的页岩油、页岩气产业链，符合包括沙特等 OPEC 成员国和俄罗斯的共同利益。

无论是沙特还是俄罗斯，或其他产油国，都想打压美国的页岩油、页岩气产业，只是苦于没有机会，因为打击的后果是自己也伤害很大，这事总得凑机会，何况沙特还不敢轻易得罪美国大哥。这一次，实际上就是一个很好的机会，各方面理由充分，时机也恰到好处。另外，客观而言，沙特也希望俄罗斯为油价未来下跌的预期做出稳定贡献，即俄罗斯更多减产或大家一起减产。但是，俄罗斯不同意，那么沙特干脆“破罐子破摔”，看谁能扛得住。

其实，俄罗斯之所以这么强硬，原因在于，俄罗斯也担心油价最终是稳不住的，而且俄罗斯也很需要钱，减产便意味着减少收入。更为重要的是，相比沙特，俄罗斯的支撑能力更强。之前有媒体报道，沙特只有当原油价格维持在 70 美元以上时才能实现收支平衡，过去较长时间以来由于国际油价长期运行在 70 美元以下，所以沙特的财政赤字在过去几年很严重。当然，这一切也源于沙特习惯花钱“大手大脚”，买美国军火一出手就是千亿美元。

相比沙特，俄罗斯情况要好很多，一是因为国家更大、经济实力更强；二是因为俄罗斯在财政上还是比较量入为出的，对俄罗斯来说，国际原油价格维持在 40 美元以上就能实现财政预算的平衡。

为了打压沙特的气势，俄罗斯更是声称自己可以承受石油价格 6—10 年运行在 25—30 美元/桶的水平。而且，在油气出口方面，俄罗斯是有相对稳定的收入的，对欧、对华的输出都很稳定，再加上卖武器的收入，俄罗斯要比沙特能扛，这也是俄罗斯与沙特博弈的底气。

另外，在客观上也会打压伊朗，因为伊朗的财政问题更为严重、经济发展压力更大，何况现在疫情在伊朗暴发，可谓雪上加霜。

当然，无论是站在沙特还是俄罗斯的视角，借机打压油价，"压死"美国的页岩油、页岩气则是共识，所以这次沙特和俄罗斯的"较量"，既是彼此之间的博弈，更是联手打压美国。这也是为什么说这场博弈是多层次的，沙特和俄罗斯是"假打"，两国联手"绞杀"美国的页岩油、页岩气才是"真打"。

但是，这件事的后果是非常严重的。严重到什么程度呢？

美股崩盘了！

2020 年 3 月 8 日，中东地区股市普遍暴跌，沙特股市重挫，沙特阿美破发，而科威特股市则首度熔断。

9 日，率先开盘的欧洲股市没有绷住。德国法兰克福股市 DAX 指数下跌 7.94%，伦敦《金融时报》100 种股票平均价格指数下跌 7.69%，巴黎股市 CAC 40 指数下跌 8.39%。MSCI 全球股市指数跌幅超过 5%，为近 12 年以来的最大单日跌幅。

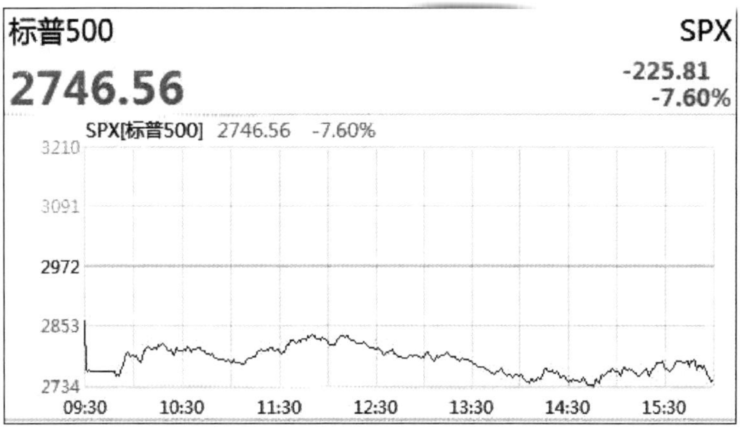

2020 年 3 月 9 日，标普 500 指数触发美股历史上第二次熔断
（图片来源：中国新闻社）

随后开盘的美国三大股指均收跌逾 7%，道指一日狂泻逾 2 000 点，创 2008 年以来最大单日跌幅。标普 500 指数开盘后不久暴跌 7%，触发第一档熔断机

制，暂停交易 15 分钟。这是美国股市历史上第二次触发熔断机制。在标普触及第一档熔断时，美股油服巨头斯伦贝谢闪跌 35.18%，综合石油公司赫斯公司跌幅更是超过 40%。

整个市场哀鸿遍野，3 万亿美元灰飞烟灭。

南美的巴西股市同样未能幸免，股指盘中暴跌 10%，也触及熔断。

美股的第三次熔断

2020 年 3 月 12 日，开盘还不到 6 分钟，美股市场即暴跌 7.2%，再度触发第一档熔断，暂停交易 15 分钟。

截至收盘，标普 500 指数下跌 9.51%；道琼斯指数大跌 9.99%，跌 2 352.6 点，打破了 2008 年纪录，也创下自 1987 年“黑色星期一”以来最大单日跌幅；纳斯达克指数暴跌 9.43%。

除美国股市外，3 月 12 日，巴西股市、加拿大股市、泰国股市、菲律宾股市、巴基斯坦股市、韩国股市、印度尼西亚股市、墨西哥股市、哥伦比亚股市、斯里兰卡股市，11 个国家股市熔断，史无前例！

全球资本市场哀鸿遍野。

同一天，在国内疫情控制初现曙光的影响下，沪指小幅度下跌 1.52%，深成指跌 2.31%，创业板指跌 2.64%。

“打光了所有的子弹”：美股的第四次熔断

2020 年 3 月 15 日下午 17:00，美联储突然罕见地大规模降息 100 基点，将联邦基金利率目标区间大幅度下调至 0—0.25%，并推出 7 000 亿美元量化宽松计划。这一举措超出了市场的预期，在投资者看来，美联储这一倾巢而出的举措，已经“打光了所有的子弹”。

3 月 16 日早上 8:40，开盘前不到一小时，特朗普在推特上贴出了仅有 4 个英文单词的推文——“GOD BLESS THE USA！”（上帝保佑美国！）。全部大写的英文单词，特朗普开始忐忑不安。

市场的反应是——老板这是不过了？“四个二带俩王”都扔出来了，这窟窿得有多大？赶紧跑吧！果然，当日美股大幅度低开，标普 500 指数开盘下跌

220.60 点，跌幅 8.14%，触发当月第三次熔断（也是美股史上第四次熔断），美股暂停交易 15 分钟。纳斯达克指数开盘下跌 482.20 点，跌幅 6.12%，报 7 392.73 点；道琼斯指数开盘下跌 2 250.50 点，跌幅 9.71%，报 20 935.16 点。

截至收盘，标普 500 指数跌幅 11.98%；道琼斯指数不遑多让，暴跌 12.93%；纳斯达克指数也狂跌 12.32%。

"股神"沃伦 · 巴菲特在疫情发生后，新增持的纽约梅隆银行和达美航空股份也纷纷被套，"我活了 89 岁，也没见过这个场面。这次和 1987 年 10 月的'黑色星期一'同样吓人，" 巴菲特在接受外媒采访谈时，不禁摸了摸额头。

欧洲股市亦遭重挫。相较而言，除澳大利亚大跌 9.7%外，其他疫情控制较好的国家，诸如中国、日本、韩国市场跌幅大致在 3%左右。

在 16 日的新闻发布会上，美国总统特朗普表示，最糟糕的情况是新冠肺炎疫情可能在七八月或者更晚结束。当被问及"美国经济是否正在走向衰退"时，特朗普首次承认"有可能"。

"直升机撒钱"与美股的第五次熔断

3 月 17 日，美联储祭出了 2008 年金融危机和 20 世纪 30 年代大萧条时期采用的"大杀器"——重启商业票据融资机制。那时，为恢复金融系统流动性，美联储宣布大量购买企业短期无担保商业票据。美联储再次绕过银行系统启动 2008 年创建的商业票据融资机制，直接向合格的公司发放短期贷款，力图维护企业信贷市场的一线生机。

同日，美国政府也宣布要"直升机撒钱"，拟推出 1 万亿美元经济刺激计划，包括向美国民众发放 5 000 亿美元的支票，投入 2 000 亿美元维持金融市场稳定，为中小企业提供 3 000 亿美元贷款，允许个人与企业延迟纳税 90 天（延迟纳税额总计高达 3 000 亿美元），以缓解疫情对美国经济的影响。美股受此刺激，17 日上演绝地反击。全天道琼斯指数上涨 5.2%，收复 20 000 点和 21 000 点整数关；纳斯达克指数上涨 6.23%；标普 500 指数上涨 6%。

作为美国家庭资产重要组成部分的股票市值，也是美联储的重要目标。因此，在所有经济体中，美联储的措施最为激进。

同日，处于惊弓之鸟状态的法国、比利时、意大利证券交易所，发布了做空的禁令。

美股17日超强反弹后，18日获利盘开始回吐，标普500指数盘中跌超7%，再次触发熔断机制，暂停交易15分钟，为美股史上第五次熔断，也是10天内的第四次熔断。

3月18日的熔断机制触发后，受美国参议院可能通过第二轮经济救助计划消息的影响，美股跌幅有所收窄。至收盘时，道琼斯指数下跌1 338.46点，跌幅6.30%。这一天，道琼斯指数跌至19 567点，2017年1月20日特朗普宣誓就职当天道琼斯指数收于19 827点，这意味着特朗普就职以来道琼斯指数的涨幅在盘中已经全部抹去。

18日，纽约轻质原油期货价格(NYMEX WTI)暴跌18%，盘中触及20.09美元，创下18年来新低。

20日，美国银行正式宣布："美国经济与世界其他地区一样，已经陷入衰退……这是一场深度衰退。"

23日，美联储发表声明，宣布无限制、无底线的量化宽松(Unlimited QE)政策，购买美国国债和抵押贷款支持证券等，向市场注入无限量资金。至此，美联储压上了全部的赌注。美联储货币宽松的力度已经超过了2008年金融危机时期。

美股从2008年崩盘到2009年3月6 469点的低点，然后再开启一轮牛市，至今已经11年了。11年间美股涨了4倍多，在这个过程中没有经过大幅度调整；同期，美国的GDP增长不足50%。美股的市盈率竟然比A股还要高1倍多，而中国的GDP增速是美国的差不多3倍，美股的估值太高了。

这种倒挂问题，如果按照美国过去的逻辑，制造一轮危机，跌一下，然后借全球危机的时候用美元霸权低价收购他国的廉价资产，再然后危机过去后拉高这些资产价格，美国就完成了对他国的金融洗劫。这种循环在过去几十年间几乎每隔十年就上演一次。

本来，中国就是那个"待宰"的国家，所以从2005年开始美国逼着我们搞外汇改革，目的就是要在接下来的几年借危机金融"薅一把羊毛"。然而，事与愿违，美国花了很大工夫都未能如愿，反而是中国基于自身的实力，借危机变得越来越强大。

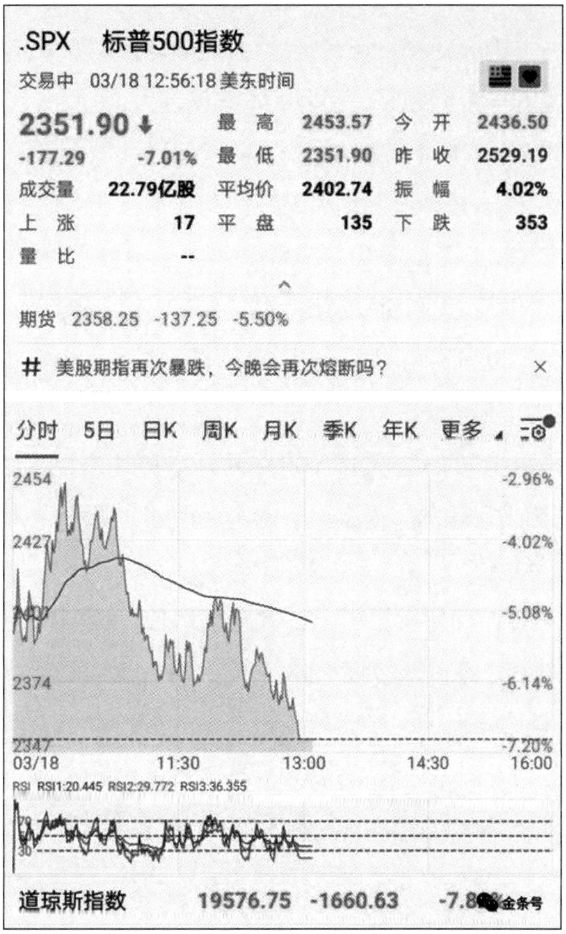

标普 500 指数在 2020 年 3 月 18 日盘中下跌 7.01%，“历史性地”触发美股第五次熔断，这也是 3 月份的第四次熔断(图片来源：腾讯新闻)

当然，在 2008 年中国面对金融危机领头“救市”，这也有利于纾解当时美国的危局，但客观上并未真正解决美国危机。因此，美国自 2009 年起一边遏制中国，一边想把中国的工业产能分给其他国家，只是最后未能成功。到了特朗普任期，就不想再靠分化中国来达到目的了，他想来硬的，想直接“打劫”，贸易摩擦就此开始。

中美这种较量，靠的就是看谁能撑。较量过程中，美国的负债是不断增加的，所以作为资产端的美股也就得不停地涨，一直到现在。但这么高的资产价格，又没有那么多廉价资产供美国收购，这是美国一直很痛苦的点。

后来,美股因为太高,只要中美贸易摩擦一升温就跌,这也让特朗普不得不与中国谈,缓和一下美股就涨回来,并且再创新高,直到 2020 年 2 月份。

但是,很现实的一个问题是,美国经济增长乏力,美股又涨不动了,在这种情况下美国股市和经济本身就是风险,一有风吹草动就会下跌。因此,客观而言,美股短期跌那么猛,核心原因是美国经济与美股的倒挂,这是此轮暴跌的基本面。

在美联储货币供应“无限量”的加持下,持续动荡的金融市场迎来“史诗级”的暴涨。受此影响,欧洲、亚洲股市也纷纷回升,其中以德国、日本等经济强国的证券市场回升力度最大。

当美股在“无限量”的大水漫灌下走出回升态势时,国际原油价格却上演了一幕“前无古人”的高台跳水。这次油价的高台跳水之所以令人侧目,是因为油价史上第一次跌至负值!

4 月 20 日,美国原油期货历史上首次跌至负值。美国 WTI 轻质原油 5 月合约(2005 合约)收跌 171.7%,报－13.1 美元/桶,盘中跌幅一度超过 300%,最低报－40.32 美元/桶。

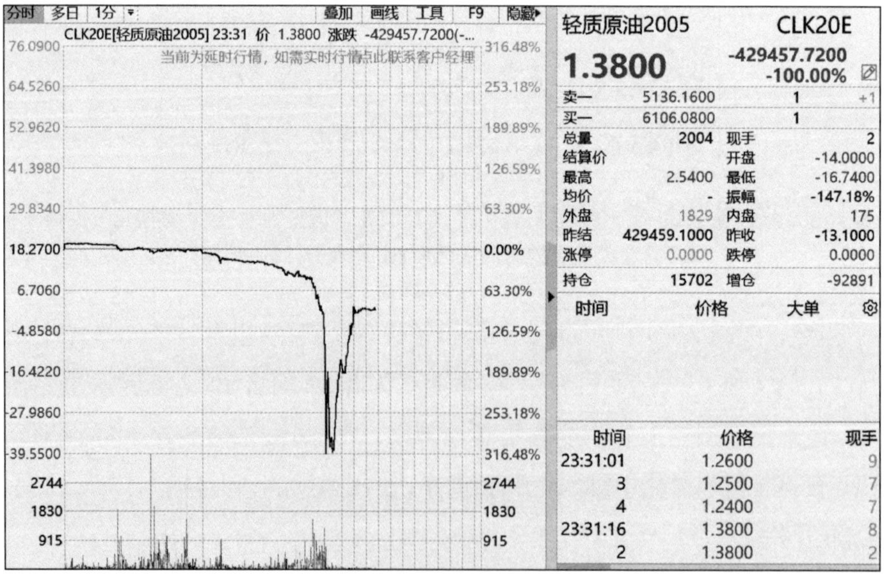

2020 年 4 月 20 日,WTI 轻质原油 2005 合约创纪录地跌至－40.32 美元

(图片来源:Wind)

在这之前，4 月 15 日，芝加哥商品交易所清算部门发布测试公告称，如果出现零或者负价格，芝加哥商品交易所的所有交易和清算系统将继续正常运行，所有常规交易和头寸处理都可以在清算中执行，即已经完成了测试准备。也就是说，就在几天前，芝加哥商品交易所完成了石油零价格和负价格测试，由此交易所系统打开了交易合约的负价格“开关”，于是也就有了 20 日上演的石油暴跌至－40.32 美元/桶、买油“倒找钱”的历史奇观。

在笔者看来，这次油价被打压至负数的目的在于：

(1)报复沙特和俄罗斯之前对油价的打压给页岩油、页岩气产业造成的损失。美国利用自己的期货市场定价权打压油价，为迫使两国妥协，创造一个令人印象深刻的氛围，美国干脆一不做二不休，直接把国际油价打压下来，甚至打压到负数。这个打压到负数是在向沙特和俄罗斯宣布，美国可以“血拼”，可以用技术能力狠狠打压油价，如果需要，美国会持续施加压力把国际油价打压到极低的水平，让沙特和俄罗斯“失业”，从而迫使他们更大幅度减产，以维系长期油价预期。这是美国资本利益层面的意图。

(2)向全世界展示美国的控制能力，美国可以任意操控价格，这些都是可以影响全球经济的。这种能力的展示，也是美国在想尽一切办法迫使对手臣服的手段。

(3)利用市场对新规则不熟悉而产生的恐慌心理，乘机“揩油”。

4 月 20 日，特朗普在白宫记者会上，宣布将利用当下国际油价暴跌的时机购入 7 500 万桶原油，以加强美国石油战略储备。也就是说，这次石油暴跌成负数的利益，被美国政府和一些大油商张口就给吃掉了。被迫平仓的都是谁？无非是那些投机客而已，真正有能力吃下这些石油现货的，不还是美国国家的战略储备和美国油企吗？

根据芝加哥商品交易所原油期货的规则，4 月 20 日就是 2005 合约的最后一个交易日，持多头合约的投资者如果不平仓，25 日就得去美国俄克拉荷马州的库欣市交割石油。对于大多数投资者来说，他们就是投机，如果交割了石油又得存又得去卖给炼油商，成本也很高。另外，据说合约是 1 亿桶，而库欣市的储油能力上限只有 7 600 万桶。这些外部条件，都使得 2005 合约成为“练手”对象。

钱去哪里了?

美国政府在 2020 年 4 月推出近 3 500 亿美元的“薪资保护计划”。尽管计划主要是针对 500 名雇员以下的小企业,但同时也规定,连锁餐厅、酒店等大企业,如果单个营业场所雇员不超过 500 人,也可以申领援助贷款。大型企业正是利用这一点获得了“薅羊毛”的机会。包括全国餐厅连锁企业 “Shake Shack”在内的不少大型上市公司都获得了政府提供的援助资金,而小企业却所获无几。另据美国小企业管理局披露,约 87%的贷款项目低于 15 万美元而未被披露,这意味着大部分贷款项目去向不明。

纽约经营餐厅的迪亚斯在“薪资保护计划”公布后,立即向银行申请。两周后,申请还未获批,而“薪资保护计划”已宣告钱都用完了。

企业纷纷指责银行反应迟缓,或限制了现有客户的获取渠道。银行又“甩锅”给美国财政部和联邦小企业署,称它们提供的相关信息不完整。

更让迪亚斯气愤的是,贷款的“受益者”包括一些大型连锁餐厅,“许多大型连锁企业都获得了数百万美元,而像我这样的小餐馆,为成千上万的人提供了工作,到头来却一无所有。怎么会这样?”

《金融时报》在 6 月 18 日发表评论文章称,现实令人不安,虽然美国许多家庭仍处困境,但不少富人、投资者等却获得了政府直接救助资金等一系列帮助。“(美国)官方的疫情应对,可能正在加剧收入不平等。”

笑不动的贝佐斯:新经济加速

疫情确实给经济带来了巨大的冲击,但正如一枚硬币有两面一样,对需求端的影响也并不完全是负面的。电子商务成为包括中国、美国在内零售业的主要驱动方式。

在这其中,全球首富——亚马逊创始人,首席执行官杰夫·贝佐斯成为消费方式转变的“受益者”。贝佐斯于 2018 年离婚,被前妻麦肯齐分走数百亿美元。疫情来袭后，贝佐斯身价很快超过 1 700 亿美元，重新达到其个人财富的巅峰。因为离婚而损失的财富，在一年多后又全部“补回来了”。

2018 年 9 月 4 日，贝佐斯的财富——持有的 16%的亚马逊股票——达到了 1 677 亿美元的峰值。但 2019 年初，他与麦肯齐协议离婚，签下了当时被外界称之为世界上“最昂贵”的离婚协议书。

麦肯齐和贝佐斯结婚 25 年，两人于 1994 年一起前往西雅图创立了亚马逊公司，贝佐斯担任 CEO，麦肯齐出任公司会计。麦肯齐不仅“算盘打得噼里啪啦响”，而且还是个文艺青年，业余生活中，小说也写得绘声绘色。

亚马逊这家从车库里白手起家的“夫妻老婆店”，在 1997 年 5 月上市，不久就赶上了 1999 年纳斯达克的“互联网大潮”，在“无网不胜”的呐喊声中，亚马逊在资本市场一鼓作气冲上了 340 多美元的高位。

可惜好景不长，互联网泡沫很快破灭，2001 年股价最低的时候，亚马逊的股价跌得只剩下一把骨头，仅 5 美元多一点。2007 年前，亚马逊的股价长期在 10—50 美元区间波动；此后才逐步上行，从 2015 年开始加速上涨。

麦肯齐本来可以分走一半的财富，即 8%的亚马逊股票，但不知是出于“一日夫妻百日恩”的感情因素，还是为了激励贝佐斯继续“好好干活”，好让自己“搭便车”，最终麦肯齐拿走了亚马逊 4%的股票，当时这部分股票的价值达 383 亿美元。离婚后，贝佐斯在彭博亿万富翁榜单上个人的净资产为 1 180 亿美元。

新冠肺炎疫情之下，在线购物需求旺盛，保住第一大股东地位的 CEO 贝佐斯“堤内损失堤外补”，一阵操作猛如虎，大干、苦干加巧干，亚马逊股价半年涨幅超过 50%，很快在 2020 年 7 月 1 日创下新高，收盘达到 2 878.7 美元，贝佐斯个人财富也达到了 1 727 亿美元，不仅“找回”了原先的身价，还有 50 亿美元的“富余”。

事实证明，“文艺中年”、会计麦肯齐情商、智商俱佳，她的个人财富也达到了 569 亿美元，成为全球第二富有的女人，仅次于欧莱雅集团的女继承人梅耶斯。

值得一提的是，离婚后的麦肯齐把自己的一半财产进行了捐赠。她说：“我将继续我的慈善事业。这需要时间、精力和用心。但我不会等，我会用自己拥有的所有，一直这样做。”当然，这一切已经与贝佐斯没有“半毛钱”的关系了。

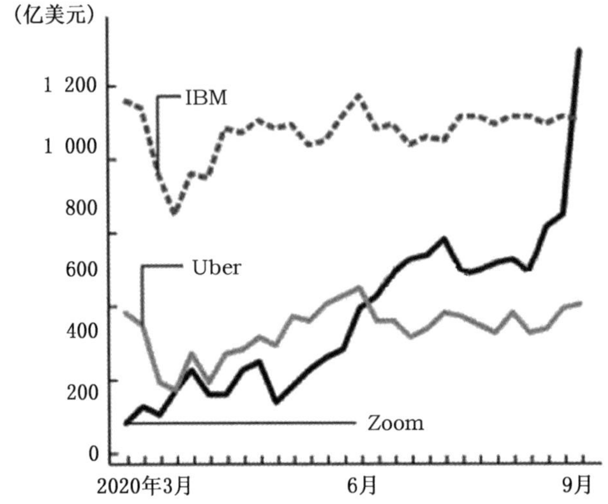

2020 年 9 月 1 日,Zoom 市值超越老牌 IT 企业 IBM 公司
(图片来源:日经中文网)

比贝佐斯旗下亚马逊更猛的,是 2019 年首次公开发行上市的提供视频会议服务的 Zoom 公司。因新冠肺炎疫情而激增的视频会议,促使公司盈利大幅度提升。8 月 31 日发布的公司 5—7 月份财报显示,公司营收较上年同期增长 4.6 倍,净利润增长 34 倍。Zoom 股价由此也在 2020 年 9 月 1 日出现暴涨,收盘价较前一日大幅度上涨 41%,达到 457.69 美元,按收盘价计算的总市值为 1 291 亿美元,一举超过了美国 IT 行业老牌企业的 IBM 公司,进入美国 IT 大型企业前 20 行列。

因疏于防控而四处蔓延的疫情,成了美国"新经济"的意想不到的"加速器"。

不择手段的打压

即便在疫情如脱缰野马在北美大地撒野狂奔之际,特朗普政府仍然不忘从各个层面,毫无根据地打压中国经济,试图以"杀敌一千,自损八百"的零和博弈思维，维系国家竞争中的领先优势。

封杀与交易

Zoom 公司在华尔街的高光一刻，事实上险些夭折。这家由华人袁征创办并且总部设立于圣何塞的科技企业，其实是一家美国公司。出于降低研发成本的原因，Zoom 大部分的研发人员都在中国，这比在硅谷招募人才要节省许多钱。这也是跨国公司的普遍做法，就像微软在中国上海、苏州、合肥设立研发中心一样。但在一部分美国政客看来，这就成了 Zoom 公司的“原罪”。

Zoom 公司为此不得不组建政府游说团队，聘请了特朗普政府前国家安全顾问麦克马斯特出任独立董事，美国外资投资委员会前委员卡尔默作为全球公共政策和政府关系主管，脸书前安全主管斯塔姆斯担任顾问。为了建立与美国政府的关系，仅 2020 年第一季度 Zoom 公司就“破费”了 400 多万美元。

除此以外，Zoom 公司还让甲骨文为自己提供云服务技术。甲骨文与白宫的关系颇深，美国疾控中心在三四月份推进疫苗的研发过程中，白宫的高层甚至打电话给疾控中心，推荐与软件甲骨文进行疫苗研发的合作。

2020 年 7 月，美国共和党人参议员霍利与民主党参议员布卢门塔尔联名致函美国司法部，要求对 Zoom 和 TikTok 进行审查。Zoom 公司不得不宣布自 8 月 23 日起，不再向账单地址为中国大陆地区的客户直接销售新的 Zoom 服务或升级服务，仅通过合作伙伴在中国大陆销售服务。

Zoom 公司算是躲过一劫；但 TikTok 的麻烦接踵而至，代价更大。

2019 年，TikTok 在全美应用程序下载中排名第二；在 2020 年 2—8 月的 6 个月时间内，TikTok 以下载量 4 746 万次高居美国五大短视频应用榜首，8 月份更是成为全球最热门的移动应用。

TikTok 一路高歌猛进，让脸书坐立不安。2020 年 7 月 28 日，在美国国会的反垄断听证会上，当被问及“是否认为中国政府窃取美国技术”时，苹果 CEO 库克回答：“从我掌握的第一手资料看，苹果公司没有发生过此类事件。”谷歌 CEO 皮查伊回答：“据我所知，谷歌也没有发生过。”亚马逊 CEO 贝佐斯回答：“只是从报道中听说过‘窃取技术’，亚马逊没发生过。”而 TikTok 的竞争对手——脸书 CEO 扎克伯格的回答，则让外界大跌眼镜——“中国从美国科技公司'窃取技术'是证据确凿的"。事实上,扎克伯格没有提供任何证据。

随着美方以莫须有的"国家安全"为由打压的加剧,为了避免在美的政策性风险,TikTok 开始与微软展开谈判。起初,微软并不愿意进行大规模收购,只寻求部分持有 TikTok 股权。然而,7 月 31 日,美国总统特朗普在"空军一号"上向记者展示了他惯用的"极限施压"的"技巧",特朗普表态,将动用总统权力封杀 TikTok。微软在 8 月 2 日以提高交易规模做出回应,准备收购 TikTok 在美的全部业务。甲骨文也在这时加入了谈判的行列。但特朗普随后表态,要求微软收购 TikTok 的全部股份;同时限时 45 天,在 9 月 15 日前必须完成交易,交易完成后,美国财政部还要从交易额中抽取大额"佣金"。

企业守法营业、照章纳税,天经地义;但正常交易之外,还要专门给财政部"上贡",这在现代文明社会中无章可循,同黑道上的"此山是我开,此树是我栽,要从此地过,留下买路钱"没有什么两样。

美国《连线》月刊 8 月 1 日发表《禁用 TikTok 虚伪得令人作呕》一文,指出美国总统宣布打算禁用一个可以让美国人畅所欲言的平台,这一"成就"实属罕见。

8 月 2 日深夜,受尽委屈的 TikTok 母公司字节跳动发布声明,直指竞争对手脸书抄袭抹黑。8 月 5 日,脸书"再接再厉",推出了名为"Reels"的短视频服务,准备在 TikTok 被禁后,"豪取"其市场份额。可是,Reels 在功能乃至界面设置上与 TikTok 就像孪生兄弟一样,美国 BuzzFeed 新闻网毫不客气地将 Reels 比作"山寨版"的 TikTok——Reels 甚至把 TikTok 的播放按钮和播放量的界面设计都照抄不误……

8 月 6 日,特朗普签署行政令,规定自 9 月 20 日起,禁止美国人与 TikTok 母公司字节跳动以及 WeChat(微信海外版)的母公司腾讯从事交易。

TikTok 的事搞得太大,后来的结局大家都知道了。尽管微软表态愿意给财政部"上贡",但最终还是与 TikTok 失之交臂。其中的一个原因,就是中国商务部和科技部于 8 月 28 日发布了最新版《中国禁止出口限制出口技术目录》,在目录的限制出口部分提到了"基于数据分析的个性化推送技术"。这就为 TikTok 的绝地求生提供了"防火墙",TikTok 向美国公司出售的进程被中断。此外,TikTok 的守法经营也让美国政客难以下嘴,而在美国的 1 亿月活跃用户也是特朗普政府在大选周期不得不考虑的一个现实问题，毕竟“吃相”太难看，在国际和国内都不好交代；何况，甲骨文也成了 TikTok 的云端服务供应商，还顺手入股，占了 12.5%的股份。这也让人不得不佩服甲骨文神通广大(沃尔玛也在这次交易中“搭了便车”，获得 TikTok 7.5%的股份)。纳瓦罗等人对这一协议表示反对，要求美方“完全控股”TikTok。甲骨文为了顺利入手 TikTok，向南卡罗来纳州共和党参议员格雷厄姆捐赠 25 万美元。格雷厄姆曾亲自给特朗普打电话，建议寻找一家美国公司来购买 TikTok 平台。在甲骨文与 TikTok 的协议公布后，格雷厄姆亲自出面发表声明，称这是一个“很棒的决定”，为甲骨文站台。

但这样的“吃相”，美国人自己也看不下去。前美国贸易代表、副国务卿、世界银行行长佐利克，尖锐地批评白宫：“围绕 TikTok 发生的闹剧向全世界表明，特朗普想要对企业和投资实施政治控制，在这个经济体中，企业高管必须给予政治回报，才能赢得白宫的支持。”

“把梯子一脚踢开”——在“自由贸易”和“自由市场”的背后：美国的另一面

在大多数人的印象中，美国就是“自由贸易”和“自由市场”的代名词。事实上，美国的贸易保护主义和重商主义的历史更为久远。

美国立国后，第一任财政部长汉密尔顿，对诸如英国 1651 年颁布的《航海条例》明令禁止在北美发展制造业——“甚至连一个马掌都不行”的威胁刻骨铭心。

虽然英国的亚当·斯密在其《国富论》中对自由市场竭力推崇，并由此开辟了古典经济学的滥觞，但这仅仅是英国向世界输出本国商品的“由头”。英国商人在“自由贸易”和“自由市场”的金字招牌下，向世界各国兜售英国生产的棉布、棉纱等。

德国“幼稚工业保护论”提出者——李斯特，在其名著《政治经济学的国民体系》中揭露了英国当年惯用手法的老底，“1721 年，乔治一世的大臣们在禁止印度工业品输入的时候，曾公开宣称：只有输入原料、输出工业品，才能使国家富强。……到了亚当·斯密的时候，除了我们在上面所列举的一些准则之外，又填上了一条新的准则，即把英国的实际政策隐蔽在亚当·斯密的‘世界主义’的说辞之下，目的在于防止外国仿效这个政策。这本来是一种极其寻常的巧妙手法。一个人当他已攀上高峰之后，就会把他逐步攀高时所用的梯子一脚踢开，免得后人跟着他上来。亚当·斯密的世界主义学说的秘密就在这里”。

习得英国贸易与经济精髓的汉密尔顿，猛烈抨击了当时流行的古典经济理论，并向美国国会递交了包括保护关税、出口限制、对于目标产业的直接政府补贴、对于制造业投入的税收减免、提供公共设施等11项经济政策原则的《关于制造业的报告》，提出了“通过发展工商业，促进美国经济发展”的经济纲领。这也成为美国保护主义理论的渊薮。

1806年4月18日，美国颁布《禁止输入法》，宣布除非美、英两国达成令人满意的解决方法，否则从11月1日起将禁止英国商品进口。

1807年12月，美国颁布《禁运法案》，规定一切美国船只和在美国的外国船只不得从美国港口起航。禁运造成美国烟草、麻类、棉花等出口商品价格大幅度下跌，种植园主破产，码头工人失业，而进口商品价格则一路飙升。美国的出口额从1807年的1.08亿美元跌至1808年的2 200万美元，进口额从1.38亿美元降到5 700万美元。美国经济受到了严重的“自伤”。然而，禁运也给新兴的美国制造业创造了前所未有的机遇，冶铁、纺织、造纸、印刷、火药等工业兴起，为美国的工业化奠定了初步的基础。到1809年《禁运法案》撤销时，美国许多的工业品已经能够自给自足。

1816年，美国国会通过了第一部具有保护性特征的关税法案，征收平均税率为42%的高额关税。美国东北部新英格兰的棉纺织业和制铁业受到较高程度的保护。

1828年，美国国会立法通过了美国历史上最高的关税率——平均税率飙升至61.7%。

经济上的保守，在政治上也同样有所反映。1823年，美国总统门罗向国会提出咨文，宣称，今后“欧洲任何列强不得把美洲大陆已经独立自由的国家当作将来殖民的对象”。他又称，美国不干涉欧洲列强的内部事务，也不容许欧洲列强干预美洲的内部事务。这项咨文就是通常所说的《门罗宣言》，它所包含的“孤立主义”的内涵，就是通常所说的“门罗主义”。

随着美国在 19 世纪末取代英国成为世界第一大经济体，以及为了克服 1929 年开始的经济萧条，为美国商品寻求外部市场，罗斯福总统开始推进贸易自由化进程，他强调“过去政府采取的重商主义贸易政策与美国的世界地位相悖。一百年前符合我国利益的政策现在已不能为这种利益服务”。以《1934 年互惠贸易协定法》为标志，美国开始鼓吹“自由贸易”政策。到 1937 年，美国已同 22 个国家签订了互惠贸易协定，关税税率平均降低了 13%左右。美国进入了“自由贸易”时期。

第二次世界大战结束后，美国不仅与许多国家缔结双边贸易协定，还积极推行自由多边贸易主义，促成了关贸总协定[①]的诞生。

然而，进入冷战后，随着美国全球军事支出的成本不断走高，以及西欧、日本等国经济的恢复，美国商品也难以像战后初期那样在西欧、日本通行无阻；随着美国贸易逆差的扩大，美元汇率也不断走弱。1971 年，美国总统尼克松政府开始对进口物品一律征收 10%的附加关税，这一举措表明美国奉行完全“自由贸易”的时代终结。同年 8 月 15 日，尼克松宣布美元与黄金脱钩，宣告了战后由美国一手操办的“布雷顿森林体系”的瓦解。

美国国会通过的《1974 年贸易法》，除了提出对来自国外的“不公平”竞争进行制裁外，还发明了一个新颖的概念，即来自国外“公平但有害”的竞争。所谓“公平但有害”的竞争，指的是外国对美国的出口商品在价格、出口补贴上都合乎公平竞争的原则，但在非经济因素上对美国产生损害。后来大家熟知的“301 条款”和据此开展的“301 调查”，就是源自这部法律。

在 1991 年苏联解体后，美国对其全球霸权的信心重回历史巅峰。福山所著《历史的终结》一书即为代表。由此，在 1994 年结束的关贸总协定乌拉圭回合中，美国签署文件，承诺对于 WTO 规则涵盖的不公平贸易行为将诉诸 WTO 争端解决机制，并正式承诺放弃在解决国际贸易争端中使用“301 条款”。

通过对历史的简单回顾，我们可以发现，美国贸易政策的“自由”与“保守”，是由其经济地位、经济目的、所处的经济环境乃至是否有利于维系其世界霸权

---

① 即关税及贸易总协定(General Agreement on Tariffs and Trade，GATT)。关贸总协定是世界贸易组织(WTO)的前身，于第二次世界大战后的 1947 年 10 月 30 日在瑞士日内瓦签署，1948 年 1 月 1 日开始“临时适用”。因为没有达到协定规定的生效条件，所以关贸总协定从未正式生效，而是以《临时适用议定书》的形式颁行于世。关贸总协定以削减关税及其他贸易壁垒、促进国际贸易自由化为宗旨。

所决定的。概言之，是受利益所决定的。

认为美国的“自由”是其与生俱来的“天赋”属性，是一叶障目的偏见，也不符合真实的历史。“自由”与“保守”，只是美国视其利益需要而使用的“工具”。

挖个大坑——美国陷阱

在竞争对手强大、美国依靠“保守”政策还不能奏效的情况下，“巧取豪夺”就成为不二的选项。

2013 年 4 月 14 日，纽约肯尼迪国际机场，法国阿尔斯通集团的锅炉部全球总裁弗雷德里克·皮耶鲁齐，刚走下飞机舷梯，就被等候多时的美国联邦调查局探员逮个正着。

阿尔斯通集团是法国的支柱型企业，负责法国境内 58 座核反应堆汽轮发电机的制造、维护与更新，生产 75%的法国电力生产设备，并且为法国唯一的航母“戴高乐”号提供推进汽轮机。除此之外，阿尔斯通集团的投资资产遍布全球 70 余个国家和地区，是全球轨道交通、电力设备和电力传输基础设施领域的商业巨头；也是美国通用电气(GE)在全球市场的主要竞争对手。

美国联邦调查局的官员，拿着美国《反海外腐败法》，等了皮耶鲁齐很久。

《反海外腐败法》是美国自认为施行所谓“长臂管辖权”的法律依据。只要外国企业使用美元计价，甚至只是通过设在美国的服务器发送、存储邮件，美国就认为自己有权对外国企业的违法行为提起诉讼。美国司法部认定阿尔斯通使用了美国账户，向印度尼西亚官员行贿。

换上一身橘黄色囚服、被铐住手脚的皮耶鲁齐，被丢进了监狱。美国检方给他指了两条路：一是不认罪，这就要接受美国法律的审判，审判准备工作至少历时 3 年，律师费等各类花费将高达数百万美元；另一条路就是承认有罪，与美国合作，那么在狱中待几个月就可以出去了。

绝望中的皮耶鲁齐选择了“部分认罪”，但他还是在狱中被关了 1 年多。2014 年 6 月到 2017 年 10 月，皮耶鲁齐的日子稍微好过一点，这 3 年多是保释期，可以待在狱外；之后他又被丢进狱中关了 1 年时间，直到 2018 年 9 月才出狱。

2014 年，阿尔斯通的能源和电力部门被迫出售给老对手美国通用电气。在收购过程中,尽管德国西门子、日本三菱重工的竞价报价比通用电气高出几十亿美元,但通用电气仍以低价将阿尔斯通的相关业务收入囊中。

出狱后,愤懑不已的皮耶鲁齐将自己的经历和美国利用《反海外腐败法》打击美国企业竞争对手的内幕,写成了《美国陷阱》一书。

在书中,皮耶鲁奇揭露了这样的内幕:美国政府通过国内法,收集外国企业"黑材料",然后或进行天文数字的罚款,或逼着这些外国企业达成所谓的"和解",从而帮助美国企业击垮或"肢解"、吞并国际竞争对手。

在皮耶鲁奇看来,貌似"公正"的《反海外腐败法》就是一个"弹性执法"的工具。美国国会 1977 年通过这部法律后,美国的石油能源行业或国防军工行业巨头们的海外交易,从未受到任何杯葛。

据皮耶鲁奇的调查,1977—2014 年,外国企业遭受的罚单占罚款总额的 67%,其中尤以欧洲企业"贡献最大"。欧洲的盟友一直被美国"重点关照",2000 年以来,法国、德国、英国、意大利、瑞典、荷兰、比利时等国最大的公司被以银行犯罪、腐败或违反制裁条例为由相继定罪,美国国库由此"笑纳"了几百亿美元的罚款,仅法国公司就被重罚 130 多亿美元。许多欧洲的大银行,如法国巴黎银行、农业信贷银行、兴业银行,德意志银行、德国商业银行,英国渣打银行、汇丰银行,意大利联合圣保罗银行等均被"修理"。2008 年以来,向美国支付罚金超过 1 亿美元的企业共有 26 家,欧洲企业占了 14 家,其中包括法国兴业银行、道达尔、阿尔卡特、阿尔斯通等 5 家法国企业。

欧盟、加拿大均尝试通过本国立法反制美国滥用"长臂管辖权",但慑于美国的经济与军事霸权的威势,最后只能忍气吞声。①

在《反海外腐败法》里实在找不到证据的情况下,就由美国"外资投资委员会"(CFIUS)出面,以空泛的"国家安全"为由,进行"莫须有"式的打压,TikTok、微信以及更早的华为的遭遇莫不如此。2020 年 5 月 14 日,特朗普政府宣布,除非得到美国许可,否则禁止采用美国技术的全球芯片制造商向华为出售或运送芯片,进一步对华为"卡脖子"。特朗普公开承认,他亲自打电话给很多国家的领导人,劝说不要使用华为,威胁如果想和美国做生意就不得使用华为设备。这说明,禁用华为的决定与"国家安全"毫无关系,纯粹就是政治化操弄。美国

① 《谈论 TikTok 时,你们还记得被美国"干"掉的阿尔斯通吗?》,中国新闻网 2020 年 8 月 4 日。

欲置华为于死地的原因就是华为在5G领域的领先，在白宫看来，这是在搞底层架构，会让美国将来无法“插手”数据、信息等领域。事实上，美国想要的，就是中国在中低端制造业给他们打好工，永远生存在产业链底端，为美国人做袜子、织毛衣、缝裤子，要中国用8亿件衬衫换美国一架波音客机……他们拿走产业链上的技术、品牌和工艺的高溢价。这是美国精英层的共识。2012年奥巴马在接受澳大利亚媒体采访时，就公开说，如果10多亿中国人口也过上与美国和澳大利亚同样的生活，那将是人类的悲剧和灾难，地球根本承受不了。

奥巴马借口环保，对中国的发展提出异议，究其本源，是担忧随着中国人民的富裕和生活改善，不断形成正反馈的良性循环，从而支撑产业科技转化和升级。

当一些发展中国家通过自身的努力和积累，在向发达国家跨越的时候，会遭到来自西方发达国家发起的金融战等阻击，再加上这些发展中国家一般以资源输出为主，抗风险能力弱，所以就跌入所谓“中等收入陷阱”。从某种意义上讲，那些陷阱，相当一部分是西方发达国家挖的。

尽管TikTok的创始人张一鸣反复声明“确保用户数据安全、平台中立性和透明度”——事实也的确如此，美国中情局向白宫提交的评估报告称，中国官方没有通过短视频软件TikTok获取用户的数据；甚至澳大利亚总理莫里森也表示，没有证据表明广受欢迎的短视频软件TikTok应该被禁用。但是，美国外资投资委员会仍然要求TikTok必须出售其美国业务。特朗普在TikTok与甲骨文、沃尔玛达成协议后表态说，如果新成立的公司不能由美国控制，他就中止这笔交易。

一切不受美国控制的各领域内的领先企业，尤其是科技公司，都是其打击目标。为了打击中国的科技公司华为，美国不惜暗中向几十个国家政府提出拘押孟晚舟的要求，其中不乏美国盟友。[①]

黑客帝国与数字霸权

美国在没有实据指控他国的同时，自己却扮演了不光彩的“黑客帝国”的角色。

---

① 《事关孟晚舟，一个惊天阴谋被抖出，美国暗中向数十个国家下令》，长江号外2020年9月9日。

在距美国首都华盛顿以北数英里的地方，有一处名为“米德堡”的军事基地，在美国官方出版的所有地图上都找不到这一机构。全世界最大的谍报机构——美国国家安全局(National Security Agency，NSA)总部就坐落其中。这一机构是如此隐秘，以至于有人利用其英文缩写，给它起了个“无此机构”(No Such Agency)的外号。美国国家安全局的主要任务就是窃听全世界的电话和电子邮件。据美国空军协会杂志披露，美国国家安全局的总人数不下 6 万人，网罗了世界各类人才，号称是“美国乃至全世界最大的数学家雇主”，主要职能就是进行密码编译和破译。

美国国家安全局监听途径有许多。有线电话的监听可以通过搭线拦截，例如在海底光缆上搭线监听；无线通信就更为简单，长波通信可以用架设大型天线进行监听，短波通信或者其他短程通信可以通过电子侦察飞机、电子侦察船沿海飞行收集信息。这也是为何美国侦察飞机一再抵近中国沿海的原因。

2015 年 6 月，时任全国人大外事委员会委员的陈小工中将对《南方日报》披露，美军飞机对中国实施高强度抵近侦察越来越频繁，2009 年派出侦察飞机约 260 余架次，2014 年则超过 1 200 架次，这个数字超过了冷战时期美国对苏联抵近侦察的强度，距离最近的一次侦察，距中国海岸线仅 8 公里。2020 年 9 月 8—10 日连续三天，美军侦察机更是通过更改国际民航组织(ICAO)注册的航空器识别码，伪装成马来西亚客机对中国实施抵近侦察。9 月 22 日，美军 1 架 RC-135S 导弹监视机进入黄海后改用菲律宾客机电码抵近侦察。据中国无线电爱好者的粗略统计，美军每年在中国沿海进行类似的伪装侦察就约有 100 架次。而根据我国外交部新闻发言人的披露，2020 年 1—9 月，美军机冒用民航代码抵近中国侦察已有上百次。

美军机冒用民航代码抵近侦察被屡次揭露后，美军索性一不做二不休，2021 年 3 月 8 日，1 架 RC-135W 电子侦察机全程以“明码”飞行，对华抵近侦察，最近距离中国领海基线仅 28.34 海里。

美国甚至对加密电话也想方设法进行监听，这也大大提高了监听的“效率”。

1951 年，美国情报机构与生产加密机的瑞典商人哈格林达成协议后，将这家名为“Crypto AG”的公司迁往中立国瑞士。公司实际上由美国中央情报局和德国联邦情报局持有。Crypto AG 生产的加密机的算法,甚至由美国国家安全局设计操控。这一品牌的加密机被约 120 个国家所使用,其中包括伊朗、印度、巴基斯坦、众多拉美国家和梵蒂冈等。监听各国政府、使馆和军事部门之间的加密信息的间谍活动一直持续到至少 2018 年,伊朗一度为自己国家的最高机密屡屡泄漏而头痛不已。

美国中央情报局甚至在其报告中按捺不住得意之情,非常生动地对此加以总结:“这是本世纪最好的情报行动。外国政府向美国和德国支付了大量的资金(购买加密通信设备),获取的是至少 2 个(可能多达 5—6 个)国家[①]能看到他们最高机密的‘特权’。”[②]

为了排挤中国华为的 5G 技术,美国发起了所谓“清洁网络”计划,宣称“保护公民隐私和个人自由”。事实上,目前美国每天收集全球各地近 50 亿条移动电话记录、每年控制中国境内 300 多万台电脑主机、向中国境内 3 600 多个网站植入木马[③],甚至窃听包括德国总理默克尔、联合国秘书长潘基文、以色列总理内塔尼亚胡、法国总统萨科齐、意大利总理贝卢斯科尼、国际原子能机构总干事巴拉迪等至少 35 名当时各国政要和国际组织领导人的电话;对默克尔的电话监听更是长达十余年。[④] 除了后来逃到俄罗斯的斯诺登揭露的美国“棱镜门”窃听事件外,“方程式组织”、“梯队系统”等网络间谍活动背后也都有美国的影子。

按照维基解密创始人阿桑奇的说法,谷歌其实是美国政府的爪牙,他能办到美国中央情报局也办不了的事情。2013—2014 年,美国以“窃取商业机密”、“窃取美国政府机密”和“间谍行为”逮捕了赵军、姜波和陈霞芬 3 位华裔科学家,所谓的“罪证”就是谷歌邮件。最终 3 人都因“查无实证”被无罪释放或撤诉。而这一切源于从 2007 年开始的美国联邦调查局和国家安全局操作的一个绝密项目——对谷歌等互联网公司的服务器存储的邮件、文档、音视频、照片以及网络日志进行“数据挖掘”。这些数据已经成为美国国家安全局的主要情报来源之一,占到总数量的 1/7。[⑤]

---

① 2 个国家,是指美国和德国;5—6 个国家,是指扩大到五眼联盟后的范围。

② 《在加密通信设备中动手脚,美德情报机构联手窃听上百个国家》,中华网 2020 年 2 月 14 日。

③ 《为啥说美国是“黑客帝国”? 看了这篇文章你就知道了》,《参考消息》2020 年 3 月 4 日。

④ 《维基解密:美国安局曾窃听潘基文、默克尔等政要》,中国网 2016 年 2 月 23 日。邢斯嘉:《美国监听世界政要电话令友邦惊诧,法德愤怒求解释》,中国广播网 2013 年 10 月 27 日。

⑤ 《不做间谍,就进监狱:美国的连环陷阱》,《参考消息》2020 年 9 月 21 日。

除了电话窃听、邮件窃密等，美国军方和情报界还通过诸如“Anomaly Six”这样的第三方公司，对超过 500 款的手机应用程序进行植入操作，追踪全球数亿用户的位置数据。美国陆军使用这类软件甚至能够监控到俄罗斯军事设施中设备的移动情况。①

“棱镜计划”、“怒角计划”、“强健计划”、“上游计划”……这些名目众多的美国窃密监听行动一次又一次地证明：美国才是全球最大的网络攻击者，是名副其实的黑客帝国、窃听帝国和间谍帝国。

2019 年，美国国务卿蓬佩奥就 5G 技术给出了所谓的“美国标准”，宣称 5G 技术要符合西方的价值观和体系。

然而，技术就是技术，技术是中性的。在 2020 年 2 月 14—16 日举行的第 56 届慕尼黑安全会议上，中国全国人民代表大会外事委员会副主任委员傅莹，面对美国众议院议长佩洛西就 5G 技术攻击华为时，提出质疑：“中国改革开放 40 年，引进了大量西方技术，譬如微软、IBM、亚马逊等，中国还引进了西方的 1G、2G、3G、4G 技术，但中国没受影响，难道西方民主就如此‘脆弱’、华为区区一家高科技公司就能威胁到它？”傅莹的质问立刻引来现场一片掌声。但凡了解美国的“监听史”，都会对以所谓价值观为借口的指责报以会心一笑。

美国一方面在毫无证据的情况下，以安全为由指责华为等中国科技公司，并声称担忧中国通信设备安装“后门”；另一方面却自己要求各科技公司在加密的应用程序中“开后门”。2019 年 7 月 30 日，五眼联盟表示，科技公司必须允许执法机构访问加密数据；2020 年 10 月 11 日，五眼联盟再次要求科技公司“将公众安全纳入系统设计中”，以“可读和可用的格式”为执法部门提供访问渠道。②之后，“多了一个心眼”的俄罗斯技术专家经过研究后发现，英特尔处理器存在“后门”，英特尔工程师可以通过远程操控，绕过计算机的安全设置，秘密访问用户系统。

针对网络窃密问题，俄罗斯总统普京后来提出一个建议，呼吁与美国达成协议，“重启”两国在信息安全领域的关系，互不干涉选举进程等内政。普京说：

---

① 《美军背景公司被爆在 500 多款 APP 中植入跟踪软件，涉数亿用户》，《中国日报》2020 年 8 月 9 日。

② 张晓雅：《外媒爆料：五眼联盟要求科技公司“开后门”以访问加密数据》，环球网 2020 年 10 月 12 日。

“我向包括美国在内的所有国家提议，缔结一项全球协议，各国做出政治承诺，不首先使用信息和通信技术打击对方。”

然而，这一善意的建议却很快遭到华盛顿方面的拒绝。

“回旋飞镖”——特斯拉起诉白宫：退还加征关税，并赔偿利息

在保守主义思潮裹挟下，美国政府动辄挥舞关税大棒，然而，其政策效应犹如“回旋飞镖”，在破坏全球供应链的同时，也重创了自己。

《纽约时报》报道说，2019 年外资公司在美国的投资大约是 2016 年——也就是特朗普上台前一年——的一半；贸易和税收政策不仅没有导致特朗普政府所鼓吹的制造业大量回流，反而随着贸易摩擦的加剧，美国的工厂产出在整个 2019 年都有所下降；相反，2019 年美国的消费品、快餐和汽车供应商继续在中国扩张，对中国的外商直接投资继续上升。一度被特朗普奉为“美国制造的象征”的哈雷摩托，为了避免欧盟对美国征收报复性关税，也将生产线迁往国外。

白宫无节制地加征关税，引起全球供应链的紊乱。为此，中国商务部与新加坡及文莱、老挝、缅甸、阿联酋、智利、乌拉圭、加拿大、新西兰、澳大利亚、瑙鲁等国经贸主管部门发表部长联合声明，旨在“避免实行出口管制或设立关税和非关税壁垒，取消对必需品尤其是医疗用品施加的任何现有贸易限制措施”，“确保贸易继续畅通无阻，航空和海港等关键基础设施保持开放，以支持全球供应链继续运行、保持完整”。

在美国内部，紊乱的供应链关系使得美国国内企业苦不堪言，超过 3 500 家美国企业为此发起对特朗普政府的法律诉讼。这 3 500 多家美国企业中既包括特斯拉、沃尔沃、福特等美国车企，以及梅赛德斯—奔驰等全球性车企；也包括家得宝、塔吉特、沃尔格林等美国大型零售商，以及科技企业思科、服装制造商拉夫劳伦和安·泰勒等，覆盖众多行业。

这些企业在诉讼材料中表示，美国政府对中国产品额外加征的关税不合法。汽车零部件制造商达纳公司投诉“无边界、无限制的贸易战，波及美国进口商从中国进口的数十亿美元计的商品”。特斯拉将起诉状递交至总部位于纽约的美国国际贸易法院，提出特朗普政府对该公司从中国进口的部分零部件征收关税是非法的，要求退还已支付的关税税款，还要赔偿利息。特斯拉不仅起诉

了本届美国政府，还连带把美国贸易代表莱特希泽也给告了。

美国正是在过去一二十年充分利用了中国制造的质优价廉的商品，才保证了美国大部分人在过去 30 多年通胀稳定的情况下实现生活水平的增长。而且，中国出口创造的外汇有很大一部分购买了美国的债券。尽管贸易有较大差额，但中美贸易对彼此都有很大的好处，这是客观事实。

美国耶鲁大学高级研究员史蒂芬·罗奇从学术的角度，阐释了美国逆差的原因：美国与 100 多个国家之间都存在贸易逆差。美国经济以服务业为主，低储蓄、高消费，由于美国储蓄率长期接近于零，因此只能通过发债释放美元来补充亏空；又因为美元是国际储备货币，这导致随着世界经济发展，国际市场对美元的需求越来越大，于是美国就不断地“出口”美元、“进口”外国商品。贸易逆差实质上就是美国利用别国剩余储蓄，来维持超出自身生产能力的消费水平。

罗奇关于“美国利用别国剩余储蓄”的表述，相当学术化。其实，直白地讲，就是借钱度日，让别国购买美国的国债，维持美国国内的高消费水平。就美国而言，通过大量进口源自中国的低成本劳动密集型产品，大大降低了美国人的消费成本，提升了“消费者剩余”，改善了美国消费者的福利。

在这种格局下，美国整体的贸易逆差是必然的，因此美国贸易逆差的原因不在中国，而在于美国自身的经济结构问题。加征关税，最终只能由美国消费者买单。这也是特斯拉等一众美国企业“揭竿而起”的原因所在。

事实也证明，美国确实被自己掷出的“回旋飞镖”重创，穆迪公司在 2019 年经过测算，评估出特朗普与中国的贸易摩擦导致美国少创造了 30 万个就业岗位。而美国的全球贸易和服务赤字从特朗普上台前 2016 年的 4 810 亿美元增加到了 2019 年的 5 770 亿美元，原因之一是中国的一些出口转移到了其他国家(进而转入美国)，而不是转移给了美国生产商。前美国贸易代表、副国务卿、世界银行行长佐利克不无嘲讽地评价道：“特朗普的对华政策向来注重摆出成功的姿态，但却彻底失败了。”

2020 年美国的贸易数据，为这一“彻底失败”做了最好的注释：2020 年美国贸易赤字创下过去 12 年来的新高，“大涨”17.7%，达到 6 787 亿美元。

美国赤字的另一面——来自美国前总统卡特的声音

在中美贸易摩擦陷于僵局之时，忧心忡忡的特朗普总统在 2019 年 4 月 13

日打电话给前总统卡特,对中美两国的贸易谈判等一系列问题进行讨论。面对特朗普提出的中国“正在走到我们的前面”的忧虑,卡特表示认同,但卡特说他对此并不担心。他对特朗普说:“你知道原因吗? 我在 1979 年实现对华外交关系正常化。你知道从那以后中国发动了几次战争吗? 0! 而我们一直在打仗。”

战争不仅是一台嗜血机器,而且也是“吞金怪兽”。

卡特在电话里给特朗普做了一个“科普”,美国在 242 年的建国历史中,仅有 16 年没有打仗,堪称“世界历史上最好战的国家”,“因为美国总是想迫使其他人采用美国的原则”。卡特说,美国的军费开支为此浪费了 3 万亿美元,“而中国没有将一分钱浪费在战争上,这就是他们在各个方面正走在我们前面的原因。如果拿出这 3 万亿美元用于美国的基础设施建设,我们将拥有高速铁路、不垮塌的桥梁、维护良好的道路,还能剩下 2 万亿美元”。相比之下,因为没有战争,中国得以投资基础设施和教育体系;中国已经拥有 1.8 万英里的高铁,卡

吉米·卡特,第 39 任美国总统(1977—1981 年)
(图片来源:百度百科)

特说,“我们拥有多长的高铁? —— 0”。

卡特指出美国浪费了 3 万亿美元的军费,而更为全面的统计数据指出,自 2001 年以来,美国对伊拉克、利比亚、叙利亚、阿富汗等国发动战争和军事行动耗资超过 6.4 万亿美元。

除了打了不该打的仗,美国军费开支更是一笔糊涂账。美国独立委员会指出,美国政府在伊拉克和阿富汗战争中外包给承包商的合同,浪费与腐败情况极为惊人,让美国损失了 310 亿—600 亿美元。

难怪特朗普在担任总统后,也强烈抨击美国军方领导层,指责他们发动战争以提高国防制造企业的利润。特朗普实话实说,“五角大楼的高层……除了

2003 年 2 月 5 日,时任美国国务卿的鲍威尔,一脸严肃地向联合国安理会展示一个装有白色粉末的小玻璃瓶。他告诉各国代表,这个小玻璃瓶中的白色粉末就是伊拉克搞大规模杀伤性化学武器的证据(图片来源:南方前沿)

打仗什么都不想做,这样所有制造炸弹、飞机和其他东西的企业就高兴了”。对于伊拉克战争,特朗普更是指名道姓地泄露了“天机”:“鲍威尔不是说伊拉克有大规模杀伤性武器吗? 结果伊拉克没有,但我们却发动了战争!”

那场战争不仅未得到联合国的授权,而且遭到包括法国、德国等美国核心盟国在内的一致反对。

为了师出有名,时任美国国务卿的鲍威尔在游说联合国安理会时,以不容置疑的语气宣称,已经掌握了确切情报——萨达姆发展并拥有大规模杀伤性武器。为了增强现场效果,鲍威尔当时还从口袋里摸出一个装有白色粉末的小玻璃瓶,一边慷慨陈词,一边不停地摇晃。

伊拉克战争的结果,也就像特朗普说的那样——“结果伊拉克没有”。

后来俄总统普京调侃说,鲍威尔不停摇晃的那个小玻璃瓶里的白色粉末,搞不好是洗衣粉。

其实就个人私德而言,鲍威尔还是一个挺不错的人,军旅生涯战功卓著,按照职场的话说,“KPI 考核优秀”,在美国国内深孚众望,当时美国政圈流传着只要鲍威尔愿意竞选,总统大位非他莫属。但“洗衣粉”成为鲍威尔自认的“污点”,卸职国务卿后不久的 2005 年,在接受媒体采访时,鲍威尔就对此追悔莫及。在他晚年的自传中,鲍威尔承认,那次在联合国的发言,是他最沉重、影响最为深远的失败之一,“这件事将在我的讣告中占据显著段落”。

然而,往事只可追忆,不能追回。

“三线”应对

我们都知道,中国曾经在 20 世纪 60 年代美苏的挤压下搞过“三线建设”。当时的“三线建设”,是指自 1964 年起在中国中西部地区的 13 个省、自治区进行的一场以战备为指导思想的大规模国防、科技、工业和交通基本设施建设。

“三线建设”大大提升了中国的国防、工业和经济的战略纵深,使得中国在美苏争霸时代确保了自身的安全,为世界和平做出了贡献,也奠定了日后改革开放更为深厚的工业基础。

当时的“三线建设”是冷战背景下的产物,在笔者看来,今天的中国也正在开启“新三线”建设,只是此“三线”非彼“三线”。今天的“三线”不是指地区概念上的三线，而是以下三条发展线：

第一条线：常态防控线。

在控制住疫情之后，中国现在已经从倾举国之力全面抗疫，转到了常态化的防控上，在做好防控的同时加速复工复产。对中国来说，老百姓正在适应常态化防控下的工作、生活，并且逐渐开始从常态化的防控状态进入了新的创新状态，大家都开始使出浑身解数去适应疫情下的市场，并去开拓新的市场。用不了多久，中国就会完全适应这种常态下的发展模式。

与中国相比，以美国为首的西方国家至今还在抗疫问题上徘徊。面对疫情深化扩散的压力和现实经济发展的压力，总是在还没有控制疫情的情况下就直接复工，事实上却是欲速则不达。甚至到了 2021 年 3 月 3 日，美国疫情仍在高位之时，北达科他州、蒙大拿州和艾奥瓦州已经不再要求强制戴口罩；得克萨斯州、密西西比州的州长，更是宣布废除强制"口罩令"，气得新总统拜登痛斥这些人"脑子进水"，是"尼安德特人[①]的思维"。

可以毫不夸张地说，按现在的状态，疫情会长期困扰西方经济发展。因此，中国率先建设好常态化的防控线，对世界的和平与发展具有战略意义。

第二条线：新基建发展线。

什么是新基建？新基建就是新型基础设施建设的简称，主要包括 5G、特高压、城际高速铁路和城市轨道交通、新能源汽车充电桩、大数据中心、人工智能、工业互联网七大领域，涉及诸多产业链。

为什么中国会搞新基建？原因很简单，由于中国传统的基础设施建设已经比较扎实，投资空间和投资对经济的拉动效应都在降低，而且随着经济发展，市场对上述新基建的需求越来越大，这些投资不但能够拉动经济增长，更能给经济带来可持续增长的动力。

值得注意的是，同样面对新冠肺炎疫情，中国因为疫情加速推进了新基建的建设，尤其是 5G 的建设明显提速。与中国形成鲜明对比的是，西方发达国家因为疫情肆虐，他们的 5G 建设放缓。至于其他领域，西方发达国家由于市场规模或技术水平问题，没有任何国家能在上述七大领域齐头并进。例如，美国到

---

① 尼安德特人又称尼安德塔人，是约 12 万到 3 万年前居住在欧洲及西亚的古人类，属于晚期智人的一种。学术界在寻找尼安德特人灭绝的原因时，其中一种说法将之归因于这一支古人类社会网络简单，群体之间缺乏联系。

现在还没有5G的落地计划，还在排斥华为；美国的轨道交通也很弱，也没有特高压电网；欧洲国家在这些领域具备相应技术发展实力的更是屈指可数。

在笔者看来，新基建的发展将会推动中国在科技应用领域实现对西方发达国家的超越，这个时间周期是5—10年。新基建这条线，对中国而言是“直道飙车”，因为就这些领域本身来说，中国整体处于相对领先的状态，除了在芯片等少数领域还与美国有差距外，其他领域中国基本处于领跑、并跑或跟跑最先进国家的状态。

第三条线：新的经济内循环线。

与其他国家不同，中国是14亿人的巨大市场，现在不但是全球第一大消费市场，也是全球第一大潜力市场。这一市场，随着全国脱贫攻坚计划的胜利完成，得以进一步深化——经过8年持续不断的努力，实现了9 899万农村贫困人口全部脱贫，832个贫困县全部摘帽，12.8万个贫困村全部出列，区域性整体贫困得到解决，完成了消除极端贫困的艰巨任务。在这8年时间里，累计300多万名驻村干部、第一书记和数百万名基层工作者奋战在没有硝烟的战场，最终有1 800多位同志牺牲在了脱贫攻坚的第一线。①

我们再将时间上溯，纵向地看，自改革开放以来，按照现行贫困标准计算，中国7.7亿农村贫困人口摆脱贫困；按照世界银行国际贫困标准，中国减贫人口占同期全球减贫人口的70%以上；中国提前10年实现《联合国2030年可持续发展议程》相关减贫目标。这不仅是中华民族发展史上具有里程碑意义的大事件，也是人类减贫史乃至人类发展史上的大事件，为全球减贫事业发展和人类发展进步做出了重大贡献。

中国共产党以农村医疗、免费教育、农业补贴和扶贫帮困等一系列社会政策，全面履行自己立下的“打赢脱贫攻坚战”的诺言。

2021年2月25日，在全国脱贫攻坚总结表彰大会上，习近平总书记指出：“脱贫攻坚战的全面胜利，标志着我们党在团结带领人民创造美好生活、实现共同富裕的道路上迈出了坚实的一大步。”同时，“脱贫摘帽不是终点，而是新生活、新奋斗的起点”②。

---

① 《独家专访丨致敬中国扶贫人》，央视新闻2021年2月25日。

② 《习近平：脱贫摘帽不是终点，而是新生活、新奋斗的起点》，新华网客户端2021年2月25日。

中国脱贫攻坚所取得的成就，在全球引起积极反响。联合国秘书长古特雷斯特意致函中方，称中国取得的非凡成就为整个国际社会带来了希望，提供了激励。甚至“股神”巴菲特，也在2021年的股东大会上，赞叹中国所取得的惊人成就；他的“老搭档”芒格说得更具体——中国脱贫是“世界历史上发生过的最了不起的事件之一”，“这是世界上从未发生过的事情，我要向中国人表达敬意”。

从世界范围的国别之间比较横向地看，根据美国劳工统计局数据显示，2019年美国贫困人口比例为10.5%，大约3 400多万人。美国哥伦比亚大学后来的报告说，受疫情影响，2020年5月以来，半年内美国又新增了800万贫困人口。

除了美国，我们再看印度。世行数据显示，按照国际贫困标准，即每人每天收入低于1.9美元计算，2011年至2015年，印度贫困率从21.6%降至13.4%，其间共计9 000万印度人口成功脱贫。然而，疫情袭来，2020年印度贫困人口增加了7 500万，占全球贫困人口增量总数的60%。

这些都表明，无论是发达国家还是发展中国家，减贫都是最困难的事。在这种情况下，中国高效的减贫速度当然是伟大奇迹。中国减贫有一套非常成熟的实践路线和方法论，这些实践路线和方法论对全人类减贫事业有着非常重大的借鉴意义。

与西方发达国家资本主导的私有制完全以追求利润不同，作为社会主义国家，中国的社会制度决定了中国的很多选择是基于人类的共同利益而非仅是单纯的企业利润。正是基于这样的思考，中国才提出了“人类命运共同体”以及“一带一路”倡议，才会为推动全球经济发展而做出不断努力。

从长远看，随着中国中产阶级的规模扩大和脱贫攻坚战的实现，中国消费的增长潜力是非常巨大的。与发达国家不同，中国不但不会掠夺落后国家，还会用中国的工业制造能力帮助他们发展经济和建基础设施，是真正帮他们减贫脱贫。中国实现脱贫所产生的巨大市场需求增量，影响了全球经济版图，直接带动世界上很多落后国家参与全球经济大循环。在中国经济的推动下，他们的经济当然就获得了良好的发展。

这个空间大到什么程度？恐怕很难描述清楚，但可以打个比方，10多年后我们回望今天,也许就如同现在我们回望2000年时的中国经济。

如果大家注意观察,会发现自新冠肺炎疫情之后有一个非常重大的变化,那就是各地的县长和市长们都开始走向前台,站在了镜头前或直接坐在直播间为当地的农特产品“带货”。习近平同志在陕西考察时,就走进了当地的带货直播间,并说了一句语重心长的话:“电商,在农副产品的推销方面是非常重要的,是大有可为的。”这些变化既是精准扶贫的国家发展需要,也是直播电商在2019年的发展和新冠疫情暴发触发的。可以预见,随着后疫情时代大家生活习惯的改变,随着5G的加速商用,中国电商经济内循环的进化将加速。经济内循环线的战略机遇,在未来至少10年内空间巨大。

面对中国的发展势头,美国右翼代表人物、参议员马可·卢比奥也不得不承认:“中国将成为一个富强的国家,我们对此毫无疑问,也无法回避这样的事实。”

西北望长安,可怜无数山。

青山遮不住,毕竟东流去。

拒绝新冷战

在从经济层面打压中国的同时,特朗普政府的高级幕僚们,还试图“借尸还魂”,从美苏争霸的冷战时期的“工具箱”里,找出那些早已过时的道具,重新给自己戴上所谓“自由世界”的道貌岸然的道德面具,还不惜酝酿可能给世界灾难的地缘政治的潜在冲突风险,借此再次支起冷战的“老摊子”,以此胁迫他国“选边站”。

但在世界经济深度融合的今天,在中国秉持和平发展理念的当下,这一冷战伎俩无异于缘木求鱼,也注定毫无胜算。

“真理在大炮的射程之内”?

2019年7月12日,在美国圣迭戈海军基地维修的“好人理查德”号两栖攻击舰突发大火，不可思议的是，这场大火居然烧了四天四夜才被扑灭。事后，美军方不得不又花了 1 000 万美元，让船厂清理舰上被焚毁的设备。两个月后，美国国防部长埃斯珀在“好人理查德”号上兜兜转转瞅了一个多小时，好久都没说一句话。

被大火烧了四天四夜的“好人理查德”号的舰名，听起来很像是一个平庸的名字，似乎与杀伐四方的战舰沾不上边；但这个名号其实在美国海军史上历史悠久。“好人理查德”号是私掠船“出生”。私掠船是美国独立战争时期，为了弥补本国海军力量的不足，允许私人船队开展对英国商船劫掠（战果要上缴一部分给政府），以打击英国的海上力量。说白了，私掠船就是“官方许可的海盗”。1778 年，保罗·琼斯指挥“好人理查德”号武装商船，从美国一路抢到了英国的家门口，并与英军战舰“塞拉比斯”号大打出手。商船再怎么武装，也毕竟是商船，一开始“好人理查德”号被揍得鼻青脸肿，保罗·琼斯冒死驾船贴近对方，发动接舷战，最终以弱胜强。

靠着私掠船的袭扰，美国有效打击了英国的海上势力，切断了英帝国与北美间的经济命脉，也为美国赢得独立战争积累了资本。

私掠船是两百多年前战争时代的产物，但私掠船的阴魂并没有随着时间的消弭而散去。

2020 年 4 月 7 日，美国《国家利益》网站刊登美国海军研究所的文章，鼓吹以私掠船的方式“扫荡海面，摧毁中国的航海产业”，“可以迅速签发缉捕许可证，海盗们在几周内就能发起冲突。如果打算重建美国海军，大概需要四年时间”。可见，面对中国经济的迅速发展，美国国内的极右翼势力已经考虑无所不用其极了。

这是一个极端危险的信号。

2020 年上半年，美军向中国南海出动飞机 3 000 架次、军舰 60 艘，并开展双航母演练；MQ-9“死神”无人机参加海上军演，演练打击海上目标，并极为挑衅地将中国地图形状的红色剪影叠加着 MQ-9“死神”无人机，印在相关空军人员制服的臂章上，通过美国《空军》杂志公布出来。美国空军上一次将一国地图印在臂章上的行为，还要追溯到越战时期。[①] 显然，在他们眼里，私掠船这种半

① 《美军又挑衅：臂章已印上中国图案，上次还是越战时期》，环球网 2020 年 9 月 29 日。

官半民、遮遮掩掩的方式,“见效”太慢,俾斯麦那句“真理在大炮的射程之内”的名言,似乎才是遏制对手的“终极王炸”。

极具挑衅的美空军 MQ-9“死神”无人机操作人员的臂章
(图片来源:环球网)

除了对华“秀肌肉”外,美对俄也是高压不断。2020 年 10 月 22 日,普京在瓦尔代国际辩论俱乐部年会最后一天的讲话中,谈及与中国的关系时,普京表示,两国在理论上存在建立军事同盟的可能性。然后,普京话锋一转说,然而实际上两国战略互信和协作水平已经达到相当的高度,以至于双方原则上并不需要这样的同盟。① 普京的这一表态暗含了一种战略模糊的意味,较 10 个月前他所说的“与中国没有建立军事联盟,我们也不打算建立”的说法,为各国媒体提供了想象空间。②

随后,美国国防部长埃斯珀也许听出了弦外之音,于是通过军事外交渠道(10 月 28—29 日中美两军举行的危机沟通工作组视频会议),专门就“美方正在研究特朗普总统选情出现不利时,使用 MQ-9‘死神’无人机袭击中国南海有关岛礁的方案,以制造所谓‘十月惊奇’”的说法向中国做出澄清。埃斯珀表示,有关报道与事实不符,美方无意对华制造军事危机,愿与中方建立稳定的、建设性的、以结果为导向的两军关系,建立必要机制,降低风险、加强沟通、在拥有共同

---

① 《最新表态! 普京一天两次提到中国,中俄互信不需要建立军事联盟》,上观新闻 2020 年 10 月 25 日。

② 《普京表态:不打算与中国建立军事同盟》,《环球时报》2019 年 12 月 19 日。

利益的领域开展合作。①

“美国四人帮”与缘木求鱼的冷战思维

继 2020 年 6 月 24 日国家安全事务助理奥布莱恩从意识形态攻击中国、7 月 7 日联邦调查局局长克里斯托弗·雷就疫情无端抹黑中国、7 月 17 日司法部长巴尔抨击中国经济，以及 7 月 21 日，美方突然无端要求中方关闭驻休斯敦总领馆之后，7 月 23 日下午，美国国务卿蓬佩奥在加州尼克松故乡的尼克松图书馆暨博物馆发表演讲，对中国从内政到外交进行了全面攻击。他宣告尼克松总统近 50 年前开启的对华接触政策“已经失败”。

白宫这一系列的对华政策，其实并非无迹可寻。美国国务院政策规划负责人斯金纳 2019 年 5 月就在“新美国安全中心”的一次活动上说，“中国是我们的经济竞争对手。……我们将第一次拥有一个非白种人的大国竞争对手”；同时强调，“这是与一种完全不同的文明和不同意识形态之间的斗争，美国以前从未经历过”。② 斯金纳不仅将中美间的问题归结为意识形态，其潜意识里还折射出种族主义的色彩。

美国除了在舆论上塑造对手外，在军事、经济、外交等层面，谋求“单边主义”治下的世界格局。

在军事层面，在北约内部，美国在本土和德国建立两个新的指挥中心，提升自己在北约的指挥权；同时，试图将北约影响力扩大到东亚、拉美、中东北非地区。2019 年，特朗普政府又单方面撕毁《中导条约》，蓄谋在欧洲和亚洲部署中程导弹。

在经济层面，用贸易战对全球贸易“切块”，企图超越 WTO 建立以“美国优先”的新体系，逼迫 WTO 根据美国利益进行改造。过去，美国推动经济全球化，是以美国规则和标准为核心推进的，但在过去 20 多年间，美国发现在 WTO 之中，美国失去了对核心供应链的控制，中国成了世界供应链的中心，这是美国所不能接受的。要扭转这一点，美国想做的就是重新对各大经济体进行“连

---

① 《国防部回应美媒称美军或袭击南海岛礁：美防长已澄清，称无意对华制造军事危机》，上观新闻 2020 年 10 月 29 日。

② 李小飞刀、胡一刀：《美国悍然强关中国领馆，我们要做这些最坏准备！》，《环球时报》2020 年 7 月 22 日。

横”,以打破自己制造出来的全球经济“合纵”局面。

在外交层面,推进所谓“印太战略”,个中意味值得警惕。

而以蓬佩奥为代表的白宫极右翼势力,为谋取在政坛的一席之地和个人政治利益,借人权、安全等问题更加肆无忌惮地对中国进行毫无根据的指责。1 月 30 日,在中国疫情最为关键的时刻、在特朗普仍强调“中美正密切合作应对疫情”之际,蓬佩奥竟仍以“落井下石”的心态,攻击中国制度,污蔑为“我们时代的核心威胁”。针对当下中美关系所受到的冲击,老布热津斯基之子马克·布热津斯基气愤地说:“此前在美国,外交政策‘带节奏的’都是什么人啊?! 是基辛格、布热津斯基、斯考克罗夫特、奥尔布赖特等这样的外交大家! 而如今呢? 现在美国的外交圈:机会主义者当道,搞专业的人靠边站。金钱和票仓,成了政治的唯一逻辑,投机者大批混进政府!”

1972 年尼克松访华时的美方首席翻译、曾任美国驻华公使和助理国防部长的傅立民(Charles Freeman),在接受媒体采访时说:“对中国的攻击几乎完全是美国内部政治驱动的,但这决定不了美国大选的结果。”傅立民痛心地表示:“在许多美国人和美国的许多外国朋友看来,我们目前正拥有我们历史上最无能、最堕落的政府。……我们生活在一个政府、政客和心怀不满者为个人私利及政治利益操纵并控制舆论的时代。”

耶鲁大学高级研究员、摩根士丹利前亚洲区主席斯蒂芬·罗奇更是将 2020 年六七月份发表对华强硬演说的上述白宫四人,称为“美国四人帮”。罗奇指出,蓬佩奥等人的“观点似是而非,充斥着阴谋论,完全没有基于事实的分析。……他们与现实的脱节也令人震惊”。

罗奇从经济、政治两方面剖析了原因所在:

“美国四人帮”描绘了一幅单方面关系的图景,坚称中国需要美国远远超过我们需要他们。从经济角度看,没有什么比这更离谱的了。收入有限的美国消费者当然需要中国的低成本商品来维持生计;美国财政部仍然需要中国作为我们激增的联邦债务的最大外国买家;而在国内面临增长问题的美国公司则需要中国作为美国的第三大出口市场。

在急于妖魔化中国的过程中,“美国四人帮”的论点,与其说是对一项地缘政治宏大战略的阐述,不如说是面向国内政治的胡言乱语。据《政治报》报道,今年(2020 年)4 月,共和党分发的一份文件也提出了类似的建议。这份文件表述的基本原则很简单:在美国新冠疫情愈演愈烈之际,“不要为特朗普辩护……而要攻击中国”。眼下,疫情中的美国走向深渊,对特朗普的辩护愈发苍白,于是“美国四人帮”带头执行了类似的战略。[①]

美国智库“美国外交关系委员会”主席理查德 · 哈斯批评蓬佩奥整套说辞充满投机主义,对中国言辞激烈的演讲是“不懂历史、不懂中国,也不懂美国”。美国外交政策聚焦研究计划网在刊发的《美国对华冷战政策孤立的将是美国而非中国》一文中揭开了美国这些政策驱动的内因——美国军工联合体需要找到实力强大的敌人,证明它们应该继续存在并维持高额成本,这就是美国急于发动新冷战的原因所在。

其实早在 2019 年 8 月,美国各界的有识之士——100 名美国商界、政界和军界领袖在联名发表的题为《中国不是敌人》的致特朗普总统的公开信中就已经呼吁,如果美国视中国为敌人,那么“最终孤立的是自己而不是北京”。公开信声言,中国不是“经济敌人,也不是关系到生死存亡的国家安全威胁”,“美国将中国当作敌人对待并让它与全球经济脱钩的做法将损害美国的国际角色与声誉,并损害所有国家的经济利益”。

自特朗普政府 2017 年上台以来,美国奉行的单边主义和“美国优先”政策,不断退出国际条约和组织,导致美国在国际社会空前孤立——2018 年 5 月 8 日,美国宣布退出伊核协议,并重启对伊朗制裁;2018 年 6 月 19 日,美国宣布退出联合国人权理事会;2018 年 10 月 3 日,美国宣布退出《维也纳外交关系公约》中涉及国际法院管辖问题的相关议定书;2018 年 12 月 31 日,美国退出联合国教科文组织;2019 年 11 月 4 日,美国正式启动退出《巴黎气候协定》;2020 年 7 月 7 日,美国宣布正式退出世卫组织……

据不完全统计,特朗普政府执政后,至少退出了 11 个国际组织和条约。最夸张的是,特朗普上任后第三天,就签署行政令,退出了历时 15 年才谈成的跨太平洋伙伴关系协定(TPP)。美国前国家安全事务助理博尔顿透露,因为不想替欧洲承担大额军费开支,特朗普甚至计划在连任后,退出北约。面对美国的单边主义政策,德国总理默克尔不得不早早地为欧洲敲响警钟——欧洲不能再

---

① 《美知名学者:“美国四人帮”反华言论毫无根据》,《参考消息》2020 年 8 月 6 日。

指望美国了,“必须依靠自己”;法国总统马克龙也说:“我们不应该等待,我们必须马上采取行动。”

美国的孤立在2020年得到了多次印证。

8月20日,美国正式提交要求针对伊朗的启动安理会第2231号决议规定“快速恢复制裁”机制,遭到中、俄、英、法、德等国的反对,仅获得1票支持。

在9月11日联合国大会上,169个国家通过了一项“全面和协调应对”新冠病毒大流行的决议中,仅有美国和以色列投票反对。

9月,在国际刑事法院对美方人员在阿富汗所犯战争罪和反人类罪展开调查后,美国挥舞大棒对国际刑事法院的相关人员进行制裁。这一举措遭到了包括英、法、德、加、澳等美国传统盟友在内的72个国家的联手抵制。

在11月9日召开的联合国人权理事会国别人权审议工作组会议上,110余国代表发言,针对美国人权状况提出批评改进建议。各国普遍敦促美国消除各种基于种族、宗教、性别的歧视,打击仇恨言论和宗教不容忍行为;改革司法部门,消除警察暴力;改变将移民儿童与其父母隔离关押的政策,保障移民权利;打击人口贩运活动;在疫情期间保障民众健康权;尽快批准《经济、社会与文化权利国际公约》《消除对妇女一切形式歧视公约》《儿童权利公约》《残疾人权利公约》等国际人权公约,重返气候变化《巴黎协定》。

时间进入2021年,3月4日联合国人权事务高级专员办事处发表两位联合国人权专家的报告,批评美国长期以其国内法为由对其他国家施加制裁,严重侵犯这些国家的人权,呼吁美国全面遵守国际人权条约,防止有关制裁对人权产生负面影响。

3月30日,联合国人权理事会的3名特别报告员发布致美国政府的联合指控函,指控美国政府和军方“持续侵犯关岛查莫罗土著人的人权”。

……

世卫组织成为“出气筒”

在美国疫情控制渐不乐观的情况下,不仅美国的民主党、前总统奥巴马和疾控中心被特朗普“拎出来”背锅,连世卫组织这一全球抗疫的合作平台也不能幸免,成为特朗普的“出气筒”。2020年4月7日,特朗普威胁考虑暂停向世卫组织提供资金;4 月 14 日,特朗普在白宫新冠肺炎疫情简报会上宣布,暂停向世卫组织拨款。

《柳叶刀》主编理查德·霍顿在推特上对特朗普的这一行为提出强烈批评。他表示,特朗普对世卫组织的指控毫无根据,暂停向世卫组织拨款的行为是反人类的罪,是对全世界人民的不人道攻击。每一位科学家、医务工作者、公民必须抵制和反抗这种背叛全球团结的行为。同时,霍顿还“翻了旧账”,指出在 2 月 24 日,特朗普还在社交媒体上赞扬“世界卫生组织一直在努力工作”、“非常能干”。

在特朗普宣布不给世卫组织“打钱”、准备撂挑子的时候,4 月 16 日,德国、法国等 24 个国家领导人分别发表声明支持世卫组织。此前,中国政府早在 3 月 8 日就宣布向世卫组织提供 2 000 万美元捐款;在此基础上,4 月 23 日再向世卫组织追加 3 000 万美元捐款,以支持世卫组织开展抗击新冠肺炎疫情的国际合作,帮助发展中国家提升应对疫情的能力,加强公共卫生体系建设。

面对特朗普政府指责世卫组织“未能及时分享信息”,世卫组织专门发布了该组织的抗疫时间线,指出中国最早于 2019 年 12 月 31 日报告一组肺炎病例,并确认了一种新型冠状病毒;世卫组织从 2020 年 1 月 1 日起进入抗疫紧急状态,并在 1 月 30 日,世卫组织总干事谭德塞再次召开突发事件委员会会议,宣布新冠肺炎疫情构成“国际关注的突发公共卫生事件”。①

谭德塞澄清说,从来没有对美国政府隐瞒任何信息。“从 1 月 1 日起,有 15 名美国政府借调员工在新冠肺炎疫情项目上与世卫组织展开合作,此外还有 2 名来自美国政府的永久借调员工。”

National Security

Americans at World Health Organization transmitted real-time information about coronavirus to Trump administration

“世卫组织中的美国人,向特朗普政府传送了新冠病毒的实时信息”
(图片来源:北晚新视觉网 /《华盛顿邮报》)

① 《世卫组织发布抗疫时间线 中国最早去年底已报告病例》,中国新闻网 2020 年 4 月 13 日。

根据《华盛顿邮报》的报道，世卫组织一直都在与包括美国卫生与公众服务部部长阿扎尔在内的其他美国官员分享“有关不断扩大的疫情的任何敏感信息”。美国疾控中心也一直与世卫组织就新冠病毒进行咨询；由疾控中心全球疾病侦测行动中心主任雷・亚瑟领导的一个小组，每天都会撰写传染性疾病的总结，按照紧急程度分类后提交给高层。

合则两利、斗则俱伤的中美关系

面对全球疫情，笔者于 2020 年 3 月初就在媒体上呼吁全球协同一致、共同抗疫。此后，联合国秘书长古特雷斯以及美国的政坛“常青树”基辛格也表达了类似的观点。古特雷斯说：我们正面临着联合国 75 年历史上前所未见的全球健康危机，全球经济衰退已无法避免，各国必须团结一致，才能共同度过这次危机。基辛格也认为，疫情中处于分裂化的美国，要克服前所未有的障碍，有效率和有远见的政府是必要的；社会团结以及国际和平与稳定至关重要。

这场疫情冲击带来的影响超过此前 2008 年的全球金融危机，是第二次世界大战以来全球的一次重大事件，有可能改变未来政治经济的部分游戏规则，甚至改变人类的文化与生活习惯。除了经济数据断崖式下跌和人员大批疫殁外，某些萧条国家内部发生的民粹主义浪潮和族群对立、贫富差距的不断极化，以及为转移视线、缓和国内矛盾不择手段寻求塑造外部敌人的迹象，犹如一场“世界级战争”下所发生的各类事件。值得注意的是，这一情况仍有持续的可能，我们以及世界爱好和平的人士，对此必须保持高度警惕。

就具体的中美关系而言，是合则两利、斗则俱伤。在过去 40 多年，中美双边贸易增长 250 多倍，中国是美国重要的出口市场之一，支撑了美国国内约 260 万个就业岗位，累计 7.25 万家美企在华投资获益。

对此，美国参议院议员黛安・范士丹 2020 年 7 月份在司法委员会的听证会上，称赞中国是一个短期内就让数亿人脱贫的可敬国家，并表示美国应该把中国视作贸易伙伴。这也说明，在美国国内，发出理性与建设性的声音仍不乏其人。即便被视为对华强硬派的美国贸易代表莱特希泽，也显得较为理性和冷静。

莱特希泽与蓬佩奥在如何处理对华关系上存在分歧甚至冲突。针对中美贸易，莱特希泽说："希望我们能找到一个让我们都变得富有的方法"，"如果你试图将所有问题都捆绑在一起，你将一事无成"。

回顾历史，中美建交符合双边利益。中美两国间的双向投资，从几乎为零到近 2 400 亿美元。中国物美价廉的商品给美国消费者带来了实惠，中国广阔的市场和良好的营商环境为美国企业提供了丰厚利润。

中美人员往来从每年几千人次增长到超过 500 万人次，中国在美留学生总数超过 40 万人。两国建立了 50 对友好省州关系和 227 对姐妹城市。从 2005 年卡特里娜飓风灾害到 2008 年汶川重大地震灾害，中美两国人民感同身受，纷纷向对方施以援手。新冠肺炎疫情发生后，中美两国各界相互驰援。中国有关省市、企业和机构向美方受疫情影响的州市、社区和民众捐赠口罩、防护服等医用设备，并向美方供应了大批抗疫物资。[①]

中美在反恐、防扩散、禁毒、疾病防控、减贫、维和、打击芬太尼滥用走私活动等领域开展了富有成效的合作。2001 年，美国遭受"9・11"恐怖袭击后，中国政府和人民向美国政府和人民表示慰问，中美在反恐和防扩散领域加强协调与合作。同时，中方一直强调在反恐问题上不能采取双重或多重标准。面对 1997 年亚洲金融危机和 2008 年国际金融危机，中美和各国合力应对，为维护国际金融稳定、促进世界经济复苏做出了重要贡献。在中美等国携手推动下，气候变化《巴黎协定》得以签署，为促进全球气候变化合作提供了重要动力。中美双方还在东帝汶开展粮食安全三方合作，联合培训阿富汗外交官，在非洲联手抗击埃博拉疫情，成为两国协助第三国加强能力建设的范例。[②]

在任时与中国建立外交关系的美国前总统卡特对中美"合则两利"做出了肯定。他在致信由中国人民对外友好协会与美国卡特中心共同举办的"中美民间外交视频对话会"时说，"中美接触使得我们两国、亚太地区乃至全世界都得以获得史无前例的和平与繁荣"。美国著名的中国问题专家、哈佛大学荣誉退休教授傅高义，从另一方面指出中美"斗则俱伤"的后果，"美国政策正推动我们在中国的朋友走向反美民族主义"，"把中国人变成敌人不符合美国的利益，我们需要对我们的对华政策进行根本性的反思"。

---

① 乐玉成：《牢牢把握中美关系发展的正确方向（人民要论）》，《人民日报》2020 年 9 月 7 日。

② 《杨洁篪署名文章：尊重历史，面向未来，坚定不移维护和稳定中美关系》，新华社 2020 年 8 月 7 日。

国务委员兼外交部长王毅对中美关系的发展，提出合作清单、对话清单、管控清单的建议，并发出“没有什么比生命更宝贵，没有什么比救人更紧迫……疫情当前，合作为先”的呼吁。针对美方的指责，王毅说：“美方所罗列的所有理由都是欲加之罪，信口雌黄，没有一条能拿得出证据，经得起检验。”“想复活麦卡锡主义的幽灵……中方不会让这样的阴谋得逞。”①

2020年7月25日，由48个国家学者和活动人士自发组织了题为“任何针对中国的新冷战都违背人类利益”的全球在线公开会议，并发布了名为“拒绝新冷战”的14个语种版本的共同声明。此次活动集结了来自中国、美国、英国、印度、俄罗斯、加拿大、委内瑞拉和巴西等国的17位知名学者和意见领袖参与发言。笔者作为48人之一，参与签署了这份共同声明。

“拒绝新冷战”倡议的发起人之一、前英国伦敦商业与政策署署长、中国人民大学重阳金融研究院高级研究员罗思义(John Ross)提到，在过去的几十年里，美国是唯一一个公开发动大规模侵略战争的国家，给全世界带来了灾难。美国在联合国协议框架之外实施单方面制裁，扰乱了国际秩序。对中国发动战争的威胁更是一场难以想象的灾难。众多参会者一致认为，任何形式的新冷战都是完全违背人类的利益，呼吁美国摒弃冷战思维。

9月，“拒绝新冷战”国际视频会议在英国再次发起，来自美国、中国、英国、比利时、印度等41个国家的各界人士参会。美国、英国、中国等8个国家的专家学者在会议中发言呼吁，如果美国一意孤行继续向着危险的方向前进，人类可能会面临战争与和平的选择；任何针对中国的“新冷战”都会危及世界和平，不符合人类共同利益。

9月22日，国家主席习近平在第七十五届联合国大会一般性辩论上发表重要讲话，强调了中国一以贯之的和平发展愿景。习近平指出，中国是世界上最大的发展中国家，走的是和平发展、开放发展、合作发展、共同发展的道路。中国永远不称霸，不扩张，不谋求势力范围，无意跟任何国家打冷战热战，坚持以对话弥合分歧，以谈判化解争端。中国不追求一枝独秀，不搞你输我赢，也不会关起门来封闭运行，将逐步形成以国内大循环为主体、国内国际双循环相互促进的新发展格局，为中国经济发展开辟空间，为世界经济复苏

① 《王毅重磅发声：中方不会让这样的阴谋得逞》，《人民日报》2020年8月6日。

和增长增添动力。

中国将继续做世界和平的建设者、全球发展的贡献者、国际秩序的维护者。①

参考资料

[1]《美国窃听全球政要电话》,《重庆时报》2005 年 12 月 23 日。

[2]《伊阿战争中美国或浪费 600 亿美元巨额外包合同》,中国新闻网 2011 年 9 月 2 日。

[3]王丰丰、王星桥、罗娜:《特朗普走后,欧洲开始反思:默克尔说靠自己,马克龙说不让步》,新华网 2017 年 5 月 30 日。

[4]《普京表态:不打算与中国建立军事同盟》,《环球时报》2019 年 12 月 19 日。

[5]《从莱特希泽到 CNN,对华评价的变化耐人寻味 》,澎湃新闻 2019 年 12 月 19 日。

[6]《在加密通信设备中动手脚,美德情报机构联手窃听上百个国家》,中华网 2020 年 2 月 14 日。

[7]《维基解密:美国安局曾窃听潘基文、默克尔等政要》,中国网 2016 年 2 月 23 日。

[8]《为啥说美国是"黑客帝国"? 看了这篇文章你就知道了》,《参考消息》2020 年 3 月 4 日。

[9]《美股创 12 年以来最大单日跌幅! 历史上第二次触发熔断》,中国新闻社 2020 年 3 月 10 日。

[10]叶麦穗、杨清清、董鹏、李嘉晖:《全球股市瑟瑟发抖! 美股熔断、巴西熔断、科威特熔断…A50 却已翻红! 中国资产成避险港?》,《21 世纪经济报道》2020 年 3 月 10 日。

[11]《罕见! 侦察中国海岸线的美军战机,没有隐藏身份全程"明码"飞行》,《参考消息》2021 年 3 月 11 日。

① 《习近平在第七十五届联合国大会一般性辩论上发表重要讲话》,新华网 2020 年 9 月 22 日。

[12]程春雨:《美股本月第三次熔断!“股神”巴菲特也被套了!》,中国新闻社 2020 年 3 月 16 日。

[13]吴斌:《美联储重启金融危机时代“大杀器”,建立商业票据融资机制》,界面新闻 2020 年 3 月 18 日。

[14]《“撒钱”! 美国将推出 1 万亿美元刺激计划,直接向民众发钱!》,好看视频 2020 年 3 月 18 日。

[15]程春雨:《美股又暴跌熔断! 10 天内第四次》,中国新闻社 2020 年 3 月 19 日。

[16]《美银:我们正式宣布美国已陷入衰退》,新浪财经 2020 年 3 月 20 日。

[17]许缘、高攀:《美联储宣布开放式量化宽松政策》,《人民日报》2020 年 3 月 24 日。

[18]孔新:《疯了? 美国海军研究所已开始设想发私掠许可证抢中国商船了!》,《环球时报》2020 年 4 月 9 日。

[19]沁涵:《特朗普“断供”世卫组织,柳叶刀主编:这是反人类的罪行》,《新京报》2020 年 4 月 15 日。

[20]萧强、王会聪:《美前总统卡特:美国 242 年建国史仅有 16 年没打仗》,《环球时报》2019 年 4 月 17 日。

[21]坐看云起:《美股触发熔断机制的历史、时间、跌幅、原因》,白云居 2020 年 3 月 19 日。

[22]《特朗普:美国将购入 7 500 万桶原油加强战略储备》,《新京报》2020 年 4 月 21 日。

[23]《屡遭“甩锅”! 世卫组织称从未对美国隐瞒信息,美国员工也出来说话了》,北晚新视觉网 2020 年 4 月 21 日。

[24]《为了这事,一千多个组织和个人,联名致信特朗普!》,央视新闻 2020 年 4 月 27 日。

[25]《“洗衣粉”又来了? 美国正式动用间谍机构,调查所谓隐瞒疫情证据》,南方前沿 2020 年 4 月 29 日。

[26]张琪:《欧盟预测 2020 年将现“历史性衰退”,美媒:经济影响或持续数年》,海外网 2020 年 5 月 7 日。

[27]《〈纽约时报〉头版展示美国失业率，版面差点塞不下……》，澎湃新闻2020年5月1日。

[28]《承认了！特朗普：美国为发动伊战编造借口》，央视网新闻2020年6月9日。

[29]甘甜：《“疫”乱美国：在争吵中重启，在混乱中挣扎》，中国新闻社2020年6月25日。

[30]《耐克也扛不住了！巨亏56亿，市值缩水3个海澜之家，CEO提醒：裁员将至》，《每日经济新闻》2020年6月28日。

[31]《巨亏近10亿美元！这家连锁百货巨头计划裁员3 900人、关店125家……》，《每日经济新闻》2020年6月28日。

[32]齐林：《离婚损失补回来了！亚马逊贝佐斯财富首超1 700亿美元》，界面新闻2020年7月2日。

[33]商务部新闻办公室：《中国商务部与新加坡等国经贸主管部门关于致力于新冠肺炎疫情期间确保供应链联通的部长联合声明》，商务部网站2020年7月2日。

[34]《美媒：微软一开始并不打算收购TikTok全部美国业务》，界面新闻2020年7月2日。

[35]金焱：《47.2%成年人失业，多家商业巨头风雨飘摇，美国能否走出疫情泥淖？》，《财经》2020年7月6日。

[36]金焱：许缘、高攀：《大半贷款项目去向不明，小企业援助计划帮到美国小企业了吗？》，澎湃新闻2020年7月7日。

[37]《又一巨头倒下了！这家拥有200多年历史的知名零售商，曾服务过40位美国总统……》，央视财经2020年7月9日。

[38]一一：《麦肯齐：美国最新女首富，不简单！》，《新民周刊》2020年7月14日。

[39]《特朗普承认劝说多国禁华为，外交部回应》，澎湃新闻2020年7月15日。

[40]《美国疫情蔓延加剧社会民生问题》，央广网2020年7月16日。

[41]李小飞刀、胡一刀：《美国悍然强关中国领馆，我们要做这些最坏准

备!》,《环球时报》2020 年 7 月 22 日。

[42]邹鲁:《强力反制! 中国决不接受任何霸凌!》,《参考消息》2020 年 7 月 24 日。

[43]刘洋:《听完蓬佩奥"猛烈抨击中国"的演讲,他忍不了了》,环球网 2020 年 7 月 26 日。

[44]《美政府意欲对华发动新冷战 48 国学者警告美国》,环球网 2020 年 7 月 26 日。

[45]丹・科茨:《美媒:若特朗普 11 月失利,英国很想让华为重新加入》,环球网 2020 年 7 月 30 日。

[46]《太突然! 多所百年高校永久关闭! 这个行业将损失超 1 700 亿元》,《21 世纪经济报道》2020 年 8 月 2 日。

[47]《美媒:禁用 TikTok 虚伪得令人作呕》,《参考消息》2020 年 8 月 3 日。

[48]向洋:《有这样的美国人在,中美关系就有希望!》,《参考消息》2020 年 8 月 3 日。

[49]《"Facebook 抄袭、抹黑",字节跳动深夜发声! 微软继续洽购 TikTok 在美业务,概念股涨疯了》,《每日经济新闻》2020 年 8 月 3 日。

[50]《谈论 TikTok 时,你们还记得被美国"干"掉的阿尔斯通吗?》,中国新闻网 2020 年 8 月 4 日。

[51]《哦,澳大利亚又不跟了?》,《环球时报》2020 年 8 月 5 日。

[52]《王毅重磅发声:中方不会让这样的阴谋得逞》,《人民日报》2020 年 8 月 6 日。

[53]《美国媒体惊呼:Facebook 这是在赤裸裸地抄袭 TikTok!》,《环球时报》2020 年 8 月 6 日。

[54]《美知名学者:"美国四人帮"反华言论毫无根据》,《参考消息》2020 年 8 月 6 日。

[55]《杨洁篪署名文章:尊重历史,面向未来,坚定不移维护和稳定中美关系》,新华社 2020 年 8 月 7 日。

[56]《美前总统卡特致信中美对话:接触使中美乃至世界获得和平繁荣》,澎湃新闻 2020 年 8 月 7 日。

[57]《美媒:美对华“新冷战”终将孤立自己》,《参考消息》2020 年 8 月 7 日。

[58]深由之:《CIA 帮 TikTok 说话了?》,《环球时报》2020 年 8 月 8 日。

[59]《这位美国外交家逝世,为何得到中国使馆的哀悼》,澎湃新闻 2020 年 8 月 8 日。

[60]《全面推出“山寨版 TikTok”后,扎克伯格身家突破千亿美元了》,《每日经济新闻》2020 年 8 月 9 日。

[61]《美军背景公司被爆在 500 多款 APP 中植入跟踪软件,涉数亿用户》,《中国日报》2020 年 8 月 9 日。

[62]《被空前孤立!美国欲对伊朗启动“快速恢复制裁”机制仅获 1 票支持,赵立坚回应》,中国经济网 2020 年 8 月 21 日。

[63]佐藤浩实:《Zoom 总市值超过 IBM》,日经中文网 2020 年 9 月 2 日。

[64]乐玉成:《牢牢把握中美关系发展的正确方向(人民要论)》,《人民日报》2020 年 9 月 7 日。

[65]杨若辰:《特朗普公开攻击美军领导层:只知道打仗,让军火商开心赚钱》,上游新闻 2020 年 9 月 8 日。

[66]《事关孟晚舟,一个惊天阴谋被抖出,美国暗中向数十个国家下令》,长江号外 2020 年 9 月 9 日。

[67]《特朗普称将要求大型公司退还旨在援助小企业的紧急贷款》,央视新闻 2020 年 9 月 12 日。

[68]李桃:《169 国赞同,美国反对》,《人民日报》2020 年 9 月 13 日。

[69]《实锤!美军将侦察机伪装成客机对中国实施抵近侦察》,《环球时报》2020 年 9 月 17 日。

[70]《不做间谍,就进监狱:美国的连环陷阱》,《参考消息》2020 年 9 月 21 日。

[71]《习近平在第七十五届联合国大会一般性辩论上发表重要讲话》,新华网 2020 年 9 月 22 日。

[72]《起底美国窃密真相:窃听德国等国家领导人通讯信息,监听中国》,央视新闻客户端 2020 年 9 月 23 日。

[73]《这次美军不假扮马来西亚飞机了,冒充菲律宾客机……》,环球网

2020 年 9 月 24 日。

[74]《特斯拉、福特、家得宝……3 500 家美国公司起诉特朗普政府》,《每日经济新闻》2020 年 9 月 26 日。

[75]李勇、柳玉鹏、魏辉:《果然,美国拒绝了普京》,《环球时报》2020 年 9 月 27 日。

[76]西佳:《第二次"反对新冷战"全球会议召开,中美英等国学者发言》,新浪财经 2020 年 9 月 27 日。

[77]《美军又挑衅:臂章已印上中国图案,上次还是越战时期》,环球网 2020 年 9 月 29 日。

[78]张晓雅:《外媒爆料:五眼联盟要求科技公司"开后门"以访问加密数据》,环球网 2020 年 10 月 12 日。

[79]《佐利克:特朗普将输掉对华"新冷战"》,《参考消息》2020 年 10 月 9 日。

[80]《甲骨文创始人被揭为收购 TikTok 捐款给共和党参议员》,《联合早报》2020 年 10 月 19 日。

[81]《最新表态! 普京一天两次提到中国,中俄互信不需要建立军事联盟》,上观新闻 2020 年 10 月 25 日。

[82]邢斯嘉:《美国监听世界政要电话令友邦惊诧,法德愤怒求解释》,中国广播网 2013 年 10 月 27 日。

[83]《国防部回应美媒称美军或袭击南海岛礁:美防长已澄清,称无意对华制造军事危机》,上观新闻 2020 年 10 月 29 日。

[84]《72 国发联合声明反对美国》,《环球时报》2020 年 11 月 4 日。

[85]《关店、裁员! 这家巨头也撑不住了? 近 100 年来首次亏损……》,央视财经 2020 年 11 月 5 日。

[86]《看不下去了,110 余国给美国提建议》,央视新闻客户端 2020 年 11 月 10 日。

[87]《6 787 亿美元! 美国 2020 年贸易赤字创 12 年新高》,中国经济网 2021 年 2 月 6 日。

[88]《习近平:脱贫摘帽不是终点,而是新生活、新奋斗的起点》,新华网客

户端2021年2月25日。

[89]何卓谦:《拜登怒批两州废除“口罩令”:这是个大错！尼安德特人思维!》,环球网2021年3月4日。

[90]《这一重要消息被西方媒体集体无视》,《环球时报》2021年3月6日。

[91]《联合国秘书长古特雷斯点赞中国脱贫,外交部回应》,澎湃新闻2021年3月10日。

[92]《英特尔处理器被曝存关键漏洞,可用来“为某国政府谋利”》,《参考消息》2021年3月28日。

[93]林日、任重、郝爽言:《美收到联合国“人权指控函”》,《环球时报》2021年4月6日。

[94]《“世所罕见,要向中国表达敬意”》,观察者网2021年5月2日。

[95]《追悔莫及！鲍威尔曾写道:这件事将在我的讣告中占据显著段落》,北晚在线2021年10月20日。

[96]《英国超市琳琅满目……打印的!》,《环球时报》2021年10月25日。

第12章

众行者远

人类命运共同体的实践

◎ 5幅照片：一个文明的记忆

◎ 生死时速：疫苗的研发与中国的承诺

◎ 在危机中育新机，于变局中开新局：多边主义与全球治理

◎ 世界工厂：逆风飞扬的中国经济

◎ 余音：不平凡的世界

东南亚朋友讲“水涨荷花高”；非洲朋友讲“独行快，众行远”；欧洲朋友讲“一棵树挡不住寒风”；中国人讲“大河有水小河满，小河有水大河满”。这些说的都是一个道理，只有合作共赢才能办大事、办好事、办长久之事。要摒弃零和游戏、你输我赢的旧思维，树立双赢、共赢的新理念，在追求自身利益时兼顾他方利益，在寻求自身发展时促进共同发展。①

——中共中央总书记、国家主席、中央军委主席　习近平

5幅照片：一个文明的记忆

2020年2月22日，因发烧、咳嗽住院的2岁男童从浙江绍兴市中心医院出院时，向护士长鞠躬致谢。这一瞬间被照片定格、传上网络后，被网友称为“最萌的鞠躬”。

一个鞠躬，唤醒略显黯淡的百年记忆。无独有偶，20世纪初，广济医院院长、英国人梅藤根在查房时，也曾与小患者互致鞠躬礼。

一个鞠躬，记录着人类感恩与悲悯的文明传承。1881年，26岁的英国人梅藤根和妻子来到中国浙江，创立了广济医院和广济医校，将西医传入浙江。1926年，年满70岁的梅藤根在杭州工作45年后，于12月31日回国。回国前，梅藤根留下这样的临别赠言：“中国是有前途的，后一代的青年更是了不起！只是我老了，来不及看到中国的复兴……”

① 《习近平主席在博鳌亚洲论坛2015年年会上的主旨演讲(全文)》，新华网2015年3月29日。

医者仁心（图片来源:《人民日报》)

梅藤根感叹自己的老去;但一百多年后,在欧洲的一条边境线上,一对年过八旬的老人,却用自己的经历重新定义年轻的含义。

因欧洲疫情加剧,丹麦在 2020 年 3 月 14 日宣布关闭边境。一对老年情侣——住在丹麦南部边境的 85 岁的茵嘉和德国北部边境的 89 岁的卡斯滕,被迫分开。跨越边境会被处以罚款,但为了能够见上一面,每天茵嘉会带着饼干、蛋糕甚至一顿做好的饭,开车来到边境;卡斯滕会带着酒、咖啡,骑上 8 分钟的电瓶车赶来，两人隔着边境的隔离栏小憩，日复一日。在最困难的情况下，两位老人也没有放弃情感中最温存的那一面，不能拥抱、保持距离，但可以彼此凝望，获取精神的慰藉……

85 岁的茵嘉与 89 岁的卡斯滕，每日相聚在德国与丹麦的边境隔离栏旁
（图片来源：梨视频）

在疫情发生期间，彼此凝望的不仅有两个人的个体，国与国之间、各国的地方政府之间，也以自己“柔性”的方式展现人性的温暖。

武汉遭受疫情后，各国除了提供物资援助外，也在精神层面于当地开展声援中国的行动。2020 年 2 月 18 日晚，伊朗德黑兰地标性建筑自由塔上演了一场特殊的灯光秀。中文、波斯文、英文字样的“武汉加油，中国加油”被投射在自由塔上，塔顶端展开的是中国国旗。

无独有偶，4 月 19 日凌晨，瑞士采尔马特市旅游局在夜色中，用灯光将一面五星红旗投射到附近阿尔卑斯山脉的马特宏峰上，声援新冠肺炎疫情中的中国人民。采尔马特市旅游局在其官网上说：“中国人民在疫情中遭受了巨大痛苦，此刻正处于恢复期。我们向中国人民致以最诚挚的祝福，特别是我们的友好城市丽江。”

这面闪耀在马特宏峰之巅的巨幅中国国旗，受到了广泛的关注和赞赏。

作为回应，中国丽江市的玉龙雪山景区马特宏风情园内，4 月 21 日升起中国、瑞士两国的国旗；一条写着“中国丽江—瑞士采尔马特 守望相助 共克时艰”

伊朗德黑兰自由塔的灯光秀(图片来源:央视新闻/ 中国驻伊朗大使馆)

丽江的友好城市——瑞士采尔马特市,用灯光将一面五星红旗投射到
附近阿尔卑斯山脉的马特宏峰上(图片来源:瑞士驻华大使馆微博)

的横幅也悬挂在风情园内。[①]

独行者速,众行者远。

---

① 《回应瑞士马特宏峰亮起五星红旗,玉龙雪山升起瑞士国旗》,《人民日报》2020 年 4 月 21 日。

这五幅照片，仅仅只是疫情来袭后定格的众多感人瞬间中的沧海一粟，但其中展示和记录的不同信仰、不同民族、不同时间和空间下，人类在面对灾难时守望相助的精神信念，却是相通的。

这种精神信念，也诠释了人类文明应有的内涵。

生死时速：疫苗的研发与中国的承诺

在正常情况下，研发一款疫苗需要几年甚至十几年的时间。但面对新冠肺炎疫情的巨大压力，各国的研发纷纷提速。一般而言，疫苗的试验须经过三个阶段：1 期临床重点是考察安全性，受试者可以是数十人或上百人；2 期临床进一步确认疫苗的有效性和安全性，并确定免疫程序和免疫剂量，受试者一般是数百人甚至更多；3 期临床将通过随机、双盲、对照试验，对疫苗的安全性和有效性再做确认，样本量更大，可达数万人的规模。

"今天是你离开家的第 78 天，我都快忘了你的样子了"：竭尽全力的中国速度

根据医学界的研究，通常情况下，在比较长的时间里，某种病毒的老版本会保留其足够的原始特征。以 H1N1 的疫苗研发为例，都采用 2009 年的毒株；尽管之后的病毒出现变种，但疫苗针对病毒祖先所起的反应，均能得到良好的延续。

因此，疫苗研发无论是对于疫情紧急的当下，还是未来的防疫，都有着积极意义。

武汉封城后的第四天，2020 年 1 月 26 日，由军事科学院军事医学研究院陈薇院士领衔的科研团队抵达武汉后，与国内的康希诺公司开展合作，迅速着手重组新型冠状病毒疫苗(腺病毒载体)的药学、药效学、药理毒理等研究，快速完成了新冠疫苗的设计、构建和制备等工作，以及第三方疫苗安全性、有效性评价和质量复核。

3 月 16 日,陈薇团队研制的重组新冠疫苗,获批展开临床试验。这天晚上 20:18,志愿者在武汉接种了第一针疫苗,这是全世界正式批准的临床第一针。在招募志愿者的信息发布后,很短的时间内,就有 5 000 多人报名。最后,根据临床方案,有 108 名志愿者入选。1 期的实验结果,是 108 名志愿受试者全部产生抗体。

5 月 22 日,陈薇团队等合作机构,在世界权威医学期刊《柳叶刀》在线刊登了全球首个新冠疫苗 1 期临床试验结果。《柳叶刀》主编理查德·霍顿评价试验具有良好的安全性和耐受性,并且能够诱导快速免疫反应,“这些结果代表着一个重要的里程碑”。

4 月 12 日开始,陈薇团队进入新冠疫苗 2 期临床试验。因为 55 岁以上的人群重症更高,因此当时做了两个分层——18—54 岁组和 55 岁以上组,其中最年长的受试者为 84 岁。

7 月 20 日,陈薇团队向世界首次公布了 2 期临床的数据。1 期和 2 期临床试验证明了疫苗的有效性和安全性。这款疫苗 6 月份开始在派遣出国工作人员等特定人群中接种。陈薇团队研发的重组新冠疫苗(腺病毒载体)8 月份收到授权通知书,9 月 11 日正式获得专利授权,这是在进入临床试验的疫苗里最早获得发明专利授权的。

在陈薇团队开展疫苗研制的同时,中国国药集团也开始了紧锣密鼓的研制。国药集团采取的技术路线是传统的灭活疫苗,技术上相对成熟,因此速度也更快一些。

武汉疫情发生后,国药集团中国生物董事长、国家“863”计划疫苗项目首席科学家杨晓明第一时间带领团队飞赴武汉,经过 48 小时的不眠不休、昼夜奋战,成功研发出诊断新冠病毒的试剂盒。试剂盒被第一批列入国家卫健委《新型冠状病毒感染的肺炎实验室检测技术指南》推荐使用,第一批取得了国家药品监督管理局颁发的注册认证,并通过了欧盟 CE 认证,被列入世界卫生组织应急使用采购清单。

在研发试剂盒后,杨晓明和他的团队马上转入疫苗的研发。

为了争时间,国药集团在特殊时期对许多实验由“串联”改为“并联”,一天当几天用。集团上下同心、开足马力、不计成本,并严格按照国际上通行的随机、双盲、对照的方式开展实验。研究人员在实验室穿着“纸尿裤”，争分夺秒开展实验，有的甚至一干就是 19 个小时，直到凌晨三四点钟才能脱下防护服下班休息。

“妈妈，我想你呀，今天是你离开家的第 78 天，我都快忘了你的样子了。”

国药实验室的一位“80 后”女科研人员从实验室出来后，听到手机里孩子给自己的留言，泪如雨下……①

时不我待。

2020 年 3 月 23 日，国药集团董事长刘敬桢和下属企业中国生物董事长杨晓明，撸起袖子，带头注射了 1 期临床实验疫苗，这个时间距离武汉 1 月 23 日封城仅仅过去了两个月。他们说：“以身试药，试的是生物制品人的水平和良心。”

国药集团武汉生物制品研究所研制的灭活重组疫苗在 2020 年 6 月 30 日获得了紧急使用许可，北京生物制品研究所研制的灭活重组疫苗在 7 月 23 日获得许可。②

国药集团在综合了动物试验、阶段性成果和以往类似技术平台疫苗使用等情况后，认为疫苗免疫的持久性和保护的效果维持 1—3 年以上的可能性较大。

带头打完疫苗的 8 个月后，刘敬桢说自己“到现在仍然活蹦乱跳，没有任何副反应”。数十万人紧急接种了国药集团试验中的新冠疫苗，无一例产生严重不良反应。“没有任何副反应”只是表明疫苗的安全；在有效性方面，国内有 5.6 万名出境人员，在自愿的前提下，接种了国药集团的新冠疫苗，在海外工作生活期间无一例感染。刘敬桢说，科研的试验数据以及世界各地的使用情况，都证明了国药集团新冠疫苗的有效性。

杨晓明自己在注射疫苗 9 个月后做了检测，体内的抗体滴度依然很高。

国内一家企业的 138 名员工赴海外工作前，统一接种了国药集团的新冠灭活疫苗。20 多天后，这家企业的海外员工传回一个视频，视频中的他们身穿白色 T 恤，左胸前印着国旗图案，他们右手抚在国旗图案上，集体高喊：“感谢祖国！这是中华人民共和国给我们的最好礼物！戴着祖国的护身铠甲，我们定不

① 李璐璐：《杨晓明：新冠疫苗已具备大规模量产能力》，《环球人物》2020 年 9 月 26 日。
② 李斌、林苗苗等：《中国新冠疫苗安全吗？有效吗？够用吗？最早“以身试药”的权威专家回应公众关切》，《新华每日电讯》2021 年 1 月 26 日。

辱使命，沙场凯旋。”视频中，大家一边喊话，一边落泪。原来，当地暴发了新冠肺炎疫情，工业园区的不少外籍员工感染了病毒，而中国这138名员工安然无恙。①

看着视频，国药集团的疫苗研发人员也流下了激动的泪水。

国药集团新冠疫苗1期和2期临床试验，各年龄段共计入组4 064人，揭盲结果显示，疫苗接种后安全性好，中和抗体阳转率达100%。此后，国药集团先后在阿联酋、巴林、埃及、约旦、秘鲁、阿根廷、摩洛哥等十多个国家和地区开展了3期临床试验，样本人群覆盖125个国籍，是全球投入最大的新冠疫苗临床研究。

2020年9月16日，巴林王储兼第一副总理萨勒曼以志愿者身份，带头参加了中国国药集团的新冠灭活疫苗3期临床试验。

11月3日，阿联酋副总统兼总理、迪拜酋长阿勒马克图姆在社交媒体上表示，他已经接种了由中国国药集团研发的疫苗。阿联酋内阁数十名高管都接种了该疫苗。当地媒体援引阿联酋政府消息报道说，国药集团的疫苗安全有效。

10月16日，《柳叶刀》再次发布来自中国的试验数据——国药集团中国生物北京生物制品研究所与中国疾病预防控制中心联合研制的新冠灭活疫苗1期、2期的临床试验结果。结果显示，这款新冠灭活疫苗能有效诱导产生中和抗体，具有良好的免疫原性，同时安全性良好。更值得庆幸的是，国药集团新冠病毒灭活疫苗广谱有效，能对来自全球不同地区的毒株进行很好的交叉中和，对英国等地发现的变异毒株有效。由于表现良好，国药的这款疫苗在2021年5月7日获批进入世卫组织的“紧急使用清单”。

与国药集团同样采取灭活疫苗技术路线的中国科兴公司研发的疫苗，进展也极快。2020年1月28日，科兴公司正式启动新冠疫苗研制项目；4月14日就获批进入临床试验。此后，随着国内疫情的控制，7月以后，科兴转而在巴西、印度尼西亚和土耳其开展3期临床试验，并取得了非常良好的效果。10月，印度尼西亚宣布批准中国候选新冠疫苗的紧急使用。

在科兴公司与巴西开展合作的过程中，巴西国内的12处研究中心在短时间内就招募了9 000名志愿者。

① 李璐璐：《杨晓明：新冠疫苗已具备大规模量产能力》，《环球人物》2020年9月26日。

10 月 22 日，巴西总统博索纳罗表态，巴西联邦政府不会购买科兴公司的疫苗，即便巴西国家卫生监督局批准该疫苗上市也不会购买，无论是“中国制造”还是“巴西制造”。11 月 9 日，巴西国家卫生监督局认为 10 月 29 日的一例试验者出现“严重不良反应”而喊停科兴公司在巴西的 3 期临床试验，最后查证下来，所谓“严重不良反应”，其实是一名参加测试的志愿者自杀。巴西权威生物医学研究机构布坦坦研究所所长科瓦斯严肃地指出，“严重不良反应”与疫苗无关，“该疫苗目前是世界上正在研发中的最安全的新冠疫苗”。经过调查，巴西卫生部和一个国际独立调查委员会都建议恢复疫苗测试。在喊停后两天，巴西国家卫生监督局恢复科兴新冠疫苗在巴西的试验。

从事后看，科瓦斯所长为巴西做了一件“人命关天”的大好事。

事后的情况表明，正是科瓦斯坚持巴西与科兴公司的合作，才使得此后在全球疫苗供应极为紧张，尤其是西方疫苗难以获得的情况下，巴西最终得以快速从中国采购了 5 400 升科兴疫苗的活性成分，用于圣保罗的生物医疗中心生产 850 万剂科兴公司疫苗。此前对中国疫苗抱有成见的巴西总统博索纳罗，也为此在推特上表示“感谢中国政府的体恤，也感谢我的部长们的努力”。这两个“感谢”，从侧面说明在全球疫苗供应紧缺的情况下，处于国内疫苗接种初期的中国，从全球公共卫生治理大局出发，对身陷疫情困境的巴西的无私支援。

实践也证明科兴疫苗的有效性。巴西小城塞拉纳 98%的成年居民，在接种了科兴疫苗后，感染率大幅下降，也没有再出现死亡病例，当地生活迅速恢复正常。即便是挑剔的《华尔街日报》，也以“一个巴西小城正在击败新冠病毒”做了专题报道。

由于与中国科兴公司的高水平合作，巴西卫生监督局在 2021 年 4 月 16 日批准了由中国三叶草生物制药有限公司研发的一款新冠疫苗在该国进行 2 期和 3 期临床试验。

科瓦斯为巴西做的好事，还没完。

在英国和南非出现变异新冠病毒后，中国采取灭活技术的疫苗显示出独特的优势。经过测试后发现，科兴疫苗对这类变异病毒有效。科瓦斯说：“这种疫苗（科兴疫苗）对抗最初在英国和南非发现的新冠病毒变种，效果很好。”

科兴疫苗“效果很好”，并不只是科瓦斯一个人的看法。印度尼西亚总统佐科用自己的行动做了最好的说明。

科兴公司开展 3 期临床试验的另一个国家——印度尼西亚，进入 2021 年后，在试验取得成功的基础上也开始接种科兴公司的新冠疫苗。为了向国民证明疫苗的安全性，佐科总统在 1 月 13 日带头接种。佐科接种科兴疫苗的照片，后来还被制成邮票全国发行，广而告之。

印度尼西亚总统佐科接种科兴公司新冠疫苗的照片，被制成邮票
（图片来源：《环球时报》）

与陈薇院士合作的康希诺公司疫苗，也获得了国际的认可。2020 年 10 月 13 日，墨西哥政府与康希诺生物签署预购框架协议，向康希诺公司采购 3 500 万剂新冠疫苗。2021 年 2 月 7 日，应巴基斯坦军队和柬埔寨军队请求，中国向两国提供了康希诺公司生产的疫苗。

高福院士带领的中国科学院微生物研究所研究团队与安徽智飞龙科马生物制药合作研发的重组新型冠状病毒疫苗（CHO 细胞）2021 年 3 月 1 日在乌兹别克斯坦获批紧急使用。这款疫苗于 2020 年 10 月完成 1、2 期临床试验。结果显示，该疫苗无严重不良反应发生，产生的中和抗体水平与目前国际上重组蛋白疫苗、mRNA 新冠疫苗相当，达到国际先进水平。在此之前，高福向媒体披露他本人已在 2020 年 7 月 26 日接种了疫苗。

自 2020 年 11 月起，这款疫苗陆续在国内及乌兹别克斯坦、巴基斯坦、厄瓜多尔、印度尼西亚多国启动 3 期临床试验。这款疫苗生产采用工程化细胞（CHO）生产重组蛋白，不需要高等级生物安全实验室生产车间，生产工艺稳定可靠,生产成本低,可以快速实现大规模量产,且存储和运输便捷。这也是国际上第一个获批临床使用的新冠病毒重组亚单位蛋白疫苗。

中国疫苗的全面领先,也招来了他国的艳羡。以色列媒体报道,号称“世界四大情报机构”①之一的以色列摩萨德(Mossad,即以色列情报和特殊使命局)也亲自下场,从秘密渠道获得中国新冠疫苗,并带回国开始进行“研究”。② 消息传开后,以色列驻华大使馆对这一报道发表了一份既不肯定也未否定的声明。

这些都表明,中国疫苗在安全性、有效性和可及性方面,获得了世界的认可。截至 2021 年 2 月 25 日,国家药品监督管理局先后附条件批准了 5 种新冠病毒疫苗:国药集团中国生物北京生物制品研究所有限责任公司的新冠病毒灭活疫苗(Vero 细胞)(2020 年 12 月 30 日获批);北京科兴中维生物技术有限公司的新型冠状病毒灭活疫苗(Vero 细胞)(2021 年 2 月 5 日获批);国药集团中国生物武汉生物制品研究所有限责任公司的新型冠状病毒灭活疫苗(Vero 细胞)(2021 年 2 月 25 日);康希诺生物股份公司重组新型冠状病毒疫苗(5 型腺病毒载体)(2021 年 2 月 25 日);中国科学院微生物研究所与合作企业联合研发的重组新型冠状病毒疫苗(CHO 细胞)(2021 年 3 月 10 日)。

2021 年 4 月 29 日,世卫组织免疫战略咨询专家组发布报告,确认中国国药和科兴疫苗的有效性和安全性。由于中国疫苗在有效性、安全性、可及性各方面取得较好的平衡,便于运输和存储,因此成为抗疫“奢侈品”。英国伦敦一家名为“骑士桥联合会”的俱乐部,在疫情期间,抓住商机开展一项“特殊服务”,只要缴纳 2.5 万英镑年费成为会员;或者缴纳 1 万英镑以及承担前往阿联酋的机票和在阿联酋三周的住宿费用,成为“临时会员”,就能在阿联酋接种中国国药集团的新冠灭活重组疫苗。

这家俱乐部的老板开心地表示,在发布上述信息后,很快就收到了 2 000 多份入会申请;而他本人也很快被“商业嗅觉”灵敏的公司“盯上”——好几家私人飞机公司马上找到他,要求承包伦敦—阿联酋的包机接送业务。

和“骑士桥联合会”想到一块儿的,还有西班牙王室的公主,她借着去阿联酋探望在那里做手术的西班牙前国王胡安·卡洛斯一世的机会,接种了中国国

① 另外三个情报机构是美国中央情报局、苏联克格勃(后改制为俄罗斯联邦安全局)和英国的军情六处。

② 《以色列媒体:我们的特工成功将中国疫苗带回以色列》,《环球时报》2020 年 10 月 27 日。

Support the Guardian
Available for everyone, funded by readers
Contribute → Subscribe →
Search jobs Sign in Search
News Opinion Sport Culture Lifestyle More
World ▶ Europe US Americas Asia Australia Middle East Africa Inequality Global development

United Arab Emirates

China's Sinopharm vaccine offered to elite few in UAE tourist deal

Knightsbridge Circle offer is first evidence of Covid-19 vaccine being used to attract tourists

- Coronavirus - latest updates
- See all our coronavirus coverage

Michael Safi
@safimichael
Wed 3 Feb 2021 05.00 GMT

"骑士桥联合会"发布的为精英人士提供的接种中国疫苗"套餐服务"信息
(图片来源:《每日经济新闻》/《卫报》)

药集团研发的疫苗。

阿联酋因为与中国国药集团合作开展3期临床的试验,疫情期间竟然"意外"地成为各界"高端人士"的"打卡"之地。

无端的指责:疫苗研制需要国际合作

面对中国在疫苗方面取得的成绩,美国国土安全部开始指责中国"窃取"美国的成果。事实是,为了确保成功率和进度,抗击疫情在全球的肆虐,中国组织全国优势力量开展疫情防控科技攻关,加速推进科技研发和应用,部署启动83个应急攻关项目。按照灭活疫苗、重组蛋白疫苗、减毒流感病毒载体疫苗、腺病毒载体疫苗、核酸疫苗(包括mRNA疫苗和DNA疫苗)5条技术路线开展疫苗研发。2020年6月,已有4种灭活疫苗和1种腺病毒载体疫苗获批开展临床试验,总体研发进度与国外持平,部分技术路线进展处于国际领先。对此,福奇在美国众议院的听证会上,在被问到"中国是否威胁疫苗研发"的问题时,给予了干脆的回答——"没有。"福奇解释说,疫苗研发过程的所有资料在互联网上都是公开的。福奇以一个科学家的情怀补充说:"上帝保佑他们,我们希望他们能成功。事实上,我希望所有正在研制疫苗的人都能成功……我并不在意谁先研制出来。"

疫苗的研制,需要国际合作。

事实上，如果没有一位中国科学家的科研努力，莫德纳、辉瑞等新冠疫苗的研发或许不会如此之快。这位名叫王年爽的中国科学家，目前在美国从事研究工作。从事后的情况看，辉瑞等药企的疫苗研发短期内取得成功，是建立在王年爽等科学家的研究基础之上的。

2013年，还在清华大学攻读博士学位的王年爽开始研究冠状病毒，尝试了500多个质粒的构建和表达，绞尽脑汁用尽了各种方法，最后取得了成功。然而，这份极具奠基性意义的成果却在当时遭到无视——5份全球顶级权威期刊认为SARS(非典)等病毒在当时已销声匿迹，研究成果“太冷门”，全部拒绝发表王年爽的论文。

但王年爽当年的研究在这次新冠病毒全球大流行期间，起到了积极的作用。王年爽和他的同事们，2020年2月在此前研究的基础上，以最快速度解析出了稳定化的新冠病毒S蛋白结构，这也为此后新冠诊断试剂、疫苗和药物的研发提供了关键信息，并且被迅速应用到辉瑞、莫德纳等药企的疫苗试验中。

王年爽说，在疫苗研发领域不应有怀疑和对抗，国际合作是必须的道路，“只有强强联合，才是最好的”。①

科学无国界。在疫情初起之时，中国就在第一时间提供了病毒基因序列，为各国的疫苗研发争取了宝贵的时间。中国在推进疫苗研发5条技术路线时，都积极开展国际合作。例如，在DNA疫苗方面，中国有关企业与美国Inovio公司进行实质性合作；在mRNA疫苗方面，中国有关企业与德国BioNTech公司进行实质性合作；在重组蛋白疫苗方面，中国有关企业与英国GSK公司进行合作；北京科兴生物制品有限公司与巴西国家卫生监督局合作，并达成临床试验与技术转让协议；等等。

西方疫苗

在中国推进新冠疫苗试验的同时，西方国家各制药公司也开展了疫苗的研制。

2020年11月9日，美国辉瑞制药公司和德国生物技术公司BioNTech宣

① 白云怡、胡雨薇：《没有这个中国科学家，美国新冠疫苗的研发或许不会那么顺利》，《环球时报》2021年2月19日。

布疫苗研制成功。根据辉瑞制药公司自己公布的数据，这款疫苗的保护率较高。但根据路透社报道，辉瑞的疫苗须保存在零下 70 摄氏度，这是连美国最先进的医院目前都难以做到的，对运输和分配构成巨大挑战。从这一点看，中国疫苗具有独特的优势——可在 2—8 摄氏度保存一定时间，长期保存只需零下 20 摄氏度至零下 18 摄氏度的常规低温。辉瑞疫苗上市后，2021 年 1 月 13 日，西班牙首都马德里一家一直采取严格防疫措施的养老院中的 78 位老人在接种第一剂该款疫苗后，新冠检测结果全部为阳性，并造成至少 7 人死亡。[①] 除了西班牙外，挪威的养老院老人也在接种辉瑞疫苗后出现死亡案例——《纽约时报》1 月 18 日报道，在挪威，至少有 33 名养老院老人在接种辉瑞疫苗后死亡，因此导致多国对辉瑞疫苗的安全性产生担忧。[②]

2020 年 12 月 18 日，美国食品药品监督管理局批准美国生物技术企业莫德纳公司新冠疫苗的紧急使用授权申请。从莫德纳公司公布的保护率看，这款疫苗的效果与辉瑞疫苗相当，具有较高的保护率，均超过 99%。但由于也是采用新技术路线，莫德纳公司疫苗上市后不久，就因出现超出正常比例的严重不良反应而被美国加利福尼亚州紧急叫停 33 万剂的疫苗接种。之后，法国也发现莫德纳疫苗存在对人体心脏健康方面的副作用，因此，法国最高卫生咨询机构(HAS)不建议本国 30 岁以下人群接种该款疫苗。

据美国疾控中心统计，截至 2021 年 2 月 7 日，美国已有 1 170 人在接种新冠疫苗后死亡，而美国疾控中心和疫苗公司都坚称没有一例死亡“被证实是由疫苗导致”。[③]

2020 年 12 月 30 日，牛津大学和英国阿斯利康制药公司合作研发的新冠疫苗已在英国获批上市。这时，英国、南非等地已经出现变异新冠毒株，阿斯利康公司在疫苗获批后，不忘表示“正在研究变异新冠毒株的影响，但预计其疫苗注射对其仍将有效”。[④] 然而，阿斯利康话音刚落，2021 年初，南非就因阿斯利康疫苗无法为人体提供对变异病毒的有效免疫，要求疫苗制造商印度血清研究所

① 姚凯红:《西班牙养老院 78 人接种辉瑞疫苗后全体阳性 7 人死亡》，海外网 2021 年 2 月 2 日。
② 王逸:《挪威 33 老人接种辉瑞疫苗后死亡，澳大利亚担忧了》，环球网 2021 年 1 月 19 日。
③ 林日、陈康、柳玉鹏:《8 国首脑公开接种中国疫苗，美媒大发感慨》，环球网 2021 年 2 月 18 日。
④ 《阿斯利康疫苗在英获批，预计对变异新冠毒株仍有效》，国际在线 2020 年 12 月 30 日。

收回由该公司制造的100万剂阿斯利康新冠疫苗。[①] 从公布的数据看，这款疫苗的保护率要低于辉瑞和莫德纳两家公司公布的相关数据。德国的官方研究认为，尽管阿斯利康疫苗有效，但它的副作用可能比莫德纳和辉瑞的疫苗更严重；一向快人快语的马克龙说得更直白，他说英国如此迅速地授权阿斯利康疫苗的使用是在冒险。[②]

马克龙一语成谶！

挪威和德国两组科学家在观察研究后，分别发现接种阿斯利康疫苗后会导致接种者脑部出现血凝块。挪威奥斯陆大学医院血液学教授霍尔姆2021年3月19日发布了他的团队的研究成果，指出接种阿斯利康疫苗后产生的一种抗体会引发血栓不良反应，"除了疫苗，没有其他原因可以解释为什么这些人会出现这样的免疫反应"。德国血栓与止血研究协会副主席克拉姆罗特指出，德国有较多人接种阿斯利康疫苗后出现血栓。

2021年3月，由于阿斯利康疫苗被曝出注射后出现血栓等问题，欧洲的法国、意大利、丹麦、挪威、西班牙、葡萄牙、保加利亚、爱沙尼亚、立陶宛、拉脱维亚、卢森堡等20国，以及亚洲的泰国等，宣布暂停阿斯利康疫苗的接种。在延宕一段时日后，经欧洲药品管理局初步评估阿斯利康疫苗安全有效、好处高于潜在风险之后，部分国家才恢复使用。但法国高级卫生管理局建议只对55岁及以上民众使用这款疫苗。之后，欧洲各国对阿斯利康疫苗的使用，纷纷设限——德国为60岁以上，芬兰和瑞典为65岁以上，波兰和冰岛为70岁以上……只有在规定年龄段以上的人群，才能注射这款疫苗。而丹麦则干脆宣布永久停用阿斯利康疫苗。在实际过程中，因注射这款疫苗造成血栓反应的时间仍时有发生，截至2021年3月底，英国有79人因此出现血栓，其中19人死亡。阿斯利康公司因不断发生的血栓事件，"心理阴影"也愈益加深，最后终于"绷不住"了——4月3日，阿斯利康公司宣布将"阿斯利康"疫苗更名为"瓦克泽夫里亚"(Vaxzevria)，但对疫苗本身没有做任何的改进。

强生公司在2021年2月向美国食品药品监督管理局申请改公司研发的新

---

① 《印媒：暂停接种后，南非要求印度制造商回收100万剂阿斯利康疫苗》，环球网2021年2月16日。

② 《为打消民众疑虑？欧委会主席冯德莱恩称将接种阿斯利康疫苗》，澎湃新闻2021年2月24日。

冠疫苗上市后，也很快出现血栓问题。4 月 13 日，在接种了 680 万剂后，美国疾控中心、美国食品药品监督管理局发布联合声明，宣布暂停强生疫苗的接种。听到这一消息后，南非也暂停了强生疫苗的接种。南非的运气确实值得人们同情，先是阿斯利康，后是强生，两款美国疫苗在南非都遭遇“滑铁卢”。虽然美国此后恢复了强生疫苗的接种，但其留下的负面影响犹存。

除了上述这 4 家西方公司外，在疫情初发阶段，德国疫苗研发公司 CureVac 曾经表示 2020 年初夏时将会取得成果。这让 CureVac 名声大噪，也让白宫动了心。随后，CureVac 首席执行官梅尼切拉被“拉到”白宫见特朗普、彭斯等人。会后，很快传出消息称，特朗普政府想用“一大笔资金”独家买断德国这家公司正在研制的新冠病毒疫苗，并将 CureVac 的研发部门转移到美国，“只为美国”开发疫苗。根据当时的外媒报道，白宫的出价为 10 亿美元。美国的这一举动让德国乃至欧洲都感到震惊和愤怒。德国卫生部不得不发表声明，表示要“确保将防治新型冠状病毒的疫苗和活性药物保留在德国和欧洲”；德国的环境部长、内政部长也为此纷纷出面干预。尽管美国最终没有获得“独占”的机会，但 CureVac 于 8 月 15 日在纽约证券交易所上市，算是各方势力找到了某种平衡。让人有点失望的是，CureVac 疫苗 3 期临床结果显示仅有 48%的有效率。

垄断疫苗？

美国白宫对德国 CureVac 公司“瞄了一眼”，让欧洲各国心有余悸。鉴于美国垄断疫苗的心态，欧洲多国为求自保而“结盟”——德国、意大利、法国和荷兰四国在 2020 年 6 月成立了一个新冠病毒疫苗联盟。

这种担心并非多余。第二次世界大战时期，在原子弹研究领域领先的英国，为避免空袭的战火，选择与美国开展合作，将英国研制原子弹的成果和人才送到美国。根据丘吉尔的说法，英美两国最终应共享成果；但研制成功后，美国对英国却采取了保密措施。最后，英国只能在战后重起炉灶，自己研发原子弹。其实，“二战”有点远；就近期来说，美国打起“收购”格陵兰岛的主意，应该就是一个活生生的实例。更近的事例就在眼前，即便在阿斯利康疫苗被曝出现问题后，美国仍然将手中阿斯利康疫苗“看得死死的”。美国白宫发言人普萨基在 2021 年 3 月 12 日说得很明白：“阿斯利康新冠疫苗尚未获得美国食品药品监督管理局的批准(在美国使用),但是我们也要确保我们有最大的灵活性;确保我们的疫苗供大于求、过量准备;确保我们有能力向美国公众提供最有效的疫苗。当前全世界有多个国家请求美国提供新冠疫苗,但我们美国政府还没有向任何一方提供疫苗。这个与欧洲无关,而是关系到我们美国的重点和优先事项。”不仅疫苗受限,就是用于疫苗生产的原材料也被限制从美国出口,印度生物 E 公司为此无法向世卫组织与联合国儿童基金会提供分发给世界各地的疫苗。①

美国在疫苗的生产和分配上“吃独食”的形态,其实早已不是什么秘密。2020 年 5 月 4 日,欧盟等国发起的“应对新冠肺炎疫情国际认捐大会”在线上举行。包括中国、法国等在内的世界多国和国际组织派代表参加。这次活动一共募集到约 80 亿美元。此前叫停对世卫组织资助的美国,“笃定”地缺席了这次活动。截至 2020 年 8 月,全球超过 172 个国家和地区参与世卫组织的“新冠疫苗全球获得机制”(COVAX)。美国政府则在 9 月 1 日非常肯定地表示,美国将不会与国际合作共同开发、生产和公平分配新冠病毒疫苗。②

“榜样”的力量是无穷的。

“脱欧”后的英国,在疫苗的分发上也“一家独大”,全然不顾与曾经在“一口锅里吃饭”的欧盟签订的合同。按照合同,2021 年第一季度,英国阿斯利康公司应向欧盟提供 9 000 万剂疫苗。

但合同签完后,阿斯利康告诉欧盟,公司在比利时的工厂产能“有点问题”,所以只能提供 3 100 万剂疫苗。欧盟一听就急了,这是人命关天的事,怎么能说变就变呢?欧盟找阿斯利康说理,说你们可以从英国的工厂发货。阿斯利康回复说,自己与英国政府签订的合同不允许把英国工厂生产的疫苗转供欧盟。欧盟万般无奈,在 2021 年 1 月 29 日公布了合同的“缩减版”,欧盟官员指着合同说,上面白纸黑字写明包含英国本土的“这些生产厂将……为向欧盟交付疫苗做贡献”。

阿斯利康公司说,敝司只能表示遗憾了,合同上写的是“尽力”提供,而不是“必须”提供。

其实英国订购了 7 种新冠疫苗,累计 3.67 亿剂,包括 1 亿剂阿斯利康与牛

---

① 《很多国家请求提供疫苗,但我们哪个都没给》,《环球时报》2021 年 3 月 14 日。张晓雅:《印度顶级疫苗制造商痛批美国!》,中国青年网 2021 年 3 月 16 日。

② 《特朗普政府拒绝参与全球新冠疫苗计划》,中国新闻网 2020 年 9 月 2 日。

津大学联合研发的疫苗。而英国人口仅有 6 600 多万。[①]

由于阿斯利康疫苗被发现出现血栓问题,因此这件事就断断续续给拖了下来。在欧洲药品管理局初步评估阿斯利康疫苗“好处高于潜在风险”后,争端再起波澜。截至 2021 年 3 月 20 日,欧盟成员国平均每 100 人只注射了 10.4 剂疫苗,而英国每 100 人注射了 42.7 剂。急坏了的欧盟委员会主席冯德莱恩看到这一数据,在同一天警告英国阿斯利康公司,如果不按照合同办事,欧盟将不排除禁止这一疫苗及原材料从欧盟成员国出口。

《联合早报》的报道说,英国与欧盟“双方互指对方实施出口限制和民族主义”。

进入 2021 年 4 月份,一直为疫苗闹得“不开心”的欧盟,眼见阿斯利康公司一再“爽约”,欧盟官员表示,欧盟可能在 6 月 30 日合同到期后,不再与阿斯利康续签合同。

“爽约”可能算是给面子的说法,法国初级工业部长鲁纳切尔说得更加直率,“欧盟委员会很有可能在到期时,终止与阿斯利康和强生的新冠疫苗合同”。显然,这两款疫苗由于血栓问题而表现不佳,这大概才是欧盟考虑的更深层理由吧。

从杜克大学全球健康创新中心 2020 年底披露的疫苗订购数据看,英、美的订购量可以给民众接种 4 次;加拿大更“狠”,多达 6 次;而欧盟则“中规中矩”地订购了人均 2 次的数量。英、美、加等国订购的巨量甚至“超额”疫苗,涵盖大部分药企,这使得发展中国家和地区被“挤出”了药企的产能范围,难以下单。截至 2020 年 12 月 18 日,全球范围内已认购新冠疫苗数量约 70 亿剂,其中发达国家为 40 多亿剂,中上等收入国家为 11 亿多剂,中低收入国家为 18 亿多剂,而低收入国家为 0。[②]

因为限制疫苗出口,“吃了偏食”的英国在全民疫苗接种率上仅次于以色列,领先全球大多数国家,英国首相约翰逊在 3 月 23 日的一次对国会议员的讲话中竟然得意地宣称:“我的朋友们,我们疫苗接种计划的成功,这都是拜资本

---

① 杜鹃:《欧盟和阿斯利康疫苗交付争端升级》,新华社 2021 年 1 月 29 日。

② 《抢购疫苗暴露全球不平等:发达国家已订购四十亿剂疫苗,低收入国家订购为零》,人民资讯 2020 年 12 月 30 日。

主义和贪婪所赐!”

眼见加拿大等发达国家疫苗如此“富余”,世卫组织希望加拿大能捐赠一点,帮助人类共同抗疫。

但是,加拿大拒绝了。①

世卫组织对发达国家的“抢购”甚至囤积提出尖锐批评,“疫苗的民族主义伤害了我们所有人”,这不仅会抬高疫苗的价格,而且让最贫穷和最边缘化国家的高风险人群无法获得疫苗。

事实也的确如世卫组织指出的那样。联合国的统计数据揭示了西方国家垄断疫苗的事实,75%的新冠疫苗接种集中在 10 个国家,还有 130 个国家尚未收到一剂疫苗。七国集团成员已确保足够每个公民接种 3 次的疫苗储备。经合组织指出,一些穷国可能要到 2024 年才能开始接种疫苗。②

世界贸易组织在 2021 年 5 月提出暂时放宽对新冠疫苗知识产权保护的协议,而这一提议的通过需该组织 164 个成员一致批准,显然难度极大、费时较长。在囤积疫苗被国际舆论广泛批评后,美国总统拜登表态支持这一提议,算是落实了一次“口惠”。

但国际社会对这一“口惠”在表示欢迎的同时,也抱有极大的疑虑甚至批评。法国总统马克龙也对此尖锐地指出:“当前的问题的是什么?这与知识产权没有关系。你能把知识产权交给不懂如何生产、明天也生产不出的实验室吗?影响团结的主要原因是疫苗分配。……今天,盎格鲁—撒克逊人限制了很多原材料和疫苗(的出口);今天,美国生产的疫苗 100%供应美国市场。”③德国总理默克尔更是直接表示反对:“知识产权旨在保护创新的泉源,保护知识产权是为了人类的未来,绝对不能放弃对知识产权的保护。”

截至 2021 年 5 月 11 日,美国和英国每百人接种疫苗均超过 78 剂,远高于世界人均 16.8 剂(欧盟的“领头羊”德国和法国也只有 41 剂和 37 剂),更是大幅度高于许多发展中国家(例如,伊拉克为 0.74 剂、格鲁吉亚为 1.47 剂等)。

在这样的数据面前,难怪同为“盟友”的法国也按捺不住心头的怒气。

① 《加拿大拒绝世卫组织捐赠新冠疫苗的呼吁》,央视新闻客户端 2021 年 1 月 13 日。

② 《“疫苗隔离”让西方富国道德破产》,《参考消息》2021 年 3 月 15 日。

③ 《马克龙:盎格鲁—撒克逊人限制疫苗出口,美国产疫苗 100%给美国》,《新民晚报》2021 年 5 月 9 日。

虽然拜登政府表示，计划将 8 000 万剂疫苗运往海外，但截至 2021 年 6 月中旬，仍未兑现这一“口惠”；而一些州政府却计划把即将过期的疫苗送往国外。

中国行动

中国将人民群众的生命安全和身体健康摆在首位的理念，快速遏制病毒蔓延的实际成效，在国际社会得到了普遍的认可。2020 年 4 月 3 日，“七十七国集团”和中国就新冠肺炎疫情发表声明表示，集团赞赏那些迅速采取措施遏制疫情蔓延的政府，呼吁尚未行动的国家立即采取紧急措施；在应对疫情的关键时刻，国际社会比以往任何时候都更需要加快落实以人民为中心的 2030 年可持续发展议程；集团坚决反对针对任何国家、民族和个人的歧视或污名化行为，呼吁国际社会展现团结，合力减缓新冠肺炎疫情影响，共同构建人类命运共同体。

在宏观层面，国家主席习近平在 2020 年 5 月 18 日召开的第 73 届世界卫生大会视频会议开幕式致辞中提出建议：(1)全力搞好疫情防控，支持各国科学家们开展病毒源头和传播途径的全球科学研究；(2)发挥世卫组织领导作用；(3)加大对非洲国家支持；(4)加强全球公共卫生治理；(5)恢复经济社会发展，维护全球产业链供应链稳定畅通；(6)加强国际合作。

同时，习近平代表中国政府做出五项承诺：(1)中国将在两年内提供 20 亿美元国际援助，用于支持受疫情影响的国家特别是发展中国家抗疫斗争以及经济社会恢复发展；(2)中国将同联合国合作，在华设立全球人道主义应急仓库和枢纽，努力确保抗疫物资供应链，并建立运输和清关绿色通道；(3)中国将建立 30 个中非对口医院合作机制，加快建设非洲疾控中心总部，助力非洲提升疾病防控能力；(4)中国新冠疫苗研发完成并投入使用后，将作为全球公共产品，为实现疫苗在发展中国家的可及性和可担负性做出中国贡献；(5)中国将同二十国集团成员一道落实“暂缓最贫困国家债务偿付倡议”，并愿同国际社会一道，加大对疫情特别重、压力特别大的国家的支持力度，帮助其克服当前困难。[①]

10 月 8 日，中国同全球疫苗免疫联盟签署协议，正式加入“新冠肺炎疫苗实施计划”。这也是中国秉持人类卫生健康共同体理念、履行自身承诺推动疫苗成为全球公共产品的一项重要举措——中国郑重承诺，中国疫苗研发完成并投

① 《习近平在第 73 届世界卫生大会视频会议开幕式上的致辞》，中国新闻社 2020 年 5 月 18 日。

入使用后，将作为全球公共产品，优先向发展中国家提供，为全球团结抗击疫情、保护世界各国人民的生命安全和身体健康做出中国贡献。中国的承诺在疫苗上市后迅速落实，2021 年 2 月 3 日，中国宣布向“新冠肺炎疫苗实施计划”提供 1 000 万剂疫苗，主要用于发展中国家急需。

与一些国家试图“独占”疫苗的想法相比，中国以自己的实际行动，全面、积极地诠释了“共克时艰”的应有内涵和“众行者远”的善良愿景。非洲国家驻华使团代理使团长、尼日尔驻华大使穆斯塔法，对中国在有效防控疫情的同时，积极支持非洲抗击疫情高度赞赏，认为彰显了中非关系的高水平；中国承诺疫苗将作为全球公共产品，优先向发展中国家提供，这是中国践行人类卫生健康共同体理念的重要举措。《华盛顿邮报》为此大发感慨：“当西方国家正在争抢新冠疫苗时，被排斥在外的发展中国家纷纷转向中国。”

截至 2021 年 4 月，中国已向 160 多个国家、地区和国际组织提供紧急抗疫物资援助；向 80 多个国家、地区和 4 个国际组织提供急需的疫苗。截至 2021 年 6 月底，中国已经累计向世界各国、地区或国际机构捐赠、出口 4.5 亿剂新冠疫苗。

2021 年 2 月 23 日凌晨，中国援助埃及和阿盟秘书处的首批新冠疫苗运抵开罗国际机场
（图片来源：澎湃新闻）

马赛大学著名传染病专家拉乌尔教授在被问及是否更相信中国的新冠疫

苗时表示,他个人认为灭活疫苗在应对新冠病毒变异株时的表达方式更符合逻辑,如果可以选择的话,他可能更愿意选择中国的新冠疫苗。

继 2020 年 9 月 16 日巴林王储兼首相萨勒曼接种中国疫苗后,2021 年 1 月 10 日塞舌尔总统拉姆卡拉旺、约旦首相哈苏奈,1 月 13 日印度尼西亚总统佐科,1 月 14 日土耳其总统埃尔多安,2 月 9 日秘鲁总统萨加斯蒂,2 月 12 日智利总统皮涅拉,2 月 15 日赤道几内亚总统奥比昂,2 月 26 日匈牙利总统阿戴尔,2 月 28 日匈牙利总理欧尔班,3 月 15 日巴基斯坦总统阿里夫・阿尔维,4 月 6 日塞尔维亚总统武契奇,5 月 2 日菲律宾总统杜特尔特等十余位外国首脑或最高领导人,公开接种了中国疫苗。

显然,不少国家的领导人同意拉乌尔教授的看法。欧尔班表示,对中国新冠疫苗很有信心,最信任中国疫苗。欧尔班满怀信心地说:"到 5 月底,匈牙利可以为 680 万人提供疫苗接种,这一数字比同等规模和人口的其他欧盟国家多 350 万人,我认为这是大事。"从医学上说,只有人群中免疫人数的占比达到 60%—70%时,才能构建起有效的免疫屏障。匈牙利人口约 970 万,这意味着饱受疫情困扰的匈牙利在使用中国疫苗后,到 2021 年 5 月底,就能实现本国的群体免疫。

在中国疫苗作为公共品支撑发展中国家抗疫的同时,西方国家的疫苗生产遇到了困难。美国总统拜登 2 月 19 日在参观疫苗工厂后说,疫苗生产或中断,美国 2021 年可能无法恢复正常生活;在做出这一带有悲观色彩的判断后,拜登还"深揭狠批"了前任特朗普对疫苗生产部署不力,没有订购足够的疫苗,没有动员好力量施打疫苗,也没有建好疫苗中心。

与此相对照的是,中国在签订合同几天后,就可以为签约方初步交付上百万剂的疫苗,这与西方公司形成了鲜明对比。一些欧洲国家为此转而寻求从中国购买疫苗。2021 年 1 月 16 日,首批 100 万剂国药集团的新冠疫苗运抵塞尔维亚首都贝尔格莱德,塞尔维亚总统武契奇亲往机场迎接。2 月 16 日,中国的首批新冠疫苗运抵匈牙利首都布达佩斯;匈牙利是欧盟成员国,这是中国新冠疫苗首次登陆欧盟市场。紧随匈牙利之后,3 月 3 日晚上,捷克总统新闻发言人伊日・奥夫恰切克披露,捷克总统泽曼已向中国请求提供新冠病毒疫苗。中国从全球抗疫大局出发,"决定立即满足这一要求"。

塞尔维亚总统武契奇是幸运的。他的母亲在疫情期间也不幸感染了新冠肺炎,在医生的建议下,武契奇选择为母亲接种中国疫苗。9 天后,武契奇母亲体内产生抗体,转危为安。武契奇感激地称,“东方疫苗比西方疫苗更加安全有效”,中国疫苗挽救了母亲的生命。

武契奇告诉法国总统马克龙,多亏与中国合作,才获得疫苗。马克龙后来在大西洋理事会上大发感慨说:“中国人的效率令人印象深刻……这对我们这些(欧洲)领导人来说有点丢脸。”

塞尔维亚与中国的合作,得到的当然不仅仅是疫苗。

“在没人在乎我们命运的时候,是中国运来了呼吸机,拯救了成千上万人的生命。”塞尔维亚总统武契奇对此刻骨铭心。

武契奇对于与中国合作,有着良好的体验。作为“塞尔维亚的骄傲”,成立于 1913 年的斯梅代雷沃钢厂,在 2008 年国际金融危机后连续 7 年亏损,一年至少亏损 1.2 亿欧元,工人不仅连续降薪,而且生活贫苦到结了婚的年轻人不敢生孩子。时任塞尔维亚总理的武契奇,在 2016 年招商引资,促成了河北钢铁集团对本国这家钢铁厂的收购。不到一年的时间,斯梅代雷沃钢厂就重新焕发生机,扭亏为盈,钢铁产业链也带动了整座城市的繁荣。如今,斯梅代雷沃市的新生儿出生率在塞尔维亚排名第一。

武契奇明白,空喊价值观口号不能当饭吃,从长久看,只有把经济搞上去,国家与社会才能走向稳定与繁荣。武契奇的聪明之处还在于,当有的国家“敲边鼓”说中国的投资会有风险时,武契奇一语道破天机:“虚伪的是,有些国家认为塞尔维亚从中国吸引投资者会带来很多问题,但实际上这些国家自己和中国的贸易额比我们高出 1 000 多倍。”

武契奇总统,绝对是个聪明人。

在危机中育新机,于变局中开新局:多边主义与全球治理

新冠肺炎疫情反映出人类正面临诸多挑战。

首先,这次疫情暴露了当今世界治理体系的脆弱性。

客观上看,这次疫情暴露了当下的全球治理体系极其脆弱,面对突如其来、人类共同敌人的病毒,在初始阶段,各国缺乏合作意识,有的国家更是奇葩,不断对中国落井下石。这种治理体系的脆弱性意味着,人类其实经不起如此突如其来的大事;但现实却是接下来人类社会面临的考验会越来越大。这种缺乏一致、有效配合的全球治理体系,是人类未来面对突发事件的重大短板,这种现实状态其实是当今世界的重大挑战。

这个挑战下所蕴含的危机在于,随着全球经济增速突然大幅度放缓,各国社会矛盾都会有所爆发。在没有世界各国治理配合的情况下,爆发重大突发事件随时可能引发极其严重的后果。

其次,这次疫情暴露了世界经济缺乏新增长点的残酷现实。

近几年,全球经济似有转好,但这次疫情将全球经济打回了原型,暴露出两个现实:一是世界经济是很脆弱的,经不起折腾,尤其是在美国痴心打了两年"贸易战"的背景下更是如此;二是世界经济缺乏新的增长点。如果疫情迁延不绝,全球 GDP 的低迷估计会呈现出持续性的特征。

这其实暴露出一个非常大的现实问题,那就是在全球金融危机爆发后这十多年时间里,虽然各国炒作了各种概念,但至今并没有出现新的经济增长点作为接下来经济增长支撑的。

没有新的增长点作为支撑,当新冠疫情过去后,世界经济增长压力的问题会严重困扰各国,而持续缺乏增长点意味着世界各国的社会的稳定性将越来越脆弱,这与前述问题会叠加在一起形成共振,后果很严重。

对中国来说,在后疫情时期必然面临更大的挑战。当然,挑战也蕴含着机遇。这次疫情,不但再次暴露了当今世界经济的困局,也再次证明了中国能在这方面为全球做出更多贡献、承担更多责任。

德国总理默克尔对于中国做出更多贡献、承担更多责任有自己的解读。2020 年 5 月 27 日,她在首都柏林演讲时指出:"我们欧洲人有必要承认中国在现行国际架构里争取领导地位的决心。" 然而,"争取领导地位"是默克尔的理解。实际上,中国从来不想领导世界,只是想与大家一起发展而已,只是想让自己国家的老百姓过上好日子,然后让更多其他国家的老百姓过上好日子,建立人类命运共同体,而不是去领导谁。但默克尔认识到与美国的合作“比想象得更加困难”,并点出欧美在贸易、气候变化和世卫组织方面的分歧,承认中欧之间的合作存在“重大战略利益”。这是事实。

即便在美国政府完成换届后举行的 G7 峰会的新闻发布会上,代表 G7 发布会议成果的默克尔,也再次宣布多边主义、通过世卫组织和世贸组织等国际组织发挥作用成为 G7 共识。为了重建世界经济体系,七国集团希望加强与二十国集团,尤其是与中国的合作,七国集团将致力于此并加强交流与对话。

在全球治理中,求同存异、遵循多边主义原则是当今世界不可逆的潮流,唯有如此,才能形成新的经济增长动能。现在看来,“一带一路”倡议能够成为全球新经济增长点。而中国为维护世界和平与人类的健康安全,在疫情期间,不仅从抗疫物资、疫苗生产等多个层面开展对外援助与支持,而且也身体力行,始终践行合作共赢的多边主义原则,并取得了积极成果。

“一带一路”倡议

从全球看,自“一带一路”倡议提出以来,中国已经与 138 个国家、31 个国际组织签署了 201 份共建“一带一路”合作文件,与合作伙伴国家的货物贸易总额累计超过了 7.8 万亿美元,有力促进了沿线合作各国的民生就业和社会经济发展。

某些国家从“零和博弈”出发,对“一带一路”倡议进行“指鹿为马”式的指控,但在国际上应者寥寥。因为每个参与“一带一路”的国家,实际上都获得了本国经济发展的实惠。2020 年 10 月 28 日,面对美国国务卿蓬佩奥访问斯里兰卡时,再次指责中国在开展“一带一路”合作时提供所谓的“掠夺性债务”的无稽之谈,斯里兰卡总统戈塔巴雅平静地告诉蓬佩奥,自 2009 年斯里兰卡内战结束以来,中国一直在帮助斯里兰卡发展基础设施,没有“债务陷阱”问题。戈塔巴雅总统在后来接受媒体采访时说,他的政府永远不会与美国签署“千禧年挑战公司”(MCC)协议,“即使在梦中也不会签署”。①

① MCC 是美国国会于 2004 年成立的美国对外双边援助机构,声称旨在为发展中国家的基建项目提供投资,帮助其脱离贫困,但在尼泊尔、斯里兰卡等许多国家遭到抵制,因为其许多条款将美国法律凌驾于当事国法律之上,被认为侵犯当事国的主权。《斯里兰卡总统:永远不会和美国签这个协议》,环球网 2020 年 11 月 2 日。

再以中国与泰国的高铁合作为例。中泰铁路合作项目一期(曼谷—呵叻段)作为两国共建“一带一路”旗舰项目,不仅有利于加强泰国与中国的联系,加强中泰运输网络合作和区域互联互通,而且也对泰国经济和社会发展极为有利。按照泰国交通部长萨撒扬的说法,“这将提升泰国的基础设施和交通运输水平,有助于缓解泰国的收入不平等状况”;同时,有助于推动泰国成为东盟的运输与物流枢纽,带动高铁沿线地区的旅游、投资和贸易的发展。

中国从疫情阴霾中走出后,以自身的经济复苏努力拉动其他经济体发展。在航空业受到疫情较大影响的情况下,中欧班列成为中欧协同抗疫“大动脉”,全年开行 12 406 列,同比增长 50%,首次突破“万列”大关。

2020 年 3 月 28 日,开往德国杜伊斯堡的中欧(武汉)班列从中铁联集武汉中心站驶出
(图片来源:新华社记者肖艺九摄)

中欧班列不仅是全球产业链中的重要一环,更是抗疫物资运输的生命线。2020 年上半年,中欧班列运送国际合作防疫物资 367 万件,共计 2.7 万吨,物资送达立陶宛、波兰、匈牙利、捷克、荷兰、德国、法国、西班牙、意大利等国家,并且以这些国家为中转站,又将物资送入更多的欧洲国家。

除了抗疫合作外,中国与欧洲在后疫情时代的合作空间也进一步打开。在

2021年2月9日举行的“中国—中东欧国家领导人峰会”上，共达成35项政府间合作、53项商业合作，涉及基础设施、能源、金融、文化等诸多领域。在此后5年间，中国将从中东欧国家进口累计价值1 700亿美元以上的商品。

只有包括发展中国家、欠发达国家在内的世界各国基础设施建设都搞起来了，全球的新需求才能有效释放出来，生产才能因为需求大幅度增长而增长，全球经济才可能真正走好。而要想让“一带一路”成为全球新的经济增长点，各国就必须联合起来，踏踏实实搞建设、扎扎实实推进项目，有钱出钱、有人出人，大家形成全球性的合力，新的增长点才算确立。

《中欧地理标志协定》

中国国家主席习近平2020年6月22日在北京以视频方式会见欧洲理事会主席米歇尔和欧盟委员会主席冯德莱恩。习近平主席强调，要努力在危机中育新机、于变局中开新局。习近平指出，中国要和平不要霸权。我们一切政策和工作的出发点就是让中国人民过上幸福生活。我们将沿着和平发展道路坚定不移走下去。习近平2013年首次在中国—欧盟领导人会晤期间会见欧盟领导人时就已提出，中欧是维护世界和平的“两大力量”、促进共同发展的“两大市场”、推动人类进步的“两大文明”。中欧作为世界两大力量、两大市场、两大文明，主张什么、反对什么、合作什么，具有世界意义。

为进一步推动“在危机中育新机、于变局中开新局”，2020年9月14日晚，国家主席习近平在北京以视频方式同欧盟轮值主席国德国总理默克尔、欧洲理事会主席米歇尔、欧盟委员会主席冯德莱恩举行会晤。

习近平主席指出，新冠肺炎疫情全球大流行使百年未有之大变局加速演进。人类面临许多共同挑战，正站在新的十字路口。中欧作为世界两大力量、两大市场、两大文明，越是面对这样的形势，越要牢牢把握相互支持、团结合作的大方向，越要坚定不移推动中欧全面战略伙伴关系健康稳定发展，为国际社会抗击疫情、恢复经济、维护正义注入更多正能量。习近平强调，中欧要做到“四个坚持”，即坚持和平共处、坚持开放合作、坚持多边主义、坚持对话协商；此外，中欧双方要本着积极务实的态度，加快《中欧投资协定》谈判，实现年内完成谈判的目标。

在本次会晤中，中欧双方宣布正式签署《中欧地理标志协定》，确认加快《中欧投资协定》谈判，实现年内完成谈判的目标。中欧决定建立环境与气候高层对话和中欧数字领域高层对话，打造中欧绿色伙伴、数字合作伙伴关系。①

根据协议，中国和欧盟两地各 100 种受到地理标志保护的地方名产纳入保护范围。

在这份协议的促成下，未来在中国可以吃到欧洲特产的放心食品；同样，在欧洲也可以享用原汁原味的中国地方名品。未来中欧正规市场上中国的五常大米、安吉白茶、盘锦大米、郫县豆瓣、山西老陈醋、吐鲁番葡萄干等，欧洲的法国香槟、爱尔兰威士忌、巴伐利亚啤酒、菲达奶酪、帕尔玛火腿、葡萄牙绿酒等，均来自特定产地，其他国家和地方将无法使用受到地理标志保护的商标。

可能很多人尚未觉察到这份协议的价值，但实际上这是一份非常重要的协议，在笔者看来，这份协议具有 4 个重大意义：

第一，这是一份彼此在深化认可的“信任协议”。中欧在农产品上建立了这样的合作，这表明双方的合作深度、彼此的信任度相比过去有所加强。

第二，这是一份标准互认的协议。以往中国与西方国家签署彼此互认标准的协议较为困难。中欧签署的这份协议，本质上也是一份标准互认协议；而且，由于欧洲食品认证标准要求非常高，这份协议也在客观上承认了中国农产品的高标准。

第三，这是一份深度合作的协议。这份协议有两个比较明显的特点：一是一下子就涉及了 100 种地理标志产品，几乎涵盖了所有欧盟成员国；也就是说，在加强与中国经济合作方面，欧盟是有充分共识的。二是这份协议具有排他性，因为随着中欧签署这份协议后，世界其他国家，包括美国、澳大利亚、新西兰等国家出口到中国的农产品将无法再使用受到地理标志保护的商品名称。例如，美国、澳大利亚、新西兰这些国家就不能将他们生产的香槟称作法国香槟。显然，这份协议签署后，欧盟国家的农产品将会在中国获得独特的竞争优势；相反，中国商品也会在欧洲具有独特优势，因为这种地理标志产品意味着都是优质商品。

第四，这是中欧新一轮深化合作的重要开局。中欧领导人再次确认加快

① 《习近平同德国欧盟领导人共同举行会晤》，新华社 2020 年 9 月 15 日。

《中欧投资协定》谈判,重申实现年内完成谈判的目标。由此可见,虽然这份《中欧地理标志协定》看似价值不大,但其实是开启了中欧合作的新篇章,在这个节骨眼上签署这样一份协议非常有意义。

《区域全面经济伙伴关系协定》

2020 年 11 月 15 日是一个值得纪念的日子,这一天,第四次"区域全面经济伙伴关系协定"领导人会议以视频方式举行。会后,东盟 10 国和中国、日本、韩国、澳大利亚、新西兰共 15 个亚太国家正式签署了《区域全面经济伙伴关系协定》(Regional Comprehensive Economic Partnership,RCEP)。此前,2019 年 11 月 4 日,在泰国曼谷举行的第三次"区域全面经济伙伴关系协定"领导人会议上,15 国成员共同宣布已结束全部文本谈判及实质上所有市场准入谈判,并启动法律文本的审核。

《区域全面经济伙伴关系协定》谈判历时 8 年,最初由东盟 10 国在 2012 年发起,是以发展中经济体为中心的区域自贸协定,也是世界上人口数量最多、成员结构最多元、发展潜力最大的贸易协定,涉及中小企业、投资、贸易、经济技术合作、农业等多个领域。8 年间,共举行 4 次领导人会议、19 次部长级会议和 28 轮正式谈判。

《区域全面经济伙伴关系协定》对货物贸易、原产地规则、海关程序与贸易便利化、卫生与植物卫生措施、服务贸易、投资、知识产权、电子商务、竞争、中小企业、经济与技术合作、政府采购、争端解决等做出了规定。

在笔者看来,《区域全面经济伙伴关系协定》的签订充分证明了 3 点:

第一,和平发展依然是世界的主旋律。和平与发展是一币两面,说得直白一点,没有人不想发展,也没有人不想过好日子。

第二,全球化是大势所趋,任何力量都无法阻挡。特朗普上台后,一度想强制性地重组全球政治经济关系,把全球的各个组织切碎打散,然后让大家都与美国建立单独的联系。这是幼稚的一厢情愿,全球化的趋势是任何人都挡不住的。

第三,新冷战不得人心。如果注意观察,就会发现签署《区域全面经济伙伴关系协定》的 15 个国家当中,竟然有接近一半是美国的盟友。这些国家都义无反顾地签署了协议,表明美国想要的新冷战,没有“群众基础”,没人愿意同美国一起打新冷战。

可以毫不夸张地说,《区域全面经济伙伴关系协定》是东西方国家、发展中国家与发达国家共同维护多边贸易机制、建设开放型世界经济的重要一步,也必将带来强大的示范效应,会促使更多类似《区域全面经济伙伴关系协定》的签署。

世界工厂:逆风飞扬的中国经济

1984 年,桥水基金(Bridgewater)创始人达利欧首次到访中国。在与中国高级官员会谈时,达利奥从口袋里摸出一个价值 10 美元的袖珍计算器送给对方。这位官员把玩良久,觉得这真是一个神奇的东西。

好东西,当然人人喜欢。古今中外,概莫能外。

今天,身为全球最大对冲基金桥水基金创始人的达利欧说,中国在先进技术上已经成为美国的竞争对手,很可能在 5 年后赶超美国。达利欧认为,当一个国家的民众受过良好教育、努力工作、举止文明,这个国家就具备崛起的条件,比较中美两国,中国更具优势。达利欧提醒人们,别被偏见蒙蔽了双眼,“如果你基于与事实不符的理由成为一名中国怀疑论者,我建议你理一下思路”。

苏醒的市场

在国内疫情防控工作取得阶段性成效之时,2020 年 2 月 21 日,中共中央总书记习近平主持召开中共中央政治局会议,强调要建立与疫情防控相适应的经济社会运行秩序,有序推动复工复产。同一天,国务院联防联控机制印发《企事业单位复工复产疫情防控措施指南》。

3 月 29 日至 4 月 1 日,习近平总书记前往浙江省,就统筹推进新冠肺炎疫情防控和经济社会发展工作进行调研,强调要在严格做好疫情防控工作的前提下,有力有序推动复工复产提速扩面,积极破解复工复产中的难点、堵点,推动全产业链联动复工。

疫情平稳后的中国，社会和经济开始“苏醒”，路上出现了久违的堵车现象，快递小哥也进入小区上门送货取件，餐馆和商场渐渐热闹起来，奢侈品商店甚至出现了抢购潮。

达利欧针对“疫情之后，哪个国家有更好的复苏前景”这一问题认为，“那些在应对疫情及其带来的经济影响上有下列优势的国家和地区会前景广阔：(1)有出色的领导力，在关键时刻提供明智的方向指引，也有服从于这一领导方向的人民；(2)良好的医疗设施，并能根据疫情快速适应调整；(3)资产负债表健全，损益表良好，而不是债务累累或净收入很弱；(4)外币债务有限，对境外收入和外资流入的依赖程度有限；(5)财政政策和货币政策行之有效，彼此协调——利率有降低的余地，印的钞也能交到最需要的人手中。从这五个标准出发，你会发现不同国家在公共健康方面，以及在经济引导能力方面的差异。你也知道中国在这些方面都很强大”。[①]

达利欧没有看走眼。

2020 年清明节期间，安徽黄山景区面对汹涌而来的人潮，不得不在 4 月 4 日上午 10:31 发出公告，“景区进山人数已达到游客流量限制两万人，停止售票”。4 月 5 日，“停牌”公告来得更早，上午 7:48，景区发出公告，“景区进山人数已达到游客流量限制两万人，停止售票”。

除了安徽黄山外，清明节期间，浙江、陕西均有景区因游客“爆满”而宣布限流。接踵而至的“五一”假期，全国旅游客运数据更为亮丽——全国铁路、道路、水路、民航累计发送旅客 1.21 亿人次，全国累计接待国内游客 1.15 亿人次，实现国内旅游收入 475.6 亿元。

根据《抗击新冠肺炎疫情的中国行动》(白皮书)披露，截至 2020 年 4 月底，全国规模以上工业企业复工率超过 99%，中小微企业复工率达到 88.4%，重大项目复工率超过 95%；湖北全省规模以上工业企业复工率、员工到岗率分别达到 98.2%、92.1%，整体接近全国平均水平。一批国家重点科技专项、超级民生工程、重大标志性外资项目重现往日繁忙景象。中国经济运行加快回归常态，

① 金焱：《独家专访达利欧：病毒消失后经济将满目疮痍，央行印钞行不通了》，《财经》2020 年 3 月 26 日。

经济活力开始快速释放。

航空业是疫情的“重灾区”。在交通运输逐步恢复阶段，东方航空设计推出的“周末随心飞”产品首期就大卖3亿元，2020年7月20日，东航公布的第三个“周末随心飞”的数据，就覆盖了中国137个城市、590条航线、1 867个航班、25万人次。7月上旬，东航国内日均航班量已从最低谷时的200班恢复至接近2 000班，达到正常水平的80%左右。

国内影视业上下游的复苏也呈现明显的态势。六七月份，在影视基地横店开机拍摄的剧组有48个，筹备剧组63个；常驻剧组人口达到了2万人左右；一条10米长的马路取景地，甚至有两三个剧组在同时开拍；常在横店找活的群众演员，也从疫情期间百无聊赖的状态中“复活”，人数从一两千人增长到8 000人左右，扎堆成为常态。一家在横店开业的影视器材租赁公司，90%的器材已经租出去，很多的租赁订单已经预排到了第二年。[①]

全国影院自2020年7月20日有序复工之后，生意也日见一日地好转，排片数和票房持续增长。8月28日上映的《八佰》，首日票房突破5亿元，9月20日问鼎2020年度票房全球冠军。

10月15日凌晨，2020年中国电影票房市场以129.5亿元人民币(约合19.3亿美元)，正式超越北美，历史上首次成为全球第一大票仓。而2021年春节仅仅7天的时间，全国票房就突破78亿元，创下历年春节档票房的新纪录。

2020年的国庆节恰逢中秋节，仅10月1日，全国就接待国内游客近1亿人次，实现旅游收入767亿元人民币。全国各地景区再现“人满为患”的景观。

像横店的影视器材租赁“档期”排到第二年的企业，在其他行业中也不鲜见。由于成功抗疫，中国经济率先企稳，并成为世界供应链的稳定一极，带动外贸快速复苏。海外运输船舶在赶往中国起运商品物资的同时，也顺带前往浙江舟山等地进行船舶的维护保养。中国民营修船业规模最大的鑫亚船舶修造厂的“档期”已经排满了2021年。船主们需要提前半年预约才能“说得上话”，许多海外船只在维修厂外排队等待进厂。[②]

在国际货币基金组织(IMF)对世界主要经济体2019—2021年的判断中，

---

① 《比去年还火爆！横店100多个剧组开工！群众演员需求大增，薪酬“剧透”了！影视业春天来了?》,《21世纪经济报道》2020年7月26日。

② 《海外船只在中国排长队，只为等待进港维修保养》,《环球时报》2021年1月4日。

中国连续三年实现增长。

GDP 的数据,也从宏观上说明中国经济在快速"复位"。

2020 年第四季度,中国 GDP 实现 6.5%的增长,相较于第三季度的 4.9%、第二季度 3.2%、第一季度的-6.8%,中国经济实现了 V 型反转。

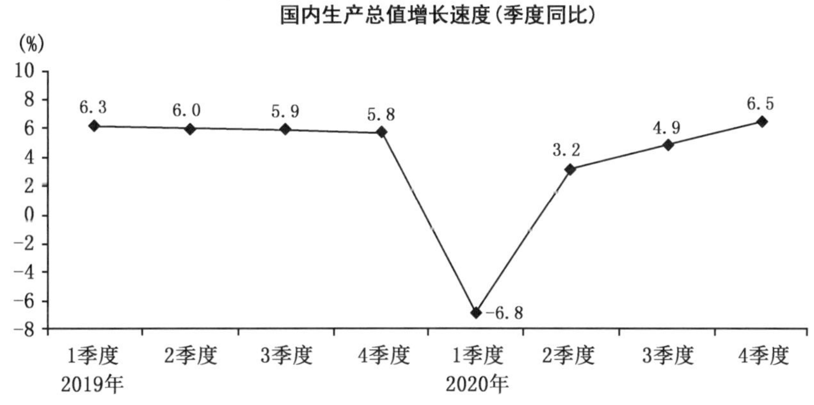

2020 年,中国 GDP 增速实现 V 型反转
(图片来源:根据国家统计局数据绘制)

2020 年,中国是全球唯一实现经济正增长的主要经济体,GDP 总量首次突破 100 万亿元,较上年增长 2.3%。

这是历史性的跨越!

在此基础上,2021 年第一季度,中国 GDP 更是实现了 18.3%的增长,震惊了国际,《纽约时报》等外媒以"令人瞠目"来形容全球疫情下中国的这一"梦幻般的数字"。

但我们也应该清醒地看到,这一成绩的取得,一方面是之前同期基数较低产生的"翘尾效应";另一方面,也是因疫情影响,全球其他经济体供给不足而导致的特定时期的"供不应求"。因此,继续引导国内科技和制造业升级,在做大"体量"的同时,做强"体质",是我们当前不应忽视的急迫工作。

"去中国化"?

特朗普政府自 2017 年上台以来,始终在经贸、科技和新冠肺炎疫情应对等问题上无端抹黑、打压中国。特朗普本人也公开表示考虑与中国"脱钩"。然而，特朗普本人旗下的公司，却从中国“默默”进口了大量的商品。美国 CNN 通过调查美国海关数据服务商 Import Genius 编制的数据发现，特朗普的公司自 2019 年 9 月以来，就从中国进口了约 8 吨的商品，其中 2019 年 9 月 3 日，特朗普商业版图中的旗舰店——纽约特朗普国际酒店，就采购了总量重达 6 吨的餐桌；2020 年 5 月 18 日，洛杉矶的特朗普国家高尔夫俱乐部又从上海进口了总重量达 2 吨的木质和玻璃陈列柜。[①] 可见，即便是嘴上高喊“脱钩”的当事人，“身体却很诚实”地给出了相反的答案。

除了美国 CNN 的调查，还有美国人从特朗普竞选产品中“找茬”。美国知名媒体人利明顿在社交媒体上发布了一张照片—— 一顶为特朗普助选的帽子标签上，标注的产地是“Made In PRC”（中华人民共和国制造）。

美国知名媒体人利明顿在社交媒体上展示的一顶为特朗普助选的帽子的标签
（图片来源：《环球时报》）

中国商务部的调查显示，99.1%的外资企业表示将继续在华投资经营。美中贸易全国委员会对 150 余家企业的调查结果也显示，中国近年来进一步扩大

① 赵挪亚：《对中国商品，他嘴上说不要身体却很诚实……》，观察者网 2020 年 7 月 22 日。

开放、优化营商环境的举措为外企在华生产经营创造了便利，美国企业依旧看好中国市场，有 84%的美国企业不愿撤离中国，38%的企业将增加对华投资。

在华美企从中国市场受益匪浅，中美两国的双边贸易也对美国本土企业产生了积极的影响。2020 年 4 月，美中双边贸易额增至 397 亿美元，再度超越美国、墨西哥和加拿大的贸易额。美中贸易全国委员会会长艾伦说："中国看起来可能会在 2020 年甚至 2021 年继续成为全球 GDP 增长的最大引擎。"在截至 2020 年 6 月 4 日的连续 5 周时间内，中国一口气从美国进口的大豆数量占美国总销售量的 2/3 左右。

在美方发起"贸易战"二年后，2021 年第一季度，中美贸易继续高速增长，其中，中国对美出口同比增长 62.7%，自美进口增长 57.9%，能源、农产品、汽车及零件等进口都快速增长。但美国发起的"贸易战"对自身还是产生了结构性的负面影响，美国普通民众为此深受其害。美国布朗大学访问学者、前助理国防部长傅立民指出，美国家庭为此年均多花 1 277 美元购买消费品，而农民失去了价值 240 亿美元的大部分中国市场；美国公司损失了 24.5 万个就业岗位，同时 GDP 减少了约 3 200 亿美元。傅立民预计，到 2025 年，美国将失去 32 万个工作岗位，GDP 将比预期的低 1.6 万亿美元。①

欧洲企业也同样感受到中国市场的活力。据中国欧盟商会调查结果显示，约九成受访欧洲企业"并未探讨撤出中国市场"。其中一个理由是，中国工人生产的产品质量高、生产成本低。疫情在欧洲暴发后，德国通过补贴、政府采购等手段推进本国的 500 多家公司转型生产口罩，努力使"口罩生产本地化"，但由于成本太高，这场德国版的"洋务运动"很快就归于失败。最终，德国还是不得不从中国采购大量口罩。创立于 1910 年的意大利巴尔蒂尼尼公司对国际贸易的比较优势看得就比较清楚，公司的负责人说："中国生产的运动鞋品质好，生产成本比意大利低 75%，除非意大利政府大幅度削减国内税金和降低人工费用，否则我们不会做出其他选择。"

西班牙中国政策观察网在分析了世界上 20 个增长最快的经济体后指出，其中的半数在亚洲，它们产出了全球 2/3 的经济增长，特别是中国充当了全球经济的"锚点"。在创新和互联互通平台这一背景下，中国融合发展的模式对世

① 公孙淑：《傅立民批拜登对华政策"失败"：美国在打必输的比赛》，大公网 2021 年 5 月 11 日。

界其他地区更具吸引力。

欧盟统计局发布的数据显示,2020 年,中国首次超越美国成为欧盟最大贸易伙伴,其中,从中国进口商品 3 835 亿欧元,同比增长 5.6%;向中国出口商品 2 025 亿欧元,同比增长 2.2%。在欧盟前十大货物贸易伙伴中,中国是唯一实现贸易双向增长的。鉴于中国不断改进的营商环境,在《中国欧盟商会商业信心调查 2020》报告中,有 62%的欧盟驻华商会成员表示,如果中国进一步扩大市场准入,他们会更愿意、也更可能增加对华投资;近 50%的成员准备再投资年收入的 5%—10%。

不幸的是,与此同时,美国被分裂为两个不可调和的社会阵营。这种社会极化不仅侵蚀美国社会之前形成的共同社会价值观,还转化为制度"内卷"——当两党交替掌控政治权力时,在野党总是对政府的政策投出反对票。

德国总理默克尔为此意味深长地说,欧洲已不能再相信一个容易出现极端事件和战略矛盾的国家;将欧洲的未来与这样的领导者联系起来,会使欧洲自身的吸引力越来越小。

外企的"避风港"

由于国内疫情得到有效控制,经济复苏预期稳定,中国作为世界经济发动机的动力依旧澎湃。疫情期间,俄罗斯总统普京在谈到中国经济时说,尽管增长率可能没有达到中方自己设定的目标,但中国经济的增长率仍然是显著的;必须承认,中国仍是世界经济的驱动力。

在看待中国经济的问题上,美俄具有少有的"共识"——美国 CNN 在其报道中也说,"中国经济恢复增长,这对世界而言是好消息"。

"好消息"当然不只是说说而已,实际行动才是关键。

世界的目光持续关注中国。

被称为中国外贸"风向标"的广交会数据显示,2020 年 6 月 15—24 日,在线上举办的第 127 届广交会吸引了来自 217 个国家和地区的境外采购商注册观展,近 2.6 万家境内外企业参展,采购商来源地分布创历史纪录。

上海连续举办两届的中国国际进口博览会,累计意向成交额约 1 300 亿美元。

2020年9月,中国国际服务贸易交易会在北京拉开帷幕,共有来自148个国家和地区的1.8万家企业和机构、10万人报名参展参会。

中国有着全球最大的中等收入群体、9亿多劳动力、9.89亿网民,在巨大的单一市场和庞大的消费群体加持下,优良的基础设施,完善的供应链体系,不断改善的营商环境(世界银行的报告指出,中国营商环境全球排名在2019年一年上升了32位),众多高素质专业人才,以及宏观政策的支持(我国连续4年压缩外商投资准入负面清单,压缩幅度逾64.5%,2020年外商投资负面清单进一步从40条减少至33条),这些因素叠加,导致外商投资持续涌入。

2020年4月,全球石油巨头埃克森美孚总公司投资100亿美元在广东惠州开建乙烯项目;5月,另一化工巨头巴斯夫也紧随其后,在广东投资百亿美元兴建巴斯夫广东新型一体化基地项目,雀巢公司宣布在天津增资7.3亿元建设全新品类的生产线,德国大众汽车公司在安徽新增约20亿欧元投资;8月,美国医疗器械巨头赛默飞、美国独资的水处理器企业滨特尔接踵而至,增资中国;11月,星巴克投资11亿元在江苏昆山动工兴建亚洲第一个大型烘焙工厂……

一度因无法提高产能、濒临破产的美国新能源车企特斯拉,也因为在上海获批设立超级工厂而起死回生。美国特斯拉汽车公司CEO马斯克在接受媒体采访时,称赞"中国很棒,中国充满了能量"。他还说,中国人"没有特权意识,他们并不自满,而我在美国看到了越来越强烈的自满心态和特权意识,尤其是在湾区、洛杉矶和纽约这样的地方"。马斯克在谈到美国时说,美国人常胜不败的状态可能很快就会结束。马斯克的上述表态,实际上代表了美国企业家的心声。以特斯拉为例,虽然特斯拉工厂一度被迫关闭,但公司2020年第二季度仍实现盈利1.04亿美元,中国市场在其中起到了关键作用。难怪马斯克在参加特斯拉中国工厂新车下线仪式上,当场跳起了舞。

与特斯拉一样感同身受的,还有德国大众汽车——大众公司在中国市场的销量占全世界总销量的40%左右。因此,中国欧盟商会主席伍德克说:"我们不会考虑离开中国,没有第二个中国,道理就这么简单。"

疫情暴发后,"幸亏还有中国"成了许多德国企业的共识。2020年奔驰在华销量增长11.7%,宝马、奥迪在华销量分别增长7.4%、5.4%。中国不仅成为德国车企的"避风港",对日本企业而言也是如此,2020年1—5月,日本企业的对华直接投资达到近 60 亿美元，增速与上一年度持平。日本的相关机构指出：“对更多的企业来说，全球最大市场中国的重要性没有发生变化，不断上涨的人工成本也可以通过提高自动化水平来弥补。”

从中国的发展中受益的，不仅仅是各国的制造业。

世界著名奢侈品的销售，在 2020 年也是悲喜交加。旗下拥有古驰、宝诗龙等多个奢侈品品牌的开云集团(Kering SA)2020 年第二季度全球销售额同比下滑 43%，但在中国却增长了 40%。而酩悦 · 轩尼诗—路易 · 威登集团(LVMH)的数据更夸张，公司第二季度全球营业收入同比下滑 38%，然而在中国却反弹了 65%。2020 年全球奢侈品市场萎缩 23%，但中国市场却增长了 48%。

国家外汇管理局公布的数据，从宏观上也证实了外企正在纷纷“加码”中国：2020 年，来华直接投资 2 130 亿美元，同比增长 37%；直接投资顺差 1 034 亿美元，同比增长 78%。联合国贸易和发展会议的报告也披露了相同的结果，2020 年，中国超过美国，成为全球最大的外国直接投资接受国。

被“哄抢”的人民币资产

国际金融资本对人民币资产的青睐没有受到疫情的影响。在 2019 年三大全球性股指(富时罗素、MSCI 和标普道琼斯)全部纳入 A 股，以及中国国债与政策性银行债纳入彭博全球债券指数之后，2020 年 2 月，摩根大通旗舰全球新兴市场政府债券指数开始纳入中国政府债；3 月，富时罗素将 A 股权重从 15%提至 25%；9 月，富时罗素宣布将人民币计价的中国国债纳入富时罗素全球政府债券指数。至此，中国债券市场被完全纳入全球主要债券指数。

诸多主权基金、超主权国际机构和机构投资者对中国主权债券趋之若骛。2019 年，中国首次发行 40 亿欧元债券，结果申购总额超过 200 亿欧元，是发行额的 5 倍。2020 年 10 月 15 日，中国在美国发行 60 亿美元的债券，首次引入美国在岸投资者购买，同样受到市场追捧。

彭博社也注意到了国外投资者对中国债券市场的投资热情，并以“外国人正前所未有地抢购中国国债”为题做了专门报道。海外投资者的各类基金，在 2020 年第三季度增持了创纪录的 4 390 亿元人民币(约合 660 亿美元)的中国

美元离岸人民币汇率快速升值(图片来源:东方财富)

国债。截至 2021 年 10 月底,境外机构连续 35 个月增持中国债券,数额高达 35 167 亿元。

汇丰银行新兴市场和外汇研究部主管保罗·麦克尔说:"过去几年间,很多投资者对人民币非常谨慎,但在 2020 年,这种想法被彻底扭转。"人民币在岸和离岸交易双双大幅度回升,重新步入升值通道。

海外资本对于人民币资产的青睐,也反映在人民币汇率上,由于市场需求量大增,人民币兑美元汇率持续升值。

余音:不平凡的世界

因为疫情,钟南山和福奇,这两位在各自国家和在国际上被新闻屡次报道的同行,在 2021 年 3 月初进行了视频连线,就新冠肺炎疫情进行交流。

被特朗普屡次排挤甚至威胁"炒鱿鱼"的福奇,在拜登执政后的第二天,被任命为政府首席医学顾问。回到工作岗位上的福奇心情不错。

两位专家在连线时都同意，在防疫和经济之间，需要平衡；每个国家的决策应基于科学和证据；抗疫需要跨国的全球合作。

对于合作抗疫，福奇说，之前全球合作也有一些成功的例子，比如麻疹和脊髓灰质炎，都有成功的案例，“因此，具体到新冠肺炎的防治，我觉得没什么理由不产生成功的例子”。

钟南山特别提到，对于传染病，“以前认为传染病很快过去了，主要应对的是慢性病。(现在看来)这个看法不对。这次疫情对全球造成的损失超过任何一种慢性病。因此，每一种传染病都要非常重视，各个国家、各个政府都要非常重视。这是一个很强的共识”。福奇同意钟南山的观点，他说，瘟疫贯穿了人类历史，现在有，将来也会有。

在谈到未来时，钟南山说：“我个人对未来还是很乐观的。……一年以后所有的情况都会比现在要更好。”

福奇仍然记得 2020 年新年第一天晨跑时空气中氤氲清甜的味道，他也相信，这个清甜的味道会回来的；但在美国国内民粹化政治和反智主义氛围威逼下，福奇的日子也越来越不好过，甚至在参议院被共和党议员指责与中国合作“制造”了新冠病毒。在高压之下，福奇后来时而改口称“不确信病毒来自大自然”，时而又表示仍确信病毒“非常可能”是由大自然产生的。福奇从此前科学观点的回撤摇摆，反映了在经历了混乱无序的抗疫、大规模的种族冲突和糟糕的经济通胀等多重因素之下，美国国内在“内病外治”、寻找外部替罪羊，进而转移国内矛盾方面所形成的空前政治压力。而在美国国内积极编造谎言、“甩锅”中国的人中，不乏近 20 年前捏造伊拉克存有大规模杀伤性武器的人。

“今日俄罗斯”电视台分析，福奇或许面临着来自军工复合体的压力，除了调转“枪口”，已无路可走。

之前由于美国两党争斗和大选的需要，为了凸显特朗普政府在抗疫上的“混乱”与“无能”，国内的反对势力“火力全开”，对特朗普政府的种种“甩锅”，也是极尽批评、反击之能事。当特朗普将新冠病毒称为“中国病毒”时，众议院议长洛佩希就直接回怼新冠病毒就是“特朗普病毒”。在这样的环境下，福奇等人的科学观点，也受到反对派的力挺，话语空间相对宽松。

后来美国新政府上台伊始，为了弥合国内党争和分歧，同时为转嫁国内矛盾，在病毒溯源等问题上，基本继承了特朗普政府向外部转嫁国内危机的套路，只是更讲求“技巧”。因此，在这样的环境下，福奇在病毒问题上的“左右横跳”，也就可以想见了；何况，福奇重新出山，也是靠着拜登“拉了兄弟一把”。

有着政府提供警卫保护的福奇尚且如此，就更遑论其他坚持科学研究的科学家，他们或面临直接的人身威胁，或被迫“删号”闭嘴……

就美国国内经济而言，从其商务部公布的数据看，2020 年度的 GDP 增长率为－3.5％，创下了自 1946 年以来的新低。白宫新的当家人拜登看到这一数据时，心急如焚。

在美国大部分地区因新冠肺炎疫情封锁一周年之际，2021 年 3 月 11 日晚 20:00 黄金时段，美国总统拜登发表了 24 分钟的电视讲话。拜登在讲话中继续要求加强抗疫，并希望到 7 月 4 日能够实现“小范围的聚会”。3 月 11 日这一天，也是世卫组织正式宣布新冠疫情成为全球大流行一周年。

而一年前的 3 月 11 日，特朗普在白宫就新冠肺炎疫情发表全国电视讲话时称：“这种病毒没有机会攻击我们，没有哪个国家比美国更有准备、更有韧性。”

时隔一年之后，在 2021 年 1 月 6 日怂恿支持者攻占美国国会，被推特、脸书等各大社交媒体噤声后，特朗普在推特上的 8 000 多万“粉丝”也在一夜之间被清空。特朗普对丢掉总统宝座一肚子怨气，在公开场合喊拜登是“伪总统”。特朗普尝试接受儿媳“采访”，并将视频发布在儿媳的推特账户上“曲线发声”，但也没有得逞——推特迅速删除了这段视频。这让他非常不爽。特朗普干脆在 2021 年 3 月，推出了自己的平台——“第 45 任总统官方网站”（45office.com）。这个官网不仅可以让特朗普“扬眉吐气”，而且还有新的“玩法”——这位前总统可以各种形式出面，承接各类“红白喜事”，从婴儿出生、生日、毕业、婚礼、结婚纪念的各类志喜道贺，直到丧礼吊唁。

已经身居总统大位的拜登，显然没有特朗普这么悠闲自在，他在 3 月 11 日的讲话中忧心忡忡地说，美国新冠肺炎疫情中疫殁的人数，已经超过了“一战”、“二战”、“越战”和“9・11”事件中死亡的总人数。

根据世界实时数据统计（worldometer）网站的统计，在拜登发表讲话的这一天，美国新冠肺炎疫情中疫殁人数超过了 54 万。

巧合的是，在拜登发表电视讲话的第二天，中国文化和旅游部市场管理司对国内疫情低风险地区的剧院等演出场所、上网服务场所、娱乐场所接待消费者人数比例，由不得超过75%调整为不再做统一限制。这也表明，在经历了2020年抗击疫情的生死时速后，国内市场活力已经接近于全面恢复。

但这些，并不是3月份的全部。

2021年3月公布的三星堆5号坑出土的黄金面具
（图片来源：四川省文物考古研究院）

3月份国内媒体更感兴趣、连续加以报道的，是三星堆考古新发现。

一个古老文明从沉睡3 000年的地下又一次苏醒，带着泥土的芬芳，平视这个世界。

2020年承载的，注定是一个不平凡的世界。

相信多年以后，当人们再次回首这段历史时，仍然会感慨万千，并追问那些曾经艰难跋涉的国度，在风雨中，留下了怎样的文明刻度?!

参考资料

[1]胡一峰、（塞尔维亚）波亚娜·思托克奇：《塞尔维亚钢厂的重生》，载《共同梦想》，中国商务出版社2019年版。

[2]黄婧：《欧盟卫生部长召开紧急峰会，研讨应对新冠疫情措施》，中国新

闻网2020年3月7日。

[3]《德国拦截瑞士24万个口罩，瑞士急召德国大使抗议》，《新京报》2020年3月11日。

[4]《特朗普：没有哪个国家比美国更有准备》，国际在线2020年3月12日。

[5]宋世锋：《美国想用天价垄断德国公司新冠病毒疫苗，德国人怒了》，《扬子晚报》2020年3月16日。

[6]姚倩：《中国已和多国合作开展新冠疫苗研发》，《北京商报》2020年3月26日。

[7]金焱：《独家专访达利欧：病毒消失后经济将满目疮痍，央行印钞行不通了》，《财经》2020年3月26日。

[8]李凉：《"七十七国集团和中国"就新冠肺炎疫情发表声明》，人民网2020年4月4日。

[9]《免票政策致游客爆满 黄山致歉：让安徽人民失望了》，安徽交通广播2020年4月5日。

[10]《新冠病毒灭活疫苗背后的科兴生物》，《北京商报》2020年4月14日。

[11]《回应瑞士马特宏峰亮起五星红旗，玉龙雪山升起瑞士国旗》，《人民日报》2020年4月21日。

[12]刘强：《世界多国认捐80亿美元研发新冠疫苗 美国未参加》，海外网2020年5月5日。

[13]《习近平在第73届世界卫生大会视频会议开幕式上的致辞》，中国新闻社2020年5月18日。

[14]《柳叶刀：陈薇院士团队研制的疫苗，安全！》，澎湃新闻2020年5月24日。

[15]《德国总理默克尔：与中国合作有"重大战略利益"》，《环球时报》2020年5月29日。

[16]中华人民共和国国务院新闻办公室：《抗击新冠肺炎疫情的中国行动》（白皮书），2020年6月7日。

[17]《避免美国垄断疫苗，德国斥资24亿元收购德企！中国疫苗进展如何?》，新浪财经2020年6月16日。

[18]乔什·祖姆布伦:《美媒:中国重新成为美最大贸易伙伴》,环球网 2020 年 6 月 16 日。

[19]《习近平会见欧洲理事会主席米歇尔和欧盟委员会主席冯德莱恩》,新华网 2020 年 6 月 22 日。

[20]何承波:《新冠病毒一直在变异》,《南风窗》2020 年 6 月 30 日。

[21]李金磊:《中国经济加速"回血",下半年走势会是怎样?》,中国新闻社 2020 年 7 月 1 日。

[22]朱梦颖:《巴西批准中企开发的新冠疫苗进行临床试验,9 000 名志愿者已报名》,环球网 2020 年 7 月 4 日。

[23]《谋求"去中国化"? 他们最终发现:太难了》,《参考消息》2020 年 7 月 21 日。

[24]赵挪亚:《对中国商品,他嘴上说不要身体却很诚实……》,观察者网 2020 年 7 月 22 日。

[25]《比去年还火爆! 横店 100 多个剧组开工! 群众演员需求大增,薪酬"剧透"了! 影视业春天来了?》,《21 世纪经济报道》2020 年 7 月 26 日。

[26]《高福:我已接种一种新冠候选疫苗,增强公众对疫苗的信心》,澎湃新闻 2020 年 7 月 28 日。

[27]《福奇为中国说了句公道话》,《参考消息》2020 年 8 月 2 日。

[28]《马斯克:中国"充满能量",美国"过于自满"》,《参考消息》2020 年 8 月 3 日。

[29]向洋:《有这样的美国人在,中美关系就有希望!》,《参考消息》2020 年 8 月 3 日。

[30]《有国家声称给企业"搬家费"离开中国,外交部回应》,《人民日报》2020 年 8 月 4 日。

[31]《日媒:日企想"摆脱中国"不容易》,《参考消息》2020 年 8 月 5 日。

[32]韩洁、潘晔:《外资正撤离中国? 新华社:外企增资中国看好市场》,新华网 2020 年 8 月 22 日。

[33]《特朗普政府拒绝参与全球新冠疫苗计划》,中国新闻网 2020 年 9 月 2 日。

[34]《中德欧领导人举行视频会晤，习近平提“四个坚持”》，长江新闻号2020年9月14日。

[35]《习近平同德国欧盟领导人共同举行会晤》，新华社2020年9月15日。

[36]李晓航：《巴林媒体：巴林王储作为志愿者参与中国新冠疫苗临床试验》，海外网2020年9月17日。

[37]刘强：《现场！阿联酋卫生部长接种中国新冠疫苗》，海外网2020年9月19日。

[38]李璐璐：《杨晓明：新冠疫苗已具备大规模量产能力》，《环球人物》2020年9月26日。

[39]孙志平：《开放合作，众行致远》，新华社2020年9月29日。

[40]《境外媒体：中国“双节”同欢，旺似过年》，新华网2020年10月6日。

[41]《中方正式加入！》，新华社2020年10月9日。

[42]《英媒：中国资产如今很“抢手”》，《参考消息》2020年10月11日。

[43]《外媒：对比中美，效率让中国模式更具吸引力》，《参考消息》2020年10月14日。

[44]《重大突破！600亿疫苗巨头签大单 墨西哥将采购3 500万剂！市场开始下注?》，《证券时报》2020年10月15日。

[45]《财政部60亿美元主权债面市，首次引入美国境内投资人》，第一财经2020年10月15日。

[46]《非洲国家驻华使节参观国药集团新冠肺炎疫苗生产车间》，外交部网站2020年10月16日。

[47]毛莉、任天择：《新冠没成为中国的切尔诺贝利，却成了美国的滑铁卢》，海外网2020年10月16日。

[48]《外媒：印尼拟批准紧急使用中国疫苗》，《参考消息》2020年10月16日。

[49]樊巍：《〈柳叶刀〉发布中国又一款新冠灭活疫苗Ⅰ/Ⅱ期试验结果》，《环球时报》2020年10月17日。

[50]《国务院联防联控机制2020年10月20日新闻发布会文字实录》，国

家卫建委网站 2020 年 10 月 21 日。

[51]王会聪:《外国人正前所未有地抢购中国国债》,环球网 2020 年 10 月 27 日。

[52]《斯里兰卡总统当面反驳蓬佩奥对中国污蔑》,新华社 2020 年 10 月 29 日。

[53]黄小娜:《中泰签署百亿铁路项目》,《环球时报》2020 年 10 月 30 日。

[54]《必须承认中国仍然是世界经济的驱动力》,央视新闻 2020 年 10 月 30 日。

[55]丰家卫:《总统拒绝采购中国疫苗后,巴西副总统澄清:当然会买》,北京日报客户端 2020 年 11 月 2 日。

[56]《阿联酋副总理接种中国新冠疫苗,该国数十内阁高官已接种》,海外网 2020 年 11 月 4 日。

[57]《国药集团董事长:5.6 万人接种新冠疫苗后离境,无一感染》,澎湃新闻 2020 年 11 月 7 日。

[58]李晓骁:《巴西新冠疫苗志愿者死因是自杀,多方建议恢复测试》,《环球时报》2020 年 11 月 11 日。

[59]《反转!》,《参考消息》2020 年 11 月 12 日。

[60]林日、青木、李晓骁、张妮、李雪、樊巍、柳玉鹏:《全球疫苗竞赛烽烟四起,中国疫苗拥有独特优势被各方看好》,环球网 2020 年 11 月 12 日。

[61]《阿斯利康疫苗在英获批,预计对变异新冠毒株仍有效》,国际在线 2020 年 12 月 30 日。

[62]《抢购疫苗暴露全球不平等:发达国家已订购四十亿剂疫苗,低收入国家订购为零》,人民资讯 2020 年 12 月 30 日。

[63]张晓雅:《印尼全国今日配发中国疫苗,印尼卫生部发言人:中国科兴公司疫苗临床试验效果“相当好”》,环球网 2021 年 1 月 3 日。

[64]《海外船只在中国排长队,只为等待进港维修保养》,《环球时报》2021 年 1 月 4 日。

[65]王琳琳:《国药集团中国生物董事长杨晓明详解疫苗接种焦点问题》,环球网 2021 年 1 月 15 日。

[66]王逸:《挪威33老人接种辉瑞疫苗后死亡,澳大利亚担忧了》,环球网2021年1月19日。

[67]程靖:《拜登上任第二天,福奇回白宫喜笑颜开:让科学说话,我终于解放了》,东方网·纵相新闻2021年1月22日。

[68]《巴西总统博索纳罗:感谢中国政府的体恤》,《参考消息》2021年1月26日。

[69]李斌、林苗苗等:《中国新冠疫苗安全吗?有效吗?够用吗?最早"以身试药"的权威专家回应公众关切》,《新华每日电讯》2021年1月26日。

[70]刘扬子:《1946年来最差》,《参考消息》2021年1月29日。

[71]杜鹃:《欧盟和阿斯利康疫苗交付争端升级》,新华社2021年1月29日。

[72]姚凯红:《西班牙养老院78人接种辉瑞疫苗后全体阳性 7人死亡》,海外网2021年2月2日。

[73]《重磅!又一国产新冠疫苗获批附条件上市,英国一富豪俱乐部推出"接种中国疫苗度假之旅"项目》,《每日经济新闻》2021年2月6日。

[74]《马克龙:武契奇告诉我,多亏了中国》,《参考消息》2021年2月10日。

[75]《中国—中东欧峰会成果丰硕》,中国商务新闻网2021年2月10日。

[76]张保文:《全球的钱正在疯狂涌入中国,百年不遇!》,凤凰财经2021年2月12日。

[77]姚凯红:《匈牙利总理再赞中国疫苗:帮助我们在疫苗接种上领跑其他国家》,环球网2021年2月13日。

[78]《我更愿意选择中国疫苗》,《参考消息》2021年2月15日。

[79]张朋辉:《欧盟统计局发布数据显示,中国二〇二〇年成为欧盟最大贸易伙伴》,《人民日报》2021年2月17日。

[80]《中国疫苗有大进展!》,《参考消息》2021年2月18日。

[81]林日、陈康、柳玉鹏:《8国首脑公开接种中国疫苗,美媒大发感慨》,环球网2021年2月18日。

[82]李长皓:《没人在乎我们命运时,中国运来呼吸机》,《环球时报》2021年2月18日。

[83]白云怡、胡雨薇:《没有这个中国科学家,美国新冠疫苗的研发或许不会那么顺利》,《环球时报》2021 年 2 月 19 日。

[84]《拜登宣布绝望消息:疫苗生产或中断,美国今年恐无法恢复正常生活》,海纳新闻 2021 年 2 月 24 日。

[85]邱海峰:《2020 年来华直接投资同比增近四成》,《人民日报·海外版》2021 年 2 月 25 日。

[86]《中国疫苗"飞的"速递:多国政要亲自接机带头接种》,澎湃新闻 2021 年 2 月 27 日。

[87]《印尼总统接种中国疫苗画面印上邮票》,光明网 2021 年 3 月 1 日。

[88]袁亮:《总统总理先后接种,匈牙利对中国疫苗"情有独钟"》,新华社 2021 年 3 月 1 日。

[89]《昨晚,钟南山对话福奇!信息量很大》,《每日经济新闻》2021 年 3 月 3 日。

[90]小龙女:《西班牙机密文件:公主们出国打中国疫苗去了》,《环球时报》2021 年 3 月 4 日。

[91]《捷克总统泽曼请求中国提供新冠病毒疫苗》,《新民晚报》2021 年 3 月 4 日。

[92]《巴西传来好消息》,《环球时报》2021 年 3 月 9 日。

[93]《欧洲八国暂停接种这种疫苗》,《环球时报》2021 年 3 月 11 日。

[94]安晶:《拜登全美疫情讲话:希望 7 月能小规模聚会,未公布新的刺激方案》,界面新闻 2021 年 3 月 12 日。

[95]《很多国家请求提供疫苗,但我们哪个都没给》,《环球时报》2021 年 3 月 14 日。

[96]《"疫苗隔离"让西方富国道德破产》,《参考消息》2021 年 3 月 15 日。

[97]凡凡:《疫苗四连问,中国跟西方真不一样!》,《参考消息》2021 年 3 月 16 日。

[98]张晓雅:《印度顶级疫苗制造商痛批美国!》,《环球时报》2021 年 3 月 16 日。

[99]《高福等人研发的新冠重组亚单位蛋白疫苗在国内获批紧急使用》,澎

湃新闻 2021 年 3 月 16 日；转引自中国科学院微生物研究所网站。

[100]赵风英、青木：《20 国宣布停用！阿斯利康疫苗在欧洲遭重创》，《环球时报》2021 年 3 月 17 日。

[101]《欧委会主席威胁禁止阿斯利康疫苗出口：必须先按合同供给欧盟》，央视新闻客户端 2021 年 3 月 21 日。

[102]《约翰逊视频会议一激动说了句大实话，想撤回已经晚了……》，海外网 2021 年 3 月 24 日。

[103]《确实造成血栓，法国证实——》，《参考消息》2021 年 3 月 30 日。

[104]《特朗普开通官网！承接各种红白喜事！》，中国青年网 2021 年 4 月 4 日。

[105]李昊天：《这款疫苗为重塑形象改了名，然而……》，《参考消息》2021 年 4 月 3 日。

[106]可凡：《英国终于对阿斯利康疫苗出手了》，《参考消息》2021 年 4 月 8 日。

[107]《紧急！这款疫苗出事，多国叫停接种！公司紧急回应……》，央视财经 2021 年 4 月 14 日。

[108]《王毅：中国迄今已向 160 多个发展中国家提供各种类型的援助》，观察者网 2021 年 4 月 27 日。

[109]唐立辛：《巴西小城用中国疫苗做了项实验，结果令人振奋！》，《参考消息》2021 年 5 月 8 日。

[110]《世卫组织批准国药新冠疫苗后，介绍其优势》，澎湃新闻 2021 年 5 月 8 日。

[111]《马克龙：盎格鲁—撒克逊人限制疫苗出口，美国产疫苗 100%给美国》，《新民晚报》2021 年 5 月 9 日。

[112]公孙淑：《傅立民批拜登对华政策“失败”：美国在打必输的比赛》，大公网 2021 年 5 月 11 日。

[113]《福奇“改口指责中国”？真相有点复杂》，《参考消息》2021 年 5 月 27 日。

[114]《美国支援国际疫苗：承诺 8 000 万，至今“一剂没给”》，光明网 2021

年 5 月 30 日。

[115]《科学家说真话被迫删号，媒体说谎成良心，这国怎么了？》，《环球时报》2021 年 6 月 8 日。

[116]《王毅：中国已向近 100 个国家提供了超过 4.5 亿剂疫苗》，光明网 2021 年 6 月 29 日。

[117]《法国：不建议 30 岁以下人群接种这种美国新冠疫苗》，海外网 2021 年 11 月 9 日。